Michael Dietrich, Viktorija Zalcbergaite (Hrsg.)

Kultur. Spiel. Resilienz.

Vom Wert der Kulturellen Bildung in Krisen

Michael Dietrich, Viktorija Zalcbergaite (Hrsg.)

Kultur. Spiel. Resilienz.

Vom Wert der Kulturellen Bildung in Krisen

kopaed (muenchen)
www.kopaed.de

Bibliografische Information Der Deutschen Nationalbibliothek Die Deutsche Nationalbibliothek verzeichnet diese Publikation in der Deutschen Nationalbibliografie; detaillierte bibliografische Daten sind im Internet über http://dnb.ddb.de abrufbar.

Diese Veröffentlichung wurde unterstützt von **PA/SPIELkultur e.V.** im Auftrag des Stadtjugendamts/ Jugendkulturwerk der Landeshauptstadt München.

Soweit nicht anders gekennzeichnet, liegen die Abbildungsrechte bei den jeweiligen Verfasser*innen, ansonsten bei PA/SPIELkultur e.V.

Anmerkung zur geschlechtergerechten Sprache

Der Umgang mit der Genderregelung wurde in den folgenden Texten den Autor*innen überlassen. In den Fällen, in denen auf die weibliche Form verzichtet wurde, sind diese selbstverständlich eingeschlossen.

ISBN 978-3-96848-045-9
eISBN 978-3-96848-645-1

Titelgrafik und Umschlaggestaltung Anna Härlin

Layout Elisabeth Jäcklein-Kreis

Druck Adverts, Riga (Lettland)

© kopaed 2021
Arnulfstraße 205, 80634 München
Fon: 089. 688 900 98 Fax: 089. 689 19 12
E-Mail: info@kopaed.de Internet: www.kopaed.de

Inhalt

III Digitale und reale Spielkulturen

IV Lebenswelten resilient gestalten

Inhalt

V Play and Resilience – ein internationales Konzept

Michael Dietrich, Viktorija Zalcbergaite

Vorwort und Inhalt

Kinder haben laut UN-Kinderrechtskonvention das Recht auf Ruhe und Freizeit, auf Spiel und altersgemäße aktive Erholung sowie auf freie Teilnahme am kulturellen und künstlerischen Leben (UN-KRK Art. 31). Seit über 30 Jahren ist es nun eine festgeschriebene Aufgabe der internationalen Vertragsstaaten und damit der Gesellschaft weltweit, barrierefreie kulturelle und künstlerische Spielräume für Kinder und Jugendliche zu schaffen – vor allem in Krisensituationen. Wir sind überzeugt, dass Kulturelle Bildung zu einer gesunden Entwicklung und vielseitigen Resilienz junger Menschen beiträgt. Sie bietet experimentelle Freiräume und fördert darin den selbstbestimmten Umgang mit individuellen und globalen Krisensituationen.

Warum und wie genau helfen kulturelle Spiel- und Erfahrungsräume dabei, in Krisenzeiten psychisch und seelisch stabil zu bleiben? Um diese Frage zu beantworten, nehmen wir die Corona-Pandemie zum Anlass, wertvolle Erfahrungen und Handlungsempfehlungen von 48 bundesweit und international aktiven Expert*innen in Theorie und Praxis zusammenzutragen, die sich schon seit mehreren Jahren mit Kultur, Spiel und Resilienz beschäftigen. Autor*innen aus Deutschland, Indien, Japan und Australien teilen die Erfahrungen aus eigenen regionalen Krisenereignissen, aus weltweiten Netzwerken sowie aus der Entwicklungszusammenarbeit und Aktivitäten in anderen Ländern. Dabei wird schnell deutlich: Je früher Kinder und Jugendliche ihren rechtlich begründeten und barrierefreien Zugang zu Kultureller Bildung erhalten und in kulturell-kreativen Tätigkeiten Selbstwirksamkeit erfahren, umso mehr sorgt die dabei entstehende persönliche und gesellschaftliche Resilienz für einen selbstbewussten und bereichernden Umgang mit Krisen.

Dabei stehen Kulturelle Bildungsangebote in Krisensituationen oft vor scheinbar unüberwindbaren Schwellen, die es den pädagogischen Fachkräften, Künstler*innen und engagierten Ehrenamtlichen erschweren, sich den neuen Herausforderungen zu stellen. Doch oft sind es die kleinen kreativen Ideen, die weitreichende Aktivitäten initiieren. Die zahlreichen Projektbeispiele in den folgenden Artikeln sollen Mut machen und inspirieren, eigene Projekte (weiter) zu entwickeln. Jede Krise ist auch eine Chance auf die Qualifizierung von Kultureller Bildung.

Inhalt

I Die Beiträge im Kapitel **Resilienz im Kontext Kultureller Bildung** zeigen neben der Definition der Begrifflichkeiten Kulturelle Bildung, Resilienz und Krise deren Zusammenhänge auf und beschreiben die Wirksamkeit auf die körperliche, psychologische und seelische Gesundheit von Individuen sowie die Entwicklung der Gesellschaft im Sinne einer Kulturellen Resilienz.

II Das Kapitel **Resilient durch kulturelle Teilhabe** gibt einen Einblick in kommunale und praxisorientierte Konzepte für eine kulturelle Teilhabe unabhängig vom sozio-ökonomischen Status und unter Beachtung individueller Bedürfnisse von Kindern, Jugendlichen und Erwachsenen. Die Lebenswelten der Menschen werden zum Spielraum für Fantasie und Kreativität.

III In **Reale und digitale Spielkulturen** werden die Lebenswelten junger Menschen zum Spielplatz. Das Spiel als essenzieller Aspekt Kultureller Bildung entfaltet seine resilienzbildende Wirkung in sinnlich-ästhetischen Kreativ- und Freiräumen ohne Grenzen. Dabei erlebt und bildet sich der spielende Mensch sowohl im leiblich-analogen als auch im virtuell-digitalen Umfeld.

IV Mit einem Blick auf Menschen mit individuellen Bedürfnissen aus ganz persönlichen Lebensumständen beschreibt **Lebenswelten resilient gestalten** Potentiale Kultureller Bildung im Fokus einer inklusiven Gestaltung der Lebenswelten speziell im Bereich Freizeit und Schule.

V In **Play and resilience – ein internationales Konzept** liegt der Schwerpunkt auf weltweiten ästhetisch-kreativen Projekten in Regionen, die schon lange vor der Covid-19-Pandemie mit schwerwiegenden Krisenereignissen umgehen mussten. Hier berichten die Autor*innen aus einem langjährigen Erfahrungsschatz und dem Austausch in der Entwicklungszusammenarbeit und in internationalen Netzwerken.

Gelegentlich nehmen wir uns die **Zeit für eine Geschichte** – oder fürs „Spielen im Kopf", wie deren Erzählerin zu sagen pflegt. Außerdem laden wir zwischen einzelnen Beiträgen und Kapiteln alle Leser*innen auf eine **Glücksreise** ein, die für persönliche Glücksmomente sorgen soll oder die Möglichkeit gibt, gleich ganz praktisch und spielerisch anleitend mit Übungen zur Resilienzbildung zu experimentieren.

Viel Freude beim Lesen, Entdecken und Ausprobieren wünschen

Michael Dietrich und Viktorija Zalcbergaite

Katharina Ritter

Prinzessin Mäusehaut

Kinder- und Hausmärchen der Brüder Grimm
Nr. 71 der Urfassung von 1812

Ein König hatte drei Töchter; da wollte er wissen, welche ihn am liebsten hätte, ließ sie vor sich kommen und fragte sie. Die älteste sprach, sie habe ihn lieber als das ganze Königreich; die zweite, als alle Edelsteine und Perlen auf der Welt; die dritte aber sagte, sie habe ihn lieber als das Salz. Der König ward aufgebracht, daß sie ihre Liebe zu ihm mit einer so geringen Sache vergleiche, übergab sie einem Diener und befahl, er solle sie in den Wald führen und töten.

Wie sie in den Wald gekommen waren, bat die Prinzessin den Diener um ihr Leben; dieser war ihr treu und würde sie doch nicht getötet haben, er sagte auch, er wolle mit ihr gehen und ganz nach ihren Befehlen tun. Die Prinzessin verlangte aber nichts als ein Kleid von Mausehaut, und als er ihr das geholt, wickelte sie sich hinein und ging fort. Sie ging geradezu an den Hof eines benachbarten Königs, gab sich für einen Mann aus und bat den König, daß er sie in seine Dienste nehme.

Der König sagte es zu, und sie solle bei ihm die Aufwartung haben. Abends mußte sie ihm die Stiefel ausziehen, die warf er ihr allemal an den Kopf. Einmal fragte er, woher sie sei. »Aus dem Lande, wo man den Leuten die Stiefel nicht um den Kopf wirft.« Der König ward da aufmerksam, endlich brachten ihm die ändern Diener einen Ring; Mausehaut habe ihn verloren, der sei zu kostbar, den müsse er gestohlen haben. Der König ließ Mausehaut vor sich kommen und fragte, woher der Ring sei. Da konnte sich Mausehaut nicht länger verbergen, sie wickelte sich von der Mausehaut los, ihre goldgelben Haare quollen hervor, und sie trat heraus, so schön, aber auch so schön, daß der König gleich die Krone von seinem Kopf abnahm und ihr aufsetzte und sie für seine Gemahlin erklärte.

Zu der Hochzeit wurde auch der Vater der Mausehaut eingeladen, der glaubte, seine Tochter sei schon längst tot, und erkannte sie nicht wieder. Auf der Tafel aber waren alle Speisen, die ihm vorgesetzt wurden, ungesalzen, da ward er ärgerlich und sagte: »Ich will lieber nicht leben als solche Speise essen!« Wie er das Wort ausgesagt, sprach die Königin zu ihm: »Jetzt wollt Ihr nicht leben ohne Salz, und doch habt Ihr mich einmal wollen töten lassen, weil ich sagte, ich hätte Euch lieber als Salz!« Da erkannt er seine Tochter und küßte sie und bat sie um Verzeihung, und es war ihm lieber als sein Königreich und alle Edelsteine der Welt, daß er sie wiedergefunden.

Quelle: Kinder- und Hausmärchen der Brüder Grimm, Vollständige Ausgabe in der Urfassung v. 1812, Ausgabe Friedrich Panzer, Leibnitz Verlag

Kommentar

Wie lieb hast Du mich eigentlich? Diese Frage ist wohl so alt wie die Unsicherheit in Sachen Liebe und kommt in unterschiedlichsten Geschichten und Varianten vor. Zum Beispiel bei Shakespeare stellt König Lear an seine Töchter diese Frage. Was ich besonders mag, an dieser Grimm'schen Urfassung – diese junge Frau lässt sich nichts gefallen. Sie lässt sich auch in großer Not, ausgestoßen und allein auf der Welt, und nur mit dem nackten Leben davongekommen, nicht einschüchtern. Sie verkleidet sich als Mann, sucht sich einen Job und gibt ihrem Arbeitgeber auf seine Grobheiten entsprechende Antwort. Anders ausgedrückt: Die junge Power-Prinzessin bleibt auch als prekär Beschäftigte mutig und gewandt in ihren Reaktionen und Antworten. Das scheint dem König zu imponieren. So wird sie aus eigener Kraft vom Stiefelknecht zur Königin. Und baut zuletzt auch noch ihrem alten Vater eine Brücke: Mittels salzloser Kost gibt sie ihm die Möglichkeit, seine irrsinnige Fehleinschätzung zu revidieren. Schönes Beispiel auch dafür, dass oft die Urfassungen – zumindest bei den Grimm-Märchen – spannender sind, als die immer süßer werdenden späteren Ausgaben. Die Heldin darf sich selbst helfen. In späteren Versionen klettert dann so eine ausgestoßene Prinzessin in einen Baum und lässt sich von einem zufällig vorbeikommenden Prinzen retten. Also immer auch die Urfassung der Märchen anschauen – das lohnt sich!

I
Resilienz im Kontext Kultureller Bildung

Michael Dietrich

Mit Kultureller Bildung durch die Krise

Kulturelle Bildung als globaler Auftrag

Kulturelle Bildung, definiert als „Persönlichkeitsbildung mit kulturellen Ausdrucksformen, mit Künsten und im Spiel" (BKJ 2020, S. 5), ist seit Jahren ein festgeschriebener Auftrag an alle, die Lebenswelten anderer Menschen gestalten. Angefangen bei den Jüngsten, denn Kinder haben laut dem Übereinkommen über die Rechte des Kindes (*Convention on the Rights of the Child)* der Vereinten Nationen das Recht „auf Ruhe und Freizeit, auf Spiel und altersgemäße aktive Erholung sowie auf freie Teilnahme am kulturellen und künstlerischen Leben." (BMFSFJ 2019, S. 23, Art. 31). „Seit 30 Jahren ist es nun eine festgeschriebene Aufgabe der Gesellschaft, Kindern kulturelle, künstlerische und erholsame Spielräume zu schaffen." (Dietrich 2020a) In Nummer 4 der *Ziele für nachhaltige Entwicklung (Sustainable Development Goals)* in der *Agenda 2030* der Vereinten Nationen wird die Forderung einer inklusiven, gleichberechtigten und hochwertigen Bildung, was eine Voraussetzung für den Bereich der Kulturellen Bildung ist, auf ein lebenslanges Lernen für alle ausgeweitet: „Eine qualitativ hochwertige Bildung ist die Grundlage, um nachhaltige Entwicklung zu schaffen. Neben der Verbesserung der Lebensqualität kann der Zugang zu integrativer Bildung dazu beitragen, Menschen mit den notwendigen Werkzeugen auszustatten, um innovative Lösungen für die größten Probleme der Welt zu entwickeln." (Vereinte Nationen 2015) Die *UNESCO* und das *International Institute for Capacity Building in Africa* fokussierte 2019 mit der Publikation *Play & Resilience – A Toolkit for Teachers, Caregivers, and Other Stakeholders* die Auswirkungen von Spiel auf die Resilienzbildung junger Menschen und beschrieb: „Play-based learning is an evidence-based and universal pathway to building resilience in children, that functions as a supportive chain of developmental processes in a universal fashion for children across the globe." (UNESCO/IICBA 2019, S. 15). Und die *International Play Association* verfasste aus den Erfahrungen mit lokalen Krisensituationen einiger Mitglieder (z.B. Japan oder Indien) schon 2017 ein *Toolkit* für Mitarbeitende, Führungskräfte und politische Entscheidungsträger*innen mit dem Titel *Access to Play for Children in Situations of Crisis.* Darin wird die Bedeutung des Spielens für Kinder – besonders in Krisensituationen – ausführlich beschrieben und für Verantwortliche auf verschiedenen Ebenen Handlungsempfehlungen formuliert (vgl. IPA 2017).

Die Tragweite qualifizierter (Kultureller) Bildungslandschaften sollte demnach schon einige Zeit im Bewusstsein der Regierungsverantwortlichen von mindestens 193 Staaten sein. Dennoch hat die globale Pandemie mit Covid-19 erschreckende Defizite in der bisherigen Umsetzung der vereinbarten Ziele vor allem im Hinblick auf Kinder und Jugendliche aufgezeigt. Dabei postulierte 2020 nicht nur das Deutsche Kinderhilfswerk, dass es besonders in Krisenzeiten wichtig ist, die Interessen und Bedürfnisse von Kindern und Jugendlichen nicht aus dem Blick zu verlieren und der Einhaltung der Kinderrechte gerade in Ausnahmesituationen höchste Priorität zu geben (vgl. DKHW 2020), sondern auch zahlreiche Verbände, Initiativen und Vereine haben weltweit in Positionspapieren auf die Bedürfnisse von Kindern und Jugendlichen aufmerksam gemacht. Dabei kommt die Präsidentin des Deutschen Kulturrates zu der Erkenntnis: „Die Belange der Kinder und Jugendlichen haben in unserer Gesellschaft oft keine Stimme." (Keuchel 2021)

Erkenntnisse aus der Krise

Die Covid-19-Pandemie stellte die Umsetzung der internationalen Vereinbarungen zur Kulturellen Bildung für Kinder und Jugendliche auf die Probe. Studien bestätigen zum Beispiel, dass junge Menschen während der Covid-19-Pandemie deutschlandweit einer erheblichen zusätzlichen psychischen Belastung ausgesetzt waren. Dabei waren Kinder mit niedrigem sozioökonomischem Status, Migrationshintergrund und begrenztem Wohnraum stärker betroffen (vgl. Ravens-Sieberer et al. 2021). „Zwei Drittel von ihnen geben eine verminderte Lebensqualität und ein geringeres psychisches Wohlbefinden an. Vor Corona war dies nur bei einem Drittel der Kinder und Jugendlichen der Fall gewesen." (UKE 2020) Regionale Umfragen bestätigen das Ergebnis auch in der Kommune. So stellt die Zusammenfassung der 3. Online-Jugendbefragung des Stadtjugendamts München und dem Aktionsbündnis *Wir sind die Zukunft* fest: „Rund ein Drittel beschreibt negative Auswirkungen auf Schule und Studium, Lernen wird auf Distanz und ohne persönlichen Kontakt als schwieriger erlebt, macht weniger Spaß, erfordert viel mehr Selbstmotivation und -organisation. [...] Hinzu kommen gesundheitliche Sorgen und die Konsequenzen der so lange währenden psychischen Belastung, die vielfach in Depression oder tiefer Traurigkeit mündet." (vgl. Aktionsbündnis Wir sind die Zukunft 2021, S. 20). Die Ergebnisse der Befragung in München klingen vergleichsweise harmlos im Vergleich zu Studienergebnissen anderer Länder. In Japan zum Beispiel stieg die Suizidrate 2020 bei Schulkindern gegenüber dem Vorjahr um 41,9% an (AsiaNews 2021).

Resilienzfaktoren und Schlüsselkompetenzen

Für Kinder und Jugendliche war und ist die Covid-19-Pandemie eine schwerwiegende Krisensituation, für die in einigen Fällen vermutlich weniger seelische Widerstandsfähigkeit im Sinne der Resilienztheorie vorhanden war. Hilfreich für den Umgang mit Krisensituationen, definiert als einmalige exogene Ereignisse, sind sogenannte Resilienzfaktoren. Resilienzfaktoren sind dabei „Eigenschaften, die das Kind in der Interaktion mit der Umwelt sowie durch die erfolgreiche Bewältigung von altersspezifischen Entwicklungsaufgaben im Verlauf erwirbt; diese Faktoren haben bei der Bewältigung von schwierigen Lebensumständen eine besondere Rolle" (Wustmann 2021, S. 46). Zu diesen Resilienzfaktoren zählen nach Fröhlich-Gildhoff und Rönnau-Böse:

› Selbst- und Fremdwahrnehmung
  (angemessene Selbsteinschätzung und Informationsverarbeitung)
› Selbstwirksamkeit(-serwartung)
  (Überzeugung, Anforderung bewältigen zu können)
› Selbststeuerung
  (Regulation von Gefühlen und Erregung: Aktivierung oder Beruhigung)
› Soziale Kompetenz
  (Unterstützung holen, Selbstbehauptung, Konfliktlösung)
› Problemlösefähigkeit
  (allg. Strategien zur Analyse und zum Bearbeiten von Problemen)
› Adaptive Bewältigungskompetenz
  (Fähigkeit zur Realisierung vorhandener Kompetenzen in der Situation)
(vgl. Fröhlich-Gildhoff/Rönnau-Böse 2015, S. 43)

Diese Resilienzfaktoren korrelieren unter anderem mit dem Modell der Schlüsselkompetenzen wie sie die *Bundesvereinigung Kulturelle Kinder- und Jugendbildung* für ihren *Kompetenznachweis Kultur* zusammengestellt hat, der seit 2005 von dafür fortgebildeten Berater*innen an tausende Jugendliche vergeben und ständig weiterentwickelt wurde. (vgl. BKJ Über den KNK) Die Schlüsselkompetenzen setzen sich demnach zusammen aus:

› Selbstkompetenzen
  (Selbstbewusstsein, Selbststeuerungsfähigkeit, Belastbarkeit/Durchhaltevermögen, Eigeninitiative, Entscheidungsfähigkeit und Flexibilität)
› Sozialkompetenzen
  (Einfühlungsvermögen, Verantwortungsbereitschaft, Teamfähigkeit/Kooperationsfähigkeit, Konfliktfähigkeit, Kommunikationsfähigkeit, Kritikfähigkeit)

› Methodenkompetenzen
  (Lernfähigkeit, Planungsfähigkeit, Organisationsfähigkeit, Problemlösefähigkeit,
  Reflexionsfähigkeit, Kontextuelles Denken, Medienkompetenz)
  (vgl. Timmerberg 2006)

Durch die inhaltliche Nähe der Resilienzfaktoren und den Schlüsselkompetenzen in der Kulturellen Bildung, werden die Chancen und Potentiale Kultureller Bildungsangebote für junge Menschen deutlich. Die Verbindung stellt indirekt auch Welter-Enderlin her, wenn sie schreibt: „Unter Resilienz wird die Fähigkeit von Menschen verstanden, Krisen im Lebenszyklus unter Rückgriff auf persönliche und sozial vermittelte Ressourcen zu meistern und als Anlass für Entwicklung zu nutzen." (Welter-Enderlin 2016, S. 15) Es ist also der große Wert der Kulturellen Bildung, Ressourcen für den Umgang mit Krisensituationen zu vermitteln.

Corina Wustmann stellte zum Thema Resilienz ein dreiteiliges Schutzfaktorenkonzept auf, mit sogenannten

› kindbezogenen Faktoren,
  (Eigenschaften, die das Kind von Geburt an aufweist),
› Resilienzfaktoren
  (Eigenschaften, die das Kind in der Interaktion mit seiner Umwelt erwirbt)
› umgebungsbezogenen Faktoren
  (Merkmale innerhalb der Familie und im weiteren sozialen Umfeld)
  (vgl. Wustmann 2021, S. 46f.)

Das bedeutet, dass sich zwei von drei Faktoren zur Ausbildung von Resilienz auf die Lebens(um)welt der Menschen beziehen. Die Lebenswelt von Kindern und Jugendlichen kann man grob in die Bereiche Schule und Ausbildung einerseits sowie Familie und Freizeit andererseits aufteilen. Aus der Verbindung von Resilienzfaktoren, Schlüsselkompetenzen und Schutzfaktoren erschließt sich für Ausbildungsinstitutionen, Familien und Freizeiteinrichtungen inkl. Kinder- und Jugendhilfe die Aufgabe, in den jeweiligen Bereichen Räume, konkret Orte und Zeit, für Künste und Spiel zu schaffen, in denen sich Resilienz entwickeln kann. Denn bei „Lichte besehen sind alle Künste große Spielarrangements, mit denen wir spielerisch unsere Welt so einrichten, dass wir uns in ihr zu Hause fühlen, sie bejahen und gutheißen können, ja glücklich sind." (vgl. Hüther/Quarch 2018, S.9).

Kulturelle Bildung als Realitätstraining

Gerade der spielerische Umgang mit Kunst und Kultur bietet eine Art Fahrsicherheitstraining für das Leben. Unter Rahmenbedingungen, in denen das leibliche Wohl nicht gefährdet ist, können bisherige Erfahrungen, Strukturen und Werte ins Schleudern gebracht und im wiederholenden Ausprobieren neue Fähigkeiten, Denkstrukturen oder Erwartungen ausgebildet werden. Im kreativen Schaffen von zum Beispiel Bildern, Skulpturen, Landschaften, Fotos, Filmen und Musik stellen sich die Kinder und Jugendlichen neuen Herausforderungen durch das Betreten von unbekanntem Terrain. Dank einer der Kulturellen Bildung immanenten positiven Fehlerkultur, also dem Begrüßen von vermeintlichen Fehlern als Ursprung von Lernerfahrungen oder neuen Handlungsmöglichkeiten, üben die Spielenden, Herausforderungen und Schwierigkeiten nicht zu vermeiden, sondern damit umzugehen und Entwicklungspotentiale zu erkennen. Mayrhofer und Zacharias haben schon 1973 nach der Initiative erster mobiler Spielangebote in Form von Spielbussen in München formuliert: „Spielräume ermöglichen einerseits ein größeres Maß an selbstbestimmten Handlungsansätzen, ermöglichen Probehandlungen und Erfindungen, weil ihre Realität die modellhafte Abbildung von Umwelt ist und damit dem kontrollierenden Zugriff jener Interessensgruppen, die die Verfügung über Umwelt für sich in Anspruch nehmen, etwas entzogen ist. Andererseits ist soviel an gesellschaftlicher Realität in den Spielraum einbezogen, daß die darin gewonnenen Erfahrungen übertragbar sind auf reale Lebenssituationen." (Mayrhofer/Zacharias 1973, S.9)

Illustrierend seien hier die künstlerisch-kreativen Auseinandersetzungen mit Medien des Geschichtenerzählens genannt. Vom mündlichen Erzählen bis zum Spielfilmdreh werden beim Erfinden von Geschichten Wirklichkeiten simuliert, Handlungsmöglichkeiten ausgehandelt und schließlich inszeniert, dargestellt und erlebt. Klassische Strukturen spannender Erzählungen beinhalten per se ein herausforderndes Problem für die Hauptfigur, die oft eine selbstgeschaffene Identifikationsfigur für die jungen Menschen darstellt. Damit hat am Ende der Geschichte nicht selten nur der/die fiktive Protagonist*in, sondern auch der/die Künstler*in einen bereichernden Lerneffekt. Hier spielt die emotionale Kompetente des Geschichtenerzählens und -erlebens eine entscheidende Rolle. Die Kenntnis über persönliche emotional-körperliche Reaktionen in Problem- oder Krisensituationen verschafft dem jungen oder erwachsenen Menschen eine gewisse Sicherheit und die Möglichkeit, sich auf sein redensartliches „Bauchgefühl" zu verlassen. In unvorhersehbaren Krisensituationen ist schließlich Improvisation und Spontaneität gefragt. Oder in den Worten von Stephen Nachmanovitch aus *Free Play – Kreativität entstehen lassen*: „Die Früchte des Improvisierens, Komponierens, Schreibens, Erfindens und Entdeckens können spontan sprießen, aber sie wachsen aus dem Boden, den wir bereitet, gedüngt und gepflegt haben [...]." (vgl. Nachmanovitch 2013, S. 196)

Spielen als lebensnotwendiger Erfahrungsraum

Vor allem in der Vorbereitung auf zukünftige kleinere oder größere, persönliche oder globale Krisen stellen kulturelle und spielerische (Bildungs)Angebote für junge Menschen einen sinnvollen oder sogar überlebenswichtigen Beitrag dar. In einem Zukunftsausblick von 1994 ins Jahr 2021 ahnt Wolfgang Zacharias bereits, dass es immer aktueller „ums ‚Überleben' – nicht mehr ums gute Leben" (Liebich/Zacharias 1994, S. 73) geht, so dass aus der Not heraus Spielen zur Pflicht erklärt und in der Konsequenz unter anderem das große Spielparadies *Nach Herzenslust* in München gebaut wurde (vgl. ebd. S. 74). Gerald Hüther und Christoph Quarch verdeutlichen die lebensnotwendige Bedeutung des Spielens indem sie schreiben: „Nach allem, was wir wissen, spielen Menschen schon so lange, wie es Menschen gibt. [...] Dass wir die Herausforderungen einer sich ständig verändernden Lebenswelt überhaupt zu meistern vermochten, uns an neue Gelegenheiten anpassen, neue Möglichkeiten erschließen konnten – und nicht irgendwann im Zuge der Evolution ausgestorben sind –, verdanken wir unserer Fähigkeit zu spielen." (vgl. Hüther/Quarch 2018, S.10f.) Die *International Play Association* appeliert deshalb an die Zuständigen für die Gestaltung von Lebenswelten von Kindern und Jugendlichen: „Play is a vital element in children's development and can be a strong protective factor in children's lives. It can, to an extent, shield children from the negative aspects of situations of crisis. It allows them to develop their inner resources and build resilience to the difficulties and uncertainties they experience through crisis." (IPA 2017 S. 23) Vermutlich ist hier nicht die Verpflichtung zum Spielen gemeint, aber in jedem Falle die Pflicht der „Erwachsenen", vielfältige Spiel- und Kreativräume zu schaffen, um Menschen ausreichend Entwicklungsmöglichkeiten von Resilienz für potentielle Krisensituationen zu bieten.

Die Corona-Pandemie hat den existentiellen Bedarf an Handlungsmöglichkeiten in Krisensituationen deutlich gemacht. Aber auch andere schnelle „gesellschaftliche und politische Entwicklungen verlangen neue Definitionen von Qualität und laufende Professionalisierung der Akteure in Theorie und Praxis." (Brand et al. 2019, S. 7) Dabei bezieht sich die Professionalisierung nicht nur auf die rein strukturellen, räumlichen und materiellen Ressourcen, sondern vor allem auch das Bewusstsein der präventiven Potentiale von Kultur-, Kunst- und Spielpädagog*innen. Auch wenn Angebote nicht explizit als „resilienzbildend" konzipiert sind, tragen sie dennoch einen großen Teil zur Entwicklung von Resilienz bei. Kinder bilden, allein durch ihre täglichen Herausforderungen aufgrund ihres individuellen sozioökonomischen Hintergrunds, Resilienz aus, wenn sie durch Akzeptanz, Liebe und Rückhalt, sinnvolle Grenzen und Vertrauen gestärkt werden (vgl. Käpper 2015, S. 35).

Kulturelle Bildung als Krisenvorbereitung

Im Endeffekt sind Entscheidungsträger*innen in Politik und Verwaltung sowie verantwortliche Gestalter*innen der Lebenswelten für Kinder und Jugendliche in Ausbildung und Freizeit gut damit beraten, Angeboten der Kulturellen Bildung präventiv und in akuten Krisensituationen finanzielle und strukturelle (Spiel)Räume zu ermöglichen. Durch die Corona-Pandemie und deren anfangs beschriebenen Konsequenzen für junge Menschen hat sich die „Wahrnehmung Kultureller Bildung in Bayern und auch das (Selbst-)Bewusstsein dafür […] verändert. […] Der Wunsch an Verwaltung und Politik ist, in die Kulturelle Bildung zu vertrauen, ihre Wirksamkeit wahrzunehmen und den positiven gesellschaftlichen Einfluss – gerade auf die jüngeren und zukünftigen Generationen – entsprechend anzuerkennen." (vgl. LKB:BY 2021, S. 3) Die positiven Effekte liegen mittlerweile auf der Hand bzw. wurden unter anderem in dieser Publikation zusammengetragen. Dabei wird ersichtlich, dass es für eine Krisenprävention durch eine Auseinandersetzung mit Spiel und den Künsten keine neuen Konzepte, teure Studien oder planungsintensive Neubauten braucht. Viele Strukturen, Kompetenzen und Menschen, die mit Leidenschaft Kunst und Kultur vermitteln sind bereits weltweit aktiv. Schließlich war es schon 1973 wünschenswert, „daß in allen Umweltbereichen (der Kinder) Spielräume für selbstbestimmtes Handeln beansprucht oder geschaffen werden können." (Mayrhofer/Zacharias 1973, S. 9)

Der *Münchner Trichter – die Kooperationsgemeinschaft verbandsunabhängiger freier Träger der Münchner Kinder- und Jugendhilfe* formulierte im Mai 2020 inmitten einschneidender Maßnahmen zum Infektionsschutz vor allem in der Lebenswelt junger Menschen: „Kinder und Jugendliche brauchen für ein gelingendes Aufwachsen und ihr persönliches Wohlbefinden neben der schulischen Bildung vor allem Möglichkeiten der Selbstentfaltung und der Beziehungsgestaltung, des kulturellen Ausdrucks und der körperlichen Betätigung sowie Räume, die sie jenseits von Schule und Elternhaus selbst gestalten können." (Münchner Trichter 2020) Darin sollten ebenso digitale (Spiel)Räume eingeschlossen werden, die sich rasant entwickeln und im Besonderen in der Corona-Pandemie einen deutlichen Vorschub bekommen haben. „Produzenten digitaler Angebote schaffen umfassende Lebenswelten, in denen sich Kinder und Jugendliche entwickeln. Hieraus ergibt sich für die Zukunft unserer Gesellschaft eine große Verantwortung der Macher digitaler Angebote. […] Doch diese verfolgen in erster Linie wirtschaftliche Ziele und sehen deren pädagogische Aufgabe nicht an erster Stelle – wenn überhaupt." (vgl. Dietrich 2020b, S. 80)

Lebenslanges Leben lernen

Mitzudenken sind natürlich auch die Erwachsenen als grundlegende Gestalter*innen der kindlichen Lebenswelten. Resiliente Menschen können auch besser Resilienzbildung initiieren. Erwachsene, die sich um die eigenen Fehler sorgen und dabei ein enges Sicherheitsnetz um Kinder und Jugendliche spannen, wenig kulturellen Austausch pflegen und Kreativität keinen Raum geben, nehmen ihren Schützlingen zwangsläufig die Freiheit, an Herausforderungen zu wachsen, ihre Kreativität zu entdecken und Selbstwirksamkeit zu erleben. Folgerichtig formuliert auch die Landeshauptstadt München in ihrer *Konzeption Kulturelle Bildung für München*: „Kulturelle Bildung muss im Sinne des lebensbegleitenden Lernens allen Altersgruppen zugänglich sein. Idealerweise machen Menschen während ihres ganzen Lebens immer wieder Bildungs-, Lern- und Entwicklungserfahrungen. Gerade an den Übergängen zu neuen Lebensphasen oder in persönlichen Krisen können künstlerisch-kulturelle Erfahrungen Orientierung und Lebensmut vermitteln." (Landeshauptstadt München 2020, S. 22)

Oder – noch globaler gefasst – bietet Kulturelle Bildung „[…] Perspektiven und Werkzeuge für einen resilienten, d.h. positiven, aktiven und reflexiven Umgang mit den Herausforderungen und Chancen unserer Zeit – seien es nun globale Pandemien, der menschengemachte Klimawandel, kriselnde Wirtschaftssysteme oder die fortschreitende Digitalisierung." (vgl. LKB:BY 2020) Kulturelle Bildung ist also nicht nur eine lebensbegleitende Zusatzqualifikation im Feld der schönen Künste, sondern eine überlebenswichtige Grundausbildung mit Anspruch auf lebenslange Entwicklungsprozesse als Krisenprävention und emotionaler Werkzeugkasten für den individuellen Weg durch die Krise.

Literatur

Aktionsbündnis Wir sind die Zukunft (2021). 3. Münchner Jugendbefragung. www.wir-sind-die-zukunft.net/wp-content/uploads/2021/09/Jugendbefragung_2020_Zusammenfassung-Ergebnisse_Doppelseiten.pdf [Zugriff 25.09.2021]

AsiaNews (2021). After COVID-19, school suicides up by 40 per cent. www.asianews.it/news-en/After-COVID-19,-school-suicides-up-by-40-per-cent-52364.html [Zugriff 12.09.2021]

Brand, Karl-Michael/Dietrich, Michael/Füeßl, Maximilian/Knecht, Gerhard/Lennert, Janine/Leonhardt-Zacharias, Karla (Hrsg.) (2019). JETZT ERST RECHT AUF SPIEL!? Dokumentation des Internationalen Spiel(mobil)kongresses 2019 in München. München: PA/SPIELkultur e.V.

Bundesministerium für Familie, Senioren, Frauen und Jugend (BMFSFJ) (2019). Übereinkommen über die Rechte des Kindes. VN-Kinderrechtskonvention im Wortlaut mit Materialien. www.bmfsfj.de/resource/blob/93140/78b9572c1bffdda3345d8d393acbbfe8/uebereinkommen-ueber-die-rechte-des-kindes-data.pdf [Zugriff 25.09.2021]

Bundesvereinigung Kulturelle Kinder und Jugendbildung e. V. (BKJ) (2020). Kulturelle Bildung - Starke Kinder und Jugendliche mit Kunst, Kultur und Spiel. Berlin: BKJ. www.bkj.de/grundlagen/was-ist-kulturelle-bildung/wissensbasis/beitrag/kulturelle-bildung/ [Zugriff 25.09.2021]

Bundesvereinigung Kulturelle Kinder- und Jugendbildung e. V. (BKJ). Über den KNK. https://kompetenznachweiskultur.de/ueber-den-knk/ [Zugriff 25.09.2021]

Deutsches Kinderhilfswerk e.V. (DKHW) (2020). Kinderrechte in Zeiten von Corona wichtiger denn je!. www.dkhw.de/fileadmin/Redaktion/1_Unsere_Arbeit/1_Schwerpunkte/2_Kinderrechte/2.3_Kinderrechte_in_Deutschland/Positionspapier_Kinderrechte_Corona.pdf [Zugriff 25.09.2021]

Dietrich, Michael (2020a). #kulturslammuc – Stadtkultur im Shutdown: KinderKultur Online. https://blog.muenchner-stadtbibliothek.de/jetzt-erst-recht-recht-auf-spiel/ [Zugriff 25.09.2021]

Dietrich, Michael (2020b). Wertvolle Medien(spiel)räume. In: Dietrich, Michael/Friedrich, Björn/Ring, Sebastian (Hrsg.) (2020). MEDIEN BILDEN WERTE. Digitalisierung als pädagogische Aufgabe. München: kopaed.

Fröhlich-Gildhoff, Klaus/Rönnau-Böse, Maike (2015): Resilienz. München: Ernst Reinhard Verlag.

Fuchs, Max (2017). Das starke Subjekt als Bildungsziel. In: Taube, Gerd/ Fuchs, Max/Braun, Tom (Hrsg.). Handbuch Das starke Subjekt – Schlüsselbegriffe in Theorie und Praxis. München: kopaed.

Hüther, Gerald/Quarch, Christoph (2018). Rettet das Spiel! Weil Leben mehr als Funktionieren ist. München: Penguin Random House.

International Play Association: Promoting the Child's Right to Play (2017). Access to Play for Children in Situations of Crisis. https://ipaworld.org/wp-content/uploads/2020/04/IPA-A4-ACCESS-TO-PLAY-IN-SITUATIONS-OF-CRISIS-TOOLKIT-LR.pdf [Zugriff 25.09.2021]

Käppner, Joachim (2015). Rettet die Kindheit. München: Süddeutsche Zeitung.

Keuchel, Susanne (2021). Krisengebeutelte Kulturelle Bildung nachhaltig stützen. Deutscher Kulturrat. www.kulturrat.de/themen/corona-vs-kultur/krisengebeutelte-kulturelle-bildung-nachhaltig-stuetzen/ [Zugriff 25.09.2021]

Landeshauptstadt München (2020). Konzeption Kulturelle Bildung für München – Zentrale Thesen und Empfehlungen. www.musenkuss-muenchen.de/uploads/assets/612f56af6005695d4400091b/Konzeption_KuBi_bfrei.pdf [Zugriff 30.09.2021]

Landesvereinigung Kulturelle Bildung Bayern e.V. (LKB:BY) (2020). Kulturelle Bildung Reloaded: Perspektiven und Handlungsfelder. www.lkb-by.de/wp-content/uploads/2021/02/postitionspapier_kubi-reloaded_lkb-by.pdf [Zugriff 30.09.2021]

Landesvereinigung Kulturelle Bildung Bayern e.V. (LKB:BY) (2021). Wie stärken wir die Kulturelle Bildung in Bayern für die postpandemische Zeit? www.lkb-by.de/wp-content/uploads/2021/07/20210721_bericht_futuretalk_lkb-by.pdf [Zugriff 30.09.2021]

Liebich, Haimo/Zacharias, Wolfgang (Hrsg.) (1994). Zukunft Spiel - Verspielte Welt? Spielen als soziale, kulturelle, pädagogische und ökologische Perspektive. München: PA/SPIELkultur e.V.

Mayrhofer, Hans/Zacharias, Wolfgang (1973). Aktion Spielbus, Spielräume in der Stadt – mobile Spielplatzbetreuung. Weinheim und Basel: Beltz Verlag.

Münchner Trichter (2020). Der Münchner Trichter bezieht Stellung: Offene Kinder- und Jugendarbeit und Kulturelle Bildung für Kinder und Jugendliche zugänglich machen! Gerade jetzt! www.muenchner-trichter.de/der-muenchner-trichter-bezieht-stellung-offene-kinder-und-jugendarbeit-und-kulturelle-bildung-fuer-kinder-und-jugendliche-zugaenglich-machen-gerade-jetzt/ [Zugriff 30.09.2021]

Nachmanovitch, Stephen (2013). Free Play - Kreativität entstehen lassen. München: Otto Wilhelm Barth.

Ravens-Sieberer, Ulrike/Kaman, Anne/Erhart, Michael/Devine, Janine/Schlack, Robert/Otto, Christiane (2021). Impact of the COVID-19 pandemic on quality of life and mental health in children and adolescents in Germany. https://link.springer.com/article/10.1007%2Fs00787-021-01726-5 [Zugriff 25.09.2021]

Timmerberg, Vera (2006): Der Kompetenznachweis Kultur. In: Bundesvereinigung Kulturelle Kinder- und Jugendbildung (Hrsg.): Der Kompetenznachweis Kultur. Ein Nachweis von Schlüsselkompetenzen durch kulturelle Bildung. Remscheid: BKJ.

United Nations Educational, Scientific and Cultural Organization (UNESCO) / International Institute for Capacity Building in Africa (IICBA) (2019) Play & Resilience – A toolkit for teachers, caregivers, and other stakeholders. www.gcedclearinghouse.org/sites/default/files/resources/190347eng.pdf [Zugriff 25.09.2021]

Universitätsklinikum Hamburg-Eppendorf (UKE) (2020). Psychische Gesundheit von Kindern hat sich während der Corona-Pandemie verschlechtert. www.uke.de/allgemein/presse/pressemitteilungen/detailseite_96962.html [Zugriff 25.09.2021]

Vereinte Nationen. Ziele für nachhaltige Entwicklung. https://unric.org/de/17ziele/sdg-4/ [Zugriff 25.09.2021]

Welter-Enderlin, Rosmarie (2016): Resilienz aus der Sicht von Beratung und Therapie. In: Welter-Enderlin, Rosmarie, Hildenbrand, Bruno (Hrsg.): Resilienz – Gedeihen trotz widriger Umstände. Heidelberg: Carl-Auer Verlag.

Wustmann, Corina (2021): Resilienz. Widerstandsfähigkeit von Kindern in Tageseinrichtungen fördern. Mülheim an der Ruhr: Verlag an der Ruhr.

Gerd Leppich

Krise, Kultur und Resilienz

Präventive Resilienzförderung durch kulturelle
und künstlerische Spielräume

Die Krise – eine Entscheidungssituation

Ein oberflächlicher Blick in einschlägige Medien genügt, um festzustellen, dass der Begriff *Krise* heute in unterschiedlichen Bedeutungszusammenhängen und großer Beceutungsvielfalt verwendet wird. Hinzu kommen Modifikationen durch Kulturen, Moden und Zeitgeist, die auch andere zunächst eindeutig definierte Begriffe aus den ursprünglichen Kontexten gelöst und *Krise* zu einem Allerweltswort abgeschliffen haben, dessen semantischer Wert sich in der Beliebigkeit und Unschärfe einer wie auch immer *gefährlichen Situation* verliert. Dabei offenbart sich der Bedeutungskern noch immer unbestechlich in der Übersetzung des altgriechischen Verbs *krinein* (scheiden/entscheiden), aus dem später das lateinische *crisis* (Entscheidung) wurde. Es handelt sich bei einer Krise also zunächst um eine Entscheidungssituation, den Wende- oder Höhepunkt einer gefährlichen Entwicklung. Aus psychotherapeutischer Sicht kennzeichnet die Krise den entscheidenden Zeitpunkt oder Zeitraum im Verlaufe einer psychischen Entwicklung, beispielsweise den Zeitpunkt, ab dem sich eine Krankheit zu chronifizieren droht. Weitere, sich oft stark voneinander unterscheidende und jeweils fachspezifische Definitionen des Begriffes haben sich auch in anderen Wissenschaften etabliert, z. B. Medizin, Ökonomie, Ökolcgie oder Politologie (zu krisenhaften Entwicklungen der gefährdeten wie auch entwicklungsfähigen Symbiose des Gesamt-Gefüges Mensch-Umwelt vgl. De Rosnay 1979). Wenr wir von *Krisen* sprechen, sollten wir wissen, worauf wir uns beziehen. Ein aktuelles Beispiel: Der Verein Clowns Ohne Grenzen Deutschland e.V. berichtet auf seiner Website zu Shows in Krisengebieten „Shows in Krisengebieten […]. In einem Meer aus oft traumatisierenden und trostlosen Lebensumständen bieten sie eine kleine Rettungsinsel." (Clowns ohne Grenzen Deutschland e.V.) Der Verein wendet den Begriff der *Krise* auf eine Reihe konkreter Situationen an, u. a. die Bedrohung durch Covid-19, die Suche nach Sicherheit vor Krieg und Verfolgung, die Gefährdung und Verletzung der Menschenrechte, insbesondere des Rechtes auf Asyl und der UN-Konventionen der Kinderrechte.

Wie erleben Menschen Krisen?

Die meisten Menschen kommen mit der grundsätzlichen Unvorhersehbarkeit der Zukunft und auch mit den Wende- oder Höhepunkten von mehr oder weniger gefährlichen Entwicklungen einigermaßen gut zurecht. Die Ungewissheitstoleranz und -intoleranz folgt dabei individuellen Grenzen und Schwellen, deren Verläufe in Krisen deutlicher zutage treten als sonst. Merkmale einer geringen Ungewissheitstoleranz sind beispielsweise das Verlangen nach absoluter Gewissheit, die vermutete Gefährlichkeit einer unklaren oder chaotischen Situation oder Handlungsunfähigkeit bei unvorhersehbaren Ereignissen. Krisenhafte Zuspitzungen rufen gegenseitige Abhängigkeiten, die Möglichkeit, fremden Mächten ausgeliefert zu sein und tatsächlichen Kontrollverlust in manchen Bereichen des Lebens ins Bewusstsein. In Krisen wird deutlich, dass sich viele wichtige Entscheidungen der individuellen Beeinflussbarkeit entziehen – Erfahrungen des unfreiwilligen Verzichts, der Beschneidung und des Verlustes von Autonomie treten in den Vordergrund. Das Erleben von Inkompetenz in unmittelbaren Lebensbereichen kann das Gefühlsspektrum auf Furcht, Depression und Ärger einschränken. Manchmal tauchen Bedrohungen in einer Krise nicht plötzlich auf, um dann wieder zu verschwinden. Oft etabliert sich ein Zustand der Ungewissheit und Gefahr; die Gefühlsqualität der Sicherheit und Selbstverständlichkeit geht verloren, ein Eindruck des Ausgeliefertseins, von Gefährdung und am Ende auch Perspektivlosigkeit kann sich einstellen. Seit Beginn der Corona-Pandemie zu Beginn des Jahres 2020 erleben weltweit mehr Menschen denn je Aspekte der Ungewissheitsintoleranz in ihrem eigenen Denken und Handeln. Wir alle finden uns in dieser Zeit in einer Krisensituation wieder, in der immer wieder neu existenziell bedeutsame Entscheidungen fallen – hinsichtlich der eigenen Gesundheit, der eigenen Lebenserwartung und der wirtschaftlichen Sicherung des täglichen Lebens.

Mögliche Folgen von Krisen

Es liegt in der Natur der Krise, dass sie auch gut ausgehen kann; aus sicherer Entfernung betrachtet kann sie sich wie eine Kippfigur verhalten. In, nach und trotz der Krise sind auch gesunde und förderliche individuelle Entwicklungen möglich. Inwieweit sich Kinder und Jugendliche in und nach Krisensituationen gesund entwickeln, lässt sich diagnostisch nur annäherungsweise durch eine Kombination von Selbst- und Fremdeinschätzungen bestimmen. Systematische Erhebungen werden deutschlandweit beispielsweise von Ärzt*innen sowie teilweise Hebammen über die Gesamtbevölkerung im medizinischen Sektor über die „U-Untersuchungen" im Gelben Kinderuntersuchungsheft vorgenommen. Hinsichtlich des Erlebens und Verhaltens von Kindern und Jugendlichen existieren beispielsweise im Bereich der Jugendhilfe spezifische Erhebungsinstrumente (vgl. Leppich 2000b).

Kindeswohlgefährdung

Eine der häufigen Krisenformen und zugleich eine mögliche Folge anderer Krisensituationen, in die junge Menschen geraten können, ist die Gefährdung des Kindeswohls. Sie liegt dann vor, wenn die gegenwärtige Gefahr besteht, dass die seelische oder körperliche Gesundheit eines Kindes gefährdet ist. Das Kindeswohl ist in Deutschland gesetzlich verankert. U.a. haben Minderjährige das Recht auf „gewaltfreie Erziehung ohne körperliche Bestrafungen, seelische Verletzungen und andere entwürdigende Maßnahmen" (§ 1631 Abs. 2 BGB).

Ein Eingreifen des Staates ist nur dann zulässig und gerechtfertigt, wenn das „körperliche, geistige oder seelische Wohl des Kindes oder sein Vermögen gefährdet" und die Eltern gleichzeitig nicht gewillt oder nicht in der Lage sind, die Gefahr abzuwenden (§ 1566 Abs. 1 BGB). Zu den Maßnahmen, die das Familiengericht zur Abwendung von Gefahren treffen kann, gehört gemäß § 1666 Abs. 3 BGB beispielsweise das Gebot, öffentliche Hilfen wie zum Beispiel Leistungen der Kinder- und Jugendhilfe und der Gesundheitsfürsorge in Anspruch zu nehmen, aber auch der Entzug der elterlichen Sorge in Teilen oder vollständig. Dabei sind „Maßnahmen, mit denen eine Trennung des Kindes von der elterlichen Familie verbunden ist, […] nur zulässig, wenn der Gefahr nicht auf andere Weise, auch nicht durch öffentliche Hilfen, begegnet werden kann" (§ 1666a Abs. 1 BGB). Zudem geht die Rechtsprechung nur dann von einer Kindeswohlgefährdung aus, wenn eine „gegenwärtige, in einem solchen Maße vorhandene Gefahr (vorliegt), dass sich bei der weiteren Entwicklung eine erhebliche Schädigung des Kindes mit ziemlicher Sicherheit voraussehen lässt". Nur die Möglichkeit einer Schädigung oder Einschränkungen bzw. Benachteiligungen des Kindes z.B. aufgrund der Erziehung wären nicht ausreichend, um ein Eingreifen der Behörden zu rechtfertigen. Junge Menschen in psychosozial belastenden Lebensverhältnissen, z.B. Jugendliche aus sozialen Brennpunkten, befinden sich in Deutschland in einer doppelten Krise. Sie sind einem erhöhten Risiko ausgesetzt, Schaden zu nehmen z.B. durch Misshandlung, Vernachlässigung oder die Entwicklung psychischer Störungen und Krankheiten (zur Variante der Kindeswohlgefährdung durch sexuelle Misshandlungen vgl. Leppich 2000a und Leppich 2006). Andererseits bilden „Kinder aus prekären Lebensverhältnissen, mit Migrationshintergrund, mit psychisch oder körperlich kranken oder suchtbelasteten Eltern […] eine besondere Risikogruppe, die nur selten eine Versorgung durch die Richtlinien-Psychotherapie erhalten (können) […]. Die für diese Klientel zuständige Jugendhilfe kann meist keine passenden Angebote bereithalten" (vgl. Schmidt 2020, S. 12).

Menschen, die aus humanitären oder wirtschaftlichen Gründen ihren Lebensmittelpunkt nach Europa verlegen, sind dem Risiko schädigender Folgen von Krisen in besonderer Weise ausgesetzt. Bei Kindern von Familien, die aus Kriegsgebieten nach Deutschland kommen, wird aber nicht automatisch davon ausgegangen, dass nach einer geglückten Flucht weiterhin eine Kindeswohlgefährdung besteht. Ebenso lässt sich aus dem Aufwachsen eines Kindes in einer ideologisch oder religiös extremistischen Familie nach deutschem Recht nicht per se eine Kindeswohlgefährdung ableiten, auch wenn die

Entwicklungsbedingungen für das Kind als nicht optimal oder auch als einschränkend erlebt werden. Einzig eine gegenwärtige und erhebliche Gefährdung des Kindes würde einen Eingriff in das Elternrecht rechtfertigen.

Trauma

Die meisten Kinder und Jugendlichen erleben während ihres Heranwachsens schwierige und belastende Ereignisse, z.B. den Tod eines geliebten Verwandten oder die Ehescheidung der Eltern. Normalerweise wirken diese Ereignisse aber nicht traumatisch. Ein psychisches Trauma liegt vor, wenn die folgenden Merkmale zutreffen:

› Plötzliche oder unerwartete Ereignisse
› Schockierender Charakter der Ereignisse
› Tod, existenzielle Bedrohung oder Bedrohung der körperlichen Unversehrtheit
› Bei Kindern: sexuelle Misshandlung
› Das subjektive Gefühl intensiven Schreckens oder von Hilflosigkeit.

Viele Kinder und Jugendliche bleiben aber auch nach dem Erleben eines traumatischen Ereignisses psychisch gesund oder entwickeln keine dauerhaften Verhaltensauffälligkeiten, kognitive oder körperliche Schwierigkeiten, die in einem direkten Bezug zur Trauma-Erfahrung stehen. Typische Trauma-Symptome sind die Posttraumatische Belastungsstörung (PTBS), aber auch Symptome von Depression, Angst, selbstschädigendes oder selbstverletzendes Verhalten sowie affektive Instabilität. Der Begriff *Trauma* bezeichnet ein je nach individueller Situation unterschiedlich komplexes Prozessgeschehen. Es reicht von lang andauernden, komplexen Beziehungstraumata bis hin zu Mono-Traumatisierungen durch Umstände oder Personen, zu denen bislang keine bedeutende Beziehung bestand. Immer aber überrollen dabei ein oder mehrere überwältigende Ereignisse den psychischen Apparat und durchbrechen den Reizschutz, der die Gewalterfahrung nicht integrieren kann. Wenn weder Angriff noch Flucht mehr möglich sind, gerät ein Mensch in eine lebensbedrohliche Situation. In der Folge versucht sich die Psyche mithilfe verschiedener Notmaßnahmen und Bewältigungsversuche vor dem Nicht-Integrierbaren zu schützen. Internalisierung von Gewalterfahrung und Dissoziation markieren die beiden Pole, die dann das Reaktionsspektrum begrenzen. Von Kriegen und Konflikten bedrohte Personen sowie Geflüchtete leiden wesentlich häufiger unter Posttraumatischen Belastungsstörungen und Depressionen als etwa Personen aus der deutschen Allgemeinbevölkerung. „Das Risiko, an einer Posttraumatischen Belastungsstörung zu erkranken, liegt für Überlebende von Vergewaltigung, Militäreinsätzen und Gefangenschaft [...] zwischen 33 % und 50 %" (vgl. Wolf & Van Keuk 2016, S. 335). Aber auch in Ländern, die nicht von existenziellen Krisen wie Krieg und Naturkatastrophen betroffen sind, erlebt mehr als die Hälfte aller Kinder und Jugendlichen mindestens ein traumatisches Ereignis bevor sie das Erwachsenenalter erreichen. Etwa 5 % entwickeln in der Folge eine Posttraumatische Belastungsstörung (PTBS), oft begleitet von komorbiden Störungen (vgl. Landolt et al. 2013). Für die schwerwiegendsten Formen traumatischer Ereignisse, „Missbrauch" und Misshandlung, steigen im Erwachsenenalter die Wahrscheinlichkeiten für eine Reihe von Störungen wie Depression, Angst, Substanzmissbrauch, suizidales Verhalten, risikoreiches Verhalten und die Abhängigkeit von sozialen Hilfssystemen (vgl. Cutajar et al. 2010).

Wege aus bereits vorhandener Krankheit und Schädigung

Das Gesundheitssystem hält in Deutschland eine Vielfalt an medizinischen und psychotherapeutischen Behandlungsmöglichkeiten bereit, die dabei helfen können, somatische und psychische Erkrankungen und Schädigungen zu reduzieren.

Bei der Behandlung von unmittelbaren Folgen plötzlicher unmittelbarer Gewalteinwirkung, insbesondere einer PTBS, rät Hirsch (2014) zu Verhaltenstherapie. Für die Behandlung der Folgen chronischer Traumata, etwa familiärer Familientraumata, die schwerpunktmäßig auf Internalisierung beruhen, insbesondere der Identifikation mit dem Täter bzw. dem Gewaltsystem, sieht er Formen der psychoanalytischen Traumatherapie im Vorteil. Ein Trauma wird im prozeduralen Gedächtnis gespeichert. Alles, was die sensorischen Systeme während der traumatisierenden Erfahrung wahrnehmen, wird dort abgelegt. Deshalb bezieht eine erfolgreiche Traumatherapie alle Sinne in die Behandlung mit ein. Insbesondere bei der Behandlung von Kindern und Jugendlichen haben sich mittlerweile weltweit im Rahmen der regulären Behandlungsmanuale wie auch im Spektrum der die eigentliche Psychotherapie stützend begleitenden Interventionen Elemente der Bewegungs-, Gestaltungs- und Kunsttherapien etabliert (zu Sport als begleitende Maßnahme bei der Behandlung von Depressionen vgl. Sarubin 2013). Psychotherapie für traumatisierte Menschen kann nur erfolgreich sein, wenn nicht nur der Geist, sondern auch ihr Körper lernt, dass eine Gefahr vorüber ist. Bleibt die Gefahr bestehen, läuft die Therapie ins Leere. Traumatisierte Menschen, die nicht dazu in der Lage sind, einer objektiv gegeben Gefahr, z.B. einem Kriegsgeschehen, zu entfliehen, können in dieser Situation nicht von traumabedingten Beschwerden geheilt werden. Eine psychotherapeutische Behandlung setzt immer voraus, dass sich die Patient*innen in Sicherheit fühlen.

Ein Viertel aller Menschen in Deutschland hat einen Migrationshintergrund. Unter Kindern und Jugendlichen liegt der Anteil noch etwas höher, die Tendenz ist steigend (Statistsches Bundesamt 2020). Auf den ersten Blick fällt die Auftretenshäufigkeit psychischer Störungen bei Menschen mit Migrationshintergrund ähnlich hoch aus, wie bei der restlichen deutschen Bevölkerung. Expert*innen nehmen aber an, dass die Prävalenz psychischer Auffälligkeiten bei Kindern und Jugendlichen mit Migrationshintergrund höher ist als bei Gleichaltrigen ohne Migrationshintergrund (vgl. Ravens-Sieberer et al. 2007). Geflüchtete müssen als eine besonders vulnerable Gruppe eingestuft werden. Trotz ähnlich hoher Prävalenzraten wie andere Bevölkerungsgruppen, sind Menschen mit Migrationshintergrund in Deutschland psychotherapeutisch und psychosozial unterversorgt (Von Lersner 2020, S. 267); in besonderem Maße sind hiervon Kinder und Jugendliche betroffen. Angesichts der Untätigkeit der politisch Verantwortlichen in diesem Bereich werden Praktiker*innen, Wissenschaftler*innen und Fachverbände nicht müde, Verbesserungsvorschläge zu formulieren, etwa mit der generellen Forderung nach mehr Kassensitzen für die Psychotherapeutische Behandlung von Kindern und Jugendlichen, nach der Übernahme von Dolmetscherkosten durch Krankenkassen oder nach einem sicheren Aufenthaltsstatus für traumatisierte Menschen.

Homogene Gesellschaften und nationale Identitäten in ihrer bisherigen Form gehören der Vergangenheit an. Migrant*innen brauchen aber keine andere Psychotherapie als andere Patient*innen in Deutschland. Sie benötigen „[...] kultursensible Psychotherapeutinnen und Psychotherapeuten. [...] Therapeuten müssen sich aufgrund der erschwerten Lebensbedingungen, die bei Migranten, besonders bei Flüchtlingen bestehen, mit dem realen Lebensumfeld ihrer Patienten stärker auseinandersetzen. Aufenthaltsrechtliche Aspekte, z.B. über Jahre vergebene zeitlich begrenzte Duldung, stellen gravierende Belastungen dar, die während des Therapieverlaufs immer wieder Krisen verursachen" (Gavranidou & Abdallah-Steinkopff 2007, S. 360). Gut die Hälfte aller psychisch kranken Geflüchteten ist während einer laufenden Psychotherapie von Abschiebung bedroht (vgl. Wolf & Van Keuk 2016). Psychotherapeut*innen, die mit Menschen arbeiten, deren Sprache sie nicht verstehen, benötigen Methoden und Werkzeuge, die sie ohne Dolmetscher anwenden können.

Prävention und Prophylaxe von psychischen Erkrankungen und Schädigungen

„Unter Prophylaxe ist generell die vorbeugende Arbeit mit Kindern zu verstehen – in erster Linie also eine Erziehungshaltung, unter Prävention die (Fortbildungs-) Arbeit mit Erwachsenen" (May 1997, S. 34). Seit den 1990er Jahren wird parallel zu dieser Definition auch in Programme zur universellen, selektiven und indizierten Prävention unterschieden (vgl. Leppich 2002). In der Pädagogik spielt das Definitionsmerkmal der Zielgerichtetheit eine besondere Rolle. Interventionen adressieren sich zumeist an eine bestimmte Personengruppe, beispielsweise Kinder eines bestimmten Alters, Geschlechts bzw. als Träger anderer Eigenschaften (indizierte und selektive Prävention). Typisch für diesen Ansatz sind die Encouragement-Programme der 1970er und -80er Jahre. Maßnahmen zur universellen Prävention finden außerhalb schützender Strukturen statt und sprechen alle möglichen Opfer an. Grundsätzlich haben sich Bemühungen als zielführender erwiesen, die sich nicht nur an die potenziellen Opfer, sondern zugleich an alle Personen richten, die in der Lage sind, sie vor Beeinträchtigungen durch Risikofaktoren, Krankheiten, Gewalt oder Unfälle zu schützen (Prophylaxe). Selbst in der Obhut von Strukturen, die vor einer drohenden Kindeswohlgefährdung schützen sollen, können Kinder Gefährdungen ausgesetzt sein – beispielsweise sexueller Gewalt, die von Kindern, Jugendlichen oder Erwachsenen ausgeht. Hier setzen spezifische, für bestimmte Institutionen und Personengruppen entwickelte Programme an: „Primärprävention als Versuch, die Anzahl von neu auftretenden Misshandlungsfällen zu reduzieren, Sekundärprävention als Bemühung, die Anzahl bereits vorliegender Misshandlungen zu verringern; Tertiärprävention im Sinne einer Minderung der schädlichen Folgen bereits erlittener sexueller Gewalt." (Leppich 2006, S. 183).

Resilienzförderung als ein Ziel von Prävention und Prophylaxe

Der Begriff *Resilienz* leitet sich vom lateinischen Verb *resilire* ab, das *zurückspringen* im Sinne von *zurück- oder abprallen* bedeutet. In unserem thematischen Zusammenhang bezeichnet er eine schützende Adaptation des Verhaltens auf potenziell schädigende Einflüsse und damit das Gegenteil von Verwundbarkeit (Vulnerabilität). Beispielsweise entwickeln manche Menschen nach dem Erleben traumatischer Ereignisse keine dauerhafte Trauma-Symptomatik. Sie verfügen über eine gewisse psychische Widerstandskraft und sind in der Lage, das Erlebte in die Konzepte der eigenen Persönlichkeit zu integrieren. Die Ausbildung von Resilienz wird von angeborenen Faktoren wie Intelligenz, Temperament, Impulsivität oder Geschlecht beeinflusst. Auf der Grundlage dieser Grundausstattung vermag sie sich in Abhängigkeit von Umweltvariablen im Laufe eines Lebens ständig weiterzuentwickeln. Von Bedeutung sind hierbei die familiäre und gesellschaftliche Unterstützung

> bei der Übernahme sozialer und kultureller Normen
> bei der Integration in intakte soziale Beziehungen
> beim Erlernen von Emotions- und Handlungsregulation, v.a. über sichere Bindungserfahrung
> beim Aufbau einer internalen Kontrollüberzeugung
> beim Aufbau von Problemlösekompetenzen, z.B. aktiver Beziehungsgestaltung
> beim Ausbilden intellektueller Fertigkeiten
> beim Entwickeln einer realistischen Selbsteinschätzung und realistischer Zukunftsvorstellungen
> beim Aufbau von Eigeninitiative und Zielorientierung
> beim Aufbau von formaler Bildung
> beim Aufbau von aktiver Gesundheitsvorsorge und Gesundheitsförderung
> beim Vermitteln und dem Aufbau philosophischer Deutungsmodelle.

Der ausgeprägte Prozesscharakter von Resilienz ermöglicht auch unter zunächst ungünstigen Ausgangsbedingungen eine ständige Entwicklung. Unsichere Bindungserfahrungen oder geringe Schulbildung lassen sich beispielsweise kompensieren, der Aufbau von emotionaler Selbstkontrolle, Belohnungsaufschub und Selbstdisziplin kann zu jedem Zeitpunkt im Leben neu in Angriff genommen werden.

Resilienzförderung durch kulturelle und künstlerische Spielräume

Unter den Faktoren, mit denen wir die Ausbildung von Resilienz fördern können, scheint Bildung der stärkste zu sein – nicht Bildung als Mittel zum Zweck, sondern Bildung in einem umfassenden Sinn und Bildung als Selbstzweck. Dieser Bildungsbegriff schließt die Vermittlung von Kulturtechniken, Faktenwissen und kognitiven Kompetenzen gleichermaßen ein wie das Herstellen und Pflegen sozialer Bindungen, sozialer Integration und die Übernahme von Verantwortung für sich und andere.

Zur Frage, wie sich die Bildung für Kinder und Jugendliche am besten gestalten ließe, sehen wir uns seit gut 50 Jahren von einer Flut populärer Ratgeber überschwemmt, aus denen sich bequem widersprüchliche Schlussfolgerungen ziehen lassen. Gleichzeitig wurde der hierin begründete zweifelhafte Ruf der Pädagogik immer wieder durch wissenschaftliche Forschung rehabilitiert. Praktiker*innen bleibt hier die bewusste Entscheidung – zumindest für oder gegen ein bestimmtes Wissenschaftsmodell nicht erspart. Die Psychologie hat bereits vor über einem Jahrhundert damit begonnen, der Psychoanalyse und anderen spekulativen Ansätzen, replizierbare Forschungsergebnisse entgegenzustellen und aus ihnen Vorschläge für die Arbeit mit Kindern und Jugendlichen zu formulieren. Einer der ersten, der auf diesem Gebiet forschend aktiv war, der Gestaltpsychologe Wolfgang Metzger, forderte früh, Kinder dabei umfassend einzubeziehen. In seinen Arbeiten belegte Metzger u.a., dass Kinder in einem Ambiente besser lernen, das ihnen Freunde und Überraschungen bietet (vgl. Metzger 1962). Optimale Lernsituationen zeichnen sich durch sechs Charakteristika aus, die sich typischerweise auch in kulturellen und künstlerischen Spielräumen wiederfinden:

> › Freiheit der Form
> › Bildung durch die Aktivierung innerer Kräfte
> › Offenheit der zeitlichen Ausdehnung
> › Offenheit hinsichtlich des Lerntempos
> › Akzeptanz von Umwegen
> › Austausch und Wechselseitigkeit.

Kulturelle Spielräume bieten ideale Voraussetzungen dafür, Bedingungen herzustellen, die Bildung und damit die Entwicklung von Resilienz fördern. Darüber hinaus haben sie das Potenzial, krisenspezifische Hilfen anzubieten.

Spielräume für Erfahrungen begrenzter Vorhersehbarkeit

Situationen mit offenem Anfang und Ausgang haben in kulturellen Spielräumen ihren Stammplatz und sind geradezu paradigmatisch für spielende und kreative Prozesse. Die Evaluationsforschung der psychotherapeutischen Behandlung von Ungewissheitsintoleranz benennt einige wirkungsvolle Prinzipien, die sich auf kulturelle und künstlerische Spielräume übertragen lassen, Verhaltensexperimente, die dabei helfen, mit unklaren Situationen gelassener umzugehen und handlungsfähig zu bleiben. Ein Beispiel für solche Übungen sind die aus der Kognitiven Verhaltenstherapie bekannten „Ungewissheits-Expositionen", bei denen sich die Patient*innen ungewissen, aber harmlosen Situationen aussetzen, sie durchleben, sich dabei entspannen und sie rückblickend als Erfolg bewerten (zum transdiagnostischen Vulnerabilitätsfaktor der Ungewissheitsintoleranz siehe: Spitzer 2019).

Spielräume für die Selbstverursachung von Erfolgen

Resiliente Menschen haben eine hohe Selbstwirksamkeitserwartung; sie glauben an die Wirksamkeit ihrer Handlungen. Dieser Glaube speist sich aus Erfahrungen mit selbstgesetzten Ziele, die sie in der Vergangenheit tatsächlich erreicht haben (vgl. Leppich 1995). Kulturelle Spiel- und Erfahrungsräume fördern den selbstbestimmten Umgang mit Entscheidungssituationen, also ungefährlichen Krisenereignissen. Damit stellen sie wesentliche resilienzbildende Faktoren her wie die Erfahrungen von Selbstwirksamkeit und die Möglichkeit einer autonomen Weltaneignung. Diese beginnt zwar als kreativer Prozess im Gehirn, benötigt aber ein Medium, über das ein Ergebnis der Gedanken und Gefühle sichtbar wird. Allein der gelingende Akt einer Formgebung beweist dann die Urheberschaft und führt zum einem Dokument der persönlichen Einzigartigkeit. Das daraus erlebbare selbstverursachte Erfolgserlebnis ist der Schlüssel zu Zufriedenheit und dem Erleben von Selbstwert. „Der innere Aspekt von Kreativität ist die Kombination von Gefühl und Vorstellung, durch die kreative Dinge entstehen, ebenso wie die Befriedigung, die das Kind durch seinen Selbstausdruck erfährt. Der äußere Aspekt ist die Freude der anderen, die sich die kreativen Produkte anschauen und dem Kind ihre Reaktionen mitteilen" (Bean 1994, S. 58).

Spielräume begrenzter Autonomie

Krisen decken oft auf brutale Weise auf, dass individuelle wie auch die Sicherheit der Spezies Mensch eine Illusion ist. Gefährliche Ereignisse und Entwicklungen, die bislang als generell, global oder räumlich entfernt wahrgenommen wurden, dringen dann intrusiv in den Alltag ein. Prozesse, die grundsätzlich dazu beitragen, den Verlust dieser Illusion zu verarbeiten, sind notwendig und konstruktiv. Ein wichtiger Bestandteil dieser Prozesse ist das Finden und Definieren von diskreten sicheren Orten, denn Sicherheit existiert nur in Situationen, die aus einzelnen abgegrenzten Bereichen bestehen. In solchen Situationen kann sich das ureigene Wesen eines Menschen, frei von Fremdbestimmung, durch die

Produkte seiner Fantasie offenbaren. Kreative Spielräume können einen sicheren Ort bieten, an dem autonomes Handeln möglich wird. Gegenüber aller Unsicherheiten und Veränderungen der äußeren Umwelt fördert das autonome Handeln die Entwicklung einer persönlichen Integrität, denn wir erleben uns in ihm im Einklang mit den eigenen Werten und Gefühlen.

Bei Asylsuchenden etwa spielt ein zweiter Aspekt der begrenzten Autonomie eine zentrale Rolle, die Entwicklung von Selbsthilfe- und Bewältigungskompetenzen im Umgang mit Krisen verursachte Schädigungen und Erkrankungen. Als eine mögliche Bewältigungsstrategie bei Anspannung wird beispielsweise im Rahmen von Gruppen-Psychoedukation die progressive Muskelentspannung nach Jakobson vermittelt – und als besonders wirksame Methode von den Geflüchteten eingesetzt (vgl. Akinsulure-Smith 2009). Dieses körperbezogene Entspannungsverfahren lässt sich leicht erlernen und kann ebenso unkompliziert wie andere Entspannungsübungen in künstlerische und kulturelle Spielräume für Kinder und Jugendliche eingebaut werden.

Spielräume zur Distanzierung

Kulturelle und künstlerische Spielräume helfen, sich spielend von einer schwierigen Realität zu distanzieren. Der Philosoph Martin Seel definiert Spiel als „ein nicht durchgehend festgelegtes Handeln, das von der Ungewissheit seiner Verläufe lebt. Es ist ein involvierendes Handeln; es besteht in einer Verausgabung an die Situation des Handelns. Es ist schließlich ein zeitlich begrenztes Handeln; es steht in einem Kontrast zu der Kontinuität des übrigen Lebens. Wie immer und was immer wir spielen – wir spielen, wenn und weil wir bewegt sein wollen um dieses Bewegtseins willen. Dabei wird stets um Gegenwart gespielt. Wir wollen uns in der Situation des Spielens auf eine besondere Weise gegenwärtig sein. Wir wollen im oder beim Geschehen des Spiels oder der Spielhandlung sein – so, dass wir alles andere dabei vergessen können. Wir wollen in einer Situation sein, die nicht über sich hinausweist, aber doch unabsehbare Gestalten erzeugt. Wir wollen in den Möglichkeiten einer außergewöhnlichen Gegenwart verweilen" (Seel 2012, S. 223). Spielen erzeugt Freude an der Varietät der Lebensumgebung und an einer Variation der eigenen Person. Nicht nur Kinder und Jugendliche entwickeln im Spiel eine Leidenschaft für den Abstand von den eigenen Leidenschaften – sie finden Gelegenheiten, sich zeitweilig von den dauernden Bindungen im realen Leben zu befreien. Bezogen auf die Arbeit mit Menschen in Krisensituationen stellen diese Thesen hohe Anforderungen an Helfende, wenn sie empathisch in der Lage sind, sich in die Gefühlswelt ihres Gegenübers hineinzufühlen, negative Begleiterscheinungen von Krisen mitzuerleben, wenn auch in abgeschwächter Form. Um einen persönlichen Kontakt mit den von krisenhaften Entwicklungen unmittelbar betroffenen Menschen aufzubauen, ist es wichtig, die reale Bedrohung anzuerkennen und die damit verbundenen Ängste wahrzunehmen. Das geteilte Erleben kann den Betroffenen dazu verhelfen, Angst, Verzweiflung und Ohnmacht erträglicher zu machen, wenn die helfende Person als stabil wahrgenommen wird. Gefühle von Bedrohung und Ungewissheit können Helfende aber auch daran hindern, sich selbst zu stabilisieren und zu beruhigen. Damit sie in der Lage sind, Distanzierung und Beruhigung modellhaft vorzuleben, brauchen Helfende professionelle vorbereitende und prozessbegleitende Unterstützung.

Spielräume für Improvisationsvermögen und schöpferisches Handeln

Die Möglichkeit der Distanzierung öffnet gleichzeitig besondere Formen, mit dem Ernst und den Schwierigkeiten dieses Lebens umzugehen, im besten Fall, es mit ihnen aufzunehmen. Das Spielen vermag Bewegungen auszulösen, die die Teilnehmenden auch in anderen Lebensbereichen in Schwung versetzen können. „Bei der Bewältigung nahezu jeder unübersichtlichen Situation kommt es auf ein rasches Eingreifen oder Umdenken an […]. Spielfreude, die eigentlich zu nichts Weiterem gut ist, ist durchaus für vieles Weitere gut. Sie enthält eine Beigabe, die auch der rationalste Mensch nicht wird verachten wollen: Improvisationstalent" (Seel 2012, S. 224). Besonders Kinder und Jugendliche in Krisensituationen profitieren von einem zunächst sorgen-, angst- und zweckfreien Raum, den Spiel und Kultur eröffnen, ihre Spielräume gehören der Kreativität. Sie wird danach definiert, „wie hoch der Grad der Befriedigung ist, den das Kind aus seinen eigenen Schöpfungen zieht, weniger wie nahe es dem von anderen gesetzten Standard kommt" (Bean 1994, S. 11). Grundsätzlich ist kreativer Ausdruck auch ein bewährtes Mittel gegen Stress.

Oft aber verfolgen wir im Spielen und Gestalten bewusst Ziele, suchen forschend und kreativ nach Lösungen, die nicht von vorneherein vorgegeben sind – eine Situation, die viele Menschen im „richtigen Leben" unter schwierigeren Bedingungen tagtäglich meistern. Kulturelle und künstlerische Angebote bieten geschützte Spielräume, in denen sich schöpferisches Handeln entwickeln lässt – nicht in der Errichtung von Hindernissen falschen Verhaltens, sondern nur in der Beseitigung von Hindernissen des richtigen. Denn im schöpferischen Handeln bewegt sich der Mensch „ohne äußere Sicherung des richtigen Weges, nur vom Ziel selbst geleitet […] in freiem Überblick über die Lage auf dieses zu" (Metzger 1962, S. 184).

Spielräume zur Orientierung und Sicherheit

Das menschliche Gehirn ist eine Kreativitätsmaschine. „Inmitten von Chaos und Mehrdeutigkeiten sucht es nach Mustern und konstruiert Modelle der komplexen Realität um uns herum. Diese Suche nach Ordnung und Gesetzmäßigkeiten ist das Kernanliegen von Künstlern und Wissenschaftlern gleichermaßen." (Kandel 2014, S. 580). Seine Produktion, etwa im Spiel oder im bildhaften Gestalten, bewegt sich auf einem Kontinuum, das sich zwischen den Prinzipien der biologischen Grundausstattung und den kulturellen Bezugssystemen aufspannt, die wir uns im Laufe unseres Lebens angeeignet haben.

Beide Extreme tragen dazu bei, Orientierung und Sicherheit zu vermitteln, das Ordnen und Strukturieren im Ausdruckshandeln, wie auch die Reproduktion von Vorlagen einer aktuell vorherrschenden Popkultur. Bereits sehr früh zeigen sich im Verlaufe der kindlichen Entwicklung parallel zur Wahrnehmung in der spielenden und darstellenden Produktion ordnende Gruppenbildungen, die sich später ausdifferenzieren. Der Gestaltpsychologe Max Wertheimer hat als erster wissenschaftlich untersucht und beschrieben, welche grundlegenden Prinzipien die menschliche Wahrnehmung auszeichnen und diese Prozesse steuern (vgl. Köhler 1971, S. 42-44). Menschen, die das Glück haben, mit Selbstachtung und der Fähigkeit zu Flexibilität und Fantasie aufzuwachsen, können dieses Kontinuum wie ein Sprungbrett nutzen. Sie besitzen selbst in unseren, in einem umfassenden Sinn, materialistischen Gesellschaften, einen spezifischen Vorteil, denn sie haben gelernt, nach eigenen Maßstäben zu denken und zu handeln. Unsere kulturellen und künstlerischen Spielräume halten beides bereit: attraktive Herausforderungen an Flexibilität und Fantasie und einen Geräteraum angefüllt mit Sprungbrettern.

Spielräume für Kompetenzerlebnisse

Der Wunsch und die Fähigkeit, sich durch Spielen und Gestalten auszudrücken, ist tief in uns verwurzelt. „Jeder kennt die Hingabe, mit der Kleinkinder Zimmerwände bemalen oder ihrem Körper eine Art von Tätowierung verpassen, indem sie sich mit weißer oder roter Sauce Arme und Gesicht einreiben. Im Laufe der Zeit ändert das heranwachsende Kind natürlich Malstil und Technik – aber leider oft auch seine innere Einstellung." (Ehrlich & Vopel 1992, S. 9). Seit gut drei Generationen verschieben kulturelle Spiel- und Erfahrungsräume ihre Schwerpunkte stetig fort von der Lust am eigenen Formen und Gestalten hin zur Rezeption industriell hergestellter Bilder, Szenerien und akustischer Ereignisse, die uns eine allgegenwärtige Konsumindustrie erfolgreich als Bedürfnisse verkauft. Zugunsten der materiellen Profitoptimierung für Produzent*innen und Zwischenhändler*innen bezahlen immer mehr Menschen einen hohen Preis dafür, ihre Zeit in ansonsten sinnfreien Scheinwelten des Konsums zu verbringen. Glücklicherweise ist es nicht schwierig, Kinder und Jugendliche für die produktiven Varianten der kulturellen Spiel- und Erfahrungsräume zu motivieren. Jeder Mensch kann unmittelbar erleben, wie unkompliziert Bilder der eigenen Fantasie Gestalt annehmen können und sich darüber anderen Menschen mitteilen lassen. Die damit verbundene Befriedigung stärkt die Persönlichkeit und gibt ein umfassendes Kompetenzerlebnis. „Denn die materielle Arbeit in der Kunst [...] ist das Einzige, was es Künstlern ermöglicht, auf etwas zu stoßen, was sie nicht von vornherein wussten oder beabsichtigten. Die Einbeziehung von Theorie [...] führt hingegen fast immer zu einer Kunst, die nur illustriert, was die Künstler schon vorher wussten und was auch die Betrachter bereits wussten, noch bevor sie das Kunstwerk sahen." (Pfaller 2020, S. 107).

Spielräume für Humor und Genussfähigkeit

Kinder lernen gut, wenn sie Interesse entwickeln, Engagement und Freude ... besonders gut aber, wenn eine Prise Humor dazukommt. Humorvolle Menschen gehen leichter durchs Lebens als Menschen, die vorwiegend nüchtern denken oder unter Depressionen leiden. Humor ist ein positiver Faktor in der Entwicklung von Resilienz. Er fördert die psychische Widerstandskraft, regt Selbstheilungskräfte an, unterstützt medizinische und psychotherapeutische Behandlungen und erhöht Schmerztoleranz und die Immunabwehr (vgl. Vaas 2016).

In einem philosophischen Sinne kann Humor auch zur Daseinsbewältigung beitragen. Das Komische enthüllt nicht nur die vielfältigen Wirklichkeiten der Welt, sondern auch die Zerbrechlichkeit dessen, was uns als Realität erscheint. „Schon vor Camus hatte der Begründer der modernen Existenzphilosophie, Sören Kierkegaard, auf die Notwendigkeit, über das Absurde des Lebens zu lachen, aufmerksam gemacht: Es sei die Diskrepanz zwischen dem Ideal eines sinnerfüllten Lebens und den alltäglichen sinnlosen Handlungsritualen, die einen zum Lachen treibe. [...] Das Lachen ‚ent-spanne‘ die alltäglichen wie die grundsätzlichen Widersprüche und entlaste diejenigen, die zwar um die Unvereinbarkeit der Gegensätze wissen, aber auch entgegen der Maßgaben des eigenen Verstands verzweifelt nach Sinn suchen." Schon der römische Philosoph Seneca riet beim Versuch, missliche Lagen zu verarbeiten, zum Humor: „Menschlicher ist es, über das Leben zu lachen als zu klagen" (vgl. Reusch 2016, S. 5).

In einer anregenden Atmosphäre können Kinder ihre eigenen phänomenalen Wahrheiten lustvoll „mit Händen und Füßen" in Bildern realisieren. In einer Welt wachsender Virtualisierung und Passivität wird es immer wichtiger, Kinder in ihrer sensorischen und motorischen Erlebensvielfalt nicht verarmen zu lassen. Die technischen Medien können ein Schaffen und Verstehen, das sich über Haut, Muskeln und Sinnesorgane vermittelt, nicht ersetzen. Bestenfalls sind sie in der Lage, Spielräume abzustecken. Wo sie als Ersatz dienen, entsteht eine Entfremdung und Leere.

Zusammenfassung

Je früher und umfassender junge Menschen einen Zugang zu Bildung erhalten, wie sie in kulturellen und künstlerischen Spielräumen vermittelt wird, umso mehr trägt die dabei entstehende persönliche wie gesellschaftliche Resilienz zu einer schadenreduzierten und lehrreichen Überwindung von Krisen bei. Kinder, denen die Gelegenheit gegeben wird, eigene Ideen zu entwickeln und ihrer Fantasie freien Lauf zu lassen, spüren nicht nur, was ihnen Freude macht, sondern lernen auch, die Regulation ihrer Emotionen selbst in die Hand zu nehmen. Das Erlernen von Möglichkeiten, gute Gefühle, Befriedigung und Erfolg selbst verursachen zu können, macht unabhängig von den Spaßangeboten anderer Menschen, resistent gegen billige Konsumversprechen und fördert ein positives Selbstwertgefühl. Kinder, die an ihre eigenen Fähigkeiten glauben, können Krisen souveräner angehen als Kinder, die sich als schwach und hilflos erleben. Die Entwicklung der emotionalen Selbstregulation ist zudem ein zentraler Schutzmechanismus gegen Suchtverhalten und viele andere psychische Störungen. Als solcher kann sie nicht früh genug gefördert werden. Beides, die emotionale Autonomie wie auch die Abhängigkeit der emotionalen Regulierung durch andere Menschen wie Eltern, Erzieher*innen oder Gleichaltrige, wirkt zurück auf jeden Schritt der psychosozialen Kindheitsentwicklung.

Literatur

Akinsulure-Smith, Adeyinka M. (2009). Brief psychoeducational group treatment with re-traumatized refugees and asylum seekers. In: Journal of Specialists in Group Work. 34/2009. London: Taylor & Francis.

Bean, Reynold (1994). Kreative Kinder. Reinbek bei Hamburg: Rowohlt.

Clowns ohne Grenzen Deutschland e.V. Shows in Krisengebieten. https://clownsohnegrenzen.org/ueber-uns/ [Zugriff: 30.05.2021]

Cohen, Judith A./Mannarino, Anthony P./Deblinger, Esther (2009). Traumafokussierte kognitive Verhaltenstherapie bei Kindern und Jugendlichen. Heidelberg: Springer.

Cutajar, Margaret C./Mullen, Paul E./Ogloff, James R. P./Thomas, Stuart D./Wells, David L./Spataro, Josie (2010). Psychopathology in a large cohort of sexually abused children followed up to 43 years. In: Child Abuse & Neglect, 11/2010. Oxford: Elsevier.

De Rosnay, Joël (1979). Das Makroskop. Systemdenken als Werkzeug der Ökogesellschaft. Reinbek bei Hamburg: Rowohlt.

Ehrlich, Miriam/Vopel, Klaus W. (1992). Malen und Formen. Band 2 der Reihe Wege des Staunens, Übungen für die rechte Hemisphäre. Hamburg: iskopress.

Hirsch, Mathias (2014). Modifizierte psychoanalytische Psychotherapie traumatisierter Patienten. In: Psychotherapeutenjournal, 1/2014. Heidelberg: medhochzwei Verlag.

Kandel, Eric (2014). Das Zeitalter der Erkenntnis. Die Erforschung des Unbewussten in Kunst, Geist und Gehirn von der Wiener Moderne bis heute. München: Siedler.

Köhler, Wolfgang (1971). Die Aufgabe der Gestaltpsychologie. Berlin/New York: Walter de Gruyter.

Landolt, Markus A./Schnyder, Ulrich/Maier, Thomas/Schoenbucher, Verena/Mohler-Kuo, Meichun (2013). Trauma exposure and Posttraumatic Stress Disorder in adolescents. A rational survey in Switzerland. In: Journal of Traumatic Stress, 26/2013. Hoboken, New Jersey: Wiley-Blackwell.

Leppich, Gerd (1995). Motivation Berufstätiger zur Weiterbildung: eine empirische Studie am Beispiel der Akademiker-Gesellschaft für Erwachsenenfortbildung mbh AKAD. Berlin: Mikroform/Hochschulschrift der Freien Universität Berlin.

Leppich, Gerd (2000a). Evaluation eines Präventionsprogrammes zur Risikominderung se-xuell motivierter Gewalt. In: Informationsdienst Kindesmisshandlung und Vernachlässigung, 2/2000. Köln: DGgKV.

Leppich, Gerd (2000b). Entwicklung und Implementierung eines Instrumentes zur Verhalten-seinschätzung als Grundlage für eine effektive und vernetzte Erziehungs- und Behandlungs-planung in der stationären Jugendhilfe. In: Pädagogischer Rundbrief, 3/2000. München: LVkE.

Leppich, Gerd (2002). Das Penzberger Präventionsprogramm zur Risikominderung sexueller Gewalt. In: Prävention & Prophylaxe, 3/2002. Berlin: Die Jonglerie.

Leppich, Gerd (2006). Sexueller Missbrauch unter Kindern und Jugendlichen in Einrichtungen der Jugendhilfe. In: Forum Erziehungshilfen, 3/2006. Weinheim: Beltz/Juventa.

von Lersner, Ulrike (2020). Psychotherapie im kulturellen Kontext. In: Psychotherapeuten-journal, 4/2020. Heidelberg: medhochzwei Verlag.

May, Angela (1997). Prävention und Prophylaxe. In: Kavemann, Barbara/Bundesverein zur Prävention von sexuellem Mißbrauch an Mädchen und Jungen e.V. (Hrsg.) (1997). Prävention. Eine Investition in die Zukunft. Ruhnmark: Donna Vita.

Metzger, Wolfgang (1962). Schöpferische Freiheit. Frankfurt am Main: Waldemar Kramer.

Pfaller, Robert (2020). Die blitzenden Waffen. Über die Macht der Form. Frankfurt a.M.: Fischer.

Ravens-Sieberer, Ulrike/Wille, Nora/Bettge, Susanne/Erhart, Michael (2007). Psychische Gesundheit von Kindern und Jugendlichen in Deutschland. Ergebnisse aus der BELLA-Studie im Kinder- und Jugendgesundheitssurvey (KIGGS). http://bit.ly/V2BGik.

Reusch, Siegfried (2016). Philosophieren heißt Lachen! In: der blaue reiter – Journal für Philosophie, 2/2016. Hannover: Verlag für Philosophie Siegfried Reusch e.K.

Sarubin, Nina (2013). Sport als begleitende Maßnahme bei der Psychotherapie depressiver Patienten. In: Psychotherapeutenjournal, 3/2013. Heidelberg: medhochzwei Verlag.

Schmidt, Ronald G. M. (2020). Psychotherapie als Leistung in der Kinder- und Jugendhilfe des SGB VIII. In: Psychotherapeutenjournal, 1/2020. Heidelberg: medhochzwei Verlag.

Seel, Martin (2012). 111 Tugenden, 111 Laster. Eine philosophische Revue. Frankfurt a.M.: Fischer.

Spitzer, Nils (2019). Ungewissheitsintoleranz und die psychischen Folgen. Behandlungsleit-faden für Psychotherapie und Beratung. Berlin: Springer.

Vaas, Rüdiger (2016). Ein Witz der Evolution. In: der blaue reiter – Journal für Philosophie, 2/2016. Hannover: Verlag für Philosophie Siegfried Reusch e.K.

Wolf, Veronika/Eva van Keuk (2016). Abschiebungen von geflüchteten Patientinnen und Patienten aus der Regelversorgung. In: Psychotherapeutenjournal, 4/2016. Heidelberg: medhochzwei Verlag.

Christine Fuchs, Christina Madenach

Kulturelle Bildung und Gesundheit

STADTKULTUR Netzwerk Bayerischer Städte e.V. ist ein Zusammenschluss von derzeit knapp 60 Kommunen. Das Netzwerk wurde 1975 auf Initiative des Bayerischen Städtetags als Arbeitskreis für gemeinsame Kulturarbeit gegründet, um Kunst, Kultur und Kulturelle Bildung zu fördern. Neben thematischen Kulturveranstaltungsreihen, Formaten der Fortbildung zu Kulturmanagement und Kulturpolitik sowie kulturpolitischen und kulturwissenschaftlichen Tagungen führt das Städtenetzwerk landesweite Projekte zur Kulturellen Bildung durch.

Mit der gesundheitsfördernden Wirkung der Künste beschäftigt sich das Netzwerk STADT-KULTUR bereits seit 2017 im Rahmen des Wertebündnisprojekts zur Kulturellen Bildung „ich mach dich gesund". Eine Fortsetzung fand die Auseinandersetzung mit der Wechselwirkung zwischen Kultureller Bildung und Gesundheit in künstlerischen Workshops unter dem Titel „gesund*mit*kunst". Das von der AOK Bayern – Die Gesundheitskasse geförderte Pilotprojekt fand in den Jahren 2019/20 an 20 bayerischen Museen statt. Hauptziele waren die Förderung von Gesundheit und Resilienz der Bevölkerung mit und durch Kunst und Kultur sowie die Wahrnehmung eines Public-Health-Auftrags durch die Kultureinrichtungen. Die Medical School Hamburg war mit der Auswertung und Evaluation der Programme betraut. Das Ziel war es, Indikatoren für das Wirkungsmonitoring zu gewinnen – entlang der Fragestellung: Welche künstlerischen Inhalte und kunstpädagogischen Methoden wirken sich wie auf die Gesundheitsförderung aus?

„gesund*mit*kunst" – Zur Veranschaulichung: Drei beispielhafte Projekte Kultureller Bildung für junge Menschen

Come in, it's open!

„Come in, it's open!" verstand sich als Einladung und Aufforderung zugleich. Schüler-*innen im Alter von 13 bis 16 Jahren besuchten die Ausstellung „over 13 – reflections on an art space" in der städtischen Galerie Lothringer 13 Halle in München. Der Ausstellungsort – eine ehemalige Fabrikhalle ohne museale Anmutung – sollte niederschwellig für die Jugendlichen zugänglich und künstlerisch erfahrbar gemacht werden. Unter Leitung von Lilli Plodeck, Leiterin der Schule der Phantasie Gräfelfing gGmbH, und Luzi Gross, im kuratorischen Team der Lothringer 13, erprobten die Teilnehmenden situative und szenische Miniaturen als Rollenschnipsel. Die Aktionen wurden künstlerisch per Handyfotos und als Kurzfilme dokumentiert. An einem Raummodell der Lothringer 13 Halle wurden abschließend eigene Ideen und Vorschläge für eine mögliche Ausstellung besprochen unter dem Motto: „Was würden wir gerne in einem Museum zeigen, wenn wir selbst eine Ausstellung machen könnten?"

 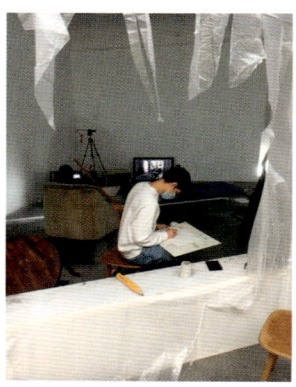 

Workshop: „Come in, it's open!" Fotos: Lilli Plodeck und Luzi Gross

Kunst der Verwandlung

Im Rahmen des Workshops bearbeiteten Jugendliche auf der Schwelle zum Erwachsenwerden das Thema „Identität". Dies geschah in Auseinandersetzung mit dem Thema Verwandlung durch körperbezogene Objekte, Kopfbedeckungen und Kostüme unter der Leitung der Kunstpädagogin und Lehrerin Nada Jordan und des Fotografen und Lehrers Gustav Bergmeier. Die Selbstinszenierungen wurden in passenden Umgebungen der Stadt Burghausen fotografiert und durch eine Ausstellung in der Studienkirche St. Josef gewürdigt. Die Jugendlichen loteten die Möglichkeiten und Variationen des eigenen Erscheinungsbildes aus. Durch selbstgeschaffene äußere Veränderungen konnte die Selbstwahrnehmung reflektiert und die eigene Erscheinung als gestaltbar wahrgenommen werden.

Ich – Du – Wir: Lust auf Selfies mal anders?

Das Museum Villa Stuck in München diente dem Workshop als neutraler Begegnungsort, an dem soziale Räume zum gemeinsamen Gestalten, Diskutieren, Reflektieren und Ausprobieren von Neuem entstehen konnten. Unter Leitung der Kunsttherapeutin/ Pädagogin Daniela Lechner und der Ergotherapeutin Doris Niemann beschäftigten sich die Teilnehmenden durch die Erstellung und Gestaltung eines Selbstporträts mit der Selbstwahrnehmung in Abgrenzung von kontrollierter Selbstdarstellung in neuen Medien und der damit einhergehenden Selbstoptimierung. In einem zweiten Schritt wurden durch die Darstellung des Gegenübers in einem Porträt und die Zusammensetzung der Einzelbilder zu einem Gesamtbild die sozial-kommunikativen Kompetenzen gefördert.

Warum Kulturelle Bildung und Gesundheit zusammengedacht werden müssen

Kunst der Verwandlung. Fotos 1/2: Gustav Bergmeier / Julia Payrits. Foto 3: Nada Jordan

Ich - Du - Wir. Fotos: Barbara Donaubauer

Im November 2019 hatte die WHO in einem umfassenden Bericht mehr als 900 wissenschaftliche Veröffentlichungen zu den Zusammenhängen zwischen den Künsten und der Gesundheit ausgewertet. Da sich kreative Beschäftigungen, so der Bericht, positiv auf die physische und psychische Gesundheit auswirken können, forderte die WHO eine Einbindung künstlerischer Aktivitäten in die Gesundheitsvorsorge (vgl. Östlin 2019).

Anlässlich der Corona-Pandemiemaßnahmen 2020 mahnte die Vorsitzende des Deutschen Kulturrats die Wahrung der kulturellen Teilhabe gerade in dieser Krisensituation an (vgl. Keuchel 2020), und der Rat für Kulturelle Bildung hob die Bewältigungsstrategien der Künste hervor (vgl. Rat für Kulturelle Bildung 2020) – also ihre Fähigkeit zur Resilienzstärkung. Als in der Corona-Pandemie Museen, Theater und Kinos schlossen, wurde spürbar, wie wichtig das öffentliche Kulturleben für den Umgang mit Isolation, für die Bewältigung von Einsamkeit und für das Sinn-Erleben ist (vgl. M. Fuchs 2014; Treptow 2016; Keupp 2014).

Auch andere Erlebnisse wie Trennungssituationen, wirtschaftliche Sorgen der Eltern, Leistungsdruck oder Mobbing in der Schule und mediale Reizüberflutung können Kinder und Jugendliche massiv belasten. Viele sind überfordert, und auch dort, wo die Gefährdung noch unterhalb der Krankheitsgrenze liegt, kann der gezielte Einsatz von Kunst und Kultur die Widerstandskräfte stärken und ernsthafte Erkrankungen verhindern (vgl. Melcher-Schönach 2019).

Um die Bereiche der Kulturellen Bildung und Gesundheit zusammenzuführen, ist es sinnvoll, von dem Gesundheitsbegriff der WHO auszugehen, der Gesundheit nicht als Abwesenheit von Krankheit versteht, sondern als einen „Zustand des vollständigen körperlichen, geistigen und sozialen Wohlbefindens" (Weltgesundheitsorganisation 1946/2014). Körper und Psyche sind ebenso angesprochen wie die soziale Gesundheit, wie gesellschaftliche Aspekte und kulturelle Unterschiede im Verständnis von Gesundheit und im Umgang mit Krankheit. Erweitert und dynamisiert wird dieser Gesundheitsbegriff durch den Begriff der Salutogenese, der bereits im 13. Kinder- und Jugendbericht der Bundesregierung aus dem Jahr 2009 aufgegriffen wurde und die Gesundheit nicht als einen Idealzustand definiert, sondern als einen ständigen Entwicklungsprozess im Sinne von Gesundheitsentwicklung (vgl. Bundesregierung/Bundesministerium für Familie, Gesundheit, Frauen und Jugend 2009).

Um in diesem Sinne die Gesundheit zu entwickeln und zu fördern, müssen folgende zentrale Kernkompetenzen gestärkt werden:

› Selbstwahrnehmung, die sich auf das Erkennen der eigenen Person, des eigenen Charakters sowie auf eigene Stärken und Schwächen, Wünsche und Abneigungen bezieht.
› Empathie als die Fähigkeit, sich in andere Personen hineinzuversetzen.
› Kreatives Denken, das es ermöglicht, adäquate Entscheidungen zu treffen sowie Probleme konstruktiv zu lösen.
› Kritisches Denken als die Fertigkeit, Informationen und Erfahrungen objektiv zu analysieren.
› Die Fähigkeit, Entscheidungen zu treffen, die dazu beiträgt, konstruktiv mit Entscheidungen im Alltag umzugehen.
› Problemlösefertigkeit, um Schwierigkeiten und Konflikte im Alltag konstruktiv anzugehen.

> Kommunikative Kompetenz, die dazu beiträgt, sich kultur- und situationsgemäß sowohl verbal als auch nonverbal auszudrücken.
> Interpersonale Beziehungsfertigkeiten, die dazu befähigen, Freundschaften zu schließen und aufrechtzuerhalten.
> Gefühlsbewältigung als die Fertigkeit, sich der eigenen Gefühle und denen anderer bewusst zu werden, angemessen mit Gefühlen umzugehen sowie zu erkennen, wie Gefühle Verhalten beeinflussen.
> Die Fähigkeit der Stressbewältigung, um einerseits Ursachen und Auswirkungen von Stress im Alltag zu erkennen und andererseits Stress reduzierende Verhaltensweisen zu erlernen (Bühler/Heppekausen 2005, S. 11–16).

Diese Kernkompetenzen decken sich mit den Merkmalen, die im Rahmen der Kulturellen Bildung als Qualitätsmerkmale gefordert werden. Gesundheitsförderung und Kulturelle Bildung verfolgen in weiten Teilen vergleichbare Entwicklungsziele hinsichtlich der zu erwerbenden Kompetenzen. Beide intendieren die Ausbildung von Kohärenz (vgl. Keupp 2014), die Stärkung von Selbstwirksamkeit, Selbstbewusstsein sowie Beziehungs- und Empathiefähigkeit (vgl. BMFJFS 2009, S. 67). Kulturelle Bildung wie Gesundheitsförderung richten sich grundsätzlich an alle Menschen – und eben nicht nur an solche mit einem bestimmten Krankheitsbild, einem gewissen Defizit oder einem sogenannten Förderbedarf.

Erfahrungsbericht „gesund*mit*kunst" – Wie funktioniert das?

Das Projekt „gesund*mit*kunst" brachte zwei bisher völlig fremde Bereiche mit unterschiedlichen Logiken zusammen: Kultur und Gesundheit.

gesund*mit*kunst

In der bisher noch unbekannten Kombination von Kultureller Bildung und Gesundheitsförderung waren besondere Anforderungen entstanden – sowohl hinsichtlich der Qualitätserfordernisse der Workshopleiter*innen als auch in der Abstimmungs- und Planungsarbeit mit den Partner*innen aus den Gesundheitsbereichen. Dies hat vor allem mit den verschiedenen Begrifflichkeiten zu tun, die in den unterschiedlichen Bereichen verwendet werden. Auch gibt es bisher wenig Expertise und Erfahrungswissen in diesem Gebiet, wodurch alle Prozesse neu gedacht und Möglichkeiten erschlossen werden mussten. Eine besondere Herausforderung stellte auch die Konzeption der Workshops dar, da hier häufig ein experimenteller und ergebnisoffener Ansatz als notwendig erachtet wurde, um potenzielle Blockaden der Teilnehmenden zu lösen und ihren Bedürfnissen gerecht zu werden. Dennoch kann eine positive Bilanz gezogen werden.

Die Workshopleiter*innen berichteten u.a.,

› dass der niederschwellige Zugang zu musealen Räumen zu mehr Selbstermäch-
tigung der Teilnehmenden führte;

› dass durch die künstlerische Auseinandersetzung vor Ort Mut entstand, sich im
Raum zu bewegen und sich zu zeigen, wodurch eine ganz neue Selbstverständlichkeit hergestellt werden konnte;

› dass die unvoreingenommene, von eigenen Wahrnehmungen geprägte Kunstbe-
trachtung in selbstbestimmtes Handeln umgewandelt werden konnte;

› dass die vielfältigen Möglichkeiten des eigenverantwortlichen Gestaltens, den Teilnehmenden half, ihre Selbstwahrnehmung zu verbessern und ihre Fähigkeiten zu erkennen;

› dass die Teilnehmenden eigene Ideen entwickelten und kreativ umsetzten, wodurch
ihr Selbstbewusstsein gefestigt werden konnte;

› dass das Bewusstsein gestärkt wurde, eigenen Empfindungen zu trauen und sie
wertfrei in einen vielfältigen Gesamtkontext zu setzen;

› dass das gemeinsame Arbeiten in den Gruppen sehr gut funktionierte, sodass die
Teilnehmenden zu intensivem Austausch angeregt wurden;

› dass das gegenseitige positive Feedback den Teilnehmenden Anerkennung und
Wertschätzung einbrachte.

Eine detaillierte Auswertung aller Workshops beinhaltet der Evaluationsbericht der
Medical School Hamburg.

Besonders erfolgreich war das Projekt in Hinblick auf die Sensibilisierung für die Thematik
und die kultur- und gesundheitsfördernde Öffentlichkeitsarbeit. Das Thema ist auf politi-
scher Ebene angekommen und die Nachfrage nach weiteren Angeboten wächst und wird
auch von den Workshopleiter*innen noch nach Abschluss des Projekts immer wieder mit-
geteilt. Im Hinblick auf die aktuelle kultur- und gesundheitspolitische Debatte zur Resilienz-
Stärkung kultureller Angebote nach Corona erweist sich das Projekt als zukunftsweisend.

Ausblick – Was ist zu tun?

Die Erfahrungen aus diesem Projekt bieten zahlreiche Anknüpfungspunkte für weitere
Initiativen. Künstlerische Betätigung zur Gesundheitsförderung hat die Ausbildung und
Stärkung gesundheitsrelevanter Schutzfaktoren zum Ziel. Diese gesundheitsfördernden
Wirkungen entfalten sich durch die heilsame Ausgestaltung innerer Wahrnehmungen,
durch das Hervorrufen, Darstellen, Betrachten und Bearbeiten von Gedanken und
Emotionen mittels der Künste. Diese stärken die Resilienz und können gezielt eingesetzt
werden. Was läge daher näher, als die Gesundheitsförderung stärker in der Kulturellen
Bildung zu verankern und die spezifischen Potenziale der Künste hierfür zu nutzen?

Als plurales Netzwerk ist STADTKULTUR mit den Perspektiven aus unterschiedlichen Feldern der Kulturellen Bildung vertraut. Politik, Verwaltung und Praxis stehen vor teilweise sehr unterschiedlichen Herausforderungen – so werden einerseits politische Strategien verfolgt, andererseits stehen fachliche Anliegen im Zentrum. Ein Zusammendenken von Gesundheit und Kultureller Bildung könnte aber Chancen auf mehreren Ebenen eröffnen.

Das Anliegen der Kulturellen Bildung – Kulturelle Teilhabe im Sinne gesellschaftlicher Teilhabe, Partizipation von Kindern und Jugendlichen, die aktive Gestaltung von Gesellschaft und die Schaffung neuer Lernkulturen für gesellschaftliche Entwicklungsprozesse – könnte durch die Öffnung für den Gesundheitsbereich erweitert und ergänzt werden.

› In der Kulturellen Bildung können Ansätze und Programmformate entstehen, die u.a. Selbstwirksamkeit, Empathie und Stressbewältigung besser fördern. Gesundheitsfördernde Aspekte können in der Kulturellen Bildung eingesetzt und genutzt werden, indem diese gezielt für Bildungsangebote aufbereitet werden.

› Für die Einrichtungen Kultureller Bildung bietet eine Öffnung für die Bedarfe aus dem Gesundheitsbereich neue Möglichkeiten, zum Beispiel im Erarbeiten und Bereitstellen von kunstbasierten Gesundheitsförderprogrammen.

› Mit gesundheitsfördernden Programmen können neue Besucher*innenkreise erschlossen und neue Partner*innen und Allianzen gefunden werden. Der Wirkungsradius der Kulturellen Bildung könnte somit erweitert und Personenkreise für Kulturelle Bildungsangebote gewonnen werden, die bisher wenig Zugang dazu hatten.

› Die Kultureinrichtungen können dadurch ihre gesellschaftliche Wirksamkeit erhöhen.

› Außerdem könnte ein gezieltes Zusammenarbeiten zwischen Kultureinrichtungen, Gesundheits- und Sozialämtern entstehen, die sich beispielsweise in Fragen der Suchtprävention, der Trauerarbeit oder der Resilienz verbinden.

› Und schließlich könnte die Öffnung des Gesundheitsbereichs für die Kulturelle Bildung dazu beitragen, die Vorstellungen von Gesundheit zu hinterfragen, die sich im Leben junger Menschen auch als „Krankheitsbilder" zeigen können – nämlich dann, wenn sie den Idealen einer Gesundheit nicht genügen, die sich an Leistungsfähigkeit orientiert.

Eine Zusammenführung der Bereiche Kulturelle Bildung und Gesundheit hätte auch kulturpolitische Konsequenzen. Wenn der Blick für das Potenzial der gesundheitsfördernden Wirkung der Künste geöffnet würde, könnten die Kulturinstitutionen einen Beitrag zur Gesundheit im Sinne der „Public Health" (Adli 2018, S. 89) leisten. Damit würde auch auf die Rolle der Kulturellen Bildung, die sie in einer kunstbasierten Gesundheitsversorgung gesamtgesellschaftlich spielen könnte, aufmerksam gemacht werden. Gerade in Anbetracht der Pandemie wäre das ein weiteres Feld, um die Bedeutung und Relevanz von Kultur und Kultureller Bildung zu belegen und zu verteidigen.

Literatur

Adli, Mazda (2018). Macht Stadt krank? In: Fuchs, Christine/STADTKULTUR (Hrsg.). Für eine Stadtkultur der Resilienz. Ingolstadt.

Bühler, Anneke/Heppekausen, Katharina (2005). Gesundheitsförderung durch Lebenskompetenzprogramme in Deutschland: Grundlagen und kommentierte Übersicht. Köln: Bundeszentrale für gesundheitliche Aufklärung.

Bundesregierung/Bundesministerium für Familie, Gesundheit, Frauen und Jugend (2009). 13. Kinder- und Jugendbericht. Bericht über die Lebenssituation junger Menschen und die Leistungen der Kinder- und Jugendhilfe in Deutschland. www.bundesregierung.de/breg-de/service/publikationen/13-kinder-und-jugendbericht- 729048 [Zugriff: 30.04.2020]

Fuchs, Max (2014). Ästhetische Qualität in pädagogischen Prozessen. Ein Beitrag zur Strukturierung des Diskurses und als Impuls für die Forschung. In: Kulturelle Bildung Online. www.kubi-online.de/artikel/aesthetische-qualitaet-paedagogischen-prozessen-beitrag-zur-strukturierung-des-diskurses [Zugriff: 22.05.2020]

Keuchel, Susanne (2020). Kulturelle Teilhabe in der Corona-Krise: Was jetzt nötig ist. Interview. www.bkj.de/inklusion/wissensbasis/beitrag/kulturelle-teilhabe-in-der-corona-krise-was-jetzt-noetig-ist/ [Zugriff: 30.06.2020]

Keupp, Heiner (2014/2008). Sozialpsychologische Dimensionen der Teilhabe. In: Kulturelle Bildung Online. www.kubi-online.de/artikel/sozialpsychologische-dimensionen-teilhabe [Zugriff: 26.05.2020]

Melcher-Schönach, Christine (2019). Zur Bedeutung der kunsttherapeutischen Angebote an Schulen. Beitrag zur Arbeitstagung „Kunsttherapie als Prävention im schulischen Kontext", 25./26.01.2019, Hochschule für Kunst und Therapie Nürtingen. www.hfwu.de/studium/studienangebot/kunsttherapie-master/kunsttherapie-und- schule/#c46435-2 [Zugriff: 30.04.2020]

Östlin, Piroska (2019). Lassen sich durch Tanzen Gesundheit und Wohlbefinden verbessern? www.euro.who.int/de/media-centre/sections/press-releases/2019/can-you-dance-your-way-to-better-health-and-well-being-for-the-first-time,-who-studies-the-link-between-arts-and-health [Zugriff: 30.04.2020]

Rat für Kulturelle Bildung (2020). Kulturelle Bildung und Corona: Was uns die Krise lehrt. Position des Rates für Kulturelle Bildung. www.rat-kulturelle-bildung.de [Zugriff: 29.04.2020]

Treptow, Rainer (2016). Hand in Hand. Soziale Arbeit und Kulturelle Bildung. In: Kulturelle Bildung Online. www.kubi-online.de/artikel/hand-hand-soziale-arbeit-kulturelle-bildung [Zugriff: 29.04.2020]

Weltgesundheitsorganisation (1946/2014). Verfassung der Weltgesundheitsorganisation. www.admin.ch/opc/de/classified-compilation/19460131/201405080000/0.810.1.pdf [Zugriff: 30.04.2020]

Dieter Rossmeissl

Kultur macht stark – Bildung auch

Resilient durch Kultur und ihre Bildung

Zu Beginn war es für die Kinder eine Katastrophe: ausgesetzt allein im Wald, die vorsorglich gelegte Spur für eine Rückkehr verloren und schließlich zwangsintegriert in einer fremdbestimmten Lebenswelt, die sich zunächst als unsicher, dann sogar als feindlich, ja als lebensbedrohlich erwies. Das Hexenhaus war für Hänsel und Gretel ein Kulturschock. Aber die Kinder erlernten rasch die Bedingungen dieser durch eine Hexe geprägten Situation, sahen sich zur Sicherung des eigenen Überlebens gezwungen, daraus ungewöhnliche Verhaltensweisen abzuleiten und kamen so gestärkt und (im wörtlichen Sinn) bereichert aus der Krise heraus. Hänsel und Gretel erzählen uns die Geschichte, wie Resilienz entsteht, welche Rolle Kultur und Lernen dabei spielen und welche Erfolge sich daraus ergeben.

Dabei ist Resilienz nicht gleichzusetzen mit der Fähigkeit, allen Gefahren mit Stärke unangefochten zu widerstehen. Diese Forderung wäre für die meisten Menschen weder realistisch noch sensibel. Resilienz bedeutet nicht, von Katastrophen unbeeindruckt zu bleiben. In der Physik bezeichnet der Begriff vielmehr die Fähigkeit von Stoffen, sich unter Druck zwar zu verformen, ihm nachzugeben und ihn aufzunehmen, danach aber wieder zu seiner Ausgangsform zurückkehren zu können. In der Psychologie geht es entsprechend um die Fähigkeit, Krisen nicht durch starres Festhalten an bekannten Strategien zu begegnen mit dem Risiko, am Scheitern zu zerbrechen, sondern flexibel eine nachhaltige Lösung zu finden. Die Corona-Pandemie hat diese Krisensituation vor allem für junge Menschen auf lebenszeitrelevante Dauer und damit zum Alltagsdruck ausgedehnt.

Die Corona-Pandemie wird nicht die einzige Krise mit lebensintervenierenden Folgen bleiben – auch wenn wir nicht wissen, worin künftige Krisen bestehen und noch weniger, welche Mittel zu ihrer Bewältigung taugen. Hinter dieser Unsicherheit steht eine Frage, die seit Wilhelm von Humboldt im Kern gleich geblieben ist: „Wie bewältige ich es, dass die Zukunft unsicher ist?" (Heinz-Elmar Tenorth, zitiert von Paulsen 2006, S. 144 f.)

Die Beantwortung dieser Fragen zielt auf den Kern von Resilienz. Es geht um Schutzfaktoren, die helfen, Resilienz zu entwickeln:

> positives Selbstbewusstsein, um Krisen als bewältigbare Aufgabe wahrzunehmen
> Flexibilität, um Alternativen zum Umgang mit den Problemen zu finden
> Lernfähigkeit, um sich veränderten Bedingungen anzupassen
> Kreativität schließlich, um neue Lösungen für neue Probleme zu finden.

Die Vorstellung, dass diese Bedingungen nicht einfach gegeben sein müssen, sondern als erlernbares Ziel erreichbar sind, fußt auf einem optimistischen Menschenbild, das jeder Bildung zugrunde liegt: Sie sieht den Menschen „als handlungs-, gestaltungs- und bildungswilligen Akteur" (Rat für Kulturelle Bildung 2014, S. 26)

Diese Bildungsprozesse ereignen sich in einer integralen Vermengung formaler, nonformaler und informeller Lernsituationen. Ein erhellendes Beispiel dafür liefert Bert Brecht in seinen „Flüchtlingsgesprächen":

> „Der Lehrer der französischen Sprache ... huldigte einer bösartigen Göttin, die schreckliche Opfer verlangt, der Gerechtigkeit. Am geschicktesten zog daraus mein Mitschüler B. Nutzen. Bei der Korrektur der schriftlichen Arbeiten, von deren Güte das Aufrücken in die nächste Klasse abhing, pflegte der Lehrer auf einem besonderen Bogen die Anzahl der Fehler hinter jedem Namen zu notieren... In den Arbeiten selber waren die Fehler rot unterstrichen. Nun versuchten die Unbegabten mitunter, mit Federmessern ein paar rote Striche auszuradieren, nach vorn zu gehen und den Lehrer darauf aufmerksam zu machen, dass die Gesamtfehlerzahl nicht stimmte, sondern zu groß angegeben war. Der Lehrer nahm dann einfach das Papier auf, hielt es seitwärts und bemerkte die glatten Stellen, die durch die Politur mit dem Daumennagel auf der radierten Fläche entstanden waren. B. ging anders vor. Er unterstrich in seiner schon korrigierten Arbeit mit roter Tusche einige vollkommen richtige Passagen und ging gekränkt nach vorn, zu fragen, was denn da falsch sei. Der Lehrer musste zugeben, dass da nichts falsch sei, selber seine roten Striche ausradieren und auf seinem Blatt die Gesamtfehlerzahl herabsetzen. Dadurch änderte sich dann natürlich auch die Note. Man wird zugeben, dass dieser Schüler in der Schule denken gelernt hatte." (Brecht 1940, S. 1402)

Brecht zieht daraus die Konsequenz, in einer auf Betrug aufgebauten Gesellschaft müsse man das Betrügen lernen, um zu überleben. Das ist keine Anklage gegen die Schule, keine Kritik formalen Lernens. Aber es beschreibt die Notwendigkeit zu lernen, wie man mit prekären Situationen und Lebenslagen umgeht, wie man dem Druck nachgibt, um daraus Erfolg zu entwickeln.

Das Lernen für die Krise kann aus der Krise erwachsen; klüger ist es, vorbeugend zu lernen. Schon in Kindertagesstätten geht es nicht nur um die Ermöglichung der ökonomischen Gestaltungsfreiheit der Eltern[1], sondern um die Eingewöhnung in die Mitgestaltung sozialer und kultureller Bezugssysteme. Die dabei gemachten kindlichen Erfahrungen von Selbstwirksamkeit und Kompetenzerleben sind wichtige Beiträge zur Resilienz der eigenen Person. Sie sind langfristig auch eine Motivation zur gesellschaftlichen wie politischen Teilnahme und damit Transformation der Gesellschaft.

Basis dieses Lernens sind der Konflikt und das Gefühl einer verloren gegangenen Sicherheit. Erst die Erfahrung, die mit dem Verlust einer gesichert geglaubten Position

---

1   Für die immer größere Anzahl Alleinerziehender geht es weniger um die Freiheit eigener Lebensgestaltung als oft vielmehr um die schlichte Notwendigkeit wirtschaftlichen Überlebens in angemessenem sozialen Umfeld.

schmerzvoll gemacht wird, zwingt zur Suche nach Lösungen. Dabei liegt der Wunsch nahe, solche Lösungen aus einem Fundus vertrauter, gesicherter Modelle beziehen zu können. Je intransparenter die Veränderung jedoch ist, je überraschender und je unklarer Richtung und Ziel sind, desto weniger stehen solche Lösungen zur Verfügung. Die Suche muss sich deshalb auf das Feld unbekannter Erfahrungen einlassen.

Wir wissen nicht, wie die Welt morgen aussehen wird, aber mit großer Wahrscheinlichkeit wird sie digitaler sein, hoch divers und in immer rascherem Wandel begriffen. Kognitives Wissen wird – wir sehen die Entwicklung schon heute – zunehmend auf Algorithmen übertragen, und die Aufgabe der Menschen wird sein, dieses ausgelagerte Wissen auf humane Lebensbedingungen zu transferieren. Bildung kann nicht die Welt der Zukunft antizipieren, da wir diese nicht kennen. Bildung muss vielmehr dazu befähigen, eine veränderte und sich verändernde Welt zu konstruieren. Das Denken in Alternativen und Gegensätzen, die Interaktion im ko-konstruktiven Kontext sowie die Unsicherheit der Transformation sind dafür nicht nur auszuhalten, sondern Faktoren des Gelingens.

Wir kennen dieses Konfliktmodell aus Hegels Beschreibung dialektischen Fortschritts: Die eine These provoziert ihren Gegenpart und die Dichotomie wird aufgehoben in einer anderen (höheren) Ebene und zugleich in ihrer Gegensätzlichkeit. Da diese neue These wieder ihren Widerpart evoziert, ist der dialektische Prozess unendlich. Bedingung dieses Prozesses ist es folglich, zu jeder Lage Alternativen entwickeln zu können, die vorher nicht erkennbar waren. Mit der Notwendigkeit von Alternativen aber sind wir mitten in Kultur und Kultureller Bildung gelandet.

Das Interesse, Alternativpositionen zu entwickeln, fußt auf dem Hauptmotiv jeden intrinsisch motivierten Lernens: der Neugier. Sie ist es, die lehrt, Veränderungen nicht zu fürchten, sondern zu wünschen und als möglich zu glauben.

Die Produktion von Kunstwerken erscheint geradezu als Metapher: Sie sind das Produkt eines oft langen Arbeitsprozesses, an dessen Anfang nicht immer eine klare Vorstellung davon steht, wie das Endprodukt gestaltet sein wird. Dieser Prozess ist „nicht ohne Störungen und Momente des Scheiterns zu denken… Die Künste bieten hier die Möglichkeit, mit unplanbaren Veränderungen, Störungen und Irritationen bewusst umzugehen und sie auszuhalten." (So die Beschreibung von Resilienz in: Rat für Kulturelle Bildung, S. 45) Jugendkunstschulen und kulturelle Spielstätten sind Orte solcher Erfahrungen schon im Kindes- und Jugendalter. Auch die Schule kann sie im Rahmen kommunaler Kultur- und Bildungslandschaften vermitteln. Dabei öffnet „Kulturpädagogik als dritte Kraft neben Schul- und Sozialpädagogik" (Przybilla/Rossmeissl 2006, S. 108) den Lebensraum zum Lernfeld resilienzfördernder Erfahrung.

Kulturelle Bildung fördert Kreativität, um neue Lösungen für neue Probleme zu finden. Kunst und Kultur kennen die pauschalen Kategorien von „Richtig" und „Falsch" nicht. Ohne sie aber muss das eigene Tun immer wieder kritisch befragt werden, um sich der eigenen

Position unter veränderten Bedingungen zu versichern. Diese Fähigkeit zur Selbstkritik fördert das Bewusstsein von Eigenwirksamkeit und damit die Resilienz. (vgl. Rossmeissl 2019, S. 81) Es geht nicht um die Fähigkeit, bestimmte Ziele zu setzen und anzustreben, sondern um die Fähigkeit, diese immer wieder zu hinterfragen und unter veränderten Bedingungen immer wieder neu zu definieren. Anders gesagt: Es geht darum, zu jeder vertrauten Situation Alternativen denken und entwickeln zu können, um die Fähigkeit also zur permanenten Transformation.

Robert Musil bezeichnet diese Fähigkeit als „Möglichkeitssinn", der darin besteht, neben dem, was ist, „alles, was ebensogut sein könnte, zu denken und das, was ist, nicht wichtiger zu nehmen als das, was nicht ist." (Musil 1970, S. 16) Diese Möglichkeiten bestehen dann neben den Gegebenheiten, und jede Entscheidung für das eine ist zugleich eine gegen das andere. Da aber keine von beiden – oder von den vielen – klar als richtig oder falsch erkannt werden kann, erfordert der Möglichkeitssinn die Fähigkeit, Unsicherheiten, Ambivalenzen und Diversitäten nicht nur auszuhalten, sondern sie als Chance für kreative Reaktionen auf Transformationsprozesse und eigene Gestaltung zu begreifen.

> Resilienz ist nicht das Lernziel, das man erreichen muss, sondern ein Prozess, der sich in jeder Krise neu (weiter-)entwickelt. Sie ist kein Verhalten, sondern eine Haltung. Sie ist die Bewältigungsstrategie in Krisen!

Die Corona-Pandemie hat uns deutlich vor Augen geführt, wie wichtig die Fähigkeit zu einer resilienten Haltung ist. Sie hat uns vor eine bisher unbekannte Herausforderung gestellt, für die uns (zunächst) keine ausreichenden Lösungsmodelle zur Verfügung standen. Die Lösungen, die gesucht wurden – von Maskenpflicht über Hygieneverhalten bis zu Impfstoffen – waren über mehr als ein Jahr von Unsicherheiten, wechselnden und widersprüchlichen Empfehlungen und Rückschlägen geprägt. So suchten viele ihre Zuflucht zu vertrauten aber untauglichen Verhaltensweisen: die Ignorierung des Problems und Verweigerung jeder Gegenmaßnahme, die geistige Reduktion wissenschaftliche Erkenntnis, die populistische Radikalisierung in einer Melange rechter Meinungs-Influencer oder – gerade bei Kindern und Jugendlichen – im Rückzug auf Zukunftsängste oder gar Depression. Gemeinsam ist diesen Verhaltensweisen die Unfähigkeit, Zukunft als nachhaltig gestaltbar zu sehen, da sie keine Option enthalten, auf Neues neu und perspektivisch zu reagieren. Pointiert stellt Davide Brocchi dagegen fest: „Nachhaltigkeit ist ein Kind der Krise" und „ein Synonym von Resilienz". (Brocchi 2019, S. 5)

Wesentliche Faktoren, mit denen Kultur und Kulturelle Bildung zur Stärkung von Resilienz beitragen können, sind

> › eine aktive Fehlerkultur, die Fehler nicht als zu vermeidende Mängel versteht, sondern als Chance, Alternativen zu entwickeln, um sich und seine Umwelt zu verbessern

> die Förderung von Neugier als intrinsische Lernmotivation, ein Lernen also, das nicht nur auf die Kenntnis gewonnener Erfahrung aufbaut, sondern Lust macht, noch nicht gemachte Erfahrungen zu entdecken

> das Bewusstsein, dass Unklarheiten, Ambivalenzen und Unvorhersehbares zur Normalität des Lebens gehören und die Chance gestaltbarer Transition enthalten

> das Aushalten von Erfolglosigkeit und Enttäuschung (wie auch Kunstwerke oft nicht den Applaus des Publikums auf sich ziehen), weil Wirkung und Selbstwirksamkeit nicht vom Einzelereignis abhängen, sondern Prozesse personaler und sozialer Entwicklung sind

> die Verantwortung schließlich für das eigene Tun statt der Delegation an andere mit dem Ergebnis eigener Untätigkeit und dem Verkriechen in eine Opferrolle. Diese Verantwortung ist allerdings eingebunden in die Gestaltung der gesellschaftlichen Verhältnisse und nicht gleichzusetzen mit der liberalistischen Illusion, jeder sei seines Glückes Schmied und verdanke seinen wirtschaftlichen Erfolg nur der eigenen Leistung.

Das Bewusstsein eigener Wirksamkeit und Handlungsfähigkeit ist Voraussetzung für die Teilhabe an Gesellschaft, Politik und dem eigenen Leben. Resilienz ist notwendig für die Überlebensfähigkeit von Individuen und Gesellschaft gleichermaßen. Sie zu fördern liegt in der Kompetenz von Kultur und Kultureller Bildung. Sie ist somit kulturpolitische Aufgabe.

Literatur

Brecht, Bertolt (1940). Flüchtlingsgespräche. III. Über den Unmenschen/Geringe Forderungen der Schule. In: Gesammelte Werke Bd. 14. Suhrkamp.

Brocchi, Davide (2019). Wir brauchen einen Kulturwandel. In: Zukunft, hg. Bundesverband Soziokultur, Heft 2/2019, Berlin 2019.

Musil, Robert (1970). Der Mann ohne Eigenschaften. Hamburg: Rowohlt.

Paulsen, Susanne (2006). Welches Wissen braucht der Mensch? In: Geo, Heft 09/2006, Hamburg.

Przybilla, Andrea/Rossmeissl, Dieter (2006). Schulsozialpädagogik. Denken und Tun als Weg zum mündigen Menschen. Bad Heilbrunn: Klinkhardt.

Rat für Kulturelle Bildung (2014). Schön, dass ihr da seid. Kulturelle Bildung: Teilhabe und Zugänge. Essen.

Rossmeissl, Dieter (2019). Teilhabe durch Kulturelle Bildung. In: Braun, Tom/Hübner, Kerstin: Perspektive Ganztag?! Ganztägige Bildung mit Kultureller Bildung kinder- und jugendgerecht gestalten. München: kopaed.

Benjamin Jörissen, Leopold Klepacki

Krise, Kultur und die Fortsetzung des Lebens

Der Gedanke „Kultureller Resilienz"

Dass kultureller Wandel einen anhaltenden Transformationsprozess von tradierten Figurationen und Mustern menschlicher Existenz bedeutet, erscheint insofern einsichtig, als sich Kultur in Geschichtlichkeit manifestiert, die eben nicht statisch ist, sondern der eine kontingente Emergenzhaftigkeit zu eigen ist (vgl. z.B. Schäfer/Wimmer 2004). Dieses Moment der Kontingenz und Veränderbarkeit kann als Gegenstand kultureller *Bildungspraxis* thematisch werden (wie z.B. am Entstehen der Medienpädagogik ersichtlich); mindestens ebenso sollte es die Auffassung von Struktur und Gegenstand „kultureller Bildung" als solcher informieren, was also ein angemessenes Verständnis von „Kultur", „Bildung" und ihrem Zusammenhang vor dem Hintergrund des Faktums ihrer Transformativität einfordert.

Wir[1] entfalten unsere nachfolgenden Gedanken unter Bezug auf ein Verständnis von Kultur, das sich sowohl von normativen (idealistisch am Wahren, Schönen, Guten orientierten) als auch von universalistischen (sich auf die menschliche Kulturalität in ihrer Allgemeinheit beziehenden) und differenzierungstheoretischen (sich auf den Kultursektor einer Gesellschaft beziehenden) Kulturbegriffen abgrenzt. Wir schlagen vor, „Kultur" (1) als ein Konglomerat kollektiver sinnhafter Orientierungen in dicht vernetzten Lebenswelten zu verstehen, das sowohl aus sozialen Praktiken hervorgeht als auch diesen überhaupt erst Form und (somit) Bedeutung verleiht. Wir verstehen dieses Konglomerat (2) als ein Gefüge von eher implizit als explizit gelagerten Wahrnehmungs- und Wissensordnungen, das seine eigenen zeitlichen Dynamiken hervorbringt, sowohl im Sinne kultureller Zeitsemantiken und Zeitpraktiken als auch in Form materieller Besorgung des Vergangenen, Gegenwärtigen und Zukünftigen. Somit denken wir „Kultur" als ein zutiefst historisch konfiguriertes Phänomen, das sich in kollektiven symbolischen Orientierungs- und Artikulationsformen, in Routinen, Ritualisierungen und Ritualen, auch in Formaspekten materieller und infrastruktureller Konfigurationen sowie in institutionellen und politischen Formen explizit artikuliert (vgl. Jörissen 2018, S. 52) und das in diesen tradiert und dabei zugleich immer auch transformiert wird (vgl. Reckwitz 2012, S. 84 ff.). Die „Expliziertheit" der Kultur in diesem Sinne ist (3) Grundlage für die *Selbstreferenzialität* von Kultur, die sowohl auf epistemischer Ebene (z.B. Semantiken der Selbst- und Fremdbezeichnung,

1   Die nachfolgend sehr komprimiert dargebotenen gedanklichen Zusammenhänge sind Ergebnis langjähriger und intensiver intellektueller Zusammenarbeit beider Autoren. Eine Zuordnung von Einzelaspekten des Textes auf die Autoren als „Einzelsubjekte" wäre nur sehr bedingt plausibel. Daher treten wir hier namentlich zwar in alphabetischer Reihenfolge, inhaltlich aber als kollektiver Autor auf.

kulturbezogene Wissenspraktiken historiographischer und systematischer Art) wie auch auf der Ebene diskursiver ästhetisch-sinnlicher, in diesem Sinne „künstlerischer" Praxen (affirmativer oder dekonstruierender Bezug auf soziale, kosmologische oder ontologische Ordnungen von Wahrnehmungsweisen) in allen Kulturen eine konstitutive Rolle innehat. „Kultur" wirkt insgesamt vor dem Hintergrund dieser Merkmale (4) im Spannungsfeld sowohl *explizit* wie auch *implizit* wirksamer Orientierungsmuster *praxisermöglichend* und zugleich *praxisstrukturierend*, und sie bindet dabei *grundsätzlich* propositionale mit ästhetischen und emotionalen Vollzügen zusammen, d.h.: jedes Moment von Kultur *ist* bedeutsam, *erscheint* auf bedeutsame Weise und *betrifft* uns im Rahmen ihrer Bedeutsamkeiten. In diesem Rahmen präfiguriert Kultur als formierte und formative Praxis *mögliche Weisen des Erkennens, Wahrnehmens und Fühlens* (einschließlich auch nicht-affirmativer Modi der Bezugnahme auf Kultur).

Aufgrund ihrer Selbstbezüglichkeit und der hervorgehobenen Gestaltung von Zeitlichkeit ist mit dem Begriff „Kultur" vor allem dasjenige Moment oder derjenige Aspekt des menschlichen (Zusammen-)Lebens bezeichnet, der auf die *Fortsetzung des Lebens*, und zwar notwendig als eines aus kultureller Perspektive spezifisch verstandenen „Lebens", hinwirkt, indem Zielorientierungen (Werte), Routinen zum Umgang mit „Welt" (Semantiken, Grammatiken, Logiken) sowie Routinen zum Umgang mit den stets apparenten Grenzen der letzteren (kosmologische, theologische, ontologische, epistemologische Begründungsmodelle) eine konkrete Artikulation davon, was als „Fortsetzung" Praxis werden kann und soll, bereitstellen. Wir verstehen vor diesem Hintergrund „Kultur" selbst als eine Figuration, der ein Moment der Nachhaltigkeit zutiefst eingeschrieben ist. Kultur als Fortsetzung des Lebens – oder Leben als Fortsetzung von Kultur – zu begreifen, hilft, die verbreitete Reduktion von Kultur als etwas „bloß Symbolisches" zu überwinden – wie etwa auch der Kunst als bloß oder primär „geistig" verortetem, *letztendlich* immateriellem Prozess.

Insofern wir es heute mit globalen Gegenwartskrisen kulturhistorisch besonderer Art – einem Krisentypus, der Globalität *selbst*, und damit die letzte Grenze eines *planetarischen und planetarisch gebundenen* Seins in sein Zentrum stellt – umzugehen haben, rückt das Moment der krisenbedingten Transformativität vollends in den Blick und fordert eine Artikulation dessen, was in diesem Sinn in jüngerer Zeit häufig als *kulturelle Nachhaltigkeit* bezeichnet wird,[2] ein: ein Konzept, das wiederum nur innerhalb kultureller Rahmungen, und damit eben nicht von einem neutralen, universalistischen Standpunkt aus gefunden werden kann.[3] „Kulturelle Nachhaltigkeit" bezeichnet ein Nachhaltigkeitsverständnis, das *kulturelle Konstruktionen von Nachhaltigkeit* – Kultur als Grundlage der Fortsetzung der Lebens – und zum anderen kulturelle Konstruktionen des eigenen Erhalts – Leben als Grundlage der Fortsetzung von Kultur – aufeinander bezieht, oder auch: als untrennbare Einheit betrachtet.

2   Vgl. Birkeland et al., 2018; Cooley & Titon, 2019; Meireis & Rippl, 2020; Jörissen et al., 2021.

3   Vgl. hierzu etwa gegenwärtige Relektüren traditionaler kosmologischer Nachhaltigkeitskonzepte wie ukama (Le Grange 2012, 62 ff.), Tianxia (Zhao 2020) und lumbung (ruangrupa & Papastergiadis 2021).

Vom isolierten Subjekt zur kollektiven kulturellen Resilienz als Bildungsfigur

Unser Gedanke einer *kulturellen Resilienz* schließt hieran an. Er ist motiviert durch die Kritik und Erweiterung moderner Bildungstheorie hin zu netzwerktheoretischen und durch die Einsichten aus den Diskursen der new materialisms (Hoppe & Lemke 2021) erweiterten Perspektiven. „Resilienz" ist dabei nicht als „Kompetenz" sozial vernetzter Indivicuen (vgl. z.B. Welter 2019) oder als statische Eigenschaft sozialer Netzwerkverbünde zu verstehen. Wir diskutieren an dieser Stelle – stellvertretend für eine steigende Anzahl von Publikationen, die den Zusammenhang von Kultur und Resilienz in den Mittelpunkt stellen – die für unser bildungstheoretisches Anliegen sehr hilfreichen Analysen von Katrina Brown, die Resilienz(-bildungs-)prozesse aus sozialökologischer Perspektive untersucht (Brown 2015). Resilienz ist nach Brown zu verstehen als a) „property of individuals, households, communities and social ecological systems" (ebd., S. 8) b) „not only some notion cf staying the same – in terms of maintaining identity or functioning – but also undergoing change, actively engaging in change or adapting to change" (ebd.), und dabei c) keine statisch zu verstehende Eigenschaft, sondern „both a *process* and an *outcome*" (ebd.; Herv. im Orig.). Aus der Analyse vieler ethnographischer Fallstudien leitet Brown ein Modell ab, bei dem drei aufeinander verweisende Kernelemente von Resilienz – bzw. Bedingungen gelingender Resilienzprozesse – unterscheidbar werden: „Rootedness", „Resourcefulness" und „Resistance" (ebd., S. 185 ff.).

„Rootedness" ist dabei „more than place, partly because people are increasingly mobile, so it is about a more fluid set of attachments and multi-faceted identities" (ebd. S. 197). Entsprechend geht es nicht nur um den Ort der (bzw. einer prämigrantischen) Herkunft, sondern um die Verwobenheit vom Menschen und Orten, der ein „sense of belonging somewhere" zugrundeliegt (ebd.). „Rootedness" ist daher auch gerade ein Konzept, das auf (post-)migrantische und diasporische Verhältnisse anwendbar ist: „In this way, groundedness does not equate to stasis or stability, it also means responsiveness and adaptiveness" (ebd.).

Bei der „Resourcefulness" geht es darum, „pre-existing assets and capacities within a community or associated with a place" in Verbindung zu setzen mit „external streams of resources. Resourcefulness in this respect links to innovation, social learn ng and social capital, all of which have been identified as key components of adaptive capacity and resilience" (ebd. S. 198). „Resourcefulness" kann als spezifische Art der Bildung auf Netzwerkebene verstanden werden: Im Hinblick auf die Stärken kultureller und ästhetischer Bildung geht es bei der Ressourcenfähigkeit um die Fähigkeit, (stets begrenzte) Ressourcen neu zu definieren und überraschende und interessante neue Verbindungen zu entdecken, um neue soziale und sozio-materielle Netzwerke zu schaffen.

Besonders interessant ist das innerhalb dieser Trias zu verortende Moment des Widerstands („resistance"). Zeichnen sich klassische Resilienzbegriffe gerade dadurch aus, kritische Widerständigkeit gegen pragmatische Widerständigkeit zu ersetzen – und damit von systemverändernder Kritik auf systemkonforme Selbst- und Ressourcenoptimierung umzustellen –, so spielt Widerstand eine entscheidende Rolle für demokratisch „bottom-up" konfigurierte, kultursensitive Resilienzbildungsprozesse. Widerstand ist dabei nicht bloß abstrakte Kritik bestehender Zustände, sondern Ort und Modus von Praxis, nämlich „a potential site for change and the means through which individuals change social processes and structures and build alternatives" (ebd., S. 194). „Widerstand" ist also praxeologisch zu verstehen als Abfolge von Strukturbildungsprozessen, beispielsweise im Sinne lokaler oder auch überregional vernetzter Initiativen und Zusammenschlüsse, die nicht nur Verbindungen von Einzelakteuren darstellen, sondern *selbst Ort* des Aufbaus von Wissen, der Aushandlung von Standpunkten sowie des Erwerbs von Mitteln, diese Standpunkte durchzusetzen, sind. Widerstand in diesem Sinne lässt sich als kollektive Analogie zu individuellen strukturalen Bildungsprozessen verstehen; mit dem Unterschied, dass die kollektiven Strukturen nicht bloß passive Ressourcen *für* aktiv handelnde Subjekte, sondern die Netzwerke selbst Subjekt einer Praxis sind, in dessen Kontext, mit Rancière (2002, 2015) gesprochen, sich eine Politik ereignen kann, durch die etablierte Wahrnehmungsweisen, und damit auch Subjektivationsweisen verändert werden können.

Transformative kollektive und kuratorische Praxis als Bildungsprozess: *dekoloniale Archive*

Wir stellen dies abschließend anhand eines Beispiels dar, das zugleich auch verdeutlicht, dass und inwiefern resilienzbezogene Praktiken in unserer Zeit einen charakteristischen Umgang zur Digitalität aufweisen. Im Hinblick auf kommende digitale Transformations- und Disruptionsdynamiken wird dabei deutlich, dass Resilienzbildungsprozesse auch mit kollektiven digitalen Kultivierungsprozessen einhergehen (können). Unser Beispiel entstammt der dekolonialisierenden Archivarbeit. Wir beziehen uns hierbei auf die Plattform „Exploring Visual Cultures".[4] „Exploring Visual Cultures" ist ein internationales Projekt miteinander vernetzter, in Kontexten visueller Kultur arbeitender Forscher*innen und Künstler*innen. Die (technische) Plattform im World Wide Web ist einerseits Zentrum und Ausgangspunkt unterschiedlicher akademischer Vernetzungsaktivitäten, vor allem aber ist sie selbst als Ort dialogischer und polylogischer Auseinandersetzung mit unterschiedlichen visuellen Kulturen – oder auch: mit visueller Kultur unter dem Aspekt von Differenz – angelegt. Kernmerkmal sind jeweils einem oder einer Serie visueller Artefakte gewidmete (Einzel- oder Unter-)Seiten, denen dann mehrere reflektierende Texte, die auch aufeinander Bezug nehmen können, zur Seite gestellt werden. Die eingestellten

4   http://explore-vc.org

digitalen Bilder – bei denen es sich nicht um angefertigte Originalwerke, sondern um gefundene und ausgewählte Artefakte handelt, reichen von visuellen Kunstwerken bis zur Abbildung visueller Werke oder Prozesse, die bereits mit der Intention ausgewählt werden, in einen Aushandlungsraum unterschiedlicher und wahrscheinlich nicht einfach ineinander überführbarer Seh- und Sichtweisen hineingestellt zu werden. Exploring Visual Culture ist ein kollektiver kuratorischer Raum, in dessen Zentrum der Gedanke einer transformativen – und für jede beteiligte Perspektive auch jeweils unterschiedlich transformativen – pluralen bildlichen Erfahrung zwischen Visualität und Text, und mithin zwischen Artefakten, Blicken und Artikulationen steht. Somit ist die Web-Plattform in ihrer spezifischen soziotechnischen Konfiguration, die das Ergebnis vorangehender Vernetzungspraxen ist, ein Ort der kuratorischen Versammlung von visuellen Artefakten (die ihrerseits materielles und immaterielles Kulturerbe inszenieren oder präsentieren), so dass die Plattform selbst ein Ort ist, der unterschiedliche Wurzeln und Verwurzelungen versammelt und der dabei im Kontext seiner deliberativen Struktur von Artikulation und Anerkennung von Differenzen und Ähnlichkeiten wirksam wird. Die auf der Plattform stattfindenden Text-Bild-Diskurse selbst sind zugleich Prozess und Produkt. Das entstehende, stets wachsende, immer weiter (co-)kommentierte und insofern lebendige Archiv ist zugleich Ressource der Auseinandersetzung mit den unterschiedlichen Tradierungen, vor allem aber der den Präsentationen inhärenten Sichtweisen, die durch den Text thematisierbar werden. Die im Rahmen dieser Prozesse aufgebauten Strukturen – in Formen der technischen Elemente der Plattform, der sozialen Netzwerke der menschlichen Akteure aus Kunst und Wissenschaft mit dinglichen Akteuren aus den unterschiedlichen kulturellen Tradierungsräumen sowie der um die Plattform herum stattfindenden Bewegungen und Ereignisse (Konferenzen, Einbindung in weitere Kontexte wie etwa Kunstunterricht, darüber weitergehende Vernetzungen) bilden einen Zusammenhang, der das gesamte soziotechnische Gefüge sehr deutlich von der heute gängigen, hochgradig profitökonomisch ausgerichteten Organisation „digitaler Kultur" durch Großkonzerne wie Facebook u.a.m. unterscheiden lässt. Die Plattform selbst *ist* in ihrem negativen Verhältnis zum Mainstream neoliberalisierter Vernetzungslogiken *eine Praxis der Kritik* an der gegenwärtigen individualistischen Zersplitterung von gemeinsamen Räumen und *third spaces* als Ort des Austausches. Der Prozess als ganzer ist ein verteilter sozio-materiell-technologischer Bildungsprozess, innerhalb dessen und an dem individuelle Bildungsprozesse provoziert werden, die dann aber auch unmittelbar wieder das Netzwerk selbst erweitern und verändern können, und zwar bis in seine selbst programmierten technischen Strukturen hinein.

Fazit

Kulturelle Bildung als Resilienzbildung bzw. als Bildung zu kultureller Resilienz ist grundsätzlich auf die Eröffnung *relationaler* Freiheitspotenziale angelegt. Dabei steht die Eröffnung der Möglichkeit zur Distanznahme bzw. einer Gewinnung einer Abständigkeit (vgl. Jullien 2017) im Zentrum, aus der heraus sodann ein erfahrungsbezogener, variierender, de- und rekonstruierender Umgang mit gesellschaftlichen Diskursen und Narrativen mit kulturellen Mustern, Normen und Praktiken sowie – damit einhergehend – eine Gestaltung spezifisch andersartiger Bezugsformen zu kulturellen Gegenwarten, Vergangenheiten und Zukünften erfolgen kann. Bildung zu kultureller Resilienz wäre dementsprechend grundsätzlich als eine praxeologische, und notwendig auch sinnlich-formbezogene, also ästhetische Bildung zu verstehen, die sich in der Erfahrung der Möglichkeit zu einem Spiel mit kulturellen Möglichkeiten begründet, das subjektive oder auch kollektive Wirksamkeiten real werden oder zumindest potenziell realisierbar erscheinen lässt, die ihrerseits wiederum selbst den Horizont von Freiheit markieren. Dieses Spiel mit Möglichkeiten markiert jedoch zugleich einen Einspruch gegen naive Ideen menschlicher Souveränität (vgl. Geipel/Mecheril 2014), da es selbst eingebunden ist in kulturelle Formierungen. Im und durch das Spiel wird damit das affektiv wirksame Spannungsverhältnis von Souveränitätsanspruch und einer Erfahrung der Asouveränität (a.a.O.) explizit. Vor diesem Hintergrund wäre Bildung zu kultureller Resilienz zudem als Bildung zu beschreiben, in der die performative Dimension menschlicher Praxis thematisch wird, da die Resilienzbildungsprozesse als Vorgänge der reflexiven Be- bzw. Verarbeitung der Erfahrung von (Un-)Möglichkeiten des wirksamen Vollzugs der Teilnahme an und Gestaltung von kultureller Wirklichkeit bzw. kultureller Tradierungs- und Transformationsprozesse erscheinen würden, in die die Akteur*innen zugleich selbst eingewoben sind und durch die die Akteur*innen in ihrer Praxis nicht nur organisiert sondern vor allem auch affiziert werden.

Literatur

Birkeland, Inger/Burton, Rob/Parra, Constanza/Siivonen, Katriina (Hrsg.) (2018). Cultural Sustainability and the Nature-Culture Interface: Livelihoods, Policies, and Methodologies. 1. Auflage. London/New York: Routledge.

Brown, Katrina (2015). Resilience, Development and Global Change. 1. Auflage. London/New York. Routledge.

Cooley, Timothy J./Titon, Jeff T. (Hrsg.) (2019). Cultural Sustainabilities. Music, Media, Language, Advocacy. 1. Auflage. Champaign: University of Illinois Press.

Geipel, Karen/Mecheril, Paul (2014). Postsouveräne Subjektivität als Bildungsziel? Skeptische Anmerkungen. In: Kleiner, Bettina/Rose, Nadine (Hrsg.) (2014). (Re-)Produktion von

Ungleichheiten im Schulalltag. Judith Butlers Konzept der Subjektivierung in der erziehungswissenschaftlichen Forschung. 1. Auflage. Opladen u.a.: Budrich.

Hoppe, Katharina/Lemke, Thomas (2021). Neue Materialismen zur Einführung. 1. Auflage. Hamburg: Junius.

Jörissen, Benjamin (2018). Subjektivation und ästhetische Bildung in der post-digitalen Kultur. In: Vierteljahrsschrift für wissenschaftliche Pädagogik 94/2018.

Jörissen, Benjamin/Unterberg, Lisa/Klepacki, Tanja (Hrsg.) (2021). Cultural Sustainability. Arts Education Research and the Aesthetics of Transformation. 1. Auflage. Springer.

Jullien, François (2017): Es gibt keine kulturelle Identität. 1. Auflage: Berlin: Suhrkamp.

Le Grange, Lesley (2012). Ubuntu, Ukama and the Healing of Nature, Self and Society. In: Educational Philosophy and Theory, 44 (sup2), S. 56–67. https://doi.org/10.1111/j.1469-5812.2011.00795.x

Meireis, Torsten/Rippl, Gabriele (Hrsg.) (2020). Cultural Sustainability: Perspectives from the Humanities and Social Sciences. 1. Auflage. London and New York: Routledge.

Rancière, Jacques (2002). Das Unvernehmen: Politik und Philosophie. 1. Auflage. Frankfurt a.M.: Suhrkamp.

Rancière, Jacques (2015). Dissensus: On Politics and Aesthetics. 1. Auflage. London u.a.: Bloomsbury Publishing.

Reckwitz, Andreas (2012). Die Transformation der Kulturtheorien. Zur Entwicklung eines Theorieprogramms. 3. Auflage. Weilerswist: Velbrück Wissenschaft.

ruangrupa/Papastergiadis, N. (2021). Living Lumbung: The Shared Spaces of Art and Life. ruangrupa and Nikos Papastergiadis in Conversation. e-flux, 118. https://www.e-flux.com/journal/118/395154/living-lumbung-the-shared-spaces-of-art-and-life/

Schäfer, Alfred/Wimmer, Michael (2004). Tradition und Kontingenz. Anmerkungen zu einem verschlungenen Verhältnis. In: Dies. (Hrsg.) (2004). Tradition und Kontingenz. 1. Auflage. Münster: Waxmann.

Welter, Nicole (2019). Bildung und Resilienz. Zusammenhänge, Chancen und Risiken. In: Böge, Manfred/Buck, Marc (Hrsg.). Pädagogik als Disziplin und Profession – Historische Perspektiven auf die Zukunft. 1. Auflage. Berlin: Peter Lang.

Zhao, Tingyang (2020). Alles unter dem Himmel: Vergangenheit und Zukunft der Weltordnung. 1. Auflage. Berlin: Suhrkamp Verlag.

Carina Dengler, Sabine Eberling, Kati Landsiedel

Wir gehen auf Glücksreise

Ein Konzept aus der psychologischen Glücksforschung

Was braucht es, um glücklich zu sein? Kann man Zufriedenheit lernen? Wie kann ich selbst für mein psychisches Wohl sorgen? Diesen Fragen geht das Projekt *Wir gehen auf Glücksreise* nach. Unser Ziel ist, bei Kindern Ressourcen zu aktivieren und ihnen Strategien zu vermitteln, wie sie positive Gefühle kultivieren und Praktiken für mehr Zufriedenheit üben können.

Was ist Glück?

Unser Konzept fußt auf Ergebnissen aus der Glücksforschung. Zufriedenheit ist kein einfaches Metier – denn es gibt leider keine allgemeingültige Glücksformel. Die Psychologie hat aber inzwischen einige Bereiche identifiziert, in denen wir auch selbst etwas tun können, um glücklicher zu werden. Immerhin 40 Prozent unserer Gesamtzufriedenheit gehen darauf zurück, wie wir denken und handeln, und das können wir bewusst beeinflussen und üben (vgl. Lyubomirsky 2007).

Leider wissen viele Menschen nicht, was wirklich glücklich macht. Sie streben nach Wohlstand, Besitz, Schönheit und Erfolg – dabei sind dies weniger wichtige Faktoren, als sie glauben. Geld und materieller Wohlstand bringen keinen Zuwachs an Lebenszufriedenheit, sobald ein gewisser Standard erreicht ist (vgl. Diener & Oishi 2000). Besitztümer heben nur kurzfristig unsere Stimmung, auf lange Sicht machen sie nicht zufriedener (vgl. Nickerson et al. 2003). Menschen, die sich Schönheits-OPs unterziehen, sind meistens anschließend etwas unglücklicher als zuvor (vgl. von Soest et al. 2012) – und gute Noten haben so gut wie keinen Effekt auf unsere Zufriedenheit (vgl. Levine et al. 2012).

Aber warum ist das so? Wir sind soziale Wesen – und wir orientieren uns ständig an den anderen. Wenn wir das Gefühl haben, dass die anderen schöner, beliebter oder reicher sind als wir selbst (weil Werbung oder Social Media uns das glauben machen), wollen wir mehr davon für uns und fühlen uns benachteiligt (vgl. Burleigh & Meegan 2013). Zudem neigen wir zu hedonischer Anpassung – das heißt, dass wir uns schnell an neue Situationen gewöhnen, insbesondere an angenehme Umstände (vgl. Lucas et al. 2003), so dass wir Gutes nicht so präsent wahrnehmen.

Und was können wir dagegen tun? Wir können unsere Referenzpunkte mit Bedacht setzen oder soziale Vergleiche bewusst meiden – durch weniger Fernsehen oder weniger

Nutzung sozialer Medien. Wir können unsere Vorbilder kritisch hinterfragen und uns bewusst realistische und erreichbare Ziele setzen.

Auch gegen die hedonische Anpassung hilft es, sich bewusst mit dem eigenen Erleben zu befassen, etwa dadurch, dass man statt in Besitztümer lieber in positive Erlebnisse investiert. Denn die existieren nur im Augenblick – so haben wir gar keine Zeit, uns daran zu gewöhnen (vgl. Boven & Gilovich 2003). Dieses achtsame Leben im Moment können wir trainieren, etwa durch Meditation. Auch bewusstes Genießen, Wertschätzungsübungen und Dankbarkeit sind Strategien gegen die Gewöhnung (vgl. Jose et al. 2012; Seligman et al. 2005).

Und schließlich können wir selbst entscheiden, was uns wirklich wichtig im Leben ist. Menschen, die ihr Leben mit als sinnvoll erlebten Tätigkeiten füllen, bei denen sie ihre Fähigkeiten und Stärken einbringen können, sind zufriedener und produktiver als solche, die allein nach Anerkennung für ihre Erfolge oder guter Bezahlung streben (vgl. Seligman et al. 2004). Zufriedenheit hängt auch mit unserem Körper zusammen. Insbesondere ausreichend Schlaf ist ein wichtiger Zufriedenheits-Faktor (vgl. Dinges et al. 1997). Auch körperliche Aktivität hat sich als förderlich erwiesen (vgl. Babyak et al. 2000). Und schließlich zeigt sich, dass zufriedene Menschen fleißiger soziale Beziehungen pflegen und kleine Freundlichkeiten im Alltag üben (vgl. Myers 2000; Otake et al. 2006).

Glück und Resilienz

Was hat Glück nun mit Resilienz zu tun? In der Psychologie spricht man von den sieben Säulen oder Schlüsseln der Resilienz: *Akzeptanz, Optimismus, Selbstwirksamkeit, Verantwortung, Netzwerkorientierung, Lösungsorientierung, Zukunftsorientierung/Zukunftsplanung* (vgl. Heller 2015; Riemann 2020). Viele davon hängen eng mit Faktoren der Glücksforschung zusammen und beeinflussen sich gegenseitig.

Wie oben beschrieben, haben zum Beispiel unsere Gedanken einen großen Einfluss auf unser physisches und psychisches Wohlbefinden. Wenn wir unseren Fokus auf die positiven Dinge in unserem Leben richten, macht uns das jedoch nicht nur zufriedener und glücklicher. Es kann uns auch dabei helfen, besser mit schwierigen Situationen umzugehen: „Wenn es […] [uns] gelingt, selbst im allergrößten Schlamassel noch kleine Glücksmomente wahrzunehmen, werden […] [wir] viel besser mit den Widrigkeiten des Lebens fertig." (vgl. Heller 2015, S. 44). Dankbarkeit spielt hierbei eine wichtige Rolle, um unseren *Optimismus* zu stärken (vgl. Mauritz).

Manchmal werden wir auch mit Situationen konfrontiert, die sich nicht ändern lassen. Hier hilft der Schlüssel *Akzeptanz*. Um nicht in Selbstmitleid oder negativen Stimmungen hängen zu bleiben, ist es wichtig in Bewegung zu kommen. Dabei wird Stress abgebaut, wir bekommen den Kopf frei und es fällt uns leichter, Dinge zu akzeptieren oder loszulassen (vgl. Heller 2015, S. 33 f.).

Die eigenen Stärken wahrzunehmen und zu bekräftigen ist nicht nur ein Ansatz der positiven Psychologie, sondern auch in der Resilienzforschung. Die Säule *Selbstwirksamkeit* spiegelt dies wider. Wenn wir uns unserer eigenen Stärken bewusst und überzeugt davon sind, dass wir durch unsere Handlungen etwas verändern können, hilft uns dies mit Problemen jeglicher Art umzugehen (vgl. Heller 2015, S. 69; Mauritz). Um unsere Selbstwirksamkeit wahrzunehmen und zu spüren, brauchen wir ausreichend Ruhephasen und Entspannung sowie einen guten Kontakt zu unserem Körper (vgl. Heller 2015, S. 71; 77). Dies überschneidet sich ebenfalls mit den Ergebnissen aus der Glücksforschung.

Eng damit verbunden ist die Säule der *Verantwortung*. Sie hilft uns dabei, uns so anzunehmen wie wir sind und darauf zu achten, was uns guttut: „Verantwortung für sich zu übernehmen bedeutet [...], sich selbst mit den eigenen Stärken und Schwächen anzunehmen, auf seine innere Stimme zu hören und auf sich zu achten, sich klar darüber zu sein, wozu man Ja und wozu man Nein sagt, zu wissen, wann man auftanken muss, bevor man wieder lossprintet" (vgl. Heller 2015, S. 106).

Auch die Bedeutung von sozialen Bindungen für unser Wohlbefinden wurde bereits thematisiert. Diese findet sich in der Säule *Netzwerkorientierung* wieder. Menschen, die ein gut ausgebautes und solides Netzwerk an Freunden oder Familie aufweisen, zu denen sie eine enge Bindung haben, kommen oft besser durch eine Krise, da sie Unterstützung von anderen erfahren (vgl. Heller 2015, S. 116; 130; Riemann 2020).

Darüber hinaus ist es wichtig, dass wir den Blick nach vorne richten und neue Perspektiven suchen, um mit Herausforderungen im Leben umzugehen und neue Lösungswege zu finden (vgl. Mauritz; Riemann 2020).

Zu guter Letzt geht es um die *Zukunftsplanung*. Wenn wir in unserem Leben klare Ziele und Visionen haben, hilft uns das nicht nur dabei, ein erfülltes und glückliches Leben zu führen. Es ist auch ein Zeichen dafür, dass wir uns und unsere Stärken kennen, dass wir die Kraft und Zuversicht spüren, unsere Ziele zu erreichen und aktiv unsere Zukunft gestalten können (vgl. Heller 2015, S. 158 ff.; Riemann 2020).

Viele Faktoren aus der Glücksforschung finden sich also in den Säulen der Resilienz wieder. Beide Ansätze können dabei helfen, glücklich, zufrieden und gestärkt durchs Leben zu gehen.

Glück lernen

Nun kennen wir die Faktoren, die glücklich und resilient machen – aber dieses Wissen allein führt leider noch nicht zur Glückseligkeit. (Mehr) Zufriedenheit kann man lernen – aber wie? Und wie kann man dieses Lernen für Kinder gestalten? Sie sind eine Zielgruppe, die in der Glücksforschung bisher wenig bedacht wird. Dabei ist es gerade wichtig, schon in der Kindheit stabile Gewohnheiten für ein gutes Leben zu entwickeln.

Bisher spiegeln sich die Kenntnisse aus der Glücks- und Resilienzforschung noch erstaunlich wenig in der formalen Bildung, doch erste Ansätze gibt es (vgl. Ruis 2018; Fritz-Schubert 2008, S. 88 f.). Ihnen gemein sind vier Komponenten:

› *Psychoedukation*: Zunächst wird über die Glücks- und Resilienz-Faktoren aufgeklärt und informiert. Die Kinder kommen selbst zu der Erkenntnis, dass man sich dazu entscheiden kann, glücklicher und zufriedener zu sein.

› *Selbstreflexion*: Es folgt eine Phasen des kognitiven, emotionalen und körperlichen Erkenntnisgewinns über sich selbst, den eigenen Körper, das eigene Handeln und das Leben im sozialen Netzwerk. Die Kinder stellen sich forschende Fragen: Was tut mir gut? Was macht mich eigentlich glücklich?

› *Ausbildung von Gewohnheiten*: Schließlich können verschiedene Strategien ausprobiert und eingeübt werden, etwa Dankbarkeitsrituale, Meditationspraktiken oder Genussübungen.

› *Sinnfindung*: Langfristig sollen Kinder sich Gedanken über ihre Werte und Lebensvorstellungen machen, mit denen sie sich der Sinnfrage im Leben stellen können.

Drei Prinzipien begleiten die Glückspädagogik – *Lebensnähe*, *Wiederholung* und *Lösungsorientierung*: Die Übungen müssen in der Lebenswelt der Kinder ansetzen, erlebnisorientiert und praktisch sein. Zur Ausbildung stabiler Gewohnheiten braucht es viele Wiederholungen und unterschiedliche Übungen. Und die Glücks- und Resilienzpädagogik stützt sich vorwiegend auf Ressourcenaktivierung und Lösungen, anstatt sich auf Probleme zu fokussieren.

Insbesondere in der Arbeit mit jüngeren Kindern fügen wir noch ein weiteres Prinzip hinzu: Das *spielerische Lernen*. Das Erlernen des Glücks darf nicht in Arbeit ausarten oder ein Schulfach wie viele andere sein. Vielmehr wünschen wir uns eine selbstbestimmte, freiwillige und spielerische Forschungs- und Entdeckungsreise, mit viel Selbermachen, Erinnerungs-Stimuli und Symbolen, die Kinder selbst gestalten und mit Bedeutung aufladen.

Wir packen unseren Glückskoffer

Unser Projekt *Wir gehen auf Glücksreise* startete 2019 an Münchner Grundschulen. Passend zum Titel werden im Programm verschiedene *Inseln* besucht, auf denen die Kinder ihre Glücks-Forschungen anstellen und neue Glücks-Übungen in ihren selbst gestalteten Glücks-Reisekoffer packen. Die *Inseln* sind thematisch gegliedert und spiegeln die verschiedenen Glücks- und Resilienzfaktoren.

Station 1: Ich und die Welt

Glück ist umso schöner, wenn man es teilen kann. Das macht uns selbst und die anderen glücklich. Darüber hinaus stärkt es unser Netzwerk aus Freunden, Familie oder anderen Vertrauenspersonen, die uns in schwierigen Situationen helfen und unterstützen können. Um diese Bindungen zu festigen, müssen wir ihnen Zeit und Aufmerksamkeit schenken. Daher finden sich in der *Glücksreise* viele Anregungen, um kleine Geschenke zu basteln oder zu backen, mit denen man seinen Liebsten eine Freude machen kann. Auch wenn wir Verantwortung für andere Menschen oder Lebewesen übernehmen und ihnen helfen, wirkt sich das positiv auf unser Selbstbewusstsein und Selbstvertrauen aus. Unsere Beiträge zum Thema „Tieren helfen" zeigen Möglichkeiten auf, wie sich das verwirklichen lässt.

Station 2: Ich und die anderen

Damit wir uns wohl und sicher im sozialen Miteinander fühlen, ist eine positive und klare Kommunikation und Freundlichkeit unabdingbar. Wenn uns etwas stört oder auf den Magen schlägt, dann ist es wichtig, dies mitzuteilen und nicht in sich hineinzufressen. Doch wie macht man das, ohne dass man gemein dabei wird oder die anderen verletzt? In der *Glücksreise* zeigen die Katze und die Giraffe, wie man in Ich-Botschaften spricht oder wie einfach es ist, positiv zu lästern. Darüber hinaus gibt es Anregungen, wie man seine Freunde mit Krafttieren oder Komplimente zum Mitnehmen bestärken kann. Denn uns allen tut es gut, wenn wir durch ermutigende, aufbauende Worte gestärkt werden. Und wenn wir die Menschen um uns mit einem liebevollen Blick betrachten und nach dem Guten Ausschau halten, wirkt sich das positiv auf unsere Beziehungen aus.

Station 3: Ich und mein Körper

Dass es uns körperlich gut geht, bestimmt im Wesentlichen unser Glücksgefühl. Die einfachste Glücksformel ist demnach, den Körper und seine Belange ernst zu nehmen und wahrzunehmen. Emotionen gehen häufig stark mit körperlichen Reaktionen einher, mit Lächeln, Herzrasen, Verspannungen oder Energiegefühlen (vgl. Liebsch aus Planet Wissen, o. Jahr). Ein gutes Körpergefühl zu vermitteln, wie beispielsweise die Vertiefung aller Sinneswahrnehmungen, ist hilfreich beim Glücklichsein. Im Projekt finden die Kinder Anregungen für vielfältige Genüsse, zum Beispiel s*elbst gemischten Glückstee* oder s*elbstgemachte Badekugeln*. Bewegung und Sport fördern die Ausschüttung von Glückshormonen und wirken beglückend und ausgleichend. Das Konzept beinhaltet daher auch kindgerechte Workouts, Yoga-Übungen, Qi Gong-Praktiken. Übungen wie Waldbaden oder Sinnesspaziergänge fördern das bewusste Wahrnehmen und Genießen mit allen Sinnen.

Station 4: Ich und meine Gedanken und Gefühle

Zu einem zufriedenen Geist gehört ein gesunder Umgang mit unseren Gefühlen und die Fähigkeit, unsere Gedanken bewusst wahrzunehmen und zu steuern. Auf der *Glücksreise* lernen die Kinder in mehreren Modulen, Dankbarkeit zu üben oder Glücksquellen zu identifizieren, die für die Kinder funktionieren. Eine Einheit beschäftigt sich mit den Stärken der Kinder, die sie identifizieren, visualisieren und dann trainieren können. Sie üben, (günstige) Perspektiven zu ihren Lebensereignissen einzunehmen und damit positive Gefühle hervorzurufen. Und wenn das alles nicht klappen sollte, können sie sich Sorgenpüppchen basteln, die ihnen den Kummer abnehmen.

Glücksnewsletter

Im Zuge der Corona-Pandemie ist aus dem Projekt ein Newsletter hervorgegangen, der kostenfrei Glücks-Übungen zu den Kindern nach Hause bringt, als Mitmach-Videos, Bastelanleitungen oder Lesegeschichten. Die Anmeldung erfolgt unter https://spielkultur.de/newsletter/. Alle bisherigen Beiträge gibt es unter www.kiku-online.net/gluecksreise. Sie sind als *Open Educational Resources* unter Creative Commons lizenziert und damit auch in vielen anderen Kontexten einsetzbar.

Auf Glückreise gehen

In diesem Buch sind beispielhaft acht Übungen aus dem Projekt *Wir gehen auf Glücksreise* zu finden:

Ich und die Welt – Das Glück teilen

Ich und Du – Positiv lästern und Komplimente verteilen

Ich und mein Körper – Yoga und Krafttiere

Ich und meine Gefühle – Positive Gedanken

Ich und meine Sinne – Waldbaden

Ich und meine Gedanken – Lausche dem Klang

Ich und meine Träume – Glücksvisionsreise

Ich und mein Gefährt*e – Ein Bauplan

Gute Reise und viel Glück!

Literatur

Babyak, Michael et al. (2000). Exercise treatment for major depression: maintenance of therapeutic benefit at 10 months. Psychosomatic medicine, 62(5), 633-638.

van Boven, Leaf & Gilovich, Thomas (2003). To Do or to Have? That Is the Question. Journal of Personality and Social Psychology, 85(6), 1193–1202. Washington D.C.: American Psychological Association.

Burleigh, Tyler & Meegan, Daniel (2013). Keeping Up with the Joneses affects perceptions of distributive justice. Social Justice Research, 26(2), 120-131. International Society for Justice Research.

Diener, Ed & Oishi, Shigehiro (2000). Money and happiness: Income and subjective well-being across nations. Culture and Subjective Well-Being, Cambridge, MA: MIT Press.

Dinges, David et al. (1997). Cumulative sleepiness, mood disturbance and psychomotor vigilance performance decrements during a week of sleep restricted to 4-5 hours per night.

Fritz-Schubert, Ernst (2008). Schulfach Glück. Freiburg i. Br.: Verlag Herder.

Heller, Jutta (2015). Resilienz – 7 Schlüssel für mehr innere Stärke. 5. Auflage. München: Gräfe und Unzer Verlag.

Jose, Paul et al. (2012). Does savoring increase happiness? A daily diary study. The Journal of Positive Psychology, 7(3), 176-187. Taylor & Francis.

Levine, Linda et al. (2012). Accuracy and artifact: Reexamining the intensity bias in affective forecasting. Journal of Personality and Social Psychology, 103(4), 584-605. Washington D.C.: American Psychological Association.

Liebsch, Marika (2020). Formeln fürs Glück aus: Planet Wissen, https://www.planet-wissen.de/gesellschaft/psychologie/glueck/pwieformelnfuersglueck100.html [Zugriff: 17.07.21]

Lucas, Richard et al. (2003). Reexamining Adaptation and the Set Point Model of Happiness: Reactions to Changes in Marital Status. Journal of Personality and Social Psychology, 84(3), 527-539. American Psychological Association.

Lyubomirsky (2007). The How of Happiness: A New Approach to Getting the Life You Want. New York: Penguin Books.

Mauritz, Sebastian. S eben Säulen der Resilienz. https://www.resilienz-akademie.com/sieben-saeulen-der-resilienz/ [Zugriff: 24.06.2021]

Myers, David (2000). The funds, friends, and faith of happy people. American Psychologist, 55(1), 56. Washington D.C.: American Psychological Association.

Nickerson, Carol et al. (2003). Zeroing on the Dark Side of the American Dream: A Closer Look at the Negative Consequences of the Goal for Financial Success. Psychological Science, 14, 531-536. SAGE Publishing.

Otake, Keiko et al. (2006). Happy people become happier through kindness: A counting kindnesses intervention. Journal of happiness studies, 7(3), 361-375. Heidelberg: Springer Verlag.

Riemann, Lisa (2020). Resilienz: Wie das Immunsystem unserer Psyche gestärkt werden kann. www.allianz.at/de_AT/blog/gesundheit-vorsorge/resilienz-psyche-staerken.html [Zugriff: 24.06.2021]

Ruis, Merijn (2018). www.opensourceteachings.com/wp-content/uploads/2018/02/Lessons-In-Happiness-Open-Source.pdf [Zugriff: 9.7.2021]

Seligman, Martin (2004). Authentic Happiness: Using the New Positive Psychology to Realize Your Potential for Lasting Fulfillment. New York: Simon and Schuster.

Seligman, Martin et al. (2005). Positive Psychology Progress: Empirical Validation of Interventions. American Psychologist, 60(5):410-21. Washington D.C.: American Psychological Association.

von Soest, Tilmann et al. (2012). Predictors of cosmetic surgery and its effects on psychological factors and mental health: a population-based follow-up study among Norwegian females. Psychological Medicine, 42(3), 617-626. Cambridge Publishing.

Carina Dengler

Ich und die Welt – Das Glück teilen

Das Glück mit anderen zu teilen kann so einfach sein: ein nettes Wort, ein Lächeln, eine Umarmung oder ein kleines Geschenk. Wenn wir anderen eine Freude machen, empfinden wir ebenfalls diese Freude in uns selbst. Zudem stärkt es die Beziehungen zu Freunden und Familie, die eine wichtige Voraussetzung für Resilienz sind und uns in Krisenzeiten unterstützen sowie stärken können. Doch auch wenn wir fremden Leuten auf der Straße freundlich und helfend begegnen, werden sich diese uns gegenüber meist ebenso verhalten. Und vielleicht können wir durch unsere positive Achtsamkeit einem Menschen, dem es gerade nicht so gut geht, einen kleinen Lichtblick oder Augenblick der Freude und Dankbarkeit schenken sowie Kraft, um durch eine schwierige Situation zu kommen.

Daher war es uns wichtig, in unserer *Glücksreise* das Thema *Ich und die Welt – Das Glück teilen* mit unterschiedlichen Übungen zu integrieren. Zwei davon werden hier vorgestellt:

1. Der Glücksbaum

Damit das Glück nachhaltig einen Platz in der Schule bekommt, haben wir den *Glücksbaum* ins Leben gerufen. Dieser kann unterschiedliche Formen annehmen, da sind der Fantasie keine Grenzen gesetzt. Er kann zum Beispiel mit Pappmaché an einer Wand angebracht oder direkt auf diese gemalt werden. Natürlich ist auch ein echter Baum möglich. Die Grundidee jedoch ist, dass der Baum Blätter mit Glücksbotschaften hat. Diese werden auf ein Blatt Papier geschrieben und am Baum befestigt (z.B. mit beidseitigem Klebeband; oder wenn man einen richtigen Baum hat, kann man die Blätter mit Schnüren befestigen.).

Die Glücksbotschaften können aufmunternde Worte sein, ein Kompliment oder etwas Lustiges, das einen zum Lachen bringt. Wenn es einem Kind dann mal nicht so gut geht, darf es sich ein Blatt vom Baum pflücken und die Glücksworte lesen. Damit der Baum im Laufe der Zeit nicht alle Blätter verliert, werden sie kontinuierlich von allen Schüler*innen nachgefüllt. Hierbei spielen vor allem die Klassenleitungen eine wichtige Rolle, um dieses Ritual zu etablieren. Gerne können natürlich auch die Lehrkräfte selbst Glücksbotschaften schreiben und sich ein Glücksblatt pflücken, wenn sie einen schlechten Tag haben. Das stärkt das Zusammengehörigkeitsgefühl innerhalb der Schulfamilie.

Glücksreise

Katharina Schmid, Konrektorin der *Grundschule an der Hugo-Wolf-Straße* in München schreibt dazu folgendes:

„Der *Glücksbaum*, der im Rahmen des Glücksreiseprojekts vor ein paar Jahren entstanden ist, ist zu einem festen Bestandteil und Mittelpunkt der Schule geworden. Zentral gelegen im 1. Stock vor dem Sekretariat ist er nicht nur für Besucher*innen ein Blickfang, sondern erfreut täglich die ganze Schulfamilie.

Er bietet vielfache Anlässe zum Verweilen, Schauen, Lesen, Nachdenken und um Trost, Aufmunterung und natürlich etwas Glück zu finden. Denn an dem Baum wachsen besondere Blätter mit Wünschen und Glücksbotschaften. Fühlt sich ein Kind kraft-, mutlos oder hat vielleicht einfach einen schlechten Tag, so darf es sich ein Blatt pflücken.

Schüler*innen, die auf diese Weise Glück oder Kraft gefunden haben, gestalten dann ein neues Glücksblatt und hängen es an den Baum. Dadurch bleibt der *Glücksbaum*, wie auch ein echter Baum am Leben. Er bleibt bestehen und verändert sich aufs Neue. Das neue Glück wird somit an andere weitergegeben. Wie der Kreislauf der Natur lebt und wächst der Baum im Alltag an der Hugo-Wolf-Grundschule weiter."

 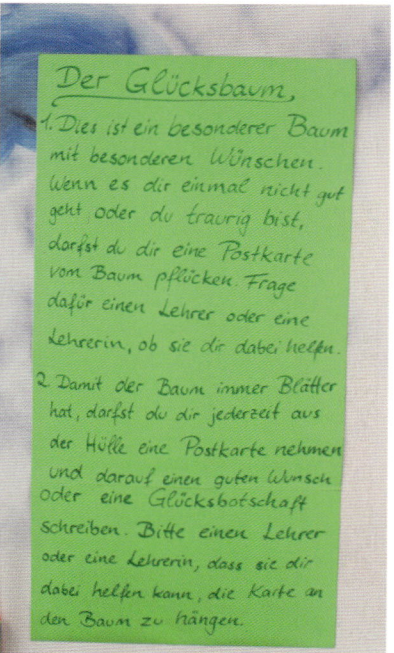

„Ich brauche auch manchmal Wünsche und dann gehe ich zu dem Baum."
(Alya, Schülerin aus der 1. Klasse)

2. Schmunzelsteine

Eine weitere einfache, kreative Art und Weise, Glück mit anderen zu teilen sind die *Schmunzelsteine*. Dafür dürfen die Kinder zunächst Steine suchen. Diese sollten groß genug sein, um ein Gesicht darauf zu zeichnen und eine glatte Oberfläche haben. Anschließend malen die Kinder mit wasserfester Farbe oder Filzstiften diverse Gesichter auf die Steine. Hierbei sind der Fantasie keine Grenzen gesetzt. Es können Menschen, Tiere, Fantasiewesen sein. Wichtig dabei ist, dass es fröhliche oder lustige Gesichter sind, denn wir wollen damit anderen eine Freude machen und sie nicht erschrecken! Zusätzlich kann man auf die Rückseite der Steine eine Glücksbotschaft schreiben.

Sobald die Steine fertig sind, dürfen die Kinder diese im Park oder in der Schule verteilen, so dass man sie gut sehen kann. Auf diese Art und Weise können die Kinder sowohl ihren Mitschüler*innen, als auch fremden Leuten einen Augenblick der Freude und des Glücks schenken. Wie schön ist es doch, wenn man in grübelnden Gedanken versunken durch die Gegend läuft und auf einmal lacht einen ein lustiges Gesicht aus dem Gebüsch oder vom Wegesrand an. Man kann sich auch einen *Schmunzelstein* in die Tasche stecken und wenn einem jemand unerwartet hilft oder besonders nett ist, dann kann man den Stein diesem Menschen schenken. Die Kinder lernen dabei, wie wenig man braucht, um anderen eine Freude zu machen und Dankbarkeit zu zeigen, wenn jemand ihnen hilft oder etwas Gutes tut.

So lässt sich das Glück in unsere Umgebung tragen und mit anderen teilen. Auf diese Art und Weise macht sich das Glück auf die Reise.

Ein Projekt von PA/SPIELkultur e.V. – www.spielkultur.de

Weitere Ideen und Anregungen gibt es auf www.kiku-online.net/gluecksreise

II
Resilient durch kulturelle Teilhabe

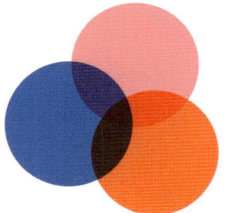

Katharina Maurer

Soziale und kulturelle Teilhabe in Krisenzeiten

Über KulturRaum München e.V.

Seit 10 Jahren lädt KulturRaum München e.V. Menschen dazu ein, am kulturellen Leben in München teilzunehmen. Kultur ist Nahrung für die Seele, Kultur schafft Zugehörigkeit, Kultur ist der Schlüssel zu einer gelungenen Inklusion in die Gesellschaft. Wir von KulturRaum München e.V. wollen, dass Kultur für alle Menschen in München zugänglich ist. Deshalb vermitteln wir gespendete Eintrittskarten für Kulturveranstaltungen kostenlos an Menschen mit geringem Einkommen und engagieren uns mit vielen Projekten für mehr kulturelle Teilhabe in München.

Unsere KulturGäst*innen sind Menschen im Raum München, die mit geringem oder keinem Einkommen hier leben. Dazu gehören vor allem Menschen ohne Arbeit, Alleinerziehende, Familien mit niedrigem Einkommen, Menschen, die von Altersarmut betroffen sind, Kinder und Jugendliche sowie Menschen mit Migrationshintergrund und Menschen mit Behinderungen. Personen jeden Alters und jeder Bildungsschicht können unsere Gäst*innen sein. In einem persönlichen Telefongespräch oder vor Ort (z.B. an Lebensmittelausgabestellen) vermitteln wir Besuche ins Theater, Konzert, Kabarett, zu einer Lesung oder zu anderen kulturellen Veranstaltungen.

Die eingeschränkten Möglichkeiten sozialer und kultureller Teilhabe während der Coronapandemie haben uns gezeigt, wie wichtig der Zugang zu Kulturveranstaltungen für die seelische Gesundheit ist: Sind Kulturtickets für einkommensschwache Menschen Luxus oder wichtiger Baustein der Gesundheits- und Daseinsvorsorge?

Zum Hintergrund

Fast jede sechste Person in München lebte 2016 unterhalb der Armutsschwelle. Ein Leben in Armut führt häufig zu Isolation und Vereinsamung. Oft gehen gesundheitliche oder psychische Probleme mit dem Leben in prekären Verhältnissen einher, können noch verschärft oder durch jene erst hervorgerufen werden. Wir von KulturRaum München e.V. möchten mit unserem Angebot diese Isolation überwinden und den Menschen ein positives gemeinschaftliches Erlebnis ermöglichen.

Das Erlebnis im Theater, Konzertsaal und anderswo kann Inspiration sein, zum Nachdenken anregen und für Unterhaltung in einem ansonsten nicht immer leichten Alltag sorgen. Man begegnet Menschen, denen man sonst nicht begegnet wäre und gelangt an Orte in der Stadt, die man vielleicht bisher nicht gekannt hat. Wissenschaftliche Untersuchungen zeigen, dass sich Kulturbesuche gesundheitsfördernd auswirken.

Persönliches Wohlbefinden und kulturelle Teilhabe

Um dem Einfluss kultureller Teilhabe auf das persönliche Wohlbefinden nachzugehen, haben wir schon 2019 eine Umfrage unter unseren KulturGäst*innen zu den positiven Auswirkungen der vermittelten Kulturbesuche durchgeführt. Auf die Frage nach den Gründen für eine positive Auswirkung der Kulturbesuche auf das persönliche Wohlbefinden wurden u.a. folgende genannt: Neugierde auf Neues sowie Entspannung und Ablenkung, ebenso seine Zeit sinnvoll zu nutzen und in Kontakt mit anderen Menschen zu kommen. So schildern unsere KulturGäst*innen ihre individuellen positiven Erfahrungen durch Kulturbesuche:

> „Ich kann mit Freunden etwas unternehmen, es ist eine sinnvolle und freudebringende Bereicherung des Alltags […]"
> „Es ist schön zu sehen, wie mein Sohn was erleben darf."
> „Kultur gehört zum Leben" „Abwechslung vom tristen Alltag"
> „Es gibt Denkanstöße" „Kultur ist wesentlich."
> „Ich möchte meinen Geist und meine Sinne fördern und nähren."

Kulturelle Teilhabe in Krisenzeiten

Der Beginn der Corona-Pandemie 2020 stellt einen besonderen Einschnitt in unsere Arbeit dar. Seit März 2020 konnten wir erleben, wie die fehlenden Teilhabemöglichkeiten sich negativ auf die seelische Gesundheit unserer KulturGäst*innen auswirkten: Für Menschen, die ohnehin schon von Isolation und Einsamkeit betroffen waren und mit geringem Einkommen auf wenig Raum leben, war die durch die Pandemie veränderte Lebenswelt sehr schwierig zu ertragen. Die häusliche Isolation ersetzte den täglichen Gang in die Arbeit und Begegnungen mit anderen Menschen entfielen – ebenso die Möglichkeiten, ins Kino, Theater oder Konzert zu gehen. Gerade in dieser Situation war es notwendig, Menschen mit speziellen Kulturangeboten etwas Ablenkung zu verschaffen: So stellten wir für unsere KulturGäst*innen kostenlose digitale Kultur- und Freizeitangebote unserer Kulturpartner und anderer Veranstalter in unserem Eintritt.Frei-Veranstaltungskalender zusammen und blieben telefonisch mit unseren KulturGäst*innen in Kontakt. Viele Rückmeldungen zeigten uns, dass unsere regelmäßigen Kultur-Anrufe eine Brücke zu isolierten Senior*innen, überlasteten Erwachsenen und Familien bildeten und Menschen die Gelegenheit gaben, sich mit uns über die aktuelle Situation und Erinnerungen an schöne Kulturmomente der letzten Jahre auszutauschen:

"Dank dafür, dass Sie Lebensfreude verschenken, ein nicht hoch genug einschätzbares Gut für Menschen in existenziellen Nöten." (Rückmeldung eines KulturGastes)

KulturKinder und Teilhabe während der Pandemie

Mit unserem Angebot *KulturKinder München* ermöglichen wir Kindern aus einkommens-schwachen Familien gesellschaftliche und kulturelle Teilhabe. Insbesondere während der Coronapandemie hatten Kinder aus einkommensschwachen Familien wenig Möglichkeit, am eingeschränkten kulturellen Leben der Stadt teilzuhaben. Durch von uns vermittelte Kultur- und Freizeiterlebnisse können Kinder – und ihre Eltern – ihre aktuelle, mitunter sehr schwere Lage für den Moment des Kulturbesuchs vergessen.

Wegen des pandemiebedingten Ausfalls von Kulturveranstaltungen haben wir uns seit 2020 alternative kulturelle Angebote für unsere KulturKinder überlegt: In Kooperation mit PA/SPIELkultur e.V. und ECHO e.V., u.a. gefördert durch das Deutsche Kinderhilfswerk, konnten wir Kreativpäckchen mit hochwertigem Bastelmaterial und Bastelanleitungen überwiegend an Kinder aus Gemeinschaftsunterkünften für Geflüchtete vermitteln, ebenso wie Kinderbücher und Hörbücher für Kinder an viele soziale Einrichtungen und Familien.

Dank einer Kooperation mit dem Münchner Theater für Kinder und dem Projekt Theater(Spiel)Welten von PA/SPIELkultur e.V. konnten wir von Juli bis September 2020/21 Freiluft-Kindertheater in die Höfe, Gärten und Grünflächen von sozialen Einrichtungen bringen und dort vielen Kindern mit „Oh wie schön ist Panama" oder „Pippi Langstrumpf" eine große Freude bereiten. Das zeigt uns auch die Rückmeldung von Veronika Klaus, die als Sozialpädago-gin im VBGV (Vollbetreute Gruppe Volljährige) St. Gabriel Kinder aus ihrer Einrichtung betreut:

„Im Juli 2020 war in unserer Mutter-Kind-Einrichtung das Münchner Theater für Kinder zu Gast und spielte für unsere Mütter und deren Kinder das Stück „Oh wie schön ist Panama". Für alle war das das Highlight dieses Sommers! Durch das Coronavirus waren fast alle Veran-staltungen entfallen. Es konnten keine gruppenübergreifenden Feste mehr stattfinden und auch gruppenintern gab es viele Einschränkungen. Ausflüge und Aktionen außerhalb fielen natürlich auch ins Wasser. So kam mit dem Theater ein Stück lang ersehnte „Normalität" zurück, genauso aber auch der „Fest-Charakter".

Zwar mit Abstand, aber in Sichtweite konnten sich Mütter und Kinder aus verschiedenen Wohnbereichen wiedersehen und das Theaterstück bei wunderschönem Sonnenschein genießen: Vor allem die Kinder waren kaum auf ihren Plätzen zu halten und gingen total mit. Mit leuchtenden Augen verfolgten sie, was auf der Bühne passierte und vergaßen alles um sich herum. Auch die Mütter freuten sich sehr über die Ablenkung und darüber, dass sie als Zuschauerinnen Teil dieser besonderen Aktion sein durften. Manche Mütter fieberten mit Tiger und Bär fast so sehr mit wie ihre Kinder. Vielleicht fürchtet man sich in diesen seltsamen Zeiten tatsächlich weniger, wenn man wieder merkt, dass man mindestens einen Freund hat und nicht alleine ist. An diesem Tag war das deutlich spürbar."

Kulturelle Teilhabe als Stärkung in Krisenzeiten

Kultur ist Bildung, eröffnet neue Horizonte, lenkt von Alltagssorgen ab und fördert die Gesundheit – nicht zuletzt wird uns das im täglichen Kontakt mit unseren KulturGäst*innen bestätigt:

© Dimitri Davie

© Maikäfersiedlung

„Letzten Montag durften wir eine Familie ins Münchner Theater für Kinder zum ‚Kleinen Lord' begleiten. Ich möchte Sie kurz mitnehmen auf die Erlebnisse dieses Tages: Es war für uns alle ein ganz besonderes Erlebnis, und zwar vor allem wegen dem Geschehen drum herum. Die Mutter ist psychisch mit einer Angststörung belastet, fährt deshalb nicht U-Bahn, mag keine Menschenansammlungen und keine dunklen geschlossenen Räume. Wir wollten deshalb zuerst eigentlich nur die 7-jährige Tochter mitnehmen. Durch Zufall wurde eine Karte frei, und wir haben dann doch der Mutter angeboten, ob sie vielleicht mitkommen möchte. Sie hat sich das überlegt und tatsächlich zugesagt! Wir sind gemeinsam mit der (ziemlich leeren) U-Bahn vom Hasenbergl bis zum Königsplatz gefahren. Und weil uns das Glück in die Hände gespielt hat, war auch das Theater nicht ausgebucht, und es war angenehm leer. Insgesamt also das ideale Ambiente für eine Angstpatientin. Für die Tochter war es das höchste, gemeinsam mit der Mutter diesen Ausflug erleben zu dürfen. Und für diesen ganz besonderen Zauber möchte ich mich nun ganz herzlich bei Ihnen bedanken. Ohne die Freikarten hätten wir der Mutter und ihrer Tochter dieses Erlebnis nicht ermöglichen können. Vielen, vielen Dank Ihnen und den Kulturpartnern, auch im Namen unserer Familien!" (So Cordula Wollenweber von unserem Sozialpartner Ambulante Erziehungshilfen – Diakonie Hasenbergl e.V.)

Liebes KulturRaum - Team!

Ich hatte die Ansage einer Frau Eures Kartenvermittlungs-Teams auf meinem Anrufbeantworter (ich weiß leider nicht mehr wer das war).

Mein Papa war ja gestorben und die Dame hat sehr einfühlsam darauf reagiert. Sie hat mir ihr Mitgefühl ausgedrückt und mir gesagt, ich solle mich wegen Karten melden. Sie wolle mich damit in dieser schweren Zeit aufheitern. Das fand ich sehr sehr nett.

Ich hatte dann für gestern Abend eine Karte für 2 GospelChöre im Olympiastadion bekommen. Trotz des Regens war ein schöner Abend und die Stimmung, die Musik, die Performance mitreißend.

Auch hatte ich vor einigen Wochen 2 Karten für Alfons im Innenhof des Deutschen Museums. Ich habe schon lange nicht mehr so gelacht, der Abend war super - lustig und auch anrührend.

Vielen herzlichen Dank für das Geschenk dieser schönen Erlebnisse.

Es grüßt Sie ♥ - lich

© KulturRaumMuenchen

Mit unserer Arbeit wollen wir ein Bewusstsein dafür schaffen, dass kulturelle Teilhabe eine wichtige Versorgungsmaßnahme für Menschen in Armut – unabhängig von deren Alter und Herkunft – darstellt und insbesondere der seelischen Gesundheitsvorsorge dient. Vielleicht gibt es irgendwann auch „Theater auf Rezept"?

Michael Dietrich

TheaterSpielWelten

Kinder- und Jugendtheater erleben und entdecken

TheaterSpielWelten ist ein Projekt von PA/SPIELkultur e.V. in Kooperation mit dem Verband freier Kinder- und Jugendtheater Bayern e.V. und KulturRaum München e.V. mit Unterstützung des Kulturreferats der Landeshauptstadt München.
#partizipativ #rezeptiv #interaktiv

Nach über einem Jahr mit wiederholten Schließungen von kulturellen und kulturpäda-gogischen Einrichtungen oder vereinzelten Ferienprogrammen mit verringerter Teilneh-merzahl in den Jahren 2020/2021 war der Bedarf an gezielten partizipativen kulturellen (Bildungs-)Angeboten höher denn je. In Bayern gibt es zudem eine reichhaltige Szene an freien Kinder- und Jugendtheatern, die kinder- und jugendgerechte Bühnenprogramme aus den Sparten Theater, Tanz, Figurentheater, Performance, Musiktheater, Improvisati-onstheater, zeitgenössischer Zirkus, Clownstheater, Erzähltheater uvm., die kinder- und jugendgerechte Bühnenprogramme darbieten können. Zudem haben die Künstler*innen im Bereich der Kulturellen Bildung ein breites Spektrum an partizipativ-aktiven Kurs- und Workshopangeboten zu bieten.

Sowohl freie Bühnenkünstler*innen als auch professionelle freiberufliche Kurslei-tungen hatten mit den Einschränkungen zu kämpfen. Das junge Publikum kam nicht zu seinem Recht auf „freie Teilnahme am kulturellen und künstlerischen Leben" und freie Künstler*innen sahen ihre wirtschaftliche Existenz bedroht. Das Projekt *TheaterSpielWelten* brachte beide zusammen – junge Zuschauer*innen, deren Freunde und Familien sowie freischaffende Künstler*innen in der ganzen Stadt München. Schließlich haben Kinder laut UN-Kinderrechtskonvention das Recht „auf Ruhe und Freizeit [...], auf Spiel und al-tersgemäße aktive Erholung sowie auf freie Teilnahme am kulturellen und künstlerischen Leben." (UN-KRK 1989, Art. 31). Zudem trägt Kulturelle Bildung zur Resilienzbildung und damit zur Gesundheit aller Beteiligten bei – vor allem in der momentanen Krisensituation. Die Besonderheit dieses Sommertheater-Spielplans war der große Netzwerkcharakter mit kulturellen, pädagogischen und sozialen Einrichtungen mit diversem Publikum in verschiedenen Altersstufen sowie freischaffende Künstler*innen fast aller Sparten der Bühnenkünste über das gesamte Stadtgebiet Münchens verteilt. So konnten nicht nur zahlreiche barrierefreie Zugänge zu Kinder- und Jugendtheaterveranstaltungen und Workshops geschaffen werden, sondern auch Kontakte für zukünftige Kooperationen geknüpft und damit ein wichtiger Resilienzfaktor für kulturelle Teilhabe ausgebildet werden.

In den Sommermonaten der Jahre 2020/2021 fanden in München 45 Theateraufführungen für an die 1.500 Kinder und Jugendliche sowie mehr als 500 Erwachsene statt, begleitet von 30 Workshops der Bühnenkünstler*innen oder Theaterpädagog*innen zum Thema Rollenspiele, Geschichtenerzählen, Clownerie, Puppenbau oder Improvisation. Die Teilnehmenden setzten sich mit dem eben als Zuschauer*in Erlebten aktiv auseinander und entdeckten eigene kreative Potenziale. Veranstaltungsorte waren Gemeinschaftsunterkünfte für Menschen mit Fluchterfahrung, Kinder- und Jugend(hilfe)einrichtungen, soziokulturelle Zentren, inklusive Schulen, Stadtteilkulturzentren, Kulturhäuser und -bühnen, städtische Parkanlagen in München dezentral in verschiedenen Stadtteilen, um einem diversen Publikum barrierefreie kulturelle Teilhabe zu ermöglichen. Alle Vorstellungen und Workshop-Angebote fanden möglichst im Freien statt, um viele Plätze für Zuschauer*innen zu schaffen. Regenalternativen unter Dach oder in angrenzenden Räumlichkeiten wurden zur Sicherheit mitgeplant und gegebenenfalls in Anspruch genommen, um weitere Veranstaltungsausfälle zu vermeiden. Die Ansprache der Veranstaltungsorte erfolgt vorrangig durch PA/SPIELkultur e.V.

Die Honorierung der Künstler*innen erfolgte dabei fair und angemessen nach den Standards des Verbands der freien Kinder- und Jugendtheater München e.V. Die Finanzierung erfolgte vollständig durch das Kulturreferat und das Stadtjugendamt der Landeshauptstadt München. Damit waren die Vorstellungen und Workshops an 14 Veranstaltungsorten für die Kinder und Jugendlichen sowie ihre erwachsenen Begleitungen kostenfrei.

„Lachende Kinder, gut gelaunte Eltern an einem herrlichen Spätsommernachmittag in unserem Garten. Alle zusammen ließen sich verzaubern vom Seestern, Meerjungfrau, Eisbär, Prinz und Drachen. Die Kinder waren mit Begeisterung beim Mitspinntheater dabei und einige Mütter wären wohl auch gerne wieder Kinder gewesen, um die Künstler*innen auf ihre ganz eigene Reise zu schicken. Die Freude darüber, dass endlich wieder ein Kindertheater stattfinden konnte, breitete sich wie eine Sommerwolke über den Anwesenden aus und brachte die Gesichter zum Strahlen."
Marianne Kindl, Stadtteilarbeit e.V. zu den TheaterSpielWelten im Sommer 2020

Ein Projekt von PA/SPIELkultur e.V. – www.spielkultur.de

Literatur

DIE UN-KINDERRECHTSKONVENTION (1989). www.unicef.de/informieren/ueber-uns/fuer-kinderrechte/un-kinderrechtskonvention [Zugriff 12.09.2021]

Judith Seibert, Daniela Wolf

Spiel- und Erfahrungsraum
Kinder- und Jugendtheater

Erfahrungsberichte von der Bühne geschaut

Im Februar 2021 haben sich Künstler*innen des freien Theaters für junges Publikum aus ganz Bayern getroffen und aus dem Verband freier Kinder- und Jugendtheater in München e.V. heraus den Verband freier Kinder- und Jugendtheater Bayern e.V. gegründet. Ziel ist es, neben der Verbesserung der Arbeitsbedingungen, der Wahrnehmung und Förderung des freien Kinder- und Jugendtheaters in ganz Bayern, Kindern und Jugendlichen bayernweit niedrigschwellige Zugänge zu altersgerechten Theatervorstellungen zu schaffen. Gerade auch, weil wir von der Wirksamkeit und vom Potenzial des Kinder- und Jugendtheaters zur Resilienzförderung überzeugt sind. Die folgenden persönlichen Erfahrungsberichte aus der künstlerischen Praxis sollen diesen Eindruck bestärken.

Daniela Wolf über eine Geschichte von Freundschaft und Gemeinschaft

Ich höre das Klingeln meines Telefons. Es ist eine Woche her, dass wir, unsere Eigenproduktion *Hörbe und Zwottel* aufgeführt haben. Ein Stück, dass ich frei nach Otfried Preußler entwickelt habe, als die „große Flüchtlingswelle" Hauptthema in den Medien war. Was passiert, wenn zwei unterschiedliche Waldwesen aus unterschiedlichen Wäldern aufeinandertreffen, so wie es bei Preußler Hutzelmann Hörbe und Zottelschratz Zwottel tun? Letzterer möchte in dem geordneten Hutzelmanndorf heimisch werden, jedoch hat er seine ganz eigenen und bisweilen geradezu anarchischen Vorstellungen vom gemeinsamen Alltag, die das ruhige und geregelte Leben der Hutzelmänner ganz schön auf den Kopf stellen. Ein durchaus schwieriger Prozess, der sich aber am Ende für beide Seiten als lohnenswert herausstellt: So werden Vorurteile aufgedeckt, Ängste überwunden und festgefahrene Muster aufgelockert. In den fremden und manchmal seltsam erscheinenden Eigenheiten des anderen lässt sich am Ende viel Gutes entdecken. Es ist eine Geschichte über Freundschaft und Gemeinschaft, die den Blick auf unerkanntes Potenzial in einem jeden freigibt.

Zurück zum Telefonklingeln. Eine Theaterbesucherin ist dran. Sie habe mit ihren beiden Kindern und den Nachbarskindern die Premiere besucht, obwohl sie, so gibt sie zu, an jenem Morgen nicht die geringste Lust dazu verspürt habe, da das Wetter wunderbar war und sie lieber gleich zum Baden gegangen wäre. Aber sie hatte es nun mal versprochen und ihr Wort wollte sie natürlich halten. Nun rufe sie an um mir zu berichten, dass sie den Badesee quasi schon nach den ersten fünf Minuten völlig vergessen und die

Kinder in einer absoluten Konzentration erlebt habe, die sie beim Filme gucken bisher nie beobachten konnte. Sie sei wirklich nicht esoterisch, beteuerte sie, aber es war wie eine Energieglocke zu spüren, die sich über Bühne und Publikum spannte, in der sie alle gemeinsam die Geschichte trugen und auch die Eltern den berüchtigten Plampatsch fürchteten oder sich diebisch freuten, wenn Zwottels Rührmaschine, die er baut, um der lästigen Arbeit des Marmeladenrührens zu entgehen, funktionierte. Sie alle wurden Teil der Hutzelmanngeschichte.

Hörbe und Zwottel, Foto: Tobias Grill

Vor dem Theaterbesuch war sie überzeugt, sie würde sich zu Tode langweilen und war überrascht wie schnell die Zeit verging und wie sehr die Geschichte sie selber angesprochen habe. Nach dem Stück hieß es von Kinderseite *Garten statt Badesee,* denn dort sollte ein Hutzelmanndorf errichtet werden. Seitdem stehe es nun und werde quasi dauerbespielt. Die Rollen würden immer neu verteilt, so dass jedes Kind einmal Zwottel sei, der Quertreiber, der gerne feste Regeln in Frage stellt, eher faul und gefräßig ist, sich aber durch ein großes Herz, Mut und Vertrauen auszeichnet. Die Mutter erzählt mir, dass ihre Tochter sich als Zwottel traue, ganz oben über das Schaukelgerüst zu klettern (Zwottel ist nämlich ein Kletterkünstler). Das sei etwas, was sie bisher nie gewagt habe, nun aber, als Zwottel im Spiel vertieft, der seinen Freund Hörbe sicher über einen reißenden Fluss geleiten muss, diese Aufgabe sprichwörtlich spielend bewältige.

Für ihre Tochter freue sie sich sehr, so die Mutter, diese habe schon immer darunter gelitten, die einzige der Kinderclique zu sein, die sich das nicht zutraue. Spannend sei auch, sagt sie, dass durch Zwottels Eigenschaft, sein Herz auf der Zunge zu tragen, ganz neue Dimensionen des Widerstandes hinzukämen. So traue sich z.B. die Nachbarstochter in der Rolle des Zwottel, einer Hutzelmannlehrerin die Meinung zu sagen und ihre Ungerechtigkeit zu kritisieren. Oder ihr eigener Sohn erkläre dem Hutzelmanntrainer, dass seine Art, die Hutzelmannkinder zu trainieren, alle unter Druck setze und so der Spaß am Sport verloren gehe. Das finde ich persönlich besonders spannend, denn es kommen in unserem Stück weder Lehrerin noch Trainer vor. Das fände sie auch interessant, lacht die

Mutter, und das Schöne sei, dass sowohl Lehrerin als auch Trainer im Spiel gemeinsam mit den Betroffenen eine Alternative gefunden hätten, mit der alle einverstanden waren. Im Hutzelmanndorf steht Gemeinschaft nämlich an erster Stelle, so dass immer nach einer Lösung gesucht wird, mit der sich alle wohlfühlen, auch wenn dafür Kompromisse eingegangen werden müssen. Dies haben die Kinder offensichtlich übernommen.

Mich freut dieses Feedback ungemein, denn hier passiert genau das, was Theater so wertvoll macht: Aus einem geschützten Raum mit gewissen Vorgaben durch die Geschichte und die Charaktere, entstehen im Spiel durch Hinzugabe der eigenen Erfahrungen der Kinder entweder neue oder auch altbekannte Situationen, denen sie sich stellen müssen und plötzlich auch können. Was ihnen oft im Alltag nicht gelingt, gelingt im Spiel sehr wohl, denn sie haben keine Konsequenzen zu fürchten. Und auch, wenn das Spiel nicht real ist, so gehen sie doch gestärkt zurück in den Alltag, denn was sich spielend erreichen lässt, kann auch durchaus in die Wirklichkeit übertragen werden. Es ist gewissermaßen ein Üben in geschützter Umgebung. Ob das Nachbarsmädchen nun seine Lehrerin tatsächlich auf deren Ungerechtigkeit anspricht, ist in diesem Fall nicht wichtig, es findet auch so schon ein Verarbeitungsprozess statt: Mal das aussprechen, was einem auf dem Herzen liegt, sich mal so benehmen wie man es sonst nie darf – der Raum dafür ist bereitgestellt und kann nun mit eigenen Anliegen gestaltet werden. Manches findet ja doch durchaus seinen Weg in die Realität: Die Tochter traut sich auch als Nicht-Zwottel endlich über das Schaukelgerüst zu klettern, die Figur des Zottelschratzes hat ihr geholfen, ihren eigenen Mut freizulegen.

Wann wir denn das nächste Stück zeigen, möchte die Mutter noch wissen, sie würden auf alle Fälle wiederkommen, egal wie das Wetter sei!

Judith Seibert über Tanztheater und den Perspektivenwechsel

Kindertheater wird oft als kleiner Zeitvertreib für die Sonntagnachmittage oder für einen Schulausflug belächelt. Wenn ich ehrlich bin, dachte auch ich, als ich anfing mich mit der Zielgruppe auseinanderzusetzen, dass ich mich zu sehr einschränken müsste, um eine Verbindung zum Publikum herzustellen. Genau das Gegenteil stellte sich heraus. Man darf, man muss sogar, alles geben um die unmittelbare Reaktion, die dann möglichst positiv sein sollte, auch zu erhalten. Jedes Thema ist erlaubt und kann im besten Fall sogar sehr nachhaltig wirken. Wenn nach der Aufführung sogar die Eltern kommen und sich bedanken, dann ist vieles richtig gelaufen.

Ich produziere Tanztheater im Kinder- und Jugendtheaterbereich. Wir arbeiten auch mit Sprache aber hauptsächlich mit Bewegung. Unser Repertoire beinhaltet fünf Stücke, mit denen wir im deutschsprachigen Raum unterwegs sind. Hauptsächlich in Theatern, aber auch in Kindergärten und Schulen. Mir als Theatermacherin gefällt es am besten, dass man schwere Themen, wie Tod, Emanzipation, Gleichberechtigung, Loyalität, Umwelt oder Tierschutz, so bearbeitet, dass das Publikum diese wie beiläufig aufnimmt und noch wochenlang im Alltag reflektiert und überdenkt. Bei *Die dumme Augustine* ist die erste Reaktion des Publikums oft, dass das mit dem leuchtenden Zirkuszelt so schön war und die Augustine so witzig ist. Nach ein paar Wochen habe ich jetzt schon öfter Zuschriften erhalten, dass Kinder das Familienleben genau analysiert haben und auf eine gerechte Aufgabenverteilung geachtet haben. Aber auch, dass „die dumme Augustine" dem jeweiligen Kind gezeigt hat, dass man immer an seinen Träumen festhalten soll. Kann es ein schöneres Kompliment geben, als dass Kinder sich trauen, Ideen zu spinnen und im besten Fall ermutigt sind, diese auch umzusetzen?

Mit *Malala – Ein Tanztheater* über die jüngste Friedensnobelpreisträgerin für Menschen ab 9 Jahren, haben wir ein Stück, welches nicht wirklich humorvoll bearbeitet werden konnte, aber eben viel mit Symbolbildern arbeitet, um den Jugendlichen noch Raum für eigene Interpretation zu lassen. Die Mitteilungsflut nach dem Stück ist immer sehr groß. Oftmals wird uns Darsteller*innen alles nochmal erzählt was die Kinder gesehen haben: „Die Bücher standen für die Bildung und je nachdem wie jemand damit umgegangen ist, hat man gesehen, ob der gut oder böse war." „Als die Tücher weggeweht wurden, dachte ich Malala wäre jetzt gestorben. Ich bin froh, dass sie überlebt hat und sich für die Bildung von armen Kindern einsetzen kann!" „Ich glaube ich bin nicht so mutig wie Malala, aber ich bin froh, dass ich lesen und schreiben kann, vielleicht kann ich später mal was Mutiges machen?".

Mit *Nils Holgersson und den Wildgänsen* gingen die Kinder auf Reisen und haben Empathie für Tiere erleben können und in unserem Stück *Benimmmichnicht!* haben Interviews mit Kindern und Jugendlichen den Erwachsenen eine Lektion über die jüngere Generation gelehrt. Theater lässt vor allem einen Perspektivwechsel zu und dafür sollte eine gesunde Gesellschaft viel Platz einräumen.

Mehr zum Verband freier Kinder und Jugendtheater Bayern e.V. unter www.vfkjtb.de

Michael Dietrich

Wenn kleine Held*innen reisen

Spielerisch Resilienz (er)finden mit Improvisationstheater

„Der Schlüssel der Geschichte ist nicht in der Geschichte, er ist im Menschen."

Théodore Simon Jouffroy

Foto: Clara Sachs

Nichts ist wertvoller als unsere Phantasie und Kreativität – gerade aber nicht nur im Kindesalter wollen sie entdeckt, ausgelebt und gefördert sein. Geschichten sind dafür ein wunderbares Instrument. Von klein auf, prägen sie unsere Vorstellung vom Leben und fremden Welten, nehmen uns mit in ihre Bilder- und Sprachwelten, manchmal witzig und urkomisch, manchmal unheimlich und gruselig, manchmal spannend und bewegend. Der Phantasie sind eben keine Grenzen gesetzt – so ist auch beim Improvisationstheater für Kinder alles möglich. Die Kinder dürfen nach Herzenslust spinnen und sich die verrücktesten, berührendsten, schrägsten, unlogischsten und witzigsten Geschichten ausdenken.

Im sogenannten Mitspinntheater *Mit Zick & Zack auf Geschichtenreise* des *mixxit Theaters* begeben sich Schauspieler*innen gemeinsam mit dem jungen Publikum auf eine spannende Entdeckungsreise durch die Welt der Geschichten und Figuren. Mit der Bühnenkunst des Improvisationstheaters erspielen sie gemeinsam nach den Vorgaben der Kinder eine einmalige und völlig neu erfundene Geschichte. Eine Geschichte, die erst im Moment selbst mit den Kindern entsteht. So tauchen die Kinder in neue Welten ein, deren Schöpfer sie zu großen Teilen selbst sind und erleben, wie sich ihre ausgedachten Hauptfiguren Problemen stellen, die sie ihnen selbst vor die Füße gelegt haben. Nicht selten sind das ganz offensichtlich Alltagsherausforderungen aus den Lebenswelten der jungen Zuschauer*innen: Monster unter dem Bett, Drachen, gefährdete Freundschaften, Einsamkeit oder manchmal auch ein ganz übelriechender Pups.

Teil des Geschehens auf der Bühne werden die Kinder schnell durch die (gespielte) dringende Hilfsbedürftigkeit der Schauspieler*innen auf der Bühne, welche die für die Vorstellung vorbereitete Geschichte auf dem Weg zum Veranstaltungsort verloren haben. Nun drohen die beiden Socken(puppen) Zick & Zack unheimlich stinkig zu werden, die sich ebenso wie die Kinder extra für diese Geschichte auf den Weg zur Theaterveranstaltung gemacht haben. Die klassische Hierarchie zwischen Bühnenkünstler*in und Publikum ist gewendet und die Welt auf den Kopf gestellt. So wird schnell ein bewertungs- und sanktionsfreier Raum geschaffen, in dem ohne große Gefahr eigene Ängste, Erfahrungen und Wünsche auf die Probe gestellt werden können. Die Erfahrungen aus den fiktiven Geschichten bleiben aber vor allem durch eine emotionale Betroffenheit im Mitfiebern mit den Figuren auch weit über den Theaterbesuch hinaus verankert.

Aus dem Gästebuch von „Zick & Zack"

Die Kinder dürfen von Beginn an so gut wie alles entscheiden: In welchem Land spielt die Geschichte? An welchem Ort? Wie sieht es dort aus? Wer lebt dort? Ein Bauer, eine Forscherin, ein Bademeister? Ein kleines Mädchen oder ein stets kichernder Hexer? Vor allem: Was macht diese Figur aus? Hat sie ein Geheimnis, einen Herzenswunsch, einen Traum? Mit den Kindern etablieren die Schauspieler*innen den Beginn der Geschichte und die Protagonist*innen. Und schon geht die Reise los! Während des Abenteuers, das von Moment zu Moment mit den Ideen der Kindern live auf der Bühne entsteht, sind sie nicht nur Zuschauende und Co-Erfinder*innen. Manchmal werden sie sogar selbst zu Akteur*innen und damit Teil ihrer eigenen Geschichte.

Während der Vorstellung wird das junge Publikum ebenfalls immer wieder eingebunden und nach richtungsweisenden Elementen für die Geschichte gefragt. Das können Fragen sein wie:

> › In welchem Umfeld lebt unser Held oder unsere Heldin der Geschichte?
> › Warum ist die Hauptfigur anders als alle anderen?
> › Auf welches Problem stößt sie immer wieder, was macht das mit ihr und welche Konsequenzen zieht sie daraus?
> › Wie handelt die Figur in dem Moment?

Die Antworten der Kinder bestimmen den Fortlauf der Geschichte und werfen manchmal auch neue Probleme auf, anhand derer die Kinder vor neue Fragen gestellt werden. Führen Lösungsansätze und Handlungsstrategien zu Situationen, die es der Hauptfigur noch schwerer machen, besteht im fiktiven Raum des Theaters die Möglichkeit, auch einfach mal zurück zu spulen und eine andere Entscheidung zu treffen.

Das improvisierte Mitspinntheater folgt der klassischen Struktur der *Heldenreise* nach Joseph Campbell (vgl. Campbell 2015) und der daraus entstandenen Handlungsanweisung für Drehbuchautor*innen nach Christopher Vogler (vgl. Vogler 2018) in denen Leser*innen nicht selten die Prinzipien eigener Probleme erkennen und Auswege entdecken. „In den Prüfungen, die Helden in der Literatur und Mythos zu bestehen haben, erkennen sie ihre persönlichen Probleme wieder und erleben die Wiedererkennung der seit Urzeiten erprobten Strategien für Überleben, Erfolg und Glück, die aus diesen Geschichten der Menschheit sprechen." (ebd., S. 11) Die Struktur der Heldenreise, ist den Kindern in der Regel aus Märchen, Büchern, Trickfilmen unterbewusst vertraut und unterstützt sie beim Spinnen von Geschichten wegweisend. Auch wenn einem der altmodische Begriff des *Herolds* noch nie begegnet ist, so ist der/die Nachrichtenüberbringer*in von klein auf wohl bekannt. Es müssen auch nicht immer Großvater und Großmutter sein, die als erfahrene *Mentor*innen* Lebensweisheiten vermitteln. Auch die Angst vor neuen Lebenssituationen, sei es *nur* der Übergang vom Kindergarten zur Schule, ist als beispielhafter *Schwellenhüter* wohl bekannt. Niemals würde ein Kind seine*n Mitschüler*in als *Gestaltwandler* bezeichnen, ist aber dennoch oft mit Situationen konfrontiert, in denen die Freundschaft in Frage gestellt wird. Am einfachsten ist noch die Herausforderung mit dem *Schatten* nachzuvollziehen, dessen Dunkelheit und Unnahbarkeit auch bis ins hohe Alter schwer zu *begreifen* ist. Da kommt nicht nur für einen gelungenen Theaternachmittag die fröhliche Leichtigkeit des lebensbejahenden *Tricksters* gerade recht.

Die Lebenssituationen von Kindern stehen aktuell immer schnelleren gesellschaftlichen Veränderungen, wie zum Beispiel die Digitalisierung, sowie globalen und – daraus resultierend persönlichen – Krisensituationen, wie die COVID-19 Pandemie oder der Klimawandel. Diese Krisensituationen erfordern flexiblere Handlungsideen außerhalb der *gewohnten Lebenswelt*. Der Erfahrungsraum Improvisationstheater bietet hier eine Spielfläche mit Potenzial für soziale und persönliche Entwicklung. Die gilt nicht nur für die interaktiv-rezeptive Form, sondern ebenso – vielleicht sogar intensiver – für Workshops, in denen die Kinder selbst die Kunst des improvisierten Theaters erlernen.

Der Umgang mit Krisensituationen mag vielleicht nach der Auseinandersetzung mit improvisierten Geschichten ein wenig leichter sein, denn auch wenn der Mensch im *wahren* Leben selten einem echten Drachen begegnet, bleibt der Eindruck, eine brenzlige Situation so oder so ähnlich schon einmal erlebt, gemeistert und daraus gelernt zu haben. Aus diesem Erfahrungsschatz lässt sich für die Herausforderungen des Lebens schöpfen.

Ein Projekt des mixxit Theaters – www.mitspinntheater.de

Literatur

Campbell, Joseph (2015). Der Heros in tausend gestalten. Berlin: Insel Verlag.

Vogler, Christopher (2018). Die Odyssee der Drehbuchschreiber, Romanautoren und Dramatiker. Berlin: Autorenhaus Verlag.

Andreas Bentrup

Resilienz – Kinder stark machen

Theaterpädagogische Förderung der Resilienz von Kindern

Ausgangslage

Junge Menschen sind durch die Auswirkungen der Covid-19-Pandemie und der seit März 2021 in Deutschland bestehenden Schutzmaßnahmen in besonderer Weise beeinträchtigt. Neben den Einschränkungen der schulischen Bildungs- und Begegnungsformaten wirken sich die Kontaktbeschränkungen im privaten und Freizeitbereich auf die Persönlichkeitsentwicklung aus. Viele Kinder und Jugendliche waren über Monate ausschließlich im Homeschooling, mussten sich selbst organisieren und haben kaum positives Feedback für ihr Engagement erhalten.

Welche Langzeitfolgen noch sichtbar werden und wie die physische und psychische Gesundheit bei den Kindern und Jugendlichen wirklich sein wird, ist z. Zt. noch nicht absehbar. Entstandene Defizite in der Entwicklung junger Menschen bedürfen einer Thematisierung und Aufarbeitung in und nach der Pandemie und stehen deshalb im Fokus dieses Projekts. Ein Kreativprojekt zu gestalten, durch das Kinder und Jugendliche und deren Lehrkräfte den Blick auf ihre Stärken und Fähigkeiten richten können, scheint von daher ein guter nächster Schritt zur Verarbeitung der Krise.

Projektziele für Resilienzarbeit an Schulen

Das Projekt verfolgt die Stärkung und Förderung der Kompetenzen der Resilienzfähigkeit der beteiligten Kinder und Jugendlichen. Es soll direkt und nachhaltig auf das Befinden der Jugendlichen wirken und ihnen helfen, entstandene Defizite aufzuarbeiten und sie für kommende Herausforderungen zu stärken.

Die Projektergebnisse stehen Schulen und kulturellen Bildungseinrichtungen zur Verfügung. Hierzu wird ein Film zum Thema Resilienz für Kinder und Jugendliche produziert, der aus Spielszenen besteht, in denen sich Kinder und Jugendliche mit sechs Säulen der Resilienz auseinandersetzen. Eine Begleitbroschüre für die Zielgruppe wird erstellt und in Klassensätzen für 4.-6. Klassen zur Verfügung gestellt. Praktische Übungen und Begleitmaterialien für Lehrkräfte werden erarbeitet und auf einer Internetpräsenz mit zusätzlichen Informations- und Übungsmöglichkeiten zugänglich gemacht. Das Material kann für Blockprojekte an Schulen genutzt, oder auch in bereits bestehende Unterrichtsformate eingeflochten werden. Es kann als Projekt von Theaterpädagog*innen an Schulen durchgeführt, oder auch von Lehrer*innen eigenständig genutzt werden. Wenn möglich, wird das Projekt um Lehrer*innenfortbildungen durch Theaterpädagog*innen ergänzt.

Projektbeschreibung

Jugendliche (aus den Jahrgangsstufen 4-6 – diese sind aus unserer Sicht besonders schwer durch die lange Zeit des Homeschooling betroffen) aus acht Regionen in ganz Niedersachsen sind beteiligt. Die jungen Menschen erarbeiten gemeinsam mit Theaterpädagog*innen aus verschiedenen theaterpädagogischen Zentren eine für Jugendliche ansprechende Form der acht Säulen der Resilienz. In einem Film, einer Begleitbroschüre (Arbeitsmaterial) und einer Internetseite mit zusätzlichen Arbeitsmaterialien wird das Thema Resilienz jugendgerecht aufgearbeitet und präsentiert. Die Ergebnisse werden Schulen und kulturellen Bildungseinrichtungen zur Verfügung gestellt.

Projektmaßnahmen

*a. Fortbildungsseminare für Theaterpädagog*innen zum Thema Resilienz*
Aus acht theaterpädagogischen Zentren nimmt jeweils eine Theaterpädagogin an zwei dreistündigen Online-Fortbildungen zum Thema Resilienz teil. Geleitet werden die Fortbildungen von einem Referenten der Stiftung Humor Hilft Heilen.

b. Fortbildungsseminare für die projektbeteiligten Jugendlichen zum Thema Resilienz
Aus dem Umfeld der Theaterpädagogischen Zentren nehmen jeweils zwei (insgesamt 16) Jugendliche mit Theatererfahrung an zwei dreistündigen Online-Fortbildungen zum Thema Resilienz teil. Geleitet werden die Fortbildungen von einem Referenten der Stiftung Humor Hilft Heilen.

*c. Online- und/oder Präsenzproben der projektbeteiligten Jugendlichen mit ihren Theaterpädagog*innen*
Jeweils zwei Jugendliche aus dem Umfeld eines theaterpädagogischen Zentrums erarbeiten mit einer Theaterpädagog*in in fünf Proben zu je zwei Stunden, kurze (20-sekündige) Szenen zu vier Säulen der Resilienz.

d. Foto- und Filmaufnahmen der Szenen zum Thema Resilienz

Die entwickelten Szenen werden in jedem theaterpädagogischen Zentrum an zwei Terminen zu je drei Projekt-Stunden aufgenommen. Zusätzlich entstehen Fotos für die Broschüre. Aus den insgesamt 32 Szenen entsteht in einer Postproduktion ein Film zum Thema Resilienz für Jugendliche.

e. Texterarbeitung für Film und Broschüre zum Thema Resilienz für Jugendliche

Eine professionelle Texter*in erstellt aus Informations-
texten zu den acht Säulen der Resilienz altersgerechte
Texte für Jugendliche.

f. Erstellung der Broschüre „Resilienz für Jugendliche"

Eine professionelle Layouterin und eine Grafikerin er-
stellen Illustrationen zu den acht Säulen der Resilienz,
die in der Broschüre und im Film verwendet werden.
Aus den Texten zur Resilienz, den Illustrationen und
Szenenfotos entsteht eine Broschüre begleitend zum
Film und zur Internetseite.

g. Erstellung der Internetseite „Resilienz für Jugendliche"

Eine professionelle Online-Gestalterin erstellt eine Internetseite aus den Materialen und Inhalten der Broschüre. Zusätzlich werden Übungsmaterialien zum Thema erstellt und eingebunden.

Das Resilienzmodell

Das Resilienzmodell des Projekts umfasst sechs Säulen und Themengebiete:

Selbstwahrnehmung/Fremdwahrnehmung – „Ich fühle mich gut!" –
„Ich kann dich gut fühlen!" – „Wir fühlen uns gut!"
Eigene Gefühle (Liebe, Freude, Wut, Traurigkeit, Angst) fühlen, erkennen, annehmen, mitteilen und regulieren, oder dafür um Rat bitten.

Selbstfürsorge/Fürsorge – „Ich sorge gut für mich!" – „Ich sorge für dich –
Du sorgst für mich" – „Wir sorgen füreinander!"
Eigene Bedürfnisse (Nahrung, Ruhe/Pause/Schlaf, Nähe, Hilfe, ...) erkennen, aussprechen und erfüllen, Bedürfnisse anderer erkennen, akzeptieren und unterstützen.

Optimismus – „Alles ist gut!"
Positives Denken, Gutes und Schönes aktiv entdecken, Hoffnung/Zuversicht empfinden, positive Fehler-/Helferkultur aktivieren, Wertschätzung und Dankbarkeit erleben.

Akzeptanz/Toleranz – „Ich bin gut so wie ich bin!" –
„Du bist gut so wie du bist!" – „Wir sind gut so wie wir sind!"
Eigene Stärken/Schwächen erkennen, schätzen, akzeptieren und nutzen, Stärken/Schwächen anderer erkennen, schätzen und akzeptieren.

Lösungsorientierung/Kreativität – „Ich schaffe das!" –
„Du schaffst das!" – „Wir schaffen das!"
Herausforderungen offen und mutig in einer spielerischen Haltung annehmen und gestalten, Zuversicht in eigene Fähigkeiten, Flexibilität, Aufgeschlossenheit, Neugierde entwickeln.

Kontakt/Beziehungen – „Ich gehöre dazu!" –
„Du gehörst dazu!" – „Wir gehören zusammen!"
Kontakt aufbauen und erhalten, sozial kommunizieren, Hilfe suchen.

Die Umsetzung der Säulen im Projekt

Jeder Säule ist ein altersgerechter Text, eine Illustration und drei theaterpädagogische Übungen zugeordnet. Am Beispiel der sechsten Säule (Kontakt/Beziehungen) zeigt sich folgender Inhalt:

„Ich gehöre dazu!" – „Du gehörst dazu!" – „Wir gehören zusammen!"
Kontakt aufbauen und erhalten, sozial kommunizieren, Hilfe suchen.

Jede*r braucht Lieblingsmenschen. Zum Krummlachen und Mut machen. Zum Ausweinen, Anlehnen und Zuhören. Für das gute Gefühl, dass jemand für dich da ist. Alle Herausforderungen der Welt sind einfacher, wenn du nicht allein bist. Das heißt nicht, dass jemand ständig deine Hand halten oder dir über die Schulter schauen muss. Aber wenn dir jemand einen Rat gibt oder einen kleinen Schubs, dir den Weg erklärt, dich ein Stück mitnimmt oder dir einfach mal einen Smiley schickt – gib's zu, das tut richtig gut! Ein Netz aus tollen Menschen trägt und hält dich. Aber Freundschaften und Beziehungen sind gar nicht so selbstverständlich. Deshalb ist es wichtig, dass du dich auch um deine Freund*innen und Vertrauten kümmerst. Denn für sie bist du genauso wichtig!

Übungen:

> Woosh
> Komplizen Schnick-Schnack-Schnuck
> Das Gelbe vom Ei

Woosh

Ein Gruppenspiel im Kreis. Die Kinder schicken einander Bewegungsimpulse und sagen dabei den Namen des Impulses.

> *Whoosh:* Kind 1 führt in einer fließenden Bewegung mit leichter Körperdrehung beide Arme zum Nachbarkind. Kind 2 behält die Richtung bei und gibt das Signal fließend an Kind 3. Das Woosh fließt wie eine Welle durch den Kreis.
> *Wow:* Ein Kind hebt zwei Arme nach oben und ruft „Wow!". Das vorherige Kind gibt das Woosh in die Richtung zurück, aus der er kam.
> *Zapp:* Ein Kind hält beide Handflächen aneinander. Es zeigt mit nach vorn gestreckten Armen auf ein anderes Kind (nicht auf ein Nachbarkind) und ruft: „Zapp!". Das ausgewählte Kind gibt einen neuen Impuls in den Kreis. (Zapp kann nicht mit Wow beantwortet werden).
> *Boing:* Ein Kind hält beide Hände aneinander über dem Kopf, es atmet tief ein. Beim Ausatmen sagt es „Boing!" und geht mit Schlangenbewegungen in die Hocke. Alle Kinder spiegeln die Bewegung synchron. Das Kind, das „Boing" gerufen hat, gibt einen neuen Impuls in den Kreis.
> *Freak out:* Ein Kind schüttelt beide Hände über dem Kopf und ruft „Freak out!". Alle Kinder schütteln die Hände über ihren Köpfen und rufen „Freak out!". Alle Kinder laufen durch den Kreis und suchen sich einen neuen Platz. Das Kind, das „Freak out" gerufen hat, gibt einen neuen Impuls in den Kreis.

Wichtig: Es ist ein Ballspiel ohne Ball. Es funktioniert besonders gut, wenn es schnell gespielt wird.

Covid-19 Variation: Bei einem „Freak out" laufen die Kinder nicht durch den Kreis. Sie drehen sich einmal an ihrem Platz.

Komplizen Schnick-Schnack-Schnuck

Eine Gruppenübung: Die Kinder bilden Paaren und spielen das Spiel „Schnick-Schnack-Schnuck" mit den Elementen Stein, Schere, Papier. Das Paar gewinnt, wenn es dasselbe Element hat, bei Ungleichheit wiederholt es das Spiel. Wenn sie das gleiche Signal haben, geben sie sich ein „High Five". Möglichst viele Kinder begegnen sich.

Covid-19 Variation: Wenn die Kinder das gleiche Signal haben, geben sie sich ein „low feet".

Das Gelbe vom Ei

Eine Kleingruppenübung: Je nach Raum- und Gruppengröße finden sich Kinder zu Kleingruppen (etwa sechs Kinder). Die Kinder fassen sich an den Händen und bilden einen Kreis. Ein Kind tritt in die Kreismitte, schließt die Augen und beginnt sich langsam zu drehen. Der Kreis um das Kind bewegt sich parallel zu ihm und sorgt als „Eierschale", dass das „Eigelb" weder mit anderen Kindern noch mit dem Raum kollidiert.

Covid-19 Variation: Die Kinder im Kreis fassen sich nicht an den Händen. Sie rufen ein Signal (z.B. „Piiep"), wenn das Kind in der Mitte die Richtung wechseln muss.

Landesverband Theaterpädagogik Niedersachsen e.V.

Im Landesverband Theaterpädagogik Niedersachsen (LaT) sind 66 Mitglieder, darunter 25 Organisationen – und damit rund 500 Theaterpädagog*innen aus ganz Niedersachsen organisiert. Viele Arbeitsbereiche, ein Verband: Als übergreifendes Netzwerk gibt der LaT dem großen Potenzial der Theaterpädagogik eine starke Stimme: Er vertritt die berufspraktischen Interessen der Theaterpädagog*innen in ihren vielfältigen Arbeitsbereichen, berät und informiert sie, entwickelt neue Konzepte und organisiert Vernetzung und Austausch in der Fläche.

Theater und Theaterpädagogik als Kunstvermittlung sowie Vermittlungskunst zu fördern, ermöglicht Kreativität, Bereicherung des Lebens, gesellschaftliche Teilhabe und produktive Grenzüberschreitungen, sowie den interkulturellen Dialog. Auf diese

Weise werden Transformationen von Individuen und Gruppen möglich, wie sie für eine Zivilgesellschaft des 21. Jahrhunderts unabdingbar sind.

Veröffentlichung des Projekts

Alle Materialien für die Durchführung des Projekts und weitere Informationen finden Sie unter: www.lat-niedersachsen.de/resilienz/

Kooperation

Landesverband Theaterpädagogik Niedersachsen e.V., Weiße Rose 1, 26123 Oldenburg und tpw theaterpädagogische werkstatt gGmbH, Am Speicher 2, 49090 Osnabrück

Förderung

felicitas und werner egerland stiftung, Blumenthalstraße 11, 49076 Osnabrück, Niedersächsisches Ministerium für Wissenschaft und Kultur, Leibnizufer 9, 30169 Hannover, und Stiftung Humor Hilft Heilen, Bennauerstraße 31, 53115 Bonn

Illustrationen: Tahmineh Sezavar Fotos: Jan Voss

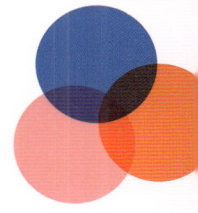

Kati Landsiedel

Ich und Du – Positiv lästern und Komplimente verteilen

Soziale Beziehungen zu pflegen und freundlich zu sein, macht glücklich. Das ist aber nicht unbedingt einfach für die meisten Mensche – leider wachsen wir ja doch in einer von Rivalität und Konkurrenz geprägten Welt auf. Wir merken uns Kritik viel besser als Lob und können noch lange über negative soziale Erlebnisse grübeln.

Mit Freundlichkeit erntet man allerdings meistens noch mehr Freundlichkeit. Wenn wir also lernen, nett zu anderen zu sein, werden diese anderen zu uns wahrscheinlich auch nett sein. Das stärkt soziale Beziehungen – und die machen schließlich glücklich.

Einige unserer Übungen dazu:

1. Positiv Lästern

Was?
Dieses Modul stellt das Konzept des Lästerns auf den Kopf und verwandelt es in eine Übung für positive und wertschätzende Kommunikation.

Womit?
Die Handpuppen Giraffe und Katze vermitteln das Konzept altersgerecht an die Zielgruppe Kinder.

Wie?
Zum Einstieg stellen sich die beiden Handpuppen, Giraffe und Katze, vor:

> Katze: Oh Mann, so ein Mist, was soll ich hier! Ihr seid alle doof! Lasst mich in Ruhe, ich brauche keine Freunde!
>
> Giraffe: Hallo! Wie geht's? Ich hab euch gern, wollen wir Freunde sein?

Wir fragen die Kinder: Wie geht es wohl der Katze und wie der Giraffe? Wie geht es euch, wenn eine „Katze" mit euch redet? Wie mit einer „Giraffe"? Wann seid ihr glücklicher?

Mit wem wollt ihr lieber befreundet sein? Unsere Aufgabe ist nun, der armen Katze zu zeigen, wie man so reden kann, dass man niemanden damit verletzt und sogar mehr Glück in die Welt bringt. Die Giraffe hat sicher Tipps!

Als Aufwärm-Übung gibt es ein Rennspiel: Wie würde es die Giraffe sagen und wie die Katze? Die Giraffe sitzt in einer Ecke des Raumes, die Katze in einer anderen. Es werden „Giraffensätze" und „Katzensätze" vorgelesen, und die Kinder müssen entscheiden, wer sie so gesagt hat und in die entsprechende Ecke des Raumes rennen. Anschließend

Expertinnen im (positiven) Lästern:
Katze und Giraffe

Komplimente zum Mitnehmen

wird das „Positive Lästern" eingeführt: Unsere Katze ist eben oft unausgeschlafen und grummelig und dann tratscht sie gerne mal. Vermutlich haben alle im Raum schon mal über andere getratscht. Wie fühlt sich der- oder diejenige wohl? Unsere Giraffe hat dieses Problem nicht. Ihr fällt es ganz leicht, „positiv" zu lästern, also vor allem das Gute in allen zu sehen und freundlich zu sein. Zum Beispiel so: „Ey, der Elias, der ist echt... voll nett!"

Bei der eigentlichen Übung stehen die Kinder im Kreis. Jedes Kind darf sich für eine Minute umdrehen, während die anderen über ihn oder sie „positiv" lästern. Um die Runde zu starten, kann die Giraffe anfangen und Formulierungshilfen geben. Zur Auswertung fragen wir die Kinder: Wie war das für euch? Abschließend fragen wir die Katze, ob sie schon etwas gelernt hat.

Warum?
Die Kinder lernen hier Formulierungen für wertschätzende Kommunikation. Gleichzeitig erfahren sie unmittelbar, wie schön es ist, Wertschätzung an andere zu geben und selbst zu erfahren.

2. Komplimente-Sonnen

Was?

Es tut gut, wenn man etwas Nettes gesagt bekommt und es tut auch gut, anderen etwas Nettes zu sagen! Bei dieser Übung darf jedes Kind den anderen in der Gruppe etwas Wertschätzendes auf einen „Sonnenzettel" schreiben oder malen.

Womit?

Vorlagen von Komplimente-Sonnen auf gelbem Papier werden im Voraus vorbereitet.

Wie?

Die Kinder bekommen DIN A4 Blätter an den Rücken geheftet. Nun gehen sie von einem zum anderen und schreiben jedem Kind etwas Nettes auf die Sonne. Meistens brauchen die Kinder keine Hilfestellung, aber ggf. kann die Giraffe ihnen Vorschläge machen.

Warum?

Die Kinder bekommen nun noch einmal schriftlich, was die anderen Nettes über sie denken. So haben sie eine Erinnerung an die Einheit aus ihrer Glücksreise, an die sie sich immer wieder erinnern können, wenn sie sie anschauen.

3. Komplimente zum Mitnehmen

Was?

Die Kinder gestalten ein Plakat mit Abreiß-Zetteln, auf denen verschiedene Komplimente stehen. So kann man im passenden Moment einen Zettel abreißen, wenn man einem anderen Kind etwas Nettes sagen möchte oder ihm/ihr einfach eine Freude machen möchte.

Womit?

DIN A4 Papier

Buntstifte

Scheren

Wie?

Die Kinder denken sich Komplimente aus, die in verschiedenen Situationen passen könnten. Beispiele: *Du bist nett! Du bist schlau! Ich mag, wie du lachst! Du kannst richtig gut...! Ich spiele gern mit dir! Du hast immer tolle Ideen! Ich mag deinen Musik-Geschmack! Ich mag deinen Mode-Stil! ...*

Sie bereiten ein Plakat mit Abreißzetteln vor und schreiben die Komplimente auf die Abreiß-Fransen. Dazu können sie das Plakat noch ansprechend gestalten. Die Komplimente zum Mitnehmen werden dann im Klassen- oder Gruppenraum aufgehängt und können jederzeit an Mitschüler*innen verschenkt werden.

Warum?

Hier wird noch einmal eine schriftliche Erinnerung geschaffen, die präsent im Klassen- oder Gruppenraum bleibt. Die Kinder können die Übung damit auch denen erklären, die nicht am Glückskurs teilnehmen. So werden sie zu Multiplikator*innen und vertiefen damit noch einmal den Lerneffekt.

Ein Projekt von PA/SPIELkultur e.V. – www.spielkultur.de

Weitere Ideen und Anregungen gibt es auf www.kiku-online.net/gluecksreise

Janine Lennert

Kinderfreundliche krisenfeste Städte: Das schaffen wir nur gemeinsam!

Ein Netzwerk als Chance für die Zukunft

Platz und Verständnis für Spiel in der Stadt zu schaffen, Spielräume in der Stadt zu sichern, zu beleben und zu erweitern, die Stadt in eine Spiellandschaft zu verwandeln – all das sind Ziele, die sich nicht im Alleingang erreichen lassen: nicht von noch so engagierten Einzelpersonen, aber auch nicht von einzelnen Einrichtungen, einzelnen städtischen Referaten oder einzelnen Politiker*innen. Vielmehr braucht es ein gut austariertes und lebendiges Netzwerk, träger- und referatsübergreifend, das von Austausch und Kooperation lebt, von Kommunikation auf Augenhöhe, das die Bedarfe von Kindern, Jugendlichen und Familien eruiert und diese selbst beteiligt, das Trends und Herausforderungen erkennt und fachlich, kreativ und innovativ bearbeitet, in (Modell)Projekten, Konzepten, Arbeitskreisen, Veröffentlichungen und Handlungsempfehlungen.

Diese Erkenntnis war bereits 1985 Anlass für die Gründung der Arbeitsgemeinschaft Spiellandschaft Stadt in München, in dem als bundesweit erstem fachlichen Netzwerk mit dem Schwerpunkt *Spiel* bis heute unterschiedlichste Akteur*innen und Organisationen aus der Stadtgesellschaft zusammenarbeiten. Kooperationspartner im weitesten Sinne sind etwa 100 Einrichtungen und Referate in München, von A wie Abfallwirtschaftsbetriebe oder Abenteuerspielplätze über F wie Familienzentren oder Freizeitstätten und K wie Kulturreferat oder Kindermuseum bis hin zu S wie Spielhäuser oder Stadtbibliotheken. Etwa 30-40 arbeiten in verschiedenen Konstellationen in einem engeren Netzwerk zusammen. Träger des Netzwerks ist der gemeinnützige Verein Spiellandschaft Stadt e.V., der sich 1988 gründete. Gefördert wird das Netzwerk durch das Sozialreferat/Stadtjugendamt der Landeshauptstadt München.

Die Arbeitsgemeinschaft Spiellandschaft Stadt war dann auch wesentlich daran beteiligt, das bundesweit damals einzigartige Konzept zum Thema *Spielen* auf stadtweiter Ebene zu erarbeiten, träger- und referatsübergreifend, im Auftrag der Münchner Spielraumkommission. Nach knapp 10-jähriger Vorarbeit wurde 1999 das Konzept „Spielen in München" vom Münchner Stadtrat verabschiedet, bestehend aus drei Bausteinen:

> Teil 1 als komplexe Zusammenschau mit Hintergrundinformationen, Rahmenbedingungen und Qualitätsmerkmalen einer gesamtstädtischen Spielförderung, Handlungsstrategien und Prioritäten sowie weiterführender Literatur;

> › Teil 2 als Kurzfassung in komprimierter Form mit wesentlichen Erkenntnissen, Zielen und Handlungsfeldern für die Gestaltung einer kinder- und spielfreundlichen Großstadt;
> › Teil 3 als Kriterienkatalog für kinder- und jugendfreundliches Planen mit wichtigen Fragestellungen und Hinweisen für alle Planungs- und Umsetzungsebenen städtischer Planung.

Damit setzte München 1999 einen wichtigen Impuls für die Entwicklung als bespielbare und damit kinder-, jugend- und familienfreundliche Stadt und diente in der Folge vielen weiteren Kommunen als Vorbild. Das Konzept *Spielen in München* ist seitdem die Leitlinie und der Handlungsrahmen in München für die Umsetzung des Kinderrechts auf Spiel und für die Arbeit der Arbeitsgemeinschaft Spiellandschaft Stadt.

Mittlerweile führen eine wachsende und sich stetig verändernde Stadtgesellschaft sowie sich wandelnde Spielkulturen zu neuen Herausforderungen, denen junge Menschen in München begegnen. Daher wurde im März 2016 die Fortschreibung des bestehenden Konzeptes begonnen. Die Konzeptarbeit ist noch im Prozess. Die Verabschiedung der Konzeptfortschreibung wird für 2022 angestrebt – auch hier ist die Corona-Pandemie nicht ganz unschuldig an der Verzögerung des Prozesses. Dennoch macht bereits das am 16.01.2020 im Kinder- und Jugendhilfeausschuss des Münchner Stadtrats verabschiedete *Eckpunktepapier zur Fortschreibung Spielen in München: Bezugsrahmen und Perspektiven zum Konzept* deutlich, worum es auch zukünftig gehen wird:

„Spiel ist für Kinder, Jugendliche, junge Erwachsen bis hin zu älteren und alten Menschen eine zentrale aktivierende und bildende Kraft und wirkt zugunsten einer umfassenden Kompetenzentwicklung in selbstständigem und eigenverantwortlichem Handeln. Die Stadt in ihrer Gesamtheit soll als positiver Lebensraum erfahrbar sein. Dafür braucht es – wie es die Vision einer Kommune, die sich als Spiellandschaft versteht, beschreibt – ein von den Akteuren erdachtes miteinander verknüpfbares Netz von Erfahrungsmöglichkeiten und Chancen. [...] Damit sich Kinder, Jugendliche und (junge) Erwachsene diesen urbanen Raum schrittweise und selbstbestimmt aneignen und mit Leben füllen können, muss dieser offen und lebendig, erlebbar und interpretierbar sein." (Landeshauptstadt München 2019b, S. 6/7)

Teil des Beschlusses vom 16.01.2020 war neben dem Eckpunktepapier auch eine Übersicht von ausgewählten Projekten, Maßnahmen und Aktionen, die im Zeitraum 2000 bis 2019 den Themenkomplex „Spielen in München" beispielhaft vorangebracht haben (vgl. Landeshauptstadt München 2019a). Aus dieser Übersicht möchte ich im Folgenden drei markante Beispiele herausgreifen, die die Zusammenarbeit in und an einer Spiellandschaft Stadt verdeutlichen.

Der KinderinformationsDienst: Lotsendienst durch die vielfältigen Angebote in einer Spiellandschaft Stadt

In der erwähnten Übersicht heißt es, dass 2009 die Kinderinformation im JIZ startete. Damit wurde endlich ein zweiter Standort für die Kinderinformation eröffnet, zentral gelegen in der Münchner Innenstadt. Als erster Kinderinformationsladen dient seit 1991 ein Ladenbüro in München-Neuhausen. Beide Läden sind Informationsdrehscheibe für

Kinder und Familien rund um alle Themen bezüglich Spiel, Freizeit, Bewegung, Spielplätze und Spielplatzpatenschaften, Spielhäuser, Spielfeste und mehr. An vier Nachmittagen die Woche stehen Fachleute für persönliche Beratung vor Ort und am Telefon zur Verfügung, zweimal jährlich wird eine trägerübergreifende Programmzeitung herausgegeben und alle zwei Monate der Veranstaltungskalender Stadtwiesel. Ergänzt wird das Angebot um den Verleih von Spielmaterial, Spiel- und Kreativtipps online und regelmäßigen Aktionen mit Partnern aus dem Netzwerk der Spiellandschaft. So werden Kinder (und auch Familien) befähigt und ermutigt, sich im manchmal unübersehbar großen Dschungel der Angebote zurechtzufinden, Neues für sich zu entdecken und eigene Erfahrungen zu machen.

Die Münchner Kinderstadtpläne: Von Kindern für Kinder

2000 gingen die ersten Münchner Kinderstadtpläne online. Gedruckt als großer bunter Plan mit Begleitheft gibt es sie schon viel länger, seit 1991. Sie entstehen in Kooperation von verschiedenen Einrichtungen und engagierten Einzelpersonen, die unter der Federführung des Arbeitskreises Kinderstadtpläne von Stadtteil zu Stadtteil variieren. Als Akteure stehen immer die Kinder im Mittelpunkt: „Wie sehen Kinder ihren Stadtteil, was interessiert sie, welche Orte, Einrichtungen sind für sie interessant? [...] Um diese Informationen darzustellen, werden mit Kindern gemeinsam ihre Lebensräume erkundet. Mit den Augen der Kindern wird die städtische Umgebung kritisch betrachtet. So lernen sie ihren Stadtteil besser kennen und werden motiviert, selbst zu forschen, anderen Kindern und Erwachsenen Fragen zu stellen, ihren Lebensraum zu beurteilen und Kritik zu üben. Auf spielerische Art setzen sie sich mit ihrem Lebensumfeld in Vergangenheit und Zukunft auseinander." (Spiellandschaft Stadt e.V. 1996, S. 3) Im Projekt wird festgestellt, welche Orte für Kinder interessant sind, wo Wegeverbindungen bestehen und auch, welche Orte von Kindern gemieden werden. Daraus können Verbesserungsmöglichkeiten von Spielgelegenheiten abgeleitet und an die Zuständigen in Politik und Verwaltung weitergegeben werden. Auch ungewöhnliche Orte, die vielleicht noch nicht so bekannt sind, werden als Spielorte markiert. Das heißt, der Entstehungsprozess mit Kindern ist mindestens so wertvoll wie das fertige Produkt, das anderen Kindern und Familien zur Orientierung dient. Mittlerweile gibt es 21 Münchner Kinderstadtteilpläne, und es werden von Jahr zu Jahr mehr.

Schulhöfe als Spielhöfe: Kann das gut gehen?

2009 startete ein Modellprojekt der Arbeitsgemeinschaft Spiellandschaft Stadt, in dem der gemeinsame Schulhof einer Münchner Mittel- und Grundschule beispielhaft als Bewegter Schulhof mit den Schüler*innen und dem Kollegium umgestaltet wurde. Zunächst wurde eine Bestandsaufnahme gemacht. Danach wurden mit den Schüler*innen mit unterschiedlichen Spiel- und Bewegungsaktivitäten ausprobiert, was ihnen Spaß macht und was sich für den Schulhof eignet. Zwei Themen fanden besonderen Zuspruch: Bouldern, das Klettern an künstlichen Kletterwänden, und das Bauen von Murmelbahnen. Die Ideen der Kinder und Jugendlichen wurden in Modellen festgehalten und 2013 mit Spielgerätefirmen als Einzelstücke realisiert und im Schulhof auf Dauer installiert: eine Bouldergrotte und eine veränderbar gestaltbare überlebensgroße Murmelspiel-Landschaft.

Die Partnereinrichtungen in diesem Projekt waren neben den Schulen die Einrichtungen des Arbeitskreises „Vom Schulhof zum Spielhof", der sich mit dem Referat für Bildung und Sport der Landeshauptstadt München seit 1993 dafür einsetzt, dass viele Schulhöfe und Schulsportflächen auch außerschulisch für Spiel und Bewegung zur Verfügung stehen. Eine wachsende Stadt, in der Flächen für Spiel, Freizeit und Erholung immer knapper werden, kann es sich eigentlich gar nicht leisten, diese Flächen an Wochenenden oder in Ferien ungenutzt zu lassen. Und doch waren zum Beispiel auch diese Flächen aufgrund der Corona-Maßnahmen im Sommer 2020 nur sehr eingeschränkt zugänglich. Hinzu kommt, dass durch den Ganztag auch die Schulaußenräume immer stärker belegt sind und manche Schulen sich immer noch davor scheuen, ein Miteinander von betreuten und unbetreuten Kindern zuzulassen. Das heißt, die Dringlichkeit der Öffnung hat sich gegenüber den 1990er-Jahren verschärft, gleichzeitig wachsen die Herausforderungen. Umso wichtiger ist es auch hier, zum Wohle der Kinder am Ball zu bleiben, und sich auf breiter Ebene in Verwaltung und Politik für das Thema einzusetzen.

Und was heißt das für die Zukunft?

Die drei beschriebenen Beispiele eint, dass sie die Bewegungs- und Möglichkeitsräume für Kinder und Familien in der Stadt erhalten und erweitern. Sie sind – dank größtenteils umfangreicher kommunaler Förderung – weitgehend kostenlos und daher sehr niedrigschwellig zugänglich. Es gibt sie aber auch, weil sich ein Netzwerk von Menschen, Einrichtungen, Verwaltung und Politik mit großem Engagement dafür einsetzt,

dass eine Stadt spielfreundlich und damit lebenswert für alle ihre Bewohner*innen ist und bleibt. Und trotzdem bleibt immer noch viel zu tun – wie es auch schon so schön heißt im Konzept Spielen in München von 2000: „Die Spiellandschaft Stadt ist nie fertig – und soll es auch nie werden. Die Arbeit daran ist ein fortwährender Prozess ... und sie macht Spaß!" (Spielraumkommission der LH München 2000, S. 11)

Weiterführende Links

KIDS – Kinderinformationsdienst https://spiellandschaft.de/was-wir-machen/kinderinformation/

Arbeitskreis Kinderstadtteilplan: von Kindern für Kinder https://spiellandschaft.de/was-wir-machen/arbeitskreise/arbeitskreis-kinderstadtteilplan

2009-2013: Bewegter Schulhof – Gesündere Schüler*innen https://spiellandschaft.de/was-wir-machen/modellprojekte/bewegter-schulhof

Arbeitskreis Vom Schulhof zum Spielhof https://spiellandschaft.de/was-wir-machen/arbeitskreise/arbeitskreis-vom-schulhof-zum-spielhof

Literatur

Landeshauptstadt München (2019a). Spielen in München: ausgewählte Projekte/ Maßnahmen/ Aktionen 2000-2019. Anlage 3 zum Beschluss des Kinder- und Jugendhilfeausschuss vom 16.1.2020. www.ris-muenchen.de/RII/RII/DOK/SITZUNGSVORLAGE/5773879.pdf [Zugriff 20.10.2021]

Landeshauptstadt München (2019b). Spielen in München – Eckpunktepapier – Bezugsrahmen und Perspektiven zum Konzept. Anlage 2 zum Beschluss des Münchner Kinder- und Jugendhilfeausschuss vom 16.01.2020. www.ris-muenchen.de/RII/RII/DOK/SITZUNGSVORLAGE/5773881.pdf [Zugriff 20.10.2021]

Spiellandschaft Stadt e.V. (Hrsg.) (1996). Werkstattbuch Nr. 2: Kinderstadtteilpläne. München.

Spielraumkommission der LH München (Hrsg.) (2000). Spielen in München. Konzept – Kurzfassung. München.

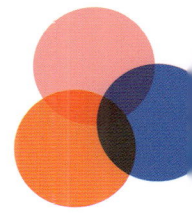

Agnieszka Spizewska

Little WEST – Dein Abenteuer vor der Tür

Ferienprogramm vom Viertel fürs Viertel

Das Ferienprogramm *Little WEST* ist ein von Akteuren aus dem Viertel organisiertes Ferienangebot für die Kinder aus dem Viertel. Seine Vision ist es, die Kinder und ihre Familien zur selbstständigen und nachhaltigen Freizeitgestaltung zu befähigen.

Little WEST ist ein Kooperationsprojekt von *Little Lab – Wissenschaft für Kinder e.V.*, Nachbarschaftstreff Freiham des *KINDERSCHUTZ MÜNCHEN* und *BildungsLokal* Neuaubing-Westkreuz des Referats für Bildung und Sport. Das Ferienprogramm wurde 2020 als Pilotprojekt kurzfristig geplant und realisiert. 2021 wurde das Projekt erweitert und optimiert.

Ausgangslage

Im Stadtbezirk 22 leben verhältnismäßig viele Haushalte mit Kindern: Im Münchner Gesamtdurchschnitt sind es 17 %, Neuaubing hat 22,7 %. In dem gesamten Bezirk 22 haben 47 Prozent von den 49.072 Bewohner*innen eine Migrationsbiografie. In den jüngeren Stadtbezirksteilen ist der Anteil entsprechend höher: Neuaubing 51,4 %, Freiham 77,5 %. Im Bezirk 22 befinden sich mehrere Unterkünfte für geflüchtete Menschen.

Das Bestandsgebiet Neuaubing, Aubing, Westkreuz ist durch Armut sowie Bildungs- und Teilhabebenachteiligung geprägt. Der zukünftige und teilweise bereits bestehende Unterstützungsbedarf im Neubaugebiet Freiham ergibt sich zum einen aus dem Leben auf einer Großbaustelle, die noch für viele weitere Jahre anhält, und zum anderen aus der kaum vorhandenen sozialen Infrastruktur. Die hohe Anzahl von geförderten Wohnungen lässt Rückschlüsse auf die erwartete sozioökonomische Benachteiligung vieler Freihamer*innen ziehen. Gesellschaftliche Auswirkungen der Corona-Pandemie tragen zudem zu einem erhöhten, langfristigen Bedarf an wohnortnahen, inklusiven Angeboten bei.

Viele Kinder aus dem Bezirk 22 verbringen ihre Sommerferien zu Hause. In diesem Zeitraum schließen alle Betreuungseinrichtungen für Grundschulkinder für drei Wochen. Die Freizeit der Zielgruppe wird von einem durch die Corona-Pandemie noch verstärkten erhöhten Medienkonsum geprägt. (aus dem Konzept Little WEST 2021 von Patrycja Marek, KINDERSCHUTZ MÜNCHEN)

Vision

Little WEST startete 2020 mit einer akuten Situation: Corona-Pandemie, fehlende Betreuung, noch mehr Kinder als sonst bleiben zu Hause. Bald wurde aus Not eine Vision:

DIE KIDS IN UNSEREM VIERTEL...

sind aktiv, selbstbestimmt, neugierig und ideenreich in ihrem Wohnviertel unterwegs, denn sie kennen Orte und Menschen, die ihnen das Gefühl geben, zu Hause zu sein. Sie wissen, was sie in ihrer Freizeit im Viertel tun können.

Eine der Mitgestalterinnen von *Little WEST*, Tilla Wiederspahn, erfasst die Vision in einer Geschichte über einen perfekten Tag von zwei Kindern im Viertel:

„Es ist Freitagnachmittag. Aylana und Eric haben heute früher Schulschluss und plötzlich so viel Freizeit! Sie schnappen sich ihre Fahrräder und radeln einfach los. Sie kennen sich in ihrem Viertel ganz gut aus, denn sie waren mit Little WEST fast überall: am Teufelsberg in der Aubinger Lohe, im Geothermiekraftwerk in Freiham und in der Kinder- und Jugendfarm in Neuaubing.

Heute geht die Reise an der Aubinger Allee entlang, neben den Feldern in Freiham. Am Aussichtsturm grasen Schafe aus Aubing. Aylana und Eric versuchen das kleine Lämmchen Leon zu finden, das sie beim Little WEST Ausflug 2020 kennengelernt haben, als es neu geboren war. Fast ein Jahr später ist aber Leon nicht mehr zu erkennen, so groß und wuschelig ist er geworden. Die Schäferin Elke begrüßt die Kinder herzlich und kommt an den Zaun, um ein bisschen zu quatschen. So ist das unter Nachbarn.

Aylana und Eric radeln weiter. Am Fußballfeld neben der Dirtbike Anlage an der Aubinger Allee macht Can wieder sein offenes Fußballtraining. Aylana und Eric sehen viele von ihren Freunden spielen. Seitdem Aylana auch bei Little WEST am Fußballtraining teilgenommen hat, mag sie Fußball und überlegt sich, sogar in den Verein einzutreten. Nächstes Mal spielt sie beim Probetraining mit, aber heute nicht. Denn sie hat mit Eric gewettet, dass im Teich an der Aubinger Lohe Kaulquappen sind. Eric ist sicher, dass es noch nicht so weit ist. Lautes Quaken ist von weit her zu hören. Aylana und Eric fahren den schmalen Weg entlang in das Landschaftsschutzgebiet.

Wie auf Kommando springen zig Frösche ins Wasser. Man kann ganz viel Froschlaich sehen. Den wollen sie sich genauer ansehen! Gut, dass noch die Brotzeitbox im Rucksack ist, denn aus Frischhaltefolie, Stöcken, Grashalmen und Wasser aus der Flasche können sie eine Lupe basteln. Sie haben so was Ähnliches mit Aga von Little Lab in den Ferien schon mal gemacht. Heute müssen sie jedoch improvisieren. Die Lupe funktioniert dafür aber tadellos und am Ende können sie sogar noch Kaulquappen beobachten.

Es wird langsam spät. Aylana und Eric machen sich auf den Weg nach Hause. Im Freiluftgarten ist Patrycja vom Nachbarschaftstreff Freiham, die den Kindern immer gerne ihre Lieblingsnützlinge zeigt: die Kompostwürmer! Heute steht sie mit den Gärtner*innen an der Wasserpumpe und alle füllen ihre Gießkannen. An heißen Tagen müssen alle Beete richtig gut gegossen werden.

Aylana und Eric verabschieden sich voneinander am Indianerspielplatz. Morgen ist Samstag und noch mehr Freizeit, die sie mit Reisen durchs Viertel verbringen können."

(Die Geschichte gibt es auch auf der Webseite www.little-west.de als Audiodatei.)

Ziele

Das wichtigste Ziel des Ferienprogramms *Little WEST* ist:

Grundschulkindern Ideen und Anlaufstellen für ihre Freizeit zu geben und zwar durch kostenfreie vielfältige Workshops und Aktionen in den Sommerferien an möglichst vielen Orten im Stadtviertel und von unterschiedlichen lokalen Einrichtungen, Menschen und Vereinen, die stetig im Stadtviertel aktiv sind.

Little WEST wollte außerdem:

> Allen Kindern die Möglichkeit bieten, an einem Ferienprogramm teilzunehmen
> Kinder für neue Themen begeistern, damit sie vielfältige Interessen ertdecken und ihnen in der Freizeit folgen können
> Den Kindern die Möglichkeit geben, neues Freizeitverhalten auszuprobieren und zu leben
> Kindern ermöglichen, ihre Freizeit im Viertel selbstbestimmt und ideenreich zu verbringen
> Kinder ermutigen, ihre neu errungenen Ideen in die Familien und Freundeskreise zu tragen
> Kindern ermöglichen, auch außerhalb ihrer gewöhnlichen Lebenswelten neue Freundschaften zu knüpfen
> Kindern ihre Rolle in der Gemeinschaft entdecken lassen
> Kindern das Gefühl zu geben, dass sie im ganzen Stadtteil zu Hause sind

Die Kooperationspartner haben sich vorgenommen, durch das Ferienprogramm *Little WEST* lokale Netzwerke und Fachgremien auf diese Bedarfe zu sensibilisieren.

Eine Little WEST Woche

Die Entscheidung für das Drei-Stunden-Format wurde bewusst getroffen. Kürzere Workshops sind als Impulse gedacht, um die vielfältigen Interessen der Kinder zu wecken und die Kinder in ihrer selbstständigen Freizeitgestaltung zu stärken. Beim Konzipieren des Programms wurden folgende Themenbereiche berücksichtigt:

> *MINT* (Forschen und Experimentieren, Robotik und Programmieren, 3D-Druck),
> Natur und Umwelt (z.B. Kräuterpädagogik, Wildbienenforschung),

> › Kunst und Kreatives (Holzworkshops, Keramikwerkstatt),
> › Kultur und Medien (Kinoabende, kreative Apps, Handyrallyes),
> › Stadtteilerkundung und Ausflüge (Ausflüge auf einen Reithof und zur Schäferei Aubing),
> › Partizipation und Teilhabe (Pop-up-Modellbau mit dem Team von „Lasst uns mal ran!", Workshops mit der Verbraucherzentrale zu diversen Themen),
> › Sport (Sportspiele, Rugby, Parkour, Yoga)

Außerdem wurde sowohl ein zusätzliches Programm für Familien mit kleineren Kindern aufgebaut als auch offene abwechslungsreiche Spielenachmittage auf öffentlichen Grünflächen veranstaltet.

Wirkungsmodell

Die Grundlage der Wirkungslogik sind nachhaltige Auswirkungen des Ferienprogramms bei den Zielgruppen. Die Kinder und ihre Familien sollen ihr Wissen zu unterschiedlichen Themen erweitern und die Haltung ändern, und zwar nicht nur zu Themen der einzelnen Angeboten, sondern z.B. auch, wie sie ihre Freizeit im Viertel selbstständig gestalten können. Sollten sie außerhalb des Rahmens vom Ferienprogramm Initiative ergreifen, würde sich ihre Lebenslage in vielen Aspekten ändern.

Wirkungsmodell: Patrycja Marek, *KINDERSCHUTZ MÜNCHEN*

Teilnehmer*innen von Little WEST 2021 in Zahlen

Das gesamte Ferienprogramm *Little WEST* bestand aus 3 Säulen: Angebote für Kinder mit Anmeldung, Angebote für Familien mit Anmeldung und offene Angeboten im Freien. Die Platzkapazitäten wurden durch die gebotenen Infektionsschutzmaßnahmen beschränkt. In den

Angeboten für Kinder mit Anmeldung gab es knapp 500 Teilnahmeplätze von denen ca. 80 % belegt wurden. Unter den teilnehmenden Kindern waren Jungen leicht in der Mehrheit (55 %).

65 % der Teilnehmer*innen wohnen in Neuaubing und Freiham. Knapp 70 % der Teilnehmer*innen haben eine Migrationsbiografie. Im gesamten Ferienprogramm *Little WEST* wurden knapp 1.000 Teilnahmeplätze belegt.

Die Wirkungsplausibilität wurde bis zur dritten Stufe evaluiert. Weitere Evaluationsergebnisse können über die Kooperationspartner*innen angefragt werden.

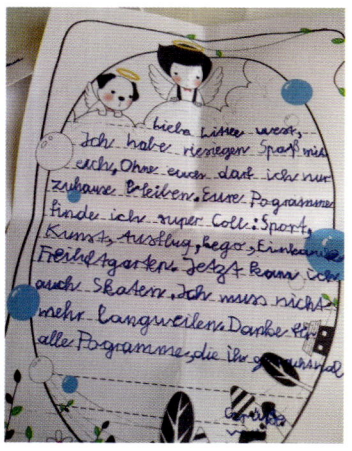

In der Umfrage haben die Eltern der teilnehmenden Kindern u.a. folgendes Feedback gegeben:

„Danke schön. Sie haben so viele gute Ideen für die Kinder ausgedacht und setze Ihre Herz in diesem und steht für die Kinder zur Verfügung."

„Es ist einfach bemerkenswert, was ihr alles für die Kinder tut!!!! Ich finde es klasse, dass Kinder aus unterschiedlichen Kulturen zusammen etwas erleben! Auch die Länge der Workshops ist gut um etwas auszuprobieren, meiner Meinung nach - wenn es jemanden nicht gefällt sind drei Stunden schnell vergangen! Außerdem bleibt genügend Zeit und Kraft bei den Kindern, um am Nachmittag eigene Aktivitäten zu unternehmen. Herzlichen Dank, dass ihr das ermöglicht!"

Brief eines teilnehmenden Kindes, 2020

Little WEST hält sein Versprechen

Sowohl die Zahlen als auch die Aussagen der teilnehmenden Kinder, Eltern und Programmpartnern belegen den Erfolg und Wirkung des Ferienprogramms vom Viertel fürs Viertel. Wie versprochen, endet *Little WEST* nicht mit dem letzten Ferientag. Die meisten Programmpartner können die Teilnehmenden auch nach dem Sommer im Stadtteil antreffen und an zahlreichen Angeboten teilnehmen. Die Beziehungen wurden geknüpft. Die Nachbarschaft ist ein Stück zusammengewachsen.

Little WEST wurde 2021 von der Beisheim Stiftung sowie dem Referat für Bildung und Sport und dem Sozialreferat der Landeshauptstadt München gefördert.

Mehr Infos zum Ferienprogramm *Little WEST* unter www.little-west.de und direkt bei den Kooperationspartnern.

Isabelle Zahradnyik, Michael Dietrich

iz art – Deine Jugendkunstschule

#partizipativ #inklusiv #integrativ

Stadtweite Jugendkunstschule – Kunst und Kultur für alle!

Das 2013 vom Verein *PA/SPIELkultur e.V.* initiierte kunst- und kulturpädagogische Kooperationsprojekt *iz art – Deine Jugendkunstschule* schafft in München durch sein stetig wachsendes Netzwerk von lokalen Kooperationspartnern aus unterschiedlichsten sozial-, kultur- und bildungspolitischen Einrichtungen barrierearme und -freie Angebote kultureller und künstlerischer Bildung für Kinder, Jugendliche und Erwachsene. Mit kostenfreien Veranstaltungen erreicht das Projekt dabei auch Menschen aus einkommensschwachen Familien, mit Fluchthintergrund und/oder Anschlussschwierigkeiten aufgrund von Sprachproblemen. Darüber hinaus arbeiten wir intensiv an inklusiven Angeboten für physisch und psychisch beeinträchtigte Menschen.

Lebenswelten

iz art veranstaltet überwiegend vor Ort, in den Lebenswelten seiner Teilnehmer*innen, Kreativangebote mit bildenden, darstellenden und multimedialen Künsten. Dabei haben wir primär im Sozialraum des Münchner Nordens Kooperationen geknüpft und ein Netz mit stadtweiten Partnern gewebt, die das Projekt inklusiv erfahrbar machen. Dazu zählen u.a. verschiedene Grundschulen, Kinder- und Jugendfreizeitstätten, gemeinnützige Organisationen zur Förderung der Integration geflüchteter Menschen, Münchner Rehabilitationszentren, Spiel- und Begegnungszentren, Kulturzentren, Wohnzentren, Bibliotheken, Universitäten, Gemeinschaftsunterkünfte und viele weitere Institutionen. Die intensive Zusammenarbeit mit unseren Kooperationspartnern, deren Erfahrung und Nähe zu den Menschen, für die wir *iz art* ins Leben gerufen haben, sowie die Unterstützung vieler tatkräftiger freier Mitarbeiter*innen sind die Basis von *iz art*. Und natürlich die im wahrsten Sinne des Wortes kunterbunten Angebote des Projektes: Inhaltlich orientieren sich diese grundlegend an den Interessen der Teilnehmer*innen und reichen von Groß-mal- und Graffiti-Aktionen bis hin zu Trick- und Spielfilm-Projekten sowie Theater- und Soundpainting-Workshops. Es gibt Stadtteil-Kunst-Rallyes, Tanz- und Musik-Workshops, interdisziplinäre Kunstaktionen für alle Sinne sowie naturpädagogische Kunsterlebnisse mit Rätselspaß im Freien – um nur einige Beispiele zu nennen.

Lebenswelten (virtuell) entdecken und erweitern

Erfahrungswerte zeigen, dass gewohnte Lebenswelten der Teilnehmenden wie beispiels-weise die eigene Schule, Jugendtreffs, Unterkünfte und ähnliche urbane Begegnungsorte oder kulturelle Orte wie der Münchner Gasteig durch die kreativ-künstlerischen Aktionen als ein Raum der Begegnungen positiv aufgeladen werden. Auf diese Weise wird die Neugierde auf mehr Austausch und auf das Kennenlernen neuer Stadtteile geweckt.

In der *Blackbox* des Münchner *Kulturzentrums Am Gasteig* fand regelmäßig eine *iz art*-Präsentation statt, die insbesondere das Selbstwertgefühl der Zielgruppe in einem bewer-tungsfreien Raum stärkt. Auch körperlich oder geistig beeinträchtigte Teilnehmer*innen, denen der Zugänge zu Alltags- und Kulturwelten oft erschwert ist, erfahren durch diese *iz art* Aktionen positive Resonanz auf den eigenen künstlerischen Ausdruck. So konnten Kinder der *Stiftung Pfennigparade* in der *Blackbox* auf großer Bühne und vor öffentlichem Publikum eigene Tanz- und Impro-Theater-Vorstellungen zum Besten geben. Es war ein buntes Spek-takel und eine wahre Freude, ihrer funkensprühenden Präsenz zuzusehen. Der Applaus und die Begeisterung des Publikums ob des tänzerischen und theatralischen Könnens der jungen Darsteller*innen waren groß. Stolz erhobenen Hauptes und mit strahlender Freude im Gesicht nahmen diese die wertschätzende Resonanz mit hinaus in die Außenwelt.

Austausch verschiedener Lebenswelten entsteht auch virtuell, nämlich durch das enorme Potenzial von Interaktion mit digitalen Medien. Diese nutzen wir für unsere Online-Plattformen auf denen kleine und große Produktionen mit persönlichen Botschaf-ten in Form von Bildern, Videos oder Audiofiles präsentiert und mit anderen diskutiert werden können. *(www.iz-art.de)*

Integration und Begegnung

Eigene Potenziale, Humor und Leichtigkeit entfalten sich vor allem bei niedrigschwelligen und prozessorientierten Kreativ-Angeboten aller Art. Das bietet *iz art* u.a. mit wöchentlich stattfindenden Kunstateliers im *Kinder- und Familienzentrum in der Parkstadt Schwabing*, auf dem Gelände der *Bayernkaserne* bei *LOK Arrival, der Freizeitstätte für geflüchtete Kinder und Jugendliche auf dem Gelände der Bayernkaserne* und bei Treffen von einheimischen

und geflüchteten Frauen und ihren Kindern bei *JUNO – eine Stimme für Flüchtlingsfrauen* im *Bellevue di Monaco* sowie Familien im *HORIZONT-Haus Domagkpark*. Fleißig wird mit Beton gegossen, Kleidung und Taschen mit Siebdruck designt, Möbel und Hochbeete gebaut oder die eigenen Räumlichkeiten durch ihre Besucher*innen neugestaltet, wie z.B. der *Mädchen-Raum* bei *LOK Arrival*.

Zu den vielen Kunstateliers kommen unterschiedliche Menschen mit ganz eigenen Backgrounds. *iz art* nutzt den integrativen Charakter von Kunst und Kreation, um Begegnungen mit Empathie für verschiedene Lebenswelten zu schaffen, um eigene Komfortzonen zu verlassen sowie eigene Entwicklungen, Wahrnehmungen und Potenziale zu erleben.

> „Ich werde die ungläubigen Gesichtsausdrücke der Haidhausener Familien nicht vergessen, die zu einem unserer offenen Graffiti-Angebote bei LOK Arrival kamen", erinnert sich eine iz art-Kursleitung. „Sie mussten zuerst vorbei an den langen, ehemaligen Militärgebäuden der Bayernkaserne um zur Halle 23 zu kommen. ‚Hier leben die Menschen?', fragte ein Junge seine Mutter, die das betroffen bejahte. Am Ende kamen sich die Kinder und Jugendlichen aus Stadtteilen, die unterschiedlicher kaum sein können, beim Graffiti-Sprayen näher. Mit Händen, Füßen und Farben wurde gesprochen, gespielt und kreiert."

Über all die Jahre, die *iz art* nun in der ganzen Stadt unterwegs ist, können wir sagen, dass besonders durch die Kontinuität der Angebote die Teilnehmenden der (Jugend)Kunstschule zusammenwachsen. Aus ersten Berührungspunkten der Kinder mit unterschiedlichen Lebens- und Sozialräumen entstehen neue Freundschaften. So fördert *iz art* die Begegnungen von Menschen aus verschiedenen soziokulturellen Hintergründen, stärkt deren Persönlichkeitsentwicklung und sensibilisiert sie für eine heterogene Gesellschaft. Im spielerischen Umgang mit und dem Erlernen von künstlerisch-pädagogischen Methoden und Techniken erkennen die Teilnehmer*innen ihre eigenen Interessen, Stärken und Potenziale. Akzeptanz und Toleranz werden durch das Kennenlernen von Menschen aus verschiedenen sozialen und kulturellen Kreisen entwickelt und Teamfähigkeit dadurch erweitert.

Veranstaltungs- und Gestaltungsformen

In verschiedenen Veranstaltungsformen können sich die Teilnehmer*innen in Kunstformen ihrer Wahl ausprobieren. Oft mit dabei sind digitalen Medien, die unseren Teilnehmer*innen die Bandbreite kreativer Gestaltungsformen von Smartphone, Tablet und Co. aufzeigen. Mit diesen ist es oft leichter, die gewohnte „Realität" – die eigene Umgebung oder die eigene Person virtuell u.a. visuell und auditiv zu erweitern und/oder neu zu kontextualisieren. Klänge und Musik können durch bestimmte Apps verhältnismäßig unkompliziert dem eigenen Empfinden nach sichtbar gemacht werden. Musik, Sound und (bewegte) Bilder werden überraschend neu kombiniert und erlebt, wie beispielsweise durch *VJ/DJ* Workshops. Somit ist es auch möglich aus einer anderen Perspektive auf sich und die persönliche Lebenswelt zu blicken sowie die individuelle Wahrnehmung in Form von eigenen künstlerischen Experimenten mit anderen zu teilen.

Ausdrucksformen und Botschaften

Im Rahmen von Trick- und Spielfilmprojekten bekommen die Kinder und Jugendlichen eine Ausdrucksform an die Hand, in der sie nicht nur sich selbst, sondern auch ihre Probleme und Wünsche thematisieren können. Vor allem Menschen mit körperlichen Beeinträchtigung sind in ihrer Mobilität stark eingeschränkt und abhängig von den Angeboten der Einrichtungen um sie herum. Eigene Träume, Bedürfnisse oder politische Meinungen auszudrücken, kann ohne Hilfe von digitalen Medien einen großen Aufwand bedeuten. Die Trickfilmproduktion des 10-jährigen Schülers aus der *Ernst-Barlach-Schule* der *Stiftung Pfennigparade* in München mit dem Titel *Vater und Sohn* ist ein Beispiel dafür, dass diese Möglichkeit auch genutzt werden will. Die geschriebene Aussage am Ende des Films „Liebe Eltern, lasst Eure Probleme bitte nicht an uns aus. Wir denken dann nämlich, wir sind nicht gut genug!" war dem Jungen ein großes Bedürfnis. Der junge Filmemacher konnte hier durch einfache, aber beeindruckende Mittel einen Einblick in seine Lebenswelt geben, einen Teil von sich und seinen persönlichen Bedürfnissen darstellen und bleibt, wenn er nicht gesondert auf sich aufmerksam machen möchte, anonym. Hier entsteht eine ganz besondere Persönlichkeitskompetenz für die Ent-

scheidung, wer soll wann wieviel von mir erfahren und was steht in meinem künstlerischen Schaffen im Vordergrund. Nach Absprache mit dem Macher des Trickfilms wurde dieser auch online gestellt und ist über den *Youtube*-Kanal von *PA/SPIELkultur e.V.* öffentlich abrufbar.

(Link: www.youtube.com/watch?v=YPKY_Bl1zCQ)

iz art Formate

Bei allen Kooperationspartnern finden jährlich regelmäßig Kreativangebote aller Art statt: Darunter mehrtägige Projektwochen, fortlaufende Kurse, Schnupper- und offene Kunstateliers sowie einrichtungsübergreifende Veranstaltungen wie beispielsweise *iz art*-Präsentationen, Besuchsangebote und Ferien-Workshops.

iz art während der Pandemie

Während der Pandemie von *COVID-19* war und ist ein schnelles Umdenken gefragt. Unsere Angebote haben wir dementsprechend angeglichen und weiterentwickelt. So wurden virtuelle Workshops konzipiert: Es entstanden die virtuellen und die mobilen *Frei(t)räume*, die den Kindern synästhetisches Kunstschaffen nach Hause und in die Schule brachte. Ein Online-Newsletter für das Erleben des eigenen Glücks wurde ins Leben gerufen und mit Erfolg veröffentlicht. Als es nicht möglich war, physisch-reale Projekt vor Ort durchzuführen, sattelten wir um auf analoge Kreativ-Päckchen, die wir an unsere Kooperationspartner auslieferten. So erhalten drei Grundschulen nun kunterbunte *Frei(t)raum-Glückspost*, die nach diesem besonders schwierigen Jahr von Distanz- und

Wechselunterricht für alle Jahrgangsstufen fest installiert sind. Ursprünglich geplante physisch-sinnliche Erfahrungsspielräume wurden abgewandelt in Stadtteil-Rallyes.

Finanzierung

iz art ist ein Projekt von *PA/SPIELkultur e.V.* Der Verein organisiert in seinen Veranstaltungsräumen an der Münchner Freiheit sowie stadtweit Spiel-, Kultur-, Natur- und Medi-

enprojekte für Kinder, Jugendliche und Familien. Seit über 40 Jahren werden im Auftrag des Stadtjugendamts/Jugendkulturwerk der Landeshauptstadt München sinnlich-reale und digitale Spiel- und Erfahrungsräume realisiert – partizipativ und interaktiv.

iz art – Deine Jugendkunstschule wurde neben der 2013-2018 im Programm *Künste öffnen Welten* der *Bundesvereinigung Kulturelle Kinder- und Jugendbildung e.V. (BKJ)* gefördert. Die *BKJ* ist Programmpartner des Bundesministeriums für Bildung und Forschung für *Kultur macht stark. Bündnisse für Bildung*. In den Jahren 2018 bis 2021 wurde *iz art* vom *Adventskalender für gute Werke* der *Süddeutschen Zeitung e.V.* gefördert und erfolgreich qualifiziert und erweitert. Seit 2021 wird das Projekt strukturell durch das *Stadtjugendamt/Jugendkulturwerk des Stadtjugendamts/Sozialreferat der Landeshauptstadt München* finanziert. Durch diese Förderungen konnte und kann Nachhaltigkeit im Angebot selbst sowie in der Netzwerkarbeit aller Beteiligten geschaffen und gesichert werden. Die Präsenzangebote und Kreativ-Päckchen zusammengenommen erreichten im Jahr 2020 etwa 2.500 Kinder und Jugendliche.

Ein Projekt von PA/SPIELkultur e.V. – www.spielkultur.de

Mehr unter www.iz-art.de

Gundula Iblher

Die Konzeption Kulturelle Bildung für München

Früher als in anderen deutschen und europäischen Städten wurde in München die Bedeutung der Kinder- und Jugendkulturarbeit sowie der Kulturellen Bildung erkannt: Bereits 1947, unter dem Eindruck der NS-Gewaltherrschaft und ihrer Instrumentalisierung der Jugend, begründete der damalige Münchner Stadtschulrat Dr. Anton Fingerle die Tradition, die Kinder- und Jugendkultur als bedeutende kommunale Aufgabe im Rahmen der Allgemeinbildung zu sehen und „kulturelle Kompetenz" zu fördern. Seit dieser Zeit arbeiten Akteur*innen aus den Bereichen Schule, Kultur und Soziales gemeinsam an dieser Aufgabe.

Das *Kommunale Gesamtkonzept Kinder- und Jugendkulturarbeit in München* wurde 1990 in einer gemeinsamen Sitzung des Kinder- und Jugendhilfeausschusses, des Kulturausschusses und des Schulausschusses vom Münchner Stadtrat einstimmig beschlossen (vgl. Landeshauptstadt München 2009, S.8)

Seither ist die Kulturelle Bildung Teil der Münchner Stadtentwicklungsplanung und somit verbindliche Leitlinie. 2009 wurde das Gesamtkonzept im Sinne des lebenslangen Lernens mit einem altersübergreifenden Anspruch formuliert, erstmals unter dem Titel *Konzeption Kulturelle Bildung für München*. Diese Konzeption ist auch heute noch gültig und wird laufend fortgeschrieben. 2019 mündete ein breit angelegter Beteiligungsprozess mit über 200 Vertreter*innen von Verwaltung, Institutionen und der Akteur*innenszene (Pädagog*innen, Vermittler*innen und Künstler*innen) in die aktuelle Konzeption. Arbeitsgruppen skizzierten den Status quo, formulierten aktuelle Herausforderungen und Bedarfe, entwickelten Visionen, konkrete Empfehlungen und Maßnahmen. Dass Kulturelle Bildung Resilienz-fördernd wirken kann, wurde gleich in der Präambel festgehalten: „Die Vermittlungs- und Bildungsarbeit orientiert sich an den Stärken und Interessen der Beteiligten und greift biografische und kulturelle Hintergründe wertschätzend auf. Fehler und Scheitern werden produktiv in den Arbeits- und Lernprozess eingebunden. Im Idealfall werden so Phantasie und Kreativität geweckt, Lernprozesse positiv beeinflusst und das Resilienz-Vermögen gestärkt."

Der Fortschreibungsprozess war wichtig für die Selbstvergewisserung und Standortbestimmung des Münchner Feldes in einer sich stark verändernden Zeit und leistete damit vielleicht selbst einen Beitrag zu dessen Resilienz. Städtische Leitlinien können helfen, sowohl einen Status Quo zu sichern als auch die Zukunft zu gestalten. Sie schaffen

Strukturen, Verbindlichkeit und Sichtbarkeit für Themen und Bedarfe der Stadtgesellschaft, mit denen sie die Kommunalpolitik immer wieder befassen. Dies kann besonders ein Feld wie die Kulturelle Bildung, die unter die freiwilligen Aufgaben einer Kommune fällt, stützen und verankern.

So genehmigte der Münchner Stadtrat im Zuge der Fortschreibung die Aufstockung des Förderbudgets der Koordinierungsstelle Kulturelle Bildung. Zeitgemäße Leitprojekte und eine dreijährige Förderschiene wurden auf den Weg gebracht, die Öffnung zum

Fachbereich Kulturgeragogik angestoßen und vieles mehr. Auch wechselnde Leitungen in den drei städtischen Referaten für Kultur, Bildung und Soziales bekannten sich zum *Koordinierungsforum Kulturelle Bildung*. Dies ist ein regelmäßig stattfindendes Austauschformat für Stadtverwaltung, Institutionen, Netzwerke und die freie Akteur*innenszene, an dem neben den Referatsleitungen auch Vertreter*innen des Freistaats Bayern sowie von Stiftungen und Verbänden teilnehmen.

Es ist anzunehmen und zu hoffen, dass die Konzeption auch in Umbruch- oder Krisenzeiten, bei knappen Kassen oder politischen Turbulenzen der Kulturellen Bildung den Weg in die Zukunft ebnet.

Sie finden die *Konzeption Kulturelle Bildung für München* in ihrer Langfassung und gekürzt als *Zentrale Thesen und Empfehlungen* unter www.musenkuss-muenchen.de

Literatur

Landeshauptstadt München (2009). Konzeption Kulturelle Bildung für München. München. www.musenkuss-muenchen.de/uploads/assets/57833f28600569f170000067/Konzeption_Kulturelle_Bildung_in_M_nchen.pdf [Zugriff 01.10.2021]

Landeshauptstadt München (2020). Konzeption Kulturelle Bildung für München. Zentrale Thesen und Empfehlungen. www.musenkuss-muenchen.de/uploads/assets/612f56af6005695d4400091b/Konzeption_KuBi_bfrei.pdf [Zugriff 10.10.2021]

Judith Eimannsberger

Musenkuss – Kulturelle Bildung für München

Mitmachen – aber wo? Dabei sein – aber wann? Kreativ werden – aber wie?

In einer Großstadt wie München sind diese Fragen nicht immer leicht zu beantworten. Denn die Fülle an Kulturellen Bildungsangeboten erschwert manchmal den Blick über den Tellerrand hinaus. Man möchte etwas Neues ausprobieren, doch wie findet man das passende Angebot für sich?

Mit *Musenkuss – Kulturelle Bildung für München* (www.musenkuss-muenchen.de) wurde 2014 ein Onlineportal ins Leben gerufen, auf dem sich alles um die Kulturelle Bildung dreht. Das Herzstück ist eine Angebote-Datenbank. Hinter diesem drögen, technischen Begriff verbirgt sich ein ganzes Universum an Möglichkeiten. Aufgrund seiner Fülle könnte es niemand überblicken, doch dank des digitalen Filters finden die Nutzenden passgenau geeignete Kultur-Veranstaltungen zum Mitmachen. Sie geben in der Suche an, ob sie einen flexibel buchbaren Termin für eine Gruppe suchen oder als einzelne Person an einem Angebot teilnehmen wollen. Weitere Eingrenzungen werden durch Altersspanne, Format, Sparte, Stadtteil oder kostenlos/kostenpflichtig vorgenommen. Bei jedem Angebot werden Angaben zur Barrierefreiheit gemacht. Diese sind ebenfalls sortierbar. Die Ergebnisliste ist so vielfältig wie die Interessen der Teilnehmenden: Trickfilmworkshops, Naturwerkstätten, Improtheater, Robotik-Schnupperkurse, Community Music Salons, Spielfeste für Kinder, interaktive Stadtführungen für Erwachsene, generationenübergreifende Ateliers, ... Pädagogisches Fachpersonal und Kulturvermittler*innen finden in der Angebotsübersicht Fortbildungen und Fachveranstaltungen aus dem Kontext Kulturelle Bildung.

Ein eigener Menüpunkt ist die Übersicht über die große und weiter wachsende Anzahl von Anbieter*innen Kultureller Bildungsangebote in München. Diese Zusammenstellung umfasst über 140 städtische und staatliche Einrichtungen, anerkannte Träger der freien Jugendhilfe, Vereine und Initiativen (Stand Sommer 2021). Für die Qualitätssicherung wurde ein interdisziplinärer Beirat gegründet, der über die Aufnahme neuer Anbieter*innen entscheidet und die Onlineredaktion berät.

Für das Fachpersonal aus Kultur, Bildung und Sozialem bietet Musenkuss München eine Zusammenstellung von Fördermöglichkeiten (öffentliche Zuschüsse, Stiftungen, Preise und Wettbewerbe), einen Überblick über Netzwerke Kultureller Bildung, Arbeitshilfen (z.B. Checklisten, Planungshilfen, Inklusion, Kinderschutz u.v.m.) und Hinweise auf Publikationen. Eigens initiierte Fachveranstaltungen dienen der Vernetzung und Qualifizierung der Münchner Akteur*innen.

Das städtische, nichtkommerzielle Onlineportal wird von der Koordinierungsstelle

Kulturelle Bildung der Landeshauptstadt München betrieben, die im Kulturreferat angesiedelt ist und auch dem Referat für Bildung und Sport sowie dem Sozialreferat verpflichtet ist. Für das Gelingen und die Akzeptanz von Musenkuss München sind transparente Kriterien bei der Aufnahme neuer Einrichtungen wesentlich. Diese sind:

› Die betreffenden Angebote sind klar der Kulturellen Bildung zuzuordnen. Vermittlung, aktive Teilhabe und Kreativitätsförderung stehen im Fokus.
› Die Angebote werden von entsprechend qualifizierten Personen durchgeführt.
› Die Einrichtung verfolgt ein Konzept zur Qualitätssicherung ihrer Arbeit. Zum Mindeststandard ihres Kinderschutzkonzeptes zählt die Einsicht in das erweiterte Führungszeugnis anleitender Personen, die Angebote mit Minderjährigen umsetzen.
› Die Angebote berücksichtigen Alter, Bedürfnisse und Hintergründe der Teilnehmenden.

Die Landeshauptstadt München verfolgt das Ziel, allen Menschen die aktive und selbstbestimmte Teilhabe am kulturellen Leben zu ermöglichen. Dieser Anspruch gilt unabhängig vom jeweiligen sozialen, kulturellen und finanziellen Hintergrund, unabhängig von Behinderungen und schließt Menschen jeden Alters ein. Partizipation, Mitsprache und Eigenverantwortlichkeit der Teilnehmenden an den Angeboten sind relevante Aspekte – wobei deren Alter, Lebenssituation, Erfahrungen und eigener Anspruch berücksichtigt werden.

Außergewöhnlich und bereichernd ist als größerer Rahmen das Musenkuss-Netzwerk, zu dem sich die Städte Düsseldorf, Köln und München zusammengeschlossen haben. Musenkuss ist ein interkommunales Kooperationsprojekt, das von der Landeshauptstadt Düsseldorf initiiert wurde und weiteren Kommunen offensteht. Gemeinsam nutzen sie nicht nur die Musenkuss-Software, sondern stehen auf Arbeits- und Steuerungsebene im regelmäßigen Austausch miteinander.

Katharina Ritter

Wie einer die Sprache der Tiere erlernte

Frei nach einem griechischen Märchen

Es war einmal ein armer junger Mann, der ging in die Welt hinaus, um sein Glück zu machen. Nachdem er eine Weile gegangen war, kam er an einen Fluss. Da sah er viele Vögel auf den Bäumen sitzen, die sangen und zwitscherten so schön, dass er beschloss, an dem Fluss zu bleiben, bis er die Sprache der Vögel erlernt habe. Drei Jahre blieb der junge Mann, und da konnte er nicht nur mit den Vögeln, sondern auch mit allen anderen Tieren sprechen. Als er nach Hause zurückkehrte, fragten ihn seine Leute daheim: „Wo ist das Geld, das du während der langen Wanderschaft verdient hast?" Der junge Mann antwortete: „Ich habe nichts verdient, aber dafür kann ich die Sprache der Vögel und der anderen Tiere, die am Fluss leben, sprechen!" Da fingen die Leute an zu jammern und zu klagen. Doch der junge Mann kümmerte sich nicht darum. Er dachte: „Ich werde mein Glück schon noch machen!" Eines Tages hörte er, dass die Königin eine Kröte ver- schluckt habe. „Ei", dachte der Mann „das ist etwas für mich!" Und er ging zum Schloss und klopfte an das Tor. Wie nun die Wächter das Tor aufmachten und ihn sahen, hielten sie ihn für einen Bettler und wollten ihn davon jagen. Der junge Mann machte jedoch ein solches Geschrei, dass es bis in die Gemächer der Königin drang, und die befahl, den Jungen einzulassen. „Was hat dich hergeführt?" fragte ihn dann die Königin. „Man hat mir von deinem Unglück erzählt", antwortete er. Und dann begann er wie ein Vogel zu singen. Doch die Kröte im Leib der Königin blieb stumm. Darauf quakte der Mann wie ein Frosch. Und auch da blieb die Kröte stumm. Endlich versuchte er es in der Sprache der Kröten: „He, was machst du da drinnen?" Die Kröte antwortete: „Nichts!" „Darf ich zu dir kommen?" fragte der Mann. „Nein", antwortete die Kröte, „für zwei ist hier kein Platz!" „Bekommst du gutes Essen?" fragte der Mann. „O ja", antwortete die Kröte, „aber mitunter kommen auch saure Sachen an, und die kann ich gar nicht vertragen." Da ließ der Mann Essig herbeiholen und gab der Königin einige Gläser voll davon zu trinken. Daran starb die Kröte und die Königin spukte sie bald danach aus. Der König war darüber sehr erfreut, und er fragte den Mann: „Was verlangst du für deine kluge Tat?" Der Mann antwortete: „Ich verlange nichts." Darauf ließ der König sich aber nicht ein, er langte in die Tasche, holte ein Goldstück hervor und gab es dem jungen Mann. Der bedankte sich, ging hin und gab das Goldstück seiner Familie.

Quelle: Johann Georg von Hahn, Griechische u. Albanesische Märchen, Band I, Märchen aus Epirus, Nr. 33 Georg Müller München/Berlin 1918 über www.zeno.org

Kommentar

Warum diese Geschichte stark macht? Trau Dich – geh in die Welt und lerne. Nimm dabei alles mit, was das Leben so bringt und wenn Du auf die Sprache der Schwachen hörst, dann ist das mehr wert als alles Gold der Welt! In diesem Griechischen Märchen ist ursprünglich die Rede von einem Mann der auszieht und von seiner Frau die daheim wartet. Als er heimkommt „schimpft und zetert" sie, weil er „nur Quaken kann", und kein Geld heimbringt. Das Klischee mit dem zuhause gebliebenen, schimpfenden Weib, habe ich mir erlaubt zu ändern. Ein junger Mann zieht in die Welt, und „die daheim gebliebenen" fragen, welchen Lohn er bekommen habe... So leicht können wir, wenn wir eine Geschichte erzählen, diese Zeitgemäß anpassen und üble Klischees brechen, ohne den Inhalt zu Verändern. Erzähl-Tipp: Alle, die zuhören, können eine Tiersprache vorstellen und ausprobieren.

III
Digitale und reale Spielkulturen

Viktorija Zalcbergaite

Der Weg zur Resilienz: Spiel

Förderung von Teilhabe, Selbstbestimmung und Selbstwirksamkeit

Zu den Zusammenhängen von Spiel und Resilienz gibt es vor allem in der englischen Sprache zahlreiche Veröffentlichungen. So beispielsweise veröffentlichte die *United Nations Educational, Scientific and Cultural Organization (UNESCO)* 2019 ein praktisches Toolkit für Lehrer*innen und Pädagog*innen zu der Thematik. Die Vereinigung *International Play Association (IPA)* brachte 2017 die Handreichung „Access to Play for Children in Situations of Crisis" für Pädagog*innen und politische Akteur*innen und 2020 „Play in Crisis" für Eltern und Betreuer*innen heraus. Die Broschüre aus dem Jahr 2015 „Building resilience – the importance of playing" des Vereins *Play Wales*, enthält die Auswirkungen von freiem Spiel auf die Resilienz von Kindern.

Spiel und Resilienz wird in allen der oben genannten Veröffentlichungen zusammen gedacht und die Bedeutung von Spiel auch in Krisensituationen betont. Diese stehen kostenlos zum Download zur Verfügung. Die Verlinkungen dazu befinden sich im angehängten Literaturverzeichnis. Auch im deutschsprachigen Raum erhält das Thema zunehmend Einzug, wenn auch zaghaft. Ausgelöst durch die weltweite Pandemie im Zusammenhang mit COVID-19 und deren Eindämmungsmaßnahmen sind Kinder und Jugendliche zunehmend sowohl physischen als auch psychischen gesundheitlichen Belastungen ausgesetzt (vgl. BMG/BMFSFJ). So haben beispielsweise Schließungen von Schulen, Spielplätzen, Sportvereinen, Einrichtungen der Kinder- und Jugendarbeit sowie der Kulturellen Bildung, Kontaktbeschränkungen und fehlende Möglichkeiten, Spielkamerad*innen zu treffen, zu Verschärfungen der misslichen Lage für diese Zielgruppe geführt. Umso wichtiger ist es spätestens jetzt, sich mit dem Thema Resilienz auseinanderzusetzen. Wie können Kinder und Jugendliche resilient bleiben trotz widriger Umstände? Im Folgenden sollen Zusammenhänge von Spiel und Resilienz dargelegt werden. Denn im Spiel werden Selbstbestimmung, Selbstwirksamkeit und Partizipation erfahren, die wiederum individuelle Resilienzen fördern.

Resilienz

Resilienz ist die Fähigkeit, das Leben sowie den Alltag meistern und Krisen[1] bewältigen zu können. Interne und externe Krisen entstehen aus akuten Stresssituationen, trau-

---

1   In dem Artikel „Krise, Kultur und Resilienz" von Gerd Leppich in dieser Publikation finden sich Ausführungen zum Begriff der Krise. Hier können auch das Erleben und die Folgen von Krisen nachgelesen werden.

matischen Erlebnissen oder risikobelasteten Lebenswelten. „Wenn sich Personen trotz gravierender Belastungen oder widriger Lebensumstände psychisch gesund entwickeln, spricht man von Resilienz. Damit ist keine angeborene Eigenschaft gemeint, sondern ein variabler und kontextabhängiger Prozess." (Fröhlich-Gildhoff/Rönnau-Böse 2019, S.9) Im Umkehrschluss bedeutet das, dass Resilienz als Eigenschaft erlernbar ist, sie kann im Zusammenhang mit Angeboten der Kulturellen Bildung und vor allem im spielerischen Kontext geübt und erlernt werden.

In unterschiedlichen Situationen kann Resilienz verschieden stark ausgeprägt sein – bei jeder Person anders. Demnach kann von Resilienzen in der Mehrzahl gesprochen werden, denn es gibt nicht nur die eine Resilienz, die, wenn erlernt, in allen herausfordernden Situationen abrufbar ist. „Damit bezieht sich Resilienz auf einen dynamischen, transaktionalen Prozess zwischen Kind und Umwelt." (Wustmann Seiler 2021, S.28) Umwelt sind hier die individuellen Bedingungen, die ein Kind umgeben. Dazu zählen die soziale, infrastrukturelle, politische und kulturelle Umwelt. Für Heranwachsende ist die Aneignung ihrer Umwelt entwicklungsrelevant und für die Ausbildung von Bewältigungsstrategien sowie Resilienzfaktoren entscheidend. Wenn Kinder sich spielerisch die Welt aneignen, was ganz nebenher und ohne Druck geschieht, dann erlernen sie das Vertrauen in sich und ihre Fähigkeiten. Sie werden stark, selbstbewusst und resilient.

„Die Resilienzforschung ist ressourcen- und nicht defizitorientiert ausgerichtet. Sie geht davon aus, dass Menschen aktive Bewältiger und Mitgestalter ihres Lebens sind und durch soziale Unterstützung und Hilfestellungen die Chance haben, mit den gegebenen Situationen erfolgreich umzugehen und ihnen nicht nur hilflos ausgeliefert zu sein." (Fröhlich-Gildhoff/Rönnau-Böse 2019, S.12) Aktive Partizipation ist hierbei ein relevantes Stichwort, denn Resilienz kann nicht passiv erhalten werden. Fachkräfte sind dabei dazu aufgerufen nach den Prinzipien von Partizipation, Hilfe zur Selbsthilfe, Empowerment und Ressourcenorientierung vorzugehen, um das Resilienzvermögen von Individuen zu aktivieren.

Der Fokus der Resilienzforschung besteht vor allem in der Ausbildung von Schutzfaktoren sowie der Minderung der Auswirkungen von Vulnerabilitäts- und Risikofaktoren.[2] Im Folgenden werde ich mich lediglich auf das Schutzfaktorenkonzept beziehen und die defizitorientierte Auslegung der Risikofaktoren außen vor lassen. „Beim Schutzfaktorenkonzept wird die Grundfrage gestellt, über welche Fähigkeiten, Potenziale und Ressourcen ein Kind trotz einer belasteten Lebenssituation verfügt." (Kubitschek 2016, S.11) „Schutzfaktoren werden auch als entwicklungsfördernde, protektive oder risikomildernde Faktoren bezeichnet." (Fröhlich-Gildhoff/Rönnau-Böse 2019, S.28) Diese können bei der Bewältigung von Stress- und Krisensituationen förderlich sein und traumatisierenden Krisenmanifestationen in den Lebenswelten von Kindern und Jugendlichen vorbeugen. Schützende Bedingungen werden von Wustmann Seiler folgendermaßen klassifiziert:

---

2   Zu den Vulnerabilitäts- und Risikofaktoren hat Wustmann Seiler in „Resilienz – Widerstandfähigkeit von Kindern in Tageseinrichtungen fördern" eine Übersicht erarbeitet (s. Wustmann Seiler 2021, S. 36ff.).

angeborene kindbezogene Faktoren, durch Interaktion und Bewältigung erworbene entwicklungsspezifische Resilienzfaktoren, sowie im sozialen Umfeld geprägte umgebungsbezogene Faktoren (vgl. Wustmann Seiler 2021, S.46f.). Kumpfer benennt diese internalen Resilienzfaktoren: „Kognitive Fähigkeiten, emotionale Stabilität, körperliche Gesundheitsressourcen, soziale Kompetenz, Glaube und Motivation" (Kumpfer 1999 S.185). Amann benennt acht Schritte zur Förderung von Resilienzfaktoren: „1. Optimismus und positive Selbsteinschätzung; 2. Akzeptanz und Realitätsbezug; 3. Lösungsorientierung und Kreativität; 4. Selbstregulation und Selbstfürsorge; 5. Selbstverantwortung und Entschlossenheit; 6. Beziehungen, Netzwerke und Vorbilder; 7. Zukunftsgestaltung und Visionenentwicklung; 8. Improvisationsvermögen und Lernbereitschaft" (Amann 2019). All die genannten Resilienz- und Schutzfaktoren können Kinder und Jugendliche vor psychischer Überlastung in Krisensituationen schützen. Kulturelle Bildungs- und Spielangebote können diese fördern.

In der Resilienzforschung wird oft von der Widerstandskraft gesprochen. Im Begriff „Widerstand" ist ein Entgegenwirken, eine Art Abwehrhaltung gegenüber Krisen zu lesen. Die Gefahr darin besteht, wenn dadurch ein krisenfreies Leben als Ziel gesetzt wird. Krisen sind im Leben unvermeidbar, ob interne oder externe. Wir können ihnen in dem Sinne nicht widerstehen, jedoch allemal einen resilienten Umgang mit ihnen entwickeln. Eine Resilienz, die keine Krisen zulässt, ist lediglich eine Symptombehandlung. In jeder Krise steckt jedoch auch eine Chance, deswegen spreche ich hier von einer „Widerstandskraft". Diese lässt Krisen zu, denn aus jeder Komplikation im Leben lassen sich auch Chancen und Potenziale zur Stärkung der individuellen psychischen Gesundheit ableiten. Widerstand in diesem Zusammenhang definieren wir in dieser Veröffentlichung als die Kraft, nach dem Hinfallen (also nach dem Eintritt einer Krise) gestärkt wieder aufzustehen, sich nicht unterkriegen zu lassen sowie daraus mit dem Potenzial des persönlichen Wachstums und der Weiterentwicklung hervorzugehen.

Resilienz hat auch eine starke gesellschaftliche Konnotation und sollte zwischenmenschliche Werte nicht außer Acht lassen. Aktuell gibt es eine regelrechte Bewegung hin zu individueller Selbstfürsorge sowie -verwirklichung mit Hilfe von populärwissenschaftlichen Ratgebern zu Themen Resilienz, Glück, positiver Psychologie, Gesundheit, Selbstwert, Selbstfindung und vielen mehr. Einige davon mit einem individualzentrierten Ansatz. Der Fokus auf sich selbst, insbesondere im subjektiven Erleben von Krisen, ist in schwierigen Momenten wichtig und notwendig, jedoch darf dabei der Fokus auf gemeinschaftliches Zusammenleben mit anderen Individuen nicht vergessen werden. Anderen helfen kann man erst, wenn die Person sich selbst geholfen hat. Anders herum kann es hilfreich sein, für andere da zu sein, um selbst resilienter zu werden. Die Selbstwirksamkeitserfahrung, das Bewusstsein, bei sich, bei anderen und in der gesamten Umwelt, etwas bewirken zu können, stellt dabei einen wichtigen resilienzfördernden Faktor dar.

Resilient durch Partizipation

Partizipation ist vor allem als politisches Prinzip bekannt geworden. Mittlerweile ist Partizipation ist in allen Bereichen des Lebens angekommen, zum Beispiel im Sozial-, Gesundheits- und Kulturwesen, um einige zu benennen. „Partizipation ist [somit] ein Querschnittsthema durch alle Lebenslagen" (vgl. Moser 2010, S. 71). Partizipative Prozesse ermöglichen Menschen, Selbstwirksamkeit sowie Autonomie zu erfahren, die persönlichen Lebensumstände in die eigenen Hände zu nehmen und sie zu verbessern, Entscheidungen zu treffen und Verantwortung zu übernehmen, für sich und andere. Diese Potenziale wirken sich stärkend und resilienzfördernd auf Individuen aus, denn in Beteiligungsprozessen werden Selbsthilfekräfte und unterstützende Ressourcen aktiviert, die dann wiederum bei der Bewältigung von Krisensituationen hilfreich sind. Susanne Hartung untersucht in diesem Kontext die Korrelation zwischen Partizipation und psychischer Gesundheit und benennt dabei folgende direkt sowie indirekt durch Beteiligungsprozesse beeinflusste gesundheitsfördernde Faktoren: Einflussüberzeugung, Selbstwirksamkeit, Kohärenzgefühl, Gesundheitskompetenz (Hartung 2021, S. 62ff). Die Gewissheit, eine Situation beeinflussen zu können, kann ein Stresslevel absenken und die optimistische Einschätzung der eigenen Kompetenzen eine positive Selbstwirksamkeitserwartung und damit das Selbstbewusstsein sowie auf Resilienz basierende Lebensbewältigungsstrategien stärken (vgl. ebd., S.64ff). Eine zuversichtliche Haltung und das Vertrauen in sich und das Umfeld fördert das Kohärenzgefühl sowie die Kompetenz, selbstbestimmte Entscheidungen zu treffen (vgl. ebd., S.68ff). Zusammenfassend kann gesagt werden, dass partizipative Prozesse die Förderung von Selbstbestimmung, Selbstbewusstsein, Wohlbefinden und psychischer Gesundheit beeinflussen können. Diese Faktoren sind für eine resiliente Lebensbewältigung und -führung ausschlaggebend. Förderung von partizipativen Prozessen in verschiedenen Zusammenhängen, auch in der Kulturellen Bildung, fördert wiederum individuelle Resilienz.

Kulturelle Teilhabe ist ein wichtiger Teilbereich von Partizipation. Jedoch werden Kinder und Jugendliche zunehmend aus dem öffentlichen Raum vertrieben, aufgrund von scheinbar plausiblen Gründen, wie beispielweise Lärmbelästigung. Kinder und Jugendliche verbringen zunehmend mehr Zeit in Ganztagsschulen, im Förderunterricht oder in anderen bildungsrelevanten Einrichtungen. Je länger sie sich in der Schule befinden, desto weniger Freizeit bleibt übrig und desto weniger Zeit verbringen sie im öffentlichen Raum. Kinder werden vor allem auf umzäunten Spielplätzen toleriert: Spielen verboten in den Höfen, Wiesen betreten tabu. Die Eroberung von urbanen Räumen und die Teilhabe am kulturellen Leben ist dagegen wichtig für die Ausbildung der Resilienz von Heranwachsenden. Das Gefühl, zur Gesellschaft zu gehören, akzeptiert und wertgeschätzt zu werden, hat dabei einen hohen resilienzfördernden Stellenwert. Akteur*innen der vielfältigen kulturellen Landschaft und Vertreter*innen der Kulturellen Bildung setzen sich dabei stark dafür ein, Kinder und Jugendliche in der Öffentlichkeit wieder sichtbar zu machen sowie ihre Teilhabe an Kultur- und Spielangeboten zu befördern.

Ein schönes Beispiel dafür ist die Plakataktion „Ich darf das! Meine Stadt, mein Spielraum" der Spiellandschaft Stadt e.V. in Kooperation mit dem Sozialreferat der Landeshauptstadt München, die das Ziel hatte, eine kinderfreundliche Stadt zu gestalten.[3]

Förderung von Resilienz im Spiel

Ulrich Baer benennt zehn Funktionen von Spiel: „Bildung, Analyse, Beschäftigung, Bestätigung, Kommunikation, Verarbeitung, Unterhaltung, Sozialordnung, Zeitstrukturierung" (Baer 2012, S.683f). Potenziale zur Förderung einer entwicklungsgerechten Resilienz im Spiel lassen sich in allen der genannten Funktionen erkennen. Insbesondere im Zusammenhang mit der „Verarbeitungsfunktion" können Kinder Krisensituationen aus ihrem Leben spielerisch aufarbeiten und so zur deren Bewältigung beitragen (vgl. Baer 2012, S.683). „When faced with an uncertainty, playing allows children to develop and practice new behaviours without excessive risk." (Play Wales 2015, S.1) Die Verarbeitung von negativen Erfahrungen im autonomen spielerischen Kontext geschieht nebenher, ohne deren direktes Wiedererleben, sodass die Risiken einer Retraumatisierung der Spielenden vermieden werden. Im Spiel entwickeln sich neue Vernetzungen im Gehirn und Kinder erweitern ihr Verhaltensrepertoire.[4] Darüber hinaus können Fachkräfte im therapeutischen Bereich mit Hilfe der „Analysefunktion" das Spielverhalten von Kindern beobachten, um ihre Situation und ihre Krisen besser zu verstehen (vgl. ebd.). Dies kann einen erfolgreichen Therapieverlauf hin zu einem resilienten Individuum begünstigen. In diesem Zusammenhang ist es wichtig zu erwähnen, dass Spieltherapie[5] als ein kinderpsychoanalytischer Ansatz anerkannt und gezielt angewendet wird, um Kindern zur Heilung von psychologischen Dispositionen und zur Stärkung des Selbst zu verhelfen.

Die Weltgesundheitsorganisation (WHO) benennt in den 1990er-Jahren zehn Lebenskompetenzen: „Decision making, Problem solving, Creative thinking, Critical thinking, Effective communication, Interpersonal relationship skills, Self-awareness, Empathy, Coping with emotions, Coping with stress" (WHO 1997, S. 1-3). Diese Kompetenzen können wiederum zur Entwicklung einer resilienten Umgangsweise mit Krisensituationen beitragen. Die aufgezählten Lebenskompetenzen werden im Spiel gefördert und geschult. Die Lebenskompetenzen korrelieren mit den Auffassungen des Vereins *Play Wales*. Dieser zählt folgende Vorteile auf, wodurch das autonome Spiel zur Resilienzförderung beiträgt: „Emotional regulation, Pleasure and enjoyment of promotion of positive feeling, The stress response system and the ability to respond to uncertainty, Creativity and the ability to make new and different

---

3   „Die Rolle der Spielmobile in einer resilienten Spiellandschaft Stadt" von Janine Lennert kann in diesem Buch nachgelesen werden.

4   In dieser Veröffentlichung im Text „Play As a Biological Imperative" können weitere Ausführungen von Robyn Monro Miller zu den neuronalen Vernetzungen, die vom Spiel begünstigt werden, nachgelesen werden.

5   Zu empfehlende Literatur zum Thema Resilienzförderung in der Spieltherapie: „Play Therapy Interventions to Enhance Resilience" herausgegeben von David A. Crenshaw, Robert Brooks und Sam Goldstein.

connections, Learning, Problem solving" (Play Wales 2015, S.2). Im Prozess des Spiels werden ohne Druck Entscheidungen getroffen und Probleme gelöst. Da sie nicht zweckgebunden sind, unterliegen die daraus resultierenden Konsequenzen einer hohen Fehlertoleranz. Es gibt im spielerischen Moment eine schier unendliche Variation an Möglichkeiten, das regt die Phantasie und kreatives Denken an. Das Spiel mit anderen schult die zwischenmenschliche Kommunikation und trägt zur Förderung sowohl von Beziehungskompetenzen als der Empathiefähigkeit bei. Durch die spielerische Weltaneignung kommt es zu einer Erfahrung der Selbstwirksamkeit und Selbstwahrnehmung. Emotionen und Stress können im Spiel verarbeitet werden, ohne erneut den erlebten krisenhaften oder traumatisierenden Ereignissen ausgeliefert zu sein, und eine willkommene Abwechslung oder Ablenkung für einen schwierigen Alltag darstellen. Somit zählt Spiel zu den grundlegendsten Faktoren einer gesunden und resilienten menschlichen Entwicklung – für Kinder besonders relevant, jedoch profitieren auch Erwachsene davon. „[...] [P]lay, in its many manifestations, serves a wide variety of survival-promotion functions pertaining to learning, emotional regulation, innovation, and social cooperation." (Gray 2019, S.98) Gray hebt zudem hervor, dass das freie Spiel von Kindern zunehmend Regulation seitens Erwachsenen erfährt, sei es durch die Ausdehnung der Schulzeit oder durch die fremdbestimmte Ausgestaltung der Freizeitaktivitäten (vgl. Gray 2019, S.99). Das Spiel zu fördern und dessen Wichtigkeit zu betonen ist deshalb notwendig, um es aus der gesellschaftlichen Stigmatisierung herauszuholen, denn es ist so viel mehr als nur ein kindlicher Zeitvertreib.

Selbstwirksamkeit und Selbstbestimmung im Spiel

Im Spiel erfahren Kinder Selbstwirksamkeit, sie wirken aktiv auf ihre Welt ein, sie entwickeln ihre eigenen Regeln. Das Konzept der Selbstwirksamkeit ist auf den Theorien des Psychologen Albert Bandura begründet. Dieses Konzept wird in vielen Bereichen angewandt, so zum Beispiel im Schulwesen oder im Unternehmenssektor. „Selbstwirksamkeitserwartung wird definiert als die subjektive Gewissheit, neue oder schwierige Anforderungssituationen auf Grund eigener Kompetenzen bewältigen zu können." (Jerusalem/Schwarzer 2002, S.35) Auch im Spiel kommt es zu schwierigen Anforderungen und Kinder haben die Gelegenheit, ihre Fähigkeit auf die Probe zu stellen, sie dürfen scheitern und es so lange versuchen, bis das gewünschte Ergebnis eingetreten ist. Auf diese Weise erweitern sie immer wieder ihre Kompetenzen. Diese optimistische Erwartungshaltung, das Bewusstsein, etwas schaffen zu können, stärkt das Resilienzvermögen und führt zu einem Motivationsanstieg.

Im Spiel erfahren Kinder Selbstbestimmung. Sie lernen sich und ihre Fähigkeiten besser kennen. Sie treffen autonome Entscheidungen und können sich ausprobieren. Selbstbestimmt zu leben bedeutet auch, Verantwortung für sich zu übernehmen. Die Selbstbestimmungstheorie wurde von Edward Deci und Richard Ryan entwickelt, sie untersucht Bedingungen des intentionalen Verhaltens, also der bewusst zielgerichteten Handlungen von Menschen. Insbesondere die intrinsische Motivation stellt dabei die Forschungsgrundlage der Theorie dar (vgl. Bles 2015, S. 234). So sind beispielweise Neugierde oder Interesse zentrale intrinsische Antriebe von Menschen. Diese wirken ohne Anstrengung. Intrinsisch motiviertes Verhalten basiert auf einer ausgeprägten Selbstkenntnis in Bezug auf die eigenen Gefühle, Bedürfnisse, Grenzen, Interessen und Fähigkeiten. Kinder folgen im Spiel ihren Instinkten und ihrem Bauchgefühl und sind dadurch in der Lage, ihre Neugierde auszuleben. Sie sind in diesem Moment autonome Weltgestalter*innen und lernen dabei sich und die Welt besser kennen. Das intrinsisch motivierte Spiel kann die, in der Selbstbestimmungstheorie begründeten, angeborenen psychologischen Bedürfnisse nach „Kompetenz, Selbstbestimmtheit und Verbundenheit" (Pink 2010, S.91) beflügeln. Ein selbstbestimmtes Leben ist ein resilientes Leben.

Fazit

Kinder und Jugendliche begegnen in ihren alltäglichen Lebenswelten belastenden und krisenhaften Situationen. Wie können sie dennoch resilient bleiben? Indem sie sich der natürlichsten Aufgabe ihres Daseins widmen: dem Spielen. Durch die spielerische Weltaneignung erleben sie Selbstwirksamkeit, Selbstbestimmung und Teilhabe. Sie üben Vertrauen in sich und in die eigenen Fähigkeiten. Sie entwickeln kreative Lösungen und individuelle Bewältigungsstrategien. Sie interagieren mit ihrer Umwelt und ihren Mitmenschen und erlernen dabei kommunikative und soziale Kompetenzen, um einige der oben aufgeführten Vorzüge zu benennen. Diese Aspekte fördern allesamt die Resilienz von Kindern und Jugendlichen, ohne Zwang und ohne Druck. Sie werden im Moment des Spiels zu aktiven Gestalter*innen ihrer Welt, die nach ihren Ideen und Regeln läuft und sie werden zu selbstbestimmten Bewältiger*innen von Krisen und kreativen Lösungsentwickler*innen. Dieses Bewusstsein, die Lebenskompetenzen und die Resilienzfaktoren tragen Kinder und Jugendliche dann auch in die alltägliche Welt, in der sie sich bestenfalls als stark, selbstbewusst und resilient erleben. Das Spiel ist entwicklungsrelevant und kann nicht ersetzt werden. Der schulischen Ausbildung wird in der Gesellschaft ein höherer Stellenwert zugeschrieben, jedoch sind Schule und Spiel gleichwertig, da die Lernerfahrung in beiden enthalten ist. Das Spiel hat zudem noch den Vorteil, dass es intrinsisch motiviert ist. Auch wenn das Spiel in der Gesellschaft belächelt wird, findet es an vielen Stellen regelmäßig Beachtung und zeugt von großem Widerstand. Resilienz ist erlernbar und das Spiel ist der Weg dorthin.

Literatur

Amann, Ella Gabriele (2019): Resilienzfaktoren – So überstehen Sie stürmische Zeiten. www.haufe-akademie.de/blog/themen/persoenliche-kompetenz/resilienzfaktoren/ [Zugriff: 24.10.2021]

Bles, Per (2015): Die Selbstbestimmungstheorie von Deci und Ryan. In: Frey, Dieter/Irle, Martin (Hrsg.): Theorien der Sozialpsychologie. Motivations-, Selbst- und Informationsverarbeitungstheorien. Bern, S. 234–253.

BMG/BMFSFJ (2021). Übersicht zu gesundheitlichen Auswirkungen der Corona-Pandemie auf Kinder und Jugendliche (Stand 29. Juni 2021). www.bmfsfj.de/resource/blob/183046/9880e626ab0dfcf849ec16001538f398/kabinett-auswirkungen-corona-kinder-jugendliche-data.pdf

Fröhlich-Gildhoff, Klaus/Rönnau-Böse, Maike (2019). Resilienz. München.

Gray, Peter (2019). Evolutionary Functions of Play. Practice, Resilience, Innovation, and Cooperation. In: Smith, Peter K./Roopnarine, Jaipaul L. The Cambridge Handbook of Play. Developmental and Disciplinary Perspectives. Cambridge.

Hartung, Susanne (2012): Partizipation - wichtig für die individuelle Gesundheit? Auf der Suche nach Erklärungsmodellen. In: Rosenbrock, Rolf/Hartung, Susanne (Hrsg.): Handbuch Partizipation und Gesundheit. s.l., S. 57–78.

International Play Association (2017). Access to Play for Children in Situations of Crisis. Play: rights and practice A toolkit for staff, managers and policy makers. http://ipaworld.org/wp-content/uploads/2017/07/IPA-A4-ACCESS-TO-PLAY-IN-SITUATIONS-OF-CRISIS-TOOLKIT-LR.pdf

International Play Association (2020). IPA Play in Crisis: support for parents and carers. https://ipaworld.org/resources/for-parents-and-carers-play-in-crisis/

Jerusalem, Matthias/Schwarzer, Ralf (2002): Das Konzept der Selbstwirksamkeit. In: Zeitschrift für Pädagogik, 44. Beiheft, S. 28–53.

Kubitschek, Gabriele (2016). Resilienz im Alltag fördern. Mutmachgeschichten und Praxisideen für starke Kinder. München.

Kumpfer, Karol L. (1999) Factors and Processes Contributing to Resilience: The Resilience Framework. In: Glantz, M.D. and Johnson, J.L., Eds., Resilience and Development: Positive Life Adaptations, New York, S. 179-224.

Moser, Sonja (2010): Beteiligt sein. Partizipation aus der Sicht von Jugendlichen. Zugl.: München, Univ., Diss, 2008 u.d.T. Moser, Sonja: Partizipation, wie wir sie sehen. Beteiligung aus der Sicht von Jugendlichen. Wiesbaden.

Pink, Daniel H. (2010): Drive. Was Sie wirklich motiviert. Salzburg.

Play Wales (2015). Building resilience – the importance of playing. https://playwales.org.uk/eng/news/508-new-info-sheet-building-resilience--the-importance-of-playing-

UNESCO (2019). Play & Resilience. A toolkit for teachers, caregivers, and other stakeholders. www.iicba.unesco.org/sites/default/files/sites/default/files/Play%20%26%20Resilience%28web%29.pdf

World Health Organization (1997). Life skills education for children and adolescents in schools. Introduction and Guidelines to Facilitate the Development and Implementation of Life Skills Programmes. Geneva.

Wustmann Seiler, Corina (2021). Resilienz. Widerstandsfähigkeit von Kindern in Tageseinrichtungen fördern. Beiträge zur Bildungsqualität. In: Fthenakis, Wassilios E. (Hrsg.): Beiträge zur Bildungsqualität / Resilienz. Mülheim an der Ruhr (unveränderter Nachdruck)

Robyn Monro Miller

Play As a Biological Imperative

Good nutrition, quality caregiving and sleep are well known to be essential for children's development but just as essential is Play. Play is free, play is simple, and play has capacity to resource itself though a child's own imagination, exploration, and innovation. But this seemingly ready access to play can often mean, as adults, we overlook the importance of it. Quite simply, play is critical for healthy human development.

Play is undertaken by the young in many species with the most advanced forms of play occurring in those species with complex and sophisticated social structures. Most recently researchers have discovered that even the reptilian brain of crocodiles and the simple Octopi have an innate capacity for play.

The World Health Organization (WHO) defines health as 'a state of complete physical, mental and social well-being and not merely the absence of disease or infirmity'. More recently, positive mental health was defined by WHO as being 'a state of well-being in which the individual realizes his or her own abilities, can cope with the normal stresses of life, can work productively and fruitfully, and is able to contribute to his or her community.' All these elements are achieved through play and decades of scientific research support this.

We only have to watch our own pets engage in play or be entertained by the footage of wild animals at play, to be given proof that play is not just a pastime of humans. The fact that play is undertaken by so many species provides us with visual evidence that play is not a human concept created as an indulgence for our young but an activity with a deeper biological imperative for survival of a species.

Play Grows Brains

Many believe the process of play has a deep evolutionary role in the developing brain and provides multifunctional benefits for brain and motor skill development. Both neuroscientists and biologists have studied the different outcomes related to play in animals and the results demonstrate the impact of play on brain function.

Play grows brains, literally switching them on and powering them up!
Quite simply, a core outcome of play is brain development (cf. Yogman et al, 2018).

Play builds new circuits in the prefrontal cortex of the brain where all our executive functions are controlled. During play, the neocortex of the brain is activated with almost one third of 1200 genes in the brain significantly modified within one hour after just 30 mins of play (cf. Gordon et all 2003). The Neo-cortex relates to the regulation of emotions, problem solving and the navigation of complex social interactions.

Studies undertaken on rats demonstrate that play at a young age can result in lasting changes in the brain's including a thicker cerebral cortex (Diamond, 1964) and increased

capacity for processing and developing pro-social brains that understand how to interact with others. In addition, the spontaneity of play is believed to enhance neural plasticity which supports the ability to be adaptable and able to adjust to changing environments and conditions.

Significantly, research has also shown that the gene with the most noticeable effect was brain-derived neurotrophic factor (BDNF). Research with rats identified increased level of BDNF in their brains after sessions of rough and tumble play (cf. Gordon et all 2003) and after being allowed to explore (cf. Huber et al 2007).

BDNF plays an important role in the growth and development of neurones and in brain plasticity as well as regulation of glucose and energy metabolism, however it is also recognised as having a role in social learning and the development of long-term memory. Decreased levels of BDNF are associated with neurodegenerative disease such as Alzheimer's disease, multiple sclerosis and Parkinson's disease.

We can therefore assume that deprivation of play opportunities for children results in not just limiting their intellectual potential but also has potential implications for increases in longer term health issues such as these degenerative diseases.

Unstructured play ensures children thrive rather than just exist. It brings a child joy and sometimes pain as they navigate the feelings emotions and challenges. It must be recognised that not all play is joyful. It sometimes involves conflict and exclusion. A child must navigate at times complex social challenges to participate. Yet it is through this emotional connection to play a child's brain is further developed through the release of neurotransmitters, like dopamine and serotonin. These neurotransmitters are essential for the function of the complex neural system and contribute to developing neural pathways that support the child to navigate the complexity of social situations as they grow into adults.

Loose Parts Play – a brain workout

Have you ever noticed that young children are often more transfixed by the box or the wrapping a present came in than the actual gift? Or perhaps as a child you enjoyed the magic of cubby building using sheets, pillows, and all manner of household items that you could scavenge. This is an example of the wonder and allure of "loose parts".

In short, loose parts are everyday objects both in nature or manmade that children can manipulate and reconfigure through their play. Nature with it all, its leaves, dirt and rocks is a space filled with loose parts where we see leaves turned into imaginary fish and mud turned into cakes. Perhaps the best example of loose parts is found at the beach. Sand, water, rocks, shells, seaweed… all able to be used and manipulated by children in their play.

A child's home can also be a source of loose parts. For those of us who have home delivery there should be no shortage of boxes in your home!! But take a look at the items in your kitchen cupboards and recycling bins, the tins, the cardboard rolls, milk crates and fabric. All of these items can be added to children's arsenal of toy props… and help them get the brain workout that will have long term benefits!!

When children have the opportunity to play with everyday objects and use them as part of their play, they are able to exercise their imagination, curiosity and problem-solving skills. This drives innovation and creativity.

In prehistoric times being able to solve problems is what kept us alive. It was equal to eating and mating. Today our brains can often be starved of that challenge and loose parts play provides children with an opportunity to exercise both hemispheres of their brain – activating both creative and the analytical areas in your brain.

A simple hut building experience with household items can be a brain workout on its own as children need to make assumptions on what they can use, plan how they will use it, strategize, problem solve and use visual and spatial reasoning. The "Aha" moment that a child experiences each time they find a solution to a challenge has been shown in research to facilitate long term memory storage and reinforcement. In addition, the chemical dopamine released in the brain when children experience joy and satisfaction, motivates curiosity to learn as it rewards the problem solving undertaken in the experience. Loose parts play really is a total brain workout!!

For more ideas access a free resource from the International Play Association

http://ipaworld.org/wp-content/uploads/2020/03/PlayThings-IPA-2020-April-1.pdf

The Adult Role in Play

The adult colonisation of play (cf. Hughes, 2011) is perhaps one of the biggest challenges to play.

Adults can be wonderful resources to enrich and expand on children's play. A child focussed adult continually sees play opportunities in a myriad of places and spaces. Adults can share their own childhood play spaces with children and work with children to find and develop new ones.

Leading play advocate Bob Hughes warns us that although children are now central to the participation processes in design and decision-making, their freedom to play in ways controlled by them and motivated by their needs, is frequently compromised and adult agendas predominate (cf. Hughes, 2007).

Play, when spontaneous and unstructured is led by children. Play free from adult intervention, judgement, instruction, or advice allows children to be in the moment providing for full immersion in their play experience. This offers a critical window for development and learning as it offers opportunity for personal exploration and discovery, not just physically but mentally.

An important challenge for educators and parents today is to recognise that play does not always require adult intervention. We must become observers not interventionists in children's play. As adults, our role is to provide the environment for play to occur, not the play (cf. Lester and Russell, 2010). This means providing sufficient time for it to occur, space for it to develop, and reassurance that the play belongs to the child and is important.

The adult fear of "what will happen?" if children are left to play without adult intrusion and the associated community expectations attached remains problematic. The adult expectation that every child is "supervised" and every conflict is "mediated", every child is "included" and every child is "safe", remains a significant challenge to the democracy of children's play.

More significant are the implications of this 'risk aversion' to the future mental and physical health of the citizens in our global community. We are facing a generation of children experiencing play deprivation. Increasing demand for technological literacy, lockdowns, and the belief that adult intervention in play is required to remove all risk, both physical and emotional. This well-meaning intervention negates the benefits that child led play provides. The benefit of the play experience for a child if limited if we sanitise their engagement with others in play or remove acceptable risks to them. It is the challenge of play that delivers the most benefits.

Play allows children time to role play different perspectives, mediate conflict, solve problems, relinquish control, take control, experience democracy and dictatorships and explore and regulate their emotions. Without the development of these skills, we are unable as adults to negotiate the risky and often complex relationships in our personal and professional lives.

In addition, through play, children become experienced in the verbal and non-verbal cues of other children similarly engaged in the play process. None of these skills can be solely taught by an adult. They must be experienced, practiced, lived and most importantly, they must be navigated to achieve the neuroscientific and biological outcomes identified as possible.

Tim Gill in his book "No Fear" (2007) argues that the opportunity for children to assess and deal with risks in play provides them with important real life experience in managing risk in the real world. In fact, there is increasing concern that the removal of 'risk' taking opportunities is potentially hazardous and has long term implications for healthy development as the skills to assess and navigate risk, both physical and emotional.

Childhood is not a climate-controlled hothouse but a wild beautiful expanse of possibilities, opportunities and experiences to be discovered and explored by each individual on their own terms and in their own unique and delightfully diverse way.

If there is one thing you can do for children, it is to give them the time and space to play, as adults that is all we need to do, our children's instinctive biological urge to play will do the rest.

Advocacy for Play

The United Nations Convention on the Rights of the Child (UNCRC) is not just a statement of rights, it also brings with it obligations. These obligations require us to uphold children's rights in three ways. By respecting them, protecting them, and fulfilling our obligations to take action on them.

As bystanders to children's play in the community we can use our influence as constituents by challenging our community leaders to have play on their own political agenda and in their vision for their communities.

Investment in play should be a global priority for all Governments as a measure of health and wellbeing and a catalyst for building strong connected communities. Play ensures children thrive rather than just exist. Play sits within the animal kingdom alongside nutrition and caregiving and should have the same recognition in our community and priority for Government.

**There are several things in a child's life that are optional.
Play is not one of them.**

Bibliography

Marc Bekoff and John A. Byers (Eds) Animal Play. Evolutionary, Comparative and Ethological Perspectives. Cambridge: Cambridge University Press.

Diamond, M. Krech D Rosenzweg M. (1964) The effects of an enriched environment on the histology of the rat cerebral cortex

Huber R, Tononi G, Cirelli C. Exploratory behaviour, cortical BDNF expression, and sleep homeostasis. Sleep. 2007 Feb;30(2):129-39. doi: 10.1093/sleep/30.2.129. PMID: 17326538.

Yogman. M, Garner. A, Hutchinson. J, Kathy Hirsh-Pasek. K, Michnick Golinkoff R.The Power of Play: A Paediatric Role in Enhancing Development in Young Children, American Academy of Paediatrics September 2018, 142 (3) e20182058; DOI: https://doi.org/10.1542/peds.2018-2058

Hughes, B. 2007 "Play Then and Now" Essay

Hughes,B. 2011 " Evolutionary Playwork" Routledge

Hunter, Samuel. (2007). Climate for Creativity: A Quantitative Review. Creativity Research Journal.

Gordon NS, Burke S, Akil H, Watson SJ, and Panskepp J. 2003. Socially-induced brain 'fertilization' Neuroscience Letters 341(1): 17-20

Lester, S & Russell, W. (2010). Children's Right to Play: An Examination of the Importance of Play in the Lives of Children Worldwide. International Play Association.

Gill, T., 2007. No Fear: Growing up in a risk averse society. London: Calouste Gulbenkian Foundation.

International Play Association, 2020, http://ipaworld.org/wp-content/uploads/2020/03/PlayThings-IPA-2020-April-1.pdf

Janine Lennert

Die Rolle der Spielmobile
in einer resilienten Spiellandschaft Stadt

„Das Spiel ist gewissermaßen die Hauptbeschäftigung eines jeden Kindes. Das Spiel steht für Beliebigkeit und Freiheit, für Selbsterfindung und Vielfalt. Im Spiel lernen die Kinder freiwillig und ganzheitlich den aktiven Umgang mit sich und der Welt. Kinder spielen, um ihre eigenen Interessen und Bedürfnisse zu entfalten, sie lernen dabei in eigener Regie. Dabei setzt sich das Spielerische selbst die Regeln, sie sind nicht auferlegt, sondern freiwillig gewählt. Derjenige, der spielt befolgt diese Regeln aus eigenem Antrieb. Meistens kann er diese Regeln nicht ändern, aber er kann bestimmen welches Spiel er spielen möchte. Es gilt, Spielen überall zu ermöglichen und zu qualifizieren. Gerade die flexible Veränderung und Aktualisierung der Spielformen sichert die wachsende nachhaltig-zukunftsfähige Bedeutung des Spielens. Im Spiel erfährt das Kind sich selbst aktiv, kreativ und sozial. Spielen ist der experimentelle Umgang mit allem. Im Spiel können sich Lern- und Bildungsprozesse selbst organisieren. Dies wird auch als Kraft des Spielens bezeichnet." (Spielmobile e.V.)

Spiel überall in der Stadt möglich zu machen, öffentliche, halb-öffentliche und teils auch ungewöhnliche, nur temporär zugängliche Räume für Spiel in der ganzen Stadt zu erobern und zu Orten des Spiels und der Begegnung zu machen, das ist die Grundidee des gemeinnützigen Vereins *Spiellandschaft Stadt e.V.,* der sich 1988 gegründet hat. Unser Leitbild drückt aus, wie wir Kinder (gerade auch in Krisensituationen wie der aktuellen Corona-Pandemie) darin unterstützen, selbstbewusst und selbstbestimmt ihr Recht auf Spiel, Freizeit und Erholung wahrzunehmen:

Funktion des Spiels

Im Spiel entwickeln Kinder ihre eigene Persönlichkeit.

› Spiel ist ein grundsätzlicher und unentbehrlicher Bestandteil jeder ganzheitlichen Entwicklung.

› Im Miteinander fördert Spiel Toleranz, Empathie, Verständnis füreinander, Handlungs- und Kooperationsfähigkeit.

› Besonders für Kinder ist Spiel Lebensinhalt und Kultur. Spielerisch drücken Kinder ihre Beziehung zur Welt aus. Das Spiel macht sie zu Gestaltern ihrer Umwelt.

› Im Spiel werden Kinder selbst aktiv und suchen immer neue Lernerfahrungen. Spiel bildet.

> › Spiel ist aktive Aneignung der Umwelt. Spiel ist Orientierungshilfe für ein selbstgestaltetes Leben – nicht nur für Kinder, sondern auch für Jugendliche und Erwachsene.
> › Im inklusiven Spiel werden alle Kinder beteiligt und alle können etwas beitragen.
> › Spiel hilft Barrieren zu überwinden, zu integrieren und Spiel verbindet.
> › Spiel macht Spaß und bringt Lebensfreude für alle.

An zwei aktuellen Beispielen der mobilen Spielbusarbeit der *Spiellandschaft Westkreuz*, die seit 1991 in Münchens 22. Stadtbezirk aktiv ist, soll die praktische Umsetzung verdeutlicht werden.

Der Stadtteil-Spielbus in Lochhausen-Langwied

Ein warmer Nachmittag auf einem Spielplatz im Münchner Westen, Jahr 1 der Corona-Pandemie. Von den Kindern schon sehnsüchtig erwartet, fährt der Spielbus ein, ein bunter Wagen, gefüllt mit vielfältigem Spiel-, Bewegungs- und Kreativmaterial. In Zeiten von Home-Schooling und Home-Office haben die Kinder vor allem das gemeinsame Spiel mit ihren Freunden vermisst, die sie sonst jeden Wochentag in ihrer Schule getroffen hätten. Sobald sich die Spielbustüren öffnen, packen die ersten Kinder schon mit an: bauen Spielgeräte mit auf, richten souverän – als hätten sie es nie anders gemacht – die wegen des Hygieneschutz aktuell notwendigen optischen Absperrungen rund um die Spielfläche aus Fähnchen-Ketten mit ein und melden sich mit Namen zum Mitmachen an. Hier sind sie nicht reine Konsumenten, sondern können selbstbewusst mitbestimmen, wo sie sich wie einbringen wollen. Alle Bereiche sind Corona-bedingt so eingerichtet, dass der notwendige Abstand eingehalten werden und trotzdem gemeinsame Spielfreude und Austausch aufkommen kann. Denn das ist für viele Kinder, neben dem attraktiven Spielmaterial, aktuell ein besonders großes Anliegen: dass sie von uns Spielpädagog*innen auf Augenhöhe wahrgenommen werden, erzählen können, was sie gerade beschäftigt und dass wir Spielpartner*innen für sie sind, die auch ihre Ideen und Anliegen aufgreifen.

Heute steht ein besonderes zusätzliches Highlight an: wir erwarten Gäste aus dem städtischen *Baureferat (Gartenbau)*. Der Spielplatz soll umgestaltet werden. Der Spielbus der *Spiellandschaft Westkreuz* wurde auf Initiative des örtlichen Bezirksausschusses als Partner für eine Beteiligung der Kinder und Familien aus der Nachbarschaft beauftragt. Darum wurden im Vorjahr Kinder und Eltern bei den Spielbusaktionen befragt: Was soll sich verändern? Was darf bleiben? Was kommt ganz neu dazu? Die Planer erläutern nun ein knappes Jahr später, wie der neue Spielplatz aussehen soll und gehen auf Rückfragen der Kinder (und Eltern) ein. Auch hier erleben die Kinder, dass sie ernst genommen werden, dass sie zu Wort kommen und gehört werden.

Heute gehört die Straße uns!

Dieses Modellprojekt der *Arbeitsgemeinschaft Spiellandschaft Stadt*, das 2020 gestartet wurde, hat sich zum Ziel gesetzt, Spielraum auf Spielstraßen und in verkehrsberuhigten Zonen zu schaffen. Dazu gehört zunächst die Information für die Kinder zu den rechtlichen Voraussetzungen: In einer klassischen Spielstraße, gekennzeichnet durch das weiße Schild (siehe Abb. links), ist Spielen jederzeit erlaubt, der Verkehr ist gesperrt.

In verkehrsberuhigten Zonen (siehe Abb. rechts) müssen Autos, und Radfahrer Schrittgeschwindigkeit einhalten. Das Spiel von Kindern ist ausdrücklich überall erlaubt, Fahrzeuge müssen darauf Rücksicht nehmen und es darf nur in ausgewiesenen Bereichen geparkt werden. Im Projekt vor Ort wird mit einer Ausstellung kindgerecht dazu informiert.

Die Kinder werden in abwechslungsreichen Spielstationen dazu angeregt und ermutigt, Spielideen auf den Verkehrsflächen umzusetzen: Von Kreide- und Murmelspielen über Seilspiele bis hin zu Parcours mit Pedalos, Fahrrad, Roller & Co. Alle Spielideen sind so angelegt, dass sie auch ohne die Spielpädagog*innen durchgeführt werden können, wenn der Spielbus nicht vor Ort ist. Zusätzlich gibt es Spielgeräte-Werkstätten, deren besonderes Highlight die Seilmaschine darstellt, an der sich die Kinder eigene Sprungseile herstellen. Diese Angebote wurden von Kindern und Eltern gerne aufgegriffen und sie brachten zusätzlich ihre eigenen Ideen und Material ein, wie zum Beispiel eigene kleine Rampen für den Parcours.

2020 und 2021 wurden in München auch erstmals sogenannte *Sommerstraßen* eingeführt, temporär komplett für den Verkehr gesperrte Straßenabschnitte, um den Anwohner*innen ein Stück mehr Freiraum vor der Haustür zu ermöglichen. Die *Sommerstraßen* waren in den Sommermonaten präsent und durch Absperrungen, Sitzgelegenheiten und Blumenschmuck sichtbar gemacht. Hier ist *Spiellandschaft Stadt e.V.* mit dem Projekt *Die Straße gehört uns!* stadtweit gefragter Partner der Verwaltung und der verschiedenen Bezirksausschüsse. Es gilt, diese Räume mit Aktionen zu beleben und gemeinsam mit den Anwohner*innen auszuloten, welche Ideen sich umsetzen lassen. So wurde zum Beispiel in einer *Sommerstraße* eine Spielkiste aufgestellt, die gemeinsam mit der Nachbarschaft mit Spielmaterial gefüllt wurde, das Allen zur Verfügung steht.

Dem Trend, dass in der Stadt Kindern immer weniger Raum zum Spielen zur Verfügung steht, konnte durch die Einführung der *Sommerstraßen* und die Belebung von verkehrsberuhigten Bereichen entgegengewirkt werden. Allerdings muss die Nutzung dieser ungewohnten Spielflächen teilweise erst wieder erlernt werden – zu Recht kennen Kinder Straßen zunächst nur als potenziellen Gefahrenraum.

Bis es so weit ist, dass auch in München zukünftig regelmäßig temporäre Spielstraßen eingeführt werden nach dem Vorbild von London oder Berlin, ist es wohl noch ein

Masken vor Corona – auf einem Spielplatz beim Spielbus

weiter Weg, der am besten gemeinsam mit ansässigen Trägern, Politik und engagierten Anwohner*innen – insbesondere den Kindern – bewältigt werden kann.

Auf dem Weg zu einer resilienten Spiellandschaft Stadt

Kinder brauchen für ihr Spiel Spiel-Raum, Spiel-Zeit, Spiel-Material und Spiel-Partner*innen. Nur so können sie sich im Spiel erproben, Grenzen ausloten, ihre Fantasie ausleben, sich als selbstwirksam erleben, lernen, Regeln aushandeln, einhalten und gegebenenfalls auch gemeinsam neu bestimmen. Damit sie zu diesem Recht auch kommen, braucht es auch weiterhin ein Netzwerk an kompetenten erwachsenen Vertreter*innen der Kinderinteressen: vor Ort mit den Projekten der Spielmobile, in aktivem Austausch mit Kindern und Familien und verknüpft mit weiteren Einrichtungen, Verwaltung und Politik.

Literatur

Spielmobile e.V. Bedeutung von Spiel. https://spielmobile.de/de/grundlagen/bedeutung-von-spiel/ [Zugriff: 19.09.2021]

Hintergrundinformation zum Modellprojekt „Heute gehört die Straße uns": https://spielland-schaft.de/was-wir-machen/modellprojekte/2020-2021-die-strasse-gehoert-uns/

Linda Pfrogner

Der Spiel- und Erfahrungsraum LEO 61

Eine Zauberschule an der Münchner Freiheit

Die LEO 61, ein Veranstaltungsraum von *PA/SPIELkultur e.V.*, hat im Rahmen von Erfahrungsräumen in den letzten Jahren ihre Vielseitigkeit bewiesen und sich in viele kreative Spielräume verwandelt. Mit selbstgemalten Kulissen, eigenen Dekoelementen und einigen kleinen Effekten, wie buntem Licht oder einer Nebelmaschine, verwandelt sich die LEO 61 schnell in eine ganz andere Welt. Die dadurch geschaffene Atmosphäre legt den Grundstein für das Abenteuer, das die Kinder und Familien beim Betreten der Räume erwartet. Das Konzept von Spiel- und Begegnungsräumen ermöglicht es den Teilnehmenden für kurze Zeit ihrem Alltag zu entfliehen und auf spielerische sowie experimentelle Weise Neues zu erlernen bzw. zu entdecken. Besonders in Krisensituationen ist die Möglichkeit, eine andere Realität zu erleben und auf diese Weise Neues zu erfahren, besonders wertvoll.

Um den Kindern und Familien im Jahr 2020 während der Pandemie eine schöne und kreative Abwechslung zu bieten, fand zu Halloween in der LEO 61 ein Spiel- und Begegnungsraum in Form einer Zauberschule statt. Das Erlebnis startete bereits vor dem Betreten der Räumlichkeiten. Alle Teilnehmenden meldeten sich vorab an und erhielten einen versiegelten Brief per Post, in dem erklärt wurde, dass sie als Zauberschüler*innen an der Akademie für Magie angenommen wurden. Der Brief diente sozusagen als Eintrittskarte.

Am Veranstaltungstag begannen die Zauberlehrlinge ihren Unterrichtstag in der Eingangshalle der Akademie, in der sich alle Neulinge einzeln einem kleinen Test unterzogen. Der Test diente dazu, den richtigen Zauberstab für alle neuen Zauberschüler*innen zu finden. Der richtige Zauberstab sorgte für buntes Licht und Nebel.

Anschließend wurden individuelle Stundenpläne an die Kinder verteilt und die Kinder wurden zu ihren Unterrichtsstunden gebracht. In verschiedenen Zeitetappen konnten die Kinder an unterschiedlichen Unterrichtsstunden teilnehmen. In der Unterrichtsstunde *Pflege magischer Geschöpfe* kreierten die Kinder ein eigenes Phantasiewesen, das sie malerisch darstellen oder aus verschiedenen Kreativmaterialien zusammenstellen konnten. Das Unterrichtsfach *Kräuterkunde* bestand aus einer kleinen Schnupperstunde über verschiedene Kräuter bis hin zur Erklärung des Mythos der Alraune, die die Kinder im Anschluss aus Ton formen konnten. In *Zaubertränke* experimentierten die Kinder mit ungefährlichen Flüssigkeiten und wurden so Zeugen von harmlosen, aber spannenden chemischen Versuchen. In *Zauberei* konnten die Kinder eine kleine Tasche für Ihren Zauberstab nähen und mit Lederornamenten verzieren.

Für die Unterrichtsstunde *Wahrsagerei* wurde ein wenig getrickst. Zum einen wurden die Eltern zu einigen wenigen persönlichen Informationen der nichts ahnenden Zauberlehrlinge befragt, wie zum Beispiel Alter, Interessen oder Hobbys der Kinder. Zum anderen gab es vor Unterrichtsstart schon wichtige Vorbereitungen. So wurden mit Zitronensaft Symbole auf weiße Blätter gemalt, eigene Tarotkarten gestaltet und kleine Steine mit Gold und Silber verziert. Der Unterricht begann damit, dass der Stationsleitende ein Zitronensaft-Papier über die Flamme einer Kerze hielt. Die Flamme färbte

das Zitronensaftsymbol auf magische Weise braun und je nach erschienenem Symbol wurden dem Kind Tarotkarten gelegt oder die Zukunft aus den magischen Steinen gelesen. Dabei ließ der/die Stationsleitende die zuvor gesammelten Informationen über die Kinder miteinfließen. Am Ende durfte sich jedes Kind noch ein kleines Zaubersäckchen mit kleinen Edelsteinen und Zauberfedern packen.

Kinder, die am Unterricht *Runen* teilnahmen, entschlüsselten mithilfe eines Runenalphabets eine Geheimbotschaft, in der sie erfuhren, dass ein geheimer Schatz im Hinterhof der Zauberschule versteckt sei. Nach Unterrichtsschluss wurde allen fleißigen Zauberschüler*innen noch eine Urkunde ausgeteilt und eine kleine Tüte mit Süßigkeiten im Hof versteckt.

Das Projekt stieß nicht nur bei den Kindern, sondern auch bei den Eltern auf große Begeisterung. Alle Teilnehmer*innen waren von der Dekoration und dem Programm so abgelenkt, dass die Krise und die daraus resultierenden Schwierigkeiten für kurze Zeit vergessen werden konnten. Vor allem für die jüngeren Zauberlehrlinge verschwamm während dieser Zeit die Grenze zwischen Illusion und Wirklichkeit. Wir erhielten sehr viele Rückmeldungen, dass die Kinder noch Tage später von ihrem Zauberschultag erzählten und auch zu Hause weiter mit ihren Zauberstäben und den mitgenommenen Materialien spielten. An der Faszination der Kinder und dem Feedback der begleitenden Eltern sieht man, wie wichtig es gerade in schwierigen Zeiten ist, neue Spielräume zu schaffen, in denen die Möglichkeit gegeben wird, kreativ spielerisch aktiv zu werden.

Ein Projekt von PA/SPIELkultur e.V. – www.spielkultur.de

Janine Lennert

Fadenspiel verbindet

über Generationen und Kulturen hinweg

Fadenspiel in einer Grundschule in China, Foto: Spiellandschaft Stadt e.V.

Irgendwo in München. Ich halte eine Figur aus einer Fadenschlaufe zwischen den Händen. Es nähern sich Erwachsene: „Das habe ich als Kind immer gespielt, ewig her! Aber ich weiß gar nicht mehr genau, wie das geht!". Und noch während sie das sagen, greifen ihre Finger in meine Fadenschlaufe, heben sie ab und haben eine neue Figur erhalten. So geht die Schlaufe zwischen uns hin und her und wir sind im schönsten Zusammenspiel.

Ähnliche Situationen habe ich weltweit erleben dürfen, oft ohne die Sprache des Gegenübers zu kennen. Dann erinnert sich das Gegenüber an weitere Figuren, die man mit dem Faden formen kann, zeigt sie und schon ist das Interesse geweckt. Das ist die Basis für das Projekt *Fadenspiel & Schlaufentricks,* mit dem *Spiellandschaft Stadt e.V.* sowohl mobil im öffentlichen Raum und als auch stationär in Einrichtungen unterwegs ist – ein Dauerbrenner, der bei Kindern wie Erwachsenen gleichermaßen beliebt ist.

Das Zusammenspiel über Alters- und Kulturgrenzen hinweg und das Altbekannte machen einen Teil der Faszination für das Fadenspiel aus. Ein zweiter Aspekt ist die Einfachheit des Materials: ein Spielfaden kann leicht selbst hergestellt werden, im Grunde genügt es, einfach ein Stück Schnur zu verknoten. In unseren Projekten verwenden wir Endlosfäden (Bezugsquelle untenstehend). Den Faden kann man in der Hosentasche immer dabeihaben. Beim Fadenspiel ergeben sich die unterschiedlichsten Formen, Strukturen und Bilder. Mit ihnen lassen sich Geschichten erzählen, wie die von der „Tasse Tee", die sich in einen „Zug" verwandelt, mit dem man an einen See fährt, um auf einem „Segelschiff" zu fahren. Es gibt Tricks, in denen sich ein scheinbar gefesseltes Handgelenk mit einer geschickten Bewegung befreien lässt oder ein Zauberknoten durch Klatschen aufgelöst wird. Es kann allein gespielt werden, zu zweit oder mit einem großen Seil sogar als Gruppe, in der die einzelnen Mitspielenden die Funktion der Finger übernehmen. Es gibt viel Literatur zum Fadenspiel und im Internet finden sich unter den Suchbegriffen „Fadenspiel" oder „string figure" zig Video-Anleitungen, um es zu erlernen.

Wenn Menschen im Fadenspiel vertieft sind, gehen sie darin oft komplett auf, wie in einer bewegten Meditation. Sie sind fasziniert, wenn Figuren erstmals gelingen: Sie

Ich habe den Faden-Hubschrauber erfunden!
Foto: Spiellandschaft Stadt e.V.

erschaffen quasi eine kleine Welt zwischen ihren Fingern, die sich im nächsten Schritt wandelt und auflöst. Der Faden regt Fantasie und Experimentierfreude an, um neue Bewegungen und eigene Figuren zu entdecken und zu erfinden. Es können aber auch Momente des Frusts entstehen. Es erfordert ein gewisses Maß an Konzentration, Fingerfertigkeit und Durchhaltevermögen, die einzelnen Schritte von komplexeren Figuren zu erlernen. Da misslingt eine Figur auch nach mehrfachen Anläufen, andere Mitspielende tun sich womöglich viel leichter, der Ärger über das eigene Scheitern nimmt überhand und der Faden fliegt in die Ecke.

Damit die Freude am Fadenspiel erhalten bleibt, haben wir aus langjähriger Projekterfahrungen folgende Umsetzungstipps:

› Fadenspiele sprechen Kinder und Erwachsene gleichermaßen an. Sie eignen sich für Kinder ab 5 Jahren.

› Die Fingerbewegungen lassen sich mit einer Geschichte dazu leichter merken, z.B.: Der Daumen hat keine Lust mehr (er geht aus allen Fäden raus). Dann ist ihm langweilig und er fragt den kleinen Finger, ob er mit ihm spielt (der Daumen schlüpft mit in die Schlaufe vom kleinen Finger).

› Fadenspiele lassen sich auch non-verbal vermitteln, rein durch Vorzeigen und Nachspielen.

› Niemand ist besser oder schlechter, weil er oder sie viele oder weniger Figuren und Tricks kann. Es geht nicht um Leistungsdruck!

> Fadenspieler*innen helfen einander, geben aufeinander acht und bringen sich gegenseitig Figuren bei. Kinder schlüpfen sehr gerne in die Rolle der Lehrenden, insbesondere auch gegenüber Erwachsenen.

> Zur Abwechslung können sich auch mal zwei Leute eine Schlaufe teilen. Dabei benutzt eine*r nur die rechte Hand, die andere Person nur die linke Hand. So kann man sich gegenseitig mit der jeweiligen freien Hand unterstützen.

> Und last but not least: Es gibt keine falschen Figuren. Wenn eine Figur anders aussieht, als man eigentlich vorhatte, dann sagt man z.B. einfach: „Kuck mal, ich habe den Hubschrauber erfunden!" Und fängt von vorne an.

Mehr zum Projekt, Literatur- und Materialempfehlungen:

www.spiellandschaft.de/was-wir-machen/projekte/fadenspiele-und-schlaufentricks/ (Projektbeschreibung und Fortbildungstermine)

www.aboinudi.de (Shop für Spielfäden, Fadendiplome und Literatur)

www.isfa.org (Internationale Fadenspielervereinigung / International String Figure Association)

Furness Jayne, Carolyne (1962). String Figures and How to Make Them. A Study of Cat's Cradles in Many Lands. New York. Dover Publications

Walschik, Lothar (2002). Fadenspiele sind mehr. Fadenfiguren spielen und Geschichten erzählen. Seelze Velber. Kallmeyersche Verlagsbuchhandlung

Sabine Eberling

Ich und mein Körper – Yoga und Krafttiere

Sich zu bewegen und Freude am eigenen Körper zu haben ist ein wichtiger Beitrag zum physischen und psychischen Wohlbefinden. Beispielsweise führt allein das Auf und Ab beim Hüpfen zu vermehrter Körperdurchblutung, der Kreislauf wird in Schwung gebracht und der Körper schüttet dabei besonders intensiv das Glückshormon Serotonin aus (vgl. Bauer Moritz, o. Jahr und Seite). Dieses wirkt sich positiv auf unser Schmerzempfinden und

Schlafverhalten aus und hat außerdem eine erhellende Wirkung auf unsere Gemütslage. Demnach ist empfehlenswert, möglichst viele Dinge zu tun, die ein gutes Körpergefühl vermitteln und eine positive Grundeinstellung zum eigenen Körper fördern.

1. Bewegung – Yoga-Tier-Haltungen

Was?
Die Kinder nehmen Yoga-Tier-Asanas/Haltungen ein. Dabei kommen Asanas/Haltungen zur Anwendung, wie „Der Hund", „Der Frosch", „Der Leopard", „Der Schmetterling", „Die Katze". Die Asanas werden ca. 3 bis 5 Minuten gehalten und erspürt. Die Haltungen sollen locker und leicht durchgeführt werden, mit fließendem Atem und in angemessenem bzw. angenehmem Ausmaß. Während der entsprechenden Tier-Haltung wird durch die Kursleitung eine Fokussierung auf die innere Wahrnehmung angeleitet. Fragen wie: „Wie fühlt sich das als Katze/entsprechendes Tier an?" oder „Wie fühlt sich so eine Katze/entsprechendes Tier?" werden gestellt.

Womit?
Ausreichend Raum für jedes Kind (ca. 1-2 m), z.B. ein Turnraum, aber auch ein Klassenraum ist möglich. Zudem im Idealfall Yoga-Matten (oder ähnliches).

Wie?

Jede*r Teilnehmende führt die Bewegung aus, spürt hinein in die jeweilige Körpergrundhaltung. Anschließend werden die jeweiligen Empfindungen ausgesprochen und gesammelt. Wichtig dabei ist es, den Wesenszug des Tieres herauszustellen. Bei der anschließenden Diskussion werden die Erfahrungen der Kinder ausgetauscht und über die jeweiligen Tiere und ihre inneren Wirkungen bei jedem Kind diskutiert.

Der Hund   Der Leopard   Die Katze

Warum?

Das körperliche Empfinden verhilft zur Wahrnehmung der inneren Haltung der dargestellten Tiere. Im Falle der Yoga-Tier-Haltungen kann ein Bezug zum Verhalten bzw. der inneren Grundhaltung des jeweiligen Tieres hergeleitet werden und so der eigene Bezug zu diesem Tier herausgefunden werden.

2. Finde Dein Krafttier

Was?

Die Auseinandersetzung mit Tieren und ihren Grundwesenszügen wird auf der körperlichen Ebene erlebt (s. Yoga-Tier-Haltungen) oder durch einen verbalen Austausch über beispielsweise die Lieblingstiere der Kinder angeregt. Es werden beim verbalen Austausch die Hauptwesenszüge des jeweiligen Tieres herausgestellt. Jedes Kind legt sich auf ein individuelles Glücks-/Krafttier fest. Im nächsten Schritt werden persönliche Glückstier- oder Schutztier-Kärtchen gestaltet und als Glücksbringer/Kraft- und Ressourcenstärker gesammelt.

Womit?

Buntes Tonpapier

Tierzeitschriften oder andere Tierdarstellungen wie Postkarten o. ä.

Schere

Kleber

Stifte

Warum?

Die Imagination eines Glücks- oder Krafttieres kann jedes Kind (und Erwachsenen) stärken. Die Vorstellung die Kraft eines Adlers, eines Hundes, eines Leoparden o. ä. in sich zu haben, kann die eigenen Ressourcen stärken. Auch Sätze wie: „Ich bin schlau wie ein Fuchs" oder „Ich bin schnell wie ein Wiesel" oder vergleichbare, können sinnvoll zur Selbststärkung genutzt werden. Auch bei der Trauma- bzw. Imaginationstherapie wird diese Methode genutzt und sie kann für den Schulbereich auf diese Weise einfach adaptiert werden.

Ein Projekt von PA/SPIELkultur e.V. – www.spielkultur.de

Weitere Ideen und Anregungen gibt es auf www.kiku-online.net/gluecksreise

Klaus Lutz

Gameskultur und Resilienz

Über das Thema Gameskultur und seine Bedeutung für junge Menschen habe ich in den letzten Jahren schon etliche Artikel verfasst, Interviews gegeben oder auf Veranstaltungen als Podiumsgast versucht dafür zu werben, dass Computerspiele für junge Menschen weit mehr als ein sinnloser Zeitvertreib sind.

Dabei habe ich schon viel erlebt: Nach einem Zeitungsinterview, in dem ich um Verständnis für die Faszination junger Menschen für Computerspiele geworben habe, erreichten mich wütende Mails und Anrufe erboster Pädagog*innen, Psycholog*innen und Lehrer*innen, ob ich mir bewusst wäre, mit welchen negativen Auswirkungen sie durch die Computerspielnutzung Jugendlicher täglich zu kämpfen hätten. Auf meinen zahlreichen Elternabenden in der letzten Zeit, bei welchen vor allem das Computerspiel *Fortnite* im Mittelpunkt stand, fühlte ich mich beim Werben um Verständnis für die Faszination des Spiels nicht selten wie auf dem „Heißen Stuhl". Einmal wollte eine Direktorin sogar den Abend vorzeitig beenden, falls ich nicht bereit wäre, die Eltern darauf einzuschwören, ihren Kindern dieses Spiel zu verbieten.

Als ich heute auf *Facebook* den Beitrag postete, wieder mal einen Artikel zum Thema Computerspiele, kam als erste Reaktion folgendes: *„Die Kindheitserinnerungen einiger Kinder wird sein: Damals habe ich mich in einem Tag durch soundsoviele Level gekämpft."* Untermauert wurde dieses Statement mit einem Artikel der Tageschau vom 04.08.2021 mit der Schlagzeile: „China will ‚geistiges Opium' bekämpfen. Die allmächtige Kommunistische Partei Chinas kündigte damit den Kampf gegen exzessive Computerspielnutzung an, die sie als geistiges Opium einstuft." (Wurzel 2021).

Der sonst übliche Prozess bei neuen Medienphänomenen – dass auf die erste vehemente Ablehnung eine allmähliche Annäherung folgt – scheint beim Thema Computerspiele nicht zu greifen. Auch der öffentliche Diskurs hinsichtlich der Computerspielnutzung beschäftigt sich in erster Linie mit der Analyse der Gefahren, die durch die Nutzung entstehen. Bei der Erforschung der Computerspielnutzung liegt der Fokus auf der kleinen Gruppe der pathologischen Nutzer*innen. Im pädagogischen Diskurs der vergangenen Jahre findet der Aspekt des Spielens mit elektronischen Spielen als jugendkulturelles Phänomen wenig Beachtung. Auch hier liegt der Fokus stärker auf den möglicherweise problematischen Wirkungen der Nutzung von Computerspielen als auf der Entwicklung von pädagogischen Konzepten zur Begleitung von computerspielbegeisterten Jugendlichen. Zugegeben – für eine*n ‚Nichtspieler*in' ist es schwer, die Faszination des Gamings zu erfassen. Wie bei vielen jugendkulturellen Phänomenen entzieht sich auch diese Faszination einer präzisen wissenschaftlichen Beschreibung und Erklärungsversuche bleiben meist sehr allgemein.

Um sich dem jugendkulturellen Phänomen des Computerspieles zu nähern, gilt es erst einmal für sich selbst die Frage zu klären, wie man zu der These *Computerspiele sind Spiele* steht. Hierbei geht es nicht um einen wissenschaftlichen Diskurs, sondern um die eigene, ganz persönliche Haltung zu Computerspielen und ihrer Nutzung. Lehnt man diese Aussage ab, wird es schwer einen Zugang zu den Computerspielen und ihren Nutzer*innen zu finden. Kann man diesem Ansatz aber wenigstens tendenziell zustimmen, wird eine ganz neue Sichtweise auf die Thematik möglich. Denn wenn Computerspiele Spiele sind, dann sind sie für die Entwicklung von Kindern und Jugendlichen als grundsätzlich förderlich zu betrachten. Deshalb will ich – erneut! – dafür werben, Gaming nicht ausschließlich unter den problematischen Aspekten des Vielspielens und der Sucht zu betrachten, sondern sich auch den Potenzialen und den Sozialisationsräumen zu nähern, den die Computerspielräume für junge Menschen bereithalten.

Die Beliebtheit von Computerspielen ist nicht mehr zu übersehen

Laut *JIM-Studie 2020* spielen nur acht Prozent der 12- bis 19-Jährigen keine digitalen Spiele. Alle Spielmöglichkeiten an Computer, Konsole, Tablet und Smartphone zusammengenommen spielen 68 Prozent der Jugendlichen regelmäßig – also mindestens mehrmals pro Woche – digitale Spiele. Im Vergleich zum Vorjahr ist dies ein Anstieg von fünf Prozentpunkten. Betrachtet man die verschiedenen Altersgruppen, lässt sich ein Rückgang der Häufigkeit mit zunehmendem Alter der Jugendlichen feststellen. Allerdings bleibt der Anteil an Jugendlichen, die regelmäßig digitale Spiele spielen, dennoch sehr hoch. Jungen zeigen insgesamt eine deutlich höhere Affinität zu digitalen Spielen als Mädchen. Mit 49 Prozent spielt knapp die Hälfte der Jugendlichen mindestens mehrmals die Woche am Handy. An zweiter Stelle stehen Konsolenspiele, die von 28 Prozent regelmäßig gespielt werden. Knapp dahinter stehen die Computerspiele am PC mit 26 Prozent. Am wenigsten verbreitet sind Tabletspiele. Diese werden nur von 13 Prozent der Jugendlichen regelmäßig genutzt, was im Vergleich zum Vorjahr aber einer Verdoppelung entspricht. (vgl. mpfs 2020).

Was macht die Faszination von Computerspielen aus?

Die Bundesstelle für die Positivprädikatisierung von digitalen Spielen im Bundesministerium für Arbeit, Familie und Jugend, Sektion II – Familie und Jugend in Wien hat die Faszination von Computerspielen folgendermaßen beschrieben:

„Spiele vertreiben Langeweile. Sie sind spannend und die Kommunikation mit anderen Spielenden ist unterhaltsam.

Erfolgserlebnisse im Spiel sind motivierend. Die Konsequenzen der eigenen Aktionen sind direkt beobachtbar und wir erleben das eigene Handeln als wirkungsvoll. Im Alltag ist dieser Zusammenhang zwischen Handlung und Wirkung für Kinder und Jugendliche oft nicht so offensichtlich wie im Spiel.

Ähnlich wie im Sport kann man ein „Flow-Erlebnis" erreichen: einen konzentrierten Zustand, in dem man geistig und körperlich entspannt und ausgesprochen leistungsfähig ist.

Beim Spielen erleben wir uns als aktiv und einflussreich. An Misserfolgen und Fehlschlägen können wir – ohne Gesichtsverlust – so lange arbeiten, bis wir sie „unter Kontrolle" haben und erfolgreich sind. Ein deutlicher Trainingsvorteil gegenüber dem Alltag!

Sich selbst im Spiel inszenieren zu können erlaubt uns Zugang zu unserer eigenen Vielfältigkeit – unseren Persönlichkeitsanteilen und unseren Kompetenzen. Wir lernen uns kennen und einschätzen.

Im Spiel können wir Tagträume und Fantasien ausleben. Wir können hier z.B. die Welt retten, unsterblich sein oder auch dunklen und geheimnisvollen Seiten unserer Persönlichkeit zum Ausdruck verhelfen. Die Suche nach der eigenen Geschlechtsidentität wird unterstützt.

Wir können scheitern ohne Schaden zu nehmen. Das Computerspiel erlaubt es uns, Dinge auszuprobieren, die im Alltag nicht oder nur sehr gefährlich möglich wären. Und wenn wir im Spiel scheitern, dann können wir meist entweder von vorne oder vom letzten Speicherpunkt weitermachen und es noch einmal probieren." (BuPP 2021).

Unterschiedliche Spielkulturen

Die Spielekultur ist vielfältig. Das Spektrum reicht von Gelegenheitsspieler*innen auf dem Smartphone, bis hin zu denjenigen, die Computerspielen als ihr Hobby bezeichnen und oft mehrere Stunden am Tag mit Computerspielen verbringen. Innerhalb dieser Bandbreite haben sich die Nutzung von Computerspielen und daran orientierte Subkulturen entwickelt. Viele Jugendliche schauen oder produzieren *Let`s Play Videos* (d.h. sie kommentieren ein von ihnen gespieltes Computerspiel und stellen es als Video zur Verfügung), betreiben aktiv *e-Sport* oder verfolgen die *e-Sport-Profis* bei ihren Meisterschaften. Andere schneidern sich Kostüme von Figuren aus Computerspielen und treten quasi als Spielfiguren in *Cosplay-Shows* auf.

Computerspiele und Resilienz

Betrachtet man Computerspiele und die dazugehörige Subkultur unter dem Blickwinkel der Resilienz, lassen sich durchaus positive und persönlichkeitsstärkende Faktoren ableiten.

Judith Rahner liefert in ihrem Praxishandbuch folgende allgemeine Definition des Begriffs: „Unter Resilienz wird die psychische Widerstandskraft einer Person verstanden, die eine schwierige oder bedrohliche Lebenssituation ohne Beeinträchtigung übersteht." (Rahner 2021, S. 44).

In einer Broschüre der Barmer Krankenkasse werden folgende Punkte zur Stärkung der Resilienz von Kindern und Jugendlichen aufgeführt:

> › „Vertrauen und Sicherheit
> › Wertschätzung und Akzeptanz
> › Optimismus und Humor
> › Klarheit und Kommunikation
> › Regeln und Struktur
> › Ermutigung zu Eigenaktivität und Verantwortung
> › positive Kontakte zu Gleichaltrigen
> › positive und fürsorgliche Vorbilder" (Barmer 2021)

Die Nutzung von Computerspielen, insbesondere das gemeinsame Spielen in einer Gruppe, lässt aus meiner langjährigen Beobachtung der Computerspielszene durchaus Wirkungen in den oben beschriebenen Kategorien erkennen. Eine Computerspielgemeinschaft bietet jungen Menschen ähnlich wie die Zugehörigkeit zu einem Sportverein eine vertraute Umgebung und ein regelmäßiges Treffen unter Gleichgesinnten, mit denen man Themen besprechen kann, die weit über das Spielen hinausreichen. Darüber hinaus erfahren die Jugendlichen hier eine hohe Wertschätzung über ihre Leistungen im Spiel und die Community verfügt über eine hohe Toleranz gegenüber unterschiedlichsten Charaktereigenschaften sowie Bildungs- und ethnischem Hintergrund. Auch wenn hier nicht verschwiegen werden soll, dass es durchaus Spielecommunitys gibt, die als „toxisch" bezeichnet werden und z.B. frauenfeindliche, rassistische oder homophobe Tendenzen aufweisen. Aber dieses Phänomen, das man leider auch aus anderen medialen Communities kennt, ist sicherlich nicht gänzlich zu verhindern. Viele Spielgemeinschaften haben jedoch klare Regeln, die ihnen zum einen das Spiel vorgibt, die sie sich zum anderen auch für ihre Gemeinschaft selbst geben. Es gibt keine Erwachsenen, die bestimmen; vielmehr müssen die Jugendlichen ihre Regeln selbst aushandeln, was sie dazu befähigt, selbst Verantwortung zu übernehmen. Die Computerspielgemeinschaft besitzt Vorbilder, an welchen sich die Jugendlichen orientieren können – sei es ein Pro Gamer wie *Rekkles* (vgl. theScore esports 2017), ein *Caster* (Moderator) wie *Maxim* (vgl. Maxim 2015) oder *Gronk* als *Lets-Player* (vgl. Wikipedia).

An diesen Überlegungen anknüpfend möchte ich nachfolgend drei Projekte schildern, die das Phänomen Computerspiele aufgreifen, indem sie die Computerspielleidenschaft junger Menschen ernst nehmen, Computerspiele als eine jugendkulturelle Ausdrucksform begreifen und die Jugendlichen dabei unterstützen, ihre Expertise in Projekte einzubringen, die nicht ausschließlich an das aktive Spielen gebunden sind.

FrankenFinals – ein e-Sport-Event

Ausgehend von dem großen Interesse junger Computerspieler*innen, sich in Wettbewerben mit anderen Computerspieler*innen zu messen, hat das *Medienzentrum Parabol* in den letzten Jahren Jugendliche bei der Organisation von *e-Sport-Events* unterstützt. So wurden mehrere Schulmeisterschaften und Turniere in Jugendhäusern organisiert und ausgetragen. Aus diesem Engagement hat sich eine feste Gruppe von Jugendlichen herausgebildet, die jetzt schon zum dritten Mal ein großes *e-Sport-Turnier*, die *FrankenFinals* nahezu selbstständig organisiert.

Anhand dieser Entwicklung lässt sich gut ablesen, wie vielfältig die Qualifizierungen sind, die Jugendliche daraus entwickeln können: Das Turnier muss organisiert werden, komplexe technische Abläufe sind zu managen; dazu kommen die Gestaltung von Ausschreibung und Webseite, Öffentlichkeitsarbeit, Moderation und vieles mehr. Zudem müssen sich die Jugendlichen selbst organisieren, sich Strukturen oder Hierarchen geben, sich mit Basisdemokratie oder Entscheidungskompetenzen einzelner befassen. Die Komplexität, die mit einem derartigen Event verbunden ist, lässt sich gut an der Webseite der *FrankenFinals* ablesen, die ebenfalls völlig selbstständig von den Jugendlichen erstellt wurde. (vgl FrankenFinals 2021)

Creative Gaming

Die Initiative *Creative Gaming* sieht in Computerspielen ein großes kreatives Potenzial und versucht dies mit ihren Projekten für die pädagogische Arbeit nutzbar zu machen. Anhand der entwickelten fünf Grundlagen bieten sich viele Anknüpfungspunkte, um kreativ zu sein (vgl. Hedrich 2019, S. 45 ff.):

Grundlage 1: Spielregeln ignorieren

Was passiert, wenn ich nicht mitspiele, anders spiele als vorgesehen. Z.B. kann ich in einem Autorennen gegen die Fahrtrichtung fahren, oder in einem Online-Rollenspiel zu einer Demonstration aufrufen oder in einem Shooter einen Balletttanz inszenieren. Das sind auf den ersten Blick keine gravierenden Regelverstöße, führen aber dazu, dass das Spiel sofort anders funktioniert und wahrgenommen wird.

Grundlage 2: Spiele als Spielzeug nutzen

Wenn die Spielregeln in einem digitalen Spiel nicht eingehalten werden, ergeben sich Möglichkeiten neue Regeln zu erfinden oder sich mit den Elementen des Spiels neue Spiele auszudenken. So können Elemente und Figuren digitaler Spiele in neue Kontexte gesetzt werden.

Grundlage 3: Digitale Welten analogisieren

Ganz gegen den Trend kann man die digitale Welt auch auf den Kopf stellen. Den Würfel aus *Minecraft* aus Holz bauen oder *Mario* als Pappmaché Figur modellieren. Diese Elemente in den Alltagskontext integriert ergeben neue Zusammenhänge und Perspektiven auf beides, Alltag und Elemente.

Grundlage 4: Spiele als Werkzeug nutzen

Games sind Animationsmaschinen. In Echtzeit werden Bewegungsabläufe flüssig auf dem Bildschirm wiedergegeben. Landschaften, Objekte, Häuser sehen oft fotorealistisch aus. Mit Modifikationen lassen sich Texturen verändern und neue Elemente in das Spiel integrieren. So kann man ein digitales Spiel als Film- und Fotostudio nutzen oder als Grundlage für eine Comicgeschichte verwenden.

Grundlage 5: Spiele neu denken

Noch immer gehen viele Menschen davon aus, dass digitale Spiele vornehmlich auf einem Bildschirm gespielt und mit den immer gleichen Controllern gesteuert werden. In der aktuellen Konsolengeneration wie der *Switch*, kann man schon sehen, dass es auch anders gehen kann. Viele innovative Gameskünstler*innen zeigen, dass Raum und Steuerung ganz anders gedacht werden können.

Anhand dieser fünf Grundlagen hat die Initiative *Creative Gaming* verschiedene Praxisformate erarbeitet. All diesen Projekten liegt zugrunde, dass vorgegebene Regeln nicht eingehalten werden und somit eine neue Perspektive auf Games entsteht (vgl. Initiative Creative Gaming e.V. 2021)

Der Mix machts

Der MIX MACHT's ist eine Kampagne junger Computerspieler*innen mit dem Ziel, mit ihrem ganz persönlichen Statement und mit ihrem „Gesicht" sich zu ihrem Hobby zu bekennen und gleichzeitig zu zeigen, dass ihre Persönlichkeit neben der Leidenschaft für Computerspiele auch noch andere Facetten zu bieten hat.

Die Kampagne ist das Ergebnis eines Reflexionsprozesses mit Jugendlichen zum Thema Computerspiele. Sie fordern Anerkennung und Akzeptanz für ihre Leidenschaft, das Gaming, ein. Ihnen ist aber auch bewusst, dass es weitere Schwerpunkte in ihrem Leben braucht: Spielen und Klettern, Spielen und Moderieren, Spielen und Tanzen, Spielen und Handball, Spielen und Musik, Spielen und Schiedsrichter sein, usw. Im Rahmen der Kampagne sind sechs Motive entstanden, die zum Downloaden unter „Der MIX MACHT'S" – Medienfachberatung bereit stehen oder als Plakat oder Postkarte bei der Medienfachberatung Mittelfranken unter lutz@medienfachberatung-mfr.de zu bestellen sind. Viele Plakate zieren mittlerweile die Wände in Schulen oder Jugendfreizeitheimen und sind ein öffentliches Bekenntnis dafür, dem Computerspielen Raum im Aufwachsen von Kindern und Jugendlichen einzuräumen.

Fazit

Gerade aus Präventionssicht ist es erforderlich, die Computerspielnutzung als Hobby junger Menschen anzuerkennen und Computerspiele im Rahmen pädagogischer Angebote nicht auszugrenzen. Entscheidend ist dabei, die Kompetenzen der Computerspieler*innen wahrzunehmen, anzuerkennen und zu fördern. Greift man das Interesse Heranwachsender an elektronischen Spielen auf und bietet hierfür Entfaltungsmöglichkeiten in ihrer Freizeitgestaltung, kann der Prozess zur Selbstbestimmtheit und Selbstwirksamkeitserfahrung angestoßen werden. Ergänzt werden sollte dies durch den Aufbau von Medienkompetenzen und das Anbieten von Alternativen (sowohl in Form von alternativen Nutzungsformen der Spiele als auch in Form von nicht computerbezogenen Alternativen). Damit wird der Grundstein für die Entwicklung von Resilienz gelegt.

Jens Junge bringt es auf den Punkt: „Es ist an der Zeit, Spiele aus dem Unterbewussten und Unreflektierten auf eine methodische, wissenschaftliche Bühne zu heben sowie denen, die Spiele grell verteufeln, die Stirn zu bieten. Die Gameskultur ist auf ihren vielfältigen Ebenen zu pflegen und zu fördern, denn Spielen ist die Basis kultureller Entwicklung." (Junge 2020, S. 27).

Literatur

Barmer (2021). Stark durchs Leben – Resilienz von Kindern und Jugendlichen fördern. www.barmer.de/blob/12412/f4fa70c89e1c73e159431c6fdb72591f/data/stark-durchs-leben---resilienz-von-kindern-und-jugendlichen-foerdern-60131k.pdf [Zugriff 05.09.2021]

BuPP – Bundesstelle für die Positivprädikatisierung von digitalen Spielen im Bundeskanzleramt, Sektion VI – Familie und Jugend (2021). Faszination Computerspiele. https://bupp.at/de/artikel/faszination-computerspiele [Zugriff 05.09.2021]

Hedrich, Andreas (2019). Digitale Spiele: Wichtiger Baustein für die Medienbildung. In: merz Nr. 2, April 2019. München: kopaed.

Initiative Creative Gaming e.V. (2021). Creative Gaming ...mit Spielen spielen! www.creative-gaming.eu/ [Zugriff 05.09.2021]

Junge, Jens (2020). Handbuch Gameskultur. Berlin: Deutscher Kulturrat e.V.

FrankenFinals (2021). https://frankenfinals.de/ [Zugriff 05.09.2021]

Maxim (12.04.2015). StoryTime #8: Peinliche Eltern. www.youtube.com/watch?v=quabsLT4k0E [Zugriff 05.09.2021]

Medienfachberatung für den Bezirk Mittelfranken. Der MIX MACHT's. www.medienfachberatung.de/bezirke/mittelfranken/der-mix-machts/ [Zugriff 05.09.2021]

Mpfs – Medienpädagogischer Forschungsverbund Südwest (2020). JIM-Studie 2020. Jugend, Information, Medien. Basisuntersuchung zum Medienumgang 12- bis 19-Jähriger. www.mpfs.de/fileadmin/files/Studien/JIM/2020/JIM-Studie-2020_Web_final.pdf [Zugriff 05.09.2021]

Rahner, Judith (2021). Praxishandbuch der Resilienz in der Jugendarbeit. Weinheim: Beltz Juventa

theScore esports (11.07.2017). The Story of Rekkles: The Swedish Superman. www.youtube.com/watch?v=iajQSqkxv_E&t=2s [Zugriff 05.09.2021]

Gronkh. In: Wikipedia – Die freie Enzyklopädie. Bearbeitungsstand: 8. August 2021. https://de.wikipedia.org/wiki/Gronkh [Zugriff: 05.09.2021]

Flucht. In: Wikipedia – Die freie Enzyklopädie. Bearbeitungsstand: 1. Juli 2021. https://de.wikipedia.org/w/index.php?title=Flucht&oldid=213459666 [Zugriff: 19.09.2021]

Wurzel, Steffen (2021). Gaming-Branche: China will „geistiges Opium" bekämpfen. In: tagesschau.de. www.tagesschau.de/wirtschaft/weltwirtschaft/china-gaming-branche-tencent-101.html [Zugriff: 19.09.2021]

Moritz Bauermann, Björn Friedrich

Pixel-Art, Podcasts und Pen & Paper

Die Ausgestaltung digitaler Begegnungsräume

Was tun Sie, liebe Leser*innen, wenn Sie Langeweile haben? Vielleicht gehen Sie spazieren oder schreiben Briefe. Vielleicht lesen Sie ein gutes Buch oder hören Musik. Vielleicht sehen Sie fern oder surfen im Netz. In vielen Fällen sind jedenfalls Medien (analoger oder digitaler Natur) ein gern genutzter Zeitvertreib.

Während der Corona-Lockdowns herrschte besonders viel Langeweile in unserer Gesellschaft, und deshalb war es unseres Erachtens auch nicht verwunderlich, dass während dieser Zeit besonders viele Medien genutzt wurden. Auch Kinder und Jugendliche haben oftmals auf Medien zurückgegriffen, und da sie mit digitalen Medien groß geworden sind, haben sie natürlich diese digitalen Angebote intensiv genutzt.

Soweit, so gut – nicht jedoch für einige skeptische Stimmen, die Online-Angebote seit geraumer Zeit kritisch beäugen. Die Krankenkasse DAK beispielsweise betrachtet digitale Medien schon lange mit großer Sorge und hat u.a. Werbekampagnen mit Slogans wie „Seid mal nicht so social!" verbreitet. (Die deutsche Variante „Seid doch lieber asozial!" war wohl zu gewagt.) Auch die Drogenbeauftragte der Bundesregierung, Daniela Ludwig, zeigt sich Medienberichten zufolge im Juli 2020 „alarmiert vom massiven Anstieg des Medienkonsums von Kindern und Jugendlichen seit dem Ausbruch der Corona-Pandemie" (zdf.de 2020) und bezog sich dabei auf eine DAK-Studie zur sog. „Mediensucht".

Der reflexartige Verweis auf eine mögliche „Sucht", der Vergleich von Medien- mit Drogenkonsum ist seit Jahren üblich, obwohl dieser Vergleich hinkt und stark kritisiert wird. So weist der Psychologe Christian Stöcker darauf hin, dass es die diagnostische Kategorie ‚Mediensucht' nicht gibt, weder im WHO-Diagnosemanual ICD-11 noch im aktuellen ‚Diagnostic and Statistical Manual of Mental Disorder' der American Psychiatric Association. Zudem fasst er zutreffend zusammen: „Dass jemand, der zwangsweise zu Hause sitzt, heute mit seinen Freunden reden und spielen kann und das dann eben auch tut, ist ein Fortschritt. Und der hat mit ‚Sucht' nichts zu tun." (Stöcker, 2020). Dieser Einschätzung können wir uns nur anschließen.

Zweifellos ist es beunruhigend, mit ansehen zu müssen, wenn Heranwachsende übermäßig viel Zeit mit Games und Chats verbringen und das Smartphone oder die Spielkonsole zu den tonangebenden Geräten im Alltag werden. Nicht nur, aber besonders intensiv, war dies in den Phasen der Lockdowns zu beobachten, und so hat sich in diesen Zeitphasen auch besonders deutlich gezeigt, in welchen Bereichen die kulturelle Medienbildung großen Nachholbedarf hat: In der Nutzung und Ausgestaltung digitaler Räume zur Vermittlung kultureller und pädagogischer Inhalte. Es ist heutzutage nicht mehr hilfreich, die digitalen Angebote zu verdammen oder die lange Verweildauer als „Sucht" zu diffamieren, sondern vielmehr sollte eine zielführende, kreative Auseinandersetzung mit diesen Angeboten erfolgen, auch und gerade im Bildungsbereich.

Eine Zeitreise in die 1990er Jahre

Einrichtungen aus den Bereichen der Medienbildung und Medienpädagogik experimentieren bereits seit Jahrzehnten mit partizipativen Gestaltungsmöglichkeiten im digitalen Bereich und verweisen schon lange auf ihre Erfahrungswerte. Spätestens mit der Coronakrise wurde ein breiteres Publikum auf diese Erkenntnisse aufmerksam – jede Krise hat eben auch positive Nebeneffekte.

In diesem Zusammenhang ist beispielsweise *Interaktiv*, das Münchner Netzwerk Medienkompetenz, zu nennen, das bereits seit 1995 agiert und damals unter der Federführung von Wolfgang Zacharias und Haimo Liebich entstand. Die Beweggründe für die Initiierung dieses Netzwerks lesen sich heute noch erstaunlich aktuell: „Das motivierende, antreibende Interesse war ein zeitaktuelles Thema spiel- und kulturpädagogisch einzuholen. Die schönen neuen Medienwelten als Phänomen und Herausforderung für Kunst, Kultur und Bildung." (Zacharias 1996, S. 7). Diese Herausforderung wurde angenommen und kreativ aufgegriffen, wie die Entwicklungen der folgenden Jahre zeigen, die Vieles vorweggenommen haben, was in der Coronakrise für zahlreiche andere Bildungseinrichtungen zu einer scheinbar neuen Herausforderung wurde. Das Krisenjahr war für das Netzwerk zugleich ein Jubiläumsjahr, in dem das 25-jährige Bestehen von *Interaktiv* gefeiert werden konnte.

Das ebenfalls in München ansässige *SIN – Studio im Netz*, in dem wir arbeiten, wurde 1996 von Hans-Jürgen Palme gegründet. In einem Artikel aus dem Jahr 2001, also aus einer Zeit vor Facebook und Instagram, beschreibt er die Herausforderungen an die kulturelle Medienbildung folgendermaßen: „Die Vorlieben der jungen Menschen für die virtuellen Kommunikationsformen wie Chatten, Mailen und Surfen haben einen Angebotsdruck auf die Kinder und Jugendarbeit erzeugt. Sogar virtuelle Freizeitheime stehen fest im Netz. (…) Selbst die interaktiven Spiel und Lernwelten finden inzwischen pädagogische Beachtung. Der Wandel von der konsumtiven zur interaktiven Mediennutzung führt zu einer grundlegenden Neubestimmung der Medieneinschätzungen – auch bei pädagogisch Verantwortlichen." (vgl. Palme 2001, S. 42).

Die aktive Einbindung digitaler Angebote aus jugendlichen Lebenswelten in die pädagogische Praxis und ihre Ausgestaltung als digitale Begegnungsräume war also von einigen Akteur*innen bereits lange vor der Coronakrise aufgegriffen worden, so dass wir heute auf einige Beispiele aus dem Bildungsbereich blicken können.

Analog-digitale Clubangebote

Im *Haus der Medienbildung*, das das SIN in München betreibt, treffen sich seit Jahren wöchentlich der Kinder- und Jugendcomputerclub. Hier kommen Kinder und Jugendliche aus dem Stadtteil zusammen, um gemeinsam digitale Angebote zu erkunden, neue Games zu bewerten und mit kreativen Tools zu arbeiten. Die Heranwachsenden sollen hier unter pädagogischer Begleitung, aber ohne erhobenen Zeigefinger mit Medien arbeiten und digitale Welten in entspannter Gruppenatmosphäre genießen.

Ein wesentliches Merkmal der Clubangebote ist der partizipative Charakter der Angebote: Die erwachsenen Betreuer*innen bringen Ideen und Vorschläge ein, aber die Kinder und Jugendlichen können selbst entscheiden, welche Angebote sie umsetzen. Das sind oftmals spielerische Angebote, die getestet und bewertet werden, oder Online-Tools zur Gestaltung eigener kleiner Games, z.B. *LearningApps*, *Kahoot* oder *Actionbound*. Mal werden digitale Kunstwerke und Pixel-Art erschaffen, mal werden Fotos

Artwork des SINfonie-Casts (entstanden im Jugendcomputerclub)

nachbearbeitet, um damit Grafiken oder Plakate zu gestalten, mal werden Animationsclips mit Tools wie PuppetPals und PowToon produziert. Die so entstehenden Inhalte werden oft online veröffentlicht, z.B. in *KABU*, unserer Info-App für Kinder, im Blog des Jugendclubs oder auf Videoportalen wie *YouTube* und *Vimeo*.

Im ersten Lockdown verlegten wir die Clubs aus dem analogen in den digitalen Raum und realisierten sie mithilfe von Videokonferenz-Tools. Auch die inhaltliche Arbeit musste entsprechend umgestellt werden, was neue Herausforderungen wie auch Chancen mit sich brachte. Zunächst waren auch wir von der Situation überrascht und mussten unsere Strukturen, die bislang auf wöchentliche Vor-Ort-Treffen ausgerichtet waren, entsprechend anpassen. Nach kurzer Zeit konnten wir die Clubangebote jedoch im virtuellen Raum fortführen und mit entsprechenden Online-Aktivitäten ausgestalten. Der Kontakt zu den Teilnehmenden wurde über unterschiedliche Plattformen gepflegt, als wichtigste Tools haben sich für den Kinderclub die freie Meetingsoftware *Jitsi* und für den Jugendclub das Chatprogramm *Discord* etabliert.

Einige Projekte, die in diesem Zusammenhang besonders gut gelungen sind, sind z.B. Online-Gaming- und E-Sports-Events, die wir während der Lockdowns veranstaltet haben. Diese wurden zum Teil im Rahmen der Clubangebote durchgeführt, zum Teil aber auch unabhängig davon, und wurden stets gut angenommen. Die Verknüpfung von Online-Games mit Video- oder Audio-Software, die der Verständigung der Spielenden dient, gehört seit Jahren zur üblichen Mediennutzung von Spieler*innen und konnte nun pädagogisch aufgegriffen werden. Ein weiteres spannendes Projekt, das in unserem Jugendclub entstand, ist der Podcast namens *SINfonie-Cast*. Hier unterhalten sich die Jugendlichen aus unserem Club über aktuelle Themen, ihren Medienkonsum, über neue Games und vieles mehr. Der SINfonie-Cast wird bei *LetsCast.fm* gehostet und kann bei allen gängigen Podcast-Anbietern gehört und abonniert werden.

Ein weiteres Beispiel ist die Entwicklung eines *Pen & Paper* Rollenspiels, dessen Konzept und Inhalte wir nachfolgend vorstellen.

Das Pen & Paper *UniverSIN*

Hauptspielträger für diese Art des Rollenspiels sind die namensgebenden Objekte Stift und Papier. Die teilnehmenden Spieler*innen erleben hier ein gemeinsames Abenteuer, das sich vorwiegend in der Fantasie der Beteiligten abspielt. Ursprünglich sitzt die spielende Gruppe dabei gemeinsam an einem Tisch, woher auch das Synonym ‚Tischrollenspiel‘ stammt, doch natürlich kann sich die Gruppe auch online treffen. Hauptbestandteile des Spiels sind die fiktiven Charaktere der Spielenden, die Spielleitung und Zufallselemente. Die Charaktere sind von den Teilnehmenden selbst erdacht und verfügen über individuelle Stärken sowie Schwächen. Diese Eigenschaften werden auf einem Blatt Papier festgehalten. Die Spielleitung wiederum ist das Trägermedium der fiktiven Welt des Rollenspiels. Sie stellt die Charaktere vor Aufgaben und Herausforderungen und übernimmt unter anderem die Rolle von allen Personen, die nicht von den Spielenden verkörpert werden, aber dennoch für die Geschichte wichtig sind. So stellt die Leitung den Charakteren beispielsweise eine feindliche Gruppe in den Weg und fragt die Spielenden, wie diese gedenkt, die Feinde zu besiegen. So wäre ein Kampf oder ein Überreden der gegnerischen Gruppe denkbar, die Möglichkeiten sind hier nahezu unbegrenzt, was den Reiz eines *Pen & Papers* ausmacht. Ob der Sieg errungen werden kann, hängt dann wiederum von einem Zufallselement wie einem Würfel ab, allgemein gilt: Je höher die Zahl, desto größer der Erfolg.

Die Geschichten und Regeln eines *Pen & Papers* müssen dabei nicht immer wieder neu erfunden werden, sondern es gibt Regelwerke und Kampagnen auf denen sich eine Spielerunde aufbauen lässt. Die Idee entstand bereits in den 1970er Jahren in den USA. Der erste Prototyp trug dabei den Namen ‚Chainmail‘ und wurde von Gary Gygax und Jeff Perren geschrieben (vgl. acaeum.com 2020). Das wohl bekannteste Regelwerk ‚Dungeon and Dragons‘ wurde bald danach veröffentlicht und wird unter anderem in der Netflix Produktion ‚Stranger Things‘ gezeigt.

Das Pen & Paper-Projekt ‚UniverSIN‘ entstand im Frühjahr 2021 im Jugendcomputerclub, der während dieser Zeit ausschließlich online stattfand und von Moritz Bauermann,

Marvin Pönisch und Milan Buse betreut wurde. Die Idee, eine gemeinsame Pen & Paper Runde zu starten, fand sofort großen Anklang, und eine Woche später kamen der JCC bereits mit ersten Ausarbeitungen der gemeinsamen Rollenspielwelt auf uns zu. Zwei der Jugendlichen erklärten sich bereit, die Rolle der Spieleleitung zu übernehmen, sie erdachten sich gemeinsam die Regeln und Geschichte der Welt. So wurde unter anderem eine ganze Tabelle mit Waffen und deren Werten erstellt und der Ausgangspunkt des *Pen & Paper* beschrieben: der Planet ‚Serrasolis'.

Der Planet Serrasolis
(Zeichnung eines Jugendclub-Mitglieds)

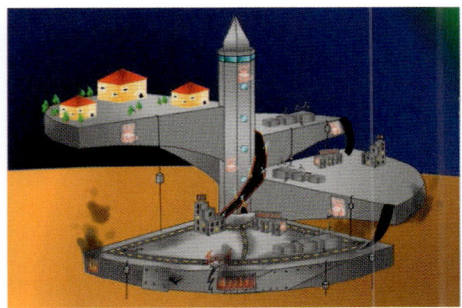

Eine Stadt der Oberwelt
(Zeichnung eines Jugendclub-Mitglieds)

Wie in der Abbildung zu sehen ist, ist die Welt zweigeteilt. Die Innenseite ist eine Fabelwelt, es gibt also Zwerge, Elfen und Magie. In der Mitte dieser Seite schwebt der Sonnen-Kern, der für einen Tagesrhythmus sorgt. Vor langer Zeit gab es einen Krieg auf der Innenseite, im Zuge dessen wurde ein Teil der Bevölkerung auf die Außenseite verbannt. Dieser entwickelte sich im Laufe der Zeit technisch immer weiter, um der Dunkelheit entgegenzuwirken, im Zuge dessen geriet die Magie in Vergessenheit.

Durch die Teilung der Welt versuchten wir möglichst viele verschiedene Charaktere mit aufzunehmen und durch eine Trennung des Jugencomputerclubs in zwei Gruppen die Spielbarkeit zu erhöhen. Denn ein *Pen & Paper* spielt sich am besten mit der vollständigen Gruppe, und kleinere Gruppen sind einfach schneller vollständig. Innerhalb dieser Welt erdachten sich nun alle Jugendlichen ihre eigenen Charaktere mit entsprechenden Fähigkeiten. Diese wurden dann in Rücksprache mit den Spielleitungen einer der beiden Gruppen zugeordnet. Auch baten die Leitungen um kleinere Geschichten, die im Rahmen der Welt stattfinden konnten. Bis zum ersten Spielen sollte es jedoch noch eine Weile dauern, denn gerade die Vorbereitung und Ausarbeitung der Welt und Spielecharaktere nahm viel Zeit in Anspruch.

Das Besondere an dem *Pen & Paper* war dabei, dass es uns so möglich war, in einer fluiden und hybriden Zeit den Kontakt und die Begeisterung der Jugendlichen aufrecht-zuerhalten. Ob es um die Zeichnungen der Charaktere oder das Erfinden von Waffen ging, es eröffnete sich ein unglaublich breites Feld der Möglichkeiten. Sogar eine eigene Musik wurde für diese Spielwelt komponiert.

Abschließend ist festzustellen, dass ein *Pen & Paper* viel Vorbereitung und Geduld bedarf. Vor allem die Spielleitungen müssen sich wirklich tief in die Materie einlesen, gerade wenn man sich – wie in unserem Fall – zwar an bereits bestehenden Regelwerken grob orientieren, aber dennoch eine eigene Welt schaffen möchte. Glücklicherweise war durch den medienpädagogischen Fokus des Clubs ein Grundverständnis der Materie bereits vorhanden. Auch ist der Grad der Verpflichtung der einzelnen Teilnehmenden nicht zu unterschätzen, denn eine *Pen & Paper* Runde steht und fällt mit der Anwesenheit der Gruppe. Dennoch bietet dieses Format – wenn es denn einmal steht – eine wunderbare Möglichkeit für Jugendliche, sich kreativ auszutoben und gemeinsam wirklich spannende Geschichten zu erleben. Zuletzt ist die Anpassbarkeit des Formats von großem Vorteil, denn für ein ‚Tischrollenspiel‘ ist im Grunde nur die eigene Stimme, ein Stift und Papier nötig, der Rest ist Fantasie.

Erkenntnisse aus einer ungewohnten Zeit

Neben diesem gelungenen Beispiel für ein partizipatives Medienprojekt von und mit Jugendlichen, das komplett im virtuellen Raum durchgeführt wurde, gab es natürlich auch in unserer Arbeit einige Ansätze, die weniger erfolgreich verliefen. Die Transformation unserer Vor-Ort-Angebote in ein komplett digitales Szenario war nicht immer zufriedenstellend umsetzbar, wie wir bereits an anderer Stelle beschrieben haben: „Was bleibt, ist die Erkenntnis, dass nicht alle, aber doch viele Angebote auch im rein virtuellen Raum umsetzbar sind – und dass Pädagogik doch in erster Linie von persönlichen Kontakten und direkter Face-to-Face-Kommunikation lebt. Je länger die Phase der Beschränkungen und Kontaktverbote andauert, umso schmerzlicher wird uns allen bewusst, wie wichtig auch in medienpädagogischen Angeboten das Offline-Aufeinandertreffen ist. Das Internet bietet großartige Möglichkeiten, und eine Pandemie ohne digitale Ausweichmöglichkeiten ist kaum vorstellbar, doch sind nicht eben alle Ideen verlustfrei übertragbar." (Di Vetta/ Friedrich 2021, S. 61)

Ein weiterer wichtiger Punkt ist die Frage nach der niederschwelligen Umsetzbarkeit digitaler Angebote. Die technische Ausstattung der deutschen Haushalte ist mittlerweile einigermaßen zufriedenstellend, aber noch lange nicht optimal. Die Frage nach Zugängen zu der nötigen Hard- und Software, um an Online-Angeboten teilnehmen zu können, muss stets mitgedacht werden. Nicht nur im Bereich des schulischen Distanzunterrichts, sondern auch in der kulturellen Bildung ist stets zu hinterfragen, wer die Zielgruppe ist und ob diese auf digitalen Wegen erreicht werden kann. Wie zeitlos diese Fragestellung ist, zeigt ein Blick in das *Handbuch Kulturelle Bildung* aus dem Jahr 2012: „Kulturpädagogik, die mit ihren ästhetisch-künstlerischen Arbeitsformen über ein zentrales Medium der Differenzierung der Gesellschaft verfügt, braucht daher eine besondere Sensibilität für die soziale Wirksamkeit ihrer Arbeitsformen, will sie nicht – unbeabsichtigt – Ausgrenzung vergrößern oder zumindest stabilisieren." (Fuchs 2012, S. 67)

Die Angebote aus sämtlichen Bereichen der kulturellen Bildung, also auch der Medienpädagogik, sollten im Idealfall so gestaltet sein, dass sie für alle Interessierten zugänglich und auf alle Eventualitäten vorbereitet sind. Die Nutzung und Ausgestaltung digitaler Angebote als Begegnungsräume und Kreativwerkstätten sollte ohne Berührungsängste, aber stets mit Augenmaß geschehen: Virtuelle Räume sind in erster Linie Mittel zum Zweck, die neue Nutzungsformen ermöglichen. Im Mittelpunkt der kulturellen Bildung müssen jedoch stets die pädagogischen Konzepte stehen und die Bedürfnisse der Teilnehmenden. Ob die Begegnungen analog, digital oder in hybrider Form geschehen, sollte letztlich egal sein, solange am Ende alle Beteiligten zufrieden sind.

Literatur

acaeum.com (2020). Dungeon and Dragons Knowledge Compendium. www.acaeum.com/ddindexes/setpages/chainmail.html [Zugriff: 11.08.21]

Di Vetta, Sonja/Friedrich, Björn (2021). Digitale Treffs gestalten und beleben. In: von Gross, Friederike/Röllecke, Renate (Hrsg.) (2021). Mehr als Homeschooling und Onlinebasteln. Medienpädagogik als Experimentier- und Erfahrungsfeld digitaler Jugendarbeit. München: kopaed.

Fuchs, Max (2012). Kulturbegriffe, Kultur der Moderne, kultureller Wandel. In: Bockhorst, Hildegard/Reinwand, Vanessa-Isabelle/Zacharias, Wolfgang (Hrsg.) (2012). Handbuch Kulturelle Bildung. München: kopaed.

Palme, Hans-Jürgen (2001). Medienkompetenz im Blickfeld der Alltagstauglichkeit. In: Palme, Hans-Jürgen/Basic, Natasa (Hrsg.) (2001). Medienkompetenz, Version 2002. Bielefeld: Gesellschaft für Medienpädagogik und Kommunikationskultur.

Stöcker, Christian (2020). Jugendliche und soziale Medien. Corona macht süchtig. www.spiegel.de/wissenschaft/mensch/jugendliche-und-soziale-medien-corona-macht-suechtig-a-d272bc19-d532-45c2-b23b-26d39c28ec49 [Zugriff: 11.08.2021]

Zacharias, Wolfgang (1996). Interaktiv. Im Labyrinth der Wirklichkeiten und Möglichkeiten. In: Zacharias, Wolfgang (Hrsg.) (1996). Interaktiv. Im Labyrinth der Wirklichkeiten. Bonn: Kulturpolitische Gesellschaft.

zdf.de (2020). Minderjährige in der Corona-Krise mehr online. www.zdf.de/nachrichten/panorama/corona-krise-kinder-jugendliche-mehr-medienkonsum-100.html [Zugriff: 11.08.2021]

Johanna Beier, Christine Debold

Potenziale medienpädagogischer Lernräume

Stärken sozialer Verbundenheit in digitalen Spielsettings

Online-Angebote als pädagogische Unterstützung in der Pandemie

Die Erfahrung sozialer Zugehörigkeit ist ein wichtiger Bestandteil der Identitätsarbeit von Kindern und Jugendlichen; soziale Kontakte und gesunde soziale Beziehungen stärken die psychische Widerstandsfähigkeit und die Zufriedenheit mit dem eigenen Leben. Doch in Zeiten sozialer Distanz brechen gemeinschaftliche Erfolgserlebnisse häufig weg. Auch im Schulunterricht gingen seit Beginn der COVID-19-Pandemie viele soziale Räume verloren, in denen sich ein Gefühl von Zusammensein hätte aufbauen können.

Die *medienBox* des Fachbereichs Neue Medien/ Medienpädagogik des Pädagogischen Instituts – Zentrum für Kommunales Bildungsmanagement der Landeshauptstadt München bietet normalerweise in ihren Räumen vor Ort Lehrkräften aller Schularten und Erziehungskräften technische und pädagogische Unterstützung für kreativ-produktive Projektarbeit mit Medien. Bei der Erstellung medialer Produkte zu einem Sachthema erwerben die Kinder, Jugendlichen und jungen Erwachsenen nicht nur Medienkompetenzen, sondern auch ganz grundlegende soziale Skills: Ins Tun und zum selbstgewählten Ziel kommen sie nur durch Verantwortungsübernahme und Teamwork. Sie erleben positive Emotionen dadurch, dass sie Probleme gemeinsam aktiv angehen und eigene Lösungen finden. „Start where you are. Use what you have. Do what you can." (Arthur Ashe) steht als Motto in den Räumen der *medienBox*.

Um Lehrkräfte darin zu bestärken, auch in der plötzlich notwendig gewordenen Digitalisierung ihres Unterrichts kreativ-produktive und spielerische Lernaktivitäten anzubieten, entwickelten wir aus den gewohnten Präsenzveranstaltungen verschiedene Online-Angebote für kreativ-produktiven Projektunterricht (*medienBox2go*) und – neu im Portfolio – spielerische Erlebnisse (*medienBox2play*) auch in Distanz.

In *medienBox2go*-Projekten gestaltet das medienpädagogische Personal gemeinsam mit einer Klasse oder Gruppe verschiedene mediale Produkte im Hybrid- oder Distanzunterricht. Die Möglichkeiten reichen von Fotoprodukten, Audiobeiträgen (z.B. Podcast, Hörbuch, Song) und Videobeiträgen (z.B. Stop-Motion-Filme, Audio-Slideshows) bis hin zu Coding-Projekten mit dem eigenen Endgerät. Die *medienBox2play*-Formate bieten mit Computerspielen und Rollenspielen bis hin zu Escape-Games ein vielfältiges pädagogisches Distanzangebot, in dem gruppendynamische Werte im Vordergrund stehen. Teamfähigkeit ist für den Spielerfolg ebenso wichtig wie fachliches Wissen und ein kreatives „out-of-the-box-thinking".

Spielen und soziale Verbundenheit

Spielbasiertes oder gamifiziertes Unterrichten zeichnet sich durch den Einsatz spieltypischer Elemente oder ganzer Spiele aus. Dabei wird versucht, Lernende beim Spielen ganz nebenbei zum Lernen zu motivieren. Es geht aber auch darum, den Lerngegenstand mit menschlichen Bedürfnissen nach Anerkennung, Wettbewerb, und Erfolgserlebnissen (vgl. Al-Azawi/Al- Faliti/Al-Blushi 2016) zu verknüpfen und somit eine soziale Komponente hin-

zuzufügen. Lehrpersonen können auf diese Weise die positive Motivationsstruktur von spielerischem Handeln für das Lernen nutzbar machen, denn intrinsische Motivation entsteht genau dann, wenn zentrale psychologische Grundbedürfnisse erfüllt werden: das Bedürfnis nach dem Erleben von Kompetenz, Autonomie und sozialer Eingebundenheit (vgl. Ryan/Deci 2000; Sailer 2016).

Die digitalen Spielsettings der *medienBox2play*-Formate stellen bewusst das Erzeugen eines Gefühls der Verbundenheit als Ziel in den Vordergrund. Alle Teilaufgaben sind derart gestaltet, dass sie dazu anregen, in der Gruppe zu interagieren und gemeinsam zu arbeiten. Als Beispiel soll hier das Escape-Game „**Ausbruch aus dem Museum**" genannt werden, das eine Fülle verschiedener Rätsel bietet, bei denen jede*r Spielende individuelle Fertigkeiten (z.B. Lateinkenntnisse, Wissen um ägyptische Götter, Lösen physikalischer Aufgaben) einbringen kann und soll. Doch nur wenn am Ende alle Teilgruppen und Personen ihr Wissen zusammentragen, können sie das gemeinsame Erfolgserlebnis genießen.

Auch das Wecken von Emotionen ist fest im Spieldesign verankert, denn besonders wenn gemeinsam gelacht, aber auch wenn gemeinsam Hürden überwunden werden, entsteht der gewünschte Spielflow. Im Spiel „**Sign**" schlüpfen die Spielenden in die Rolle gehörloser Kinder. Nach einer einführenden Phase schalten alle Teilnehmenden ihr Mikrofon stumm und können sich nur mit Gesten und Mimik verständigen. Gemeinsam spüren sie die Frustration und Einsamkeit, keine gemeinsame Sprache zu besitzen und entwickeln langsam die notwendigen Werkzeuge, um ausdrücken zu können, was ihnen wichtig ist.

Neben dem Spieldesign spielt die Haltung der Anleitenden in einem Spiel eine große Rolle (vgl. Geisler 2019, S. 84-101; vgl. Egenfeldt-Nielsen, S. 151). Die Einstellungen, Erfahrungen und Anweisungen von Spielleitenden haben einen erheblichen Einfluss darauf, was und wie mit digitalen Spielen gelernt wird und ob überhaupt ein Gefühl der sozialen Eingebundenheit entstehen kann. Die Kommunikation mit der Lerngruppe auf Augenhöhe ist dabei ein wichtiger Faktor, ebenso wie das aktive Aufzeigen von Mitgestaltungsmöglichkeiten. Im Rollenspiel „**Das Geheimnis um die verschwundenen Bücher**" treten die *medienBox*-Coaches als etwas trottelige Polizisten auf, die dringend die Hilfe der Kinder als erfahrene Ermittler*innen benötigen, was für eine lockere Atmosphäre sorgt und den Kindern die nötige Wertschätzung entgegenbringt, um sie in das Spielgeschehen zu ziehen und Interaktion zu fördern.

Evaluation und Fazit

Das direkte Feedback auf die Projekte der *medienBox*, das durch eine kurze Evaluation eingeholt wird, ist durchwegs sehr positiv, und zwar von allen Beteiligten, und bestätigt damit die unmittelbaren Erfahrungen der *medienBox*-Coaches während eines Projekts. Als besonders bemerkenswert wird meist die große Motivation der Kinder und Jugendlichen herausgestellt, die mit großer Freude teilnehmen und fast immer ein Flow-Erleben haben – auch in digitalen Formaten.

Um dieses Erfahrungswissen zu überprüfen, führten wir mit dem Lehrstuhl für Empirische Pädagogik und Pädagogische Psychologie der Ludwig-Maximilians-Universität München eine Befragung sowohl zu unseren Projekten als auch unseren Fortbildungen durch, die zum Ziel haben, Lehrkräfte selbst zur Durchführung solcher Projekte zu befähigen.[1] Die Ergebnisse der Analyse zeigen, dass kreativ-produktive und spielerische Online-Angebote als pädagogische Unterstützungsangebote sowohl für Lehrkräfte als auch für Schüler*innen positiven Nutzen haben. Auch nahmen Lehrkräfte im Durchschnitt positive Veränderungen ihrer medienbezogenen Lehrkompetenzen wahr, in Fortbildungen vor allem hinsichtlich ihrer Kenntnisse digitaler Methoden. Die Angaben der Schüler*innen lassen darauf schließen, dass sich die Teilnahme an einem Online-Projekt positiv auf ihren Umgang mit digitalen Methoden im Distanzunterricht ausgewirkt hat. Lehrkräfte sowie Schüler*innen sind sich zudem einig, dass die Teilnahme an den Online-Angeboten einen positiven Einfluss auf die Motivation der Schüler*innen hat.

Gerade jetzt, da sich viele auf den Weg des Unterrichts mit digitalen Medien begeben haben, können medienpädagogische Angebote Lehrkräfte und Schüler*innen begleiten

---

1   Die genauen Ergebnisse der Befragung werden in LBzM, dem Online-Magazin des Interdisziplinären Zentrums für Medienpädagogik und Medienforschung an der PH Ludwigsburg (Ausgabe 21/2021) veröffentlicht werden.

und ihnen neue Perspektiven aufzeigen. Auch lässt sich vermuten, dass der Perspektivenwechsel bei der Teilnahme an einem medienpädagogischen Angebot maßgeblich dazu beiträgt, eine gute Lernatmosphäre und positive Fehlerkultur zu etablieren, Kommunikation und Verbundenheit zu fördern und gruppendynamische Prozesse in Gang zu setzen. Wenn man dazu noch berücksichtigt, in welchem Maße die *medienBox*-Projekte die Motivation der Schüler*innen und den Umgang mit digitalen Medien fördern, lautet eine klare Handlungsempfehlung, solche Angebote weiter auszubauen und mit Ressourcen

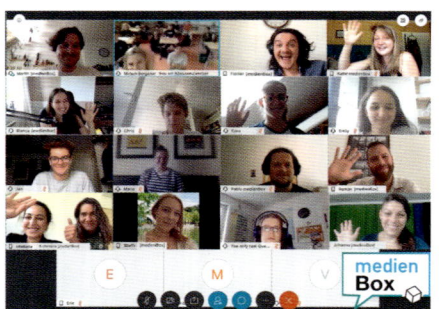

zu versehen. Unser Ziel sollte sein, Schule in unserer Kultur der Digitalität zeitgemäß zu gestalten und gemeinsame Erfahrungen trotz physischer Distanz zu ermöglichen, die auch Raum für Auseinandersetzungsprozesse mit der sozialen Gruppe bieten und damit einen nicht zu unterschätzenden Beitrag bei der Entwicklung psychologischer Robustheit leisten.

Links

medienBox des PI-ZKB-FB5: https://medienbox.medienbildung-muenchen.de

Video „EduLARP –Liverollenspiel als Unterrichtsmethode": www.medienbildung-muenchen.de/beitrag/edularp/

Literatur

Al-Azawi, Rula/Al-Faliti, Fatma/Al-Blushi, Mazin (2016): Educational Gamification Vs. Game Based Learning: Comparative Study. In: International Journal of Innovation, Management and Technology, 7 (4), doi.org/10.18178/ijimt.2016.7.4.659, S. 132-136.

Egenfeldt-Nielsen, Simon (2014): Die ersten zehn Jahre der Serious Games-Bewegung. 10 Lektionen. In: Gundolf S. Freyermuth; Gotto, Lisa; Wallenfels; Fabian (Hrsg.): Serious Games, Exergames, Exerlearning, Bielefeld: transcript Verlag, S. 145-164.

Geisler, Markus (2019): Digitale Spiele in der Medienpädagogik. Einstellungen, Erfahrungen und Haltungen von Spielleitenden, München: kopaed.

Ryan, Richard M./Deci, Edward L. (2000): Self-determination theory and the facilitation of intrinsic motivation, social development, and well-being. American Psychologist, 55 (1), doi.org/10.1037/0003-066X.55.1.68, S. 68–78.

Sailer, Michael (2016): Die Wirkung von Gamification auf Motivation und Leistung: Empirische Studien im Kontext manueller Arbeitsprozesse. Wiesbaden: Springer.

Kati Landsiedel

Ich und meine Gefühle – Positive Gedanken

Positive Gedanken und Gefühle kultivieren und selbst steuern zu können, ist ein wichtiger Faktor für ein zufriedenes Leben. Insbesondere eine dankbare Haltung, die Fähigkeit zu günstigen Perspektivenwechseln und das Bewusstsein und Ausleben der eigenen Stärken tragen zur Zufriedenheit bei. Im Folgenden beschreiben wir einige unserer Übungen dazu:

1. Die Weltsicht-Brille

Was?

Mit den Weltsicht-Brillen üben die Kinder, dass es verschiedene mögliche Perspektiven auf Lebensereignisse gibt und dass man sich selbst dazu entscheiden kann, welche dieser Perspektiven man einnimmt. In der Übung verwenden wir verschiedene Brillen, die diese Sichtweisen darstellen. Die Kinder basteln sich eine fröhliche „Gelbe Brille", mit der sie leichter eine positive Perspektive einnehmen können.

Womit?

1 blaue Brille, pro Kind 1 gelbe Brille

Tafel, Kreide

Beispiele für Situationen (z.B. schlechte Noten, Streit, Regen, Klimawandel, Traurigkeit, verlorene Sache, ...)

Wie?

Zur Einführung schauen wir uns verschiedene Arten an, wie man die Welt betrachten kann: Durch die „rosa Brille", mit der man alles romantisch verzerrt sieht, oder man kann „schwarz sehen", wenn man immerzu negativ in die Zukunft blickt. Wir führen eine „fröhliche Brille" mit gelben Gläsern und eine „traurige Brille" mit blauen Gläsern ein.

Haben die Kinder öfter die gelbe oder die blaue Brille auf? Die blaue Brille hat sicher auch eine Daseinsberechtigung: Traurigsein ist ab und zu auch gut und richtig, um Veränderungen herbeizuführen. Aber ganz viel im Leben ist gar nicht so schlimm, wenn man genau hinschaut – und das kann man trainieren!

Jedes Kind bekommt nun eine fröhliche Brille. Ein Kind geht mit der traurigen Brille nach vorne und sagt etwas, das richtig blöd läuft, z.B. „Es regnet und meine Schuhe werden nass!". Die anderen Kinder setzen die gelben Brillen auf und verändern die Perspektive darauf, z.B. „Nun ist es eh schon egal, da kannst du auch gleich in die Pfützen springen und spielen!". Mit jedem Perspektivwechsel malt das Kind ein Element eines Smileys an die Tafel, bis der Smiley komplett ist (Auge, Auge, Mund und Kreis).

Die gelbe Weltsicht-Brille

Warum?

Zur Auswertung kann man folgendes Zitat vorlesen: „Wenn es regnet bin ich froh, weil wenn ich nicht froh bin, regnet es auch!" (Karl Valentin). Die Kinder verstehen: Mein Selbstbild, meine Gefühle und Gedanken über die Welt sind wandelbar, und ich kann selbst entscheiden, eine günstige Weltsicht einzunehmen.

2. Dankbarkeit: Dankbarkeits-Alphabet und Dankbarkeitstagebuch

Was?

Mit dieser Übung trainieren wir eine Haltung der Dankbarkeit. Das Konzept Dankbarkeit wird an Beispielen erschlossen. So erfahren die Kinder, wie viele Dinge es gibt, für die man dankbar sein kann, wenn man erst einmal danach sucht. Mit dem Dankbarkeitstagebuch bekommen sie ein Werkzeug, diese Haltung auch nach dem Kurs weiter zu trainieren.

Womit?

Säckchen mit Buchstabensteinchen

Modell Tagebuch

A5-Blätter (dick farbig + dünn weiß)

Aale, Nadel und Faden

Buntstifte

Wie?

Zur Einführung erklären wir, dass Dankbarkeit gute Gefühle und Gedanken auslöst und sehr einfach zu erreichen ist. Denn es gibt sehr viel, für das wir dankbar sein können. Wir vergessen das leicht, weil wir uns oft eher auf die Dinge konzentrieren, die wir nicht haben oder die uns unglücklich machen, statt auf die, die uns glücklich machen.

Als einfache Vorübung starten wir mit dem Dankbarkeits-Alphabet. Ein Säckchen mit Buchstabensteinchen geht reihum. Jedes Kind zieht einen Buchstaben und nennt etwas, wofür es dankbar ist und das mit diesem Buchstaben beginnt.

Im nächsten Schritt basteln wir ein kleines Büchlein, das die Kinder als Dankbarkeitstagebuch gestalten und führen können. Eine schrittweise Anleitung dazu gibt es unter https://kiku-online.net/dankbarkeits-tagebuch. Die Kinder bekommen die Aufgabe, jeden Tag eine Sache in das Büchlein zu schreiben, für die sie dankbar sind.

Dankbarkeits-Tagebuch

Warum?

Die Kinder entdecken Dankbarkeit in sich und lernen, wie gut sie tut. Durch die Hausaufgabe werden sie jeden Tag daran erinnert und kultivieren positive Gefühle und Gedanken.

3. Selbstbild – Ich als Superheld*in

Was?
Bei dieser Übung erstellen sich die Kinder ein Superheld*innen-Set, mit dem s e ihre Stärken visualisieren können und das sie ermutigt, sie einzusetzen.

Womit?
Superheld*innen mit ihren Stärken und Schwächen auf verschiedenen Karten

Logos zum Gestalten

Superheld*innen-Masken zum Gestalten

Gummibänder, Sicherheitsnadeln

Klebeband

Buntstifte

Wie?

Zu Beginn werden die Konzepte Stärken und Schwächen eingeführt: Welche der abgebildeten Superheld*innen kennen die Kinder, mit welchen Stärken und Schwächen? Mit den vorbereiteten Karten ordnen sie Stärken und Schwächen zu Superheld*innen-Logos zu. Wir transferieren das Konzept auf die Kinder: Auch in ihnen stecken Superheld*innen mit Stärken (Superkräfte) und Schwächen (wunde Punkte). Die Kinder überlegen sich, was sie besonders gut können und schreiben oder malen es auf. Nun suchen sie sich ihre größte Superkraft aus und erfinden dazu ein Symbol und gestalten sich dazu ein Logo zum Anstecken und eine Superheld*innen-Maske. Anschließend machen wir ein Gruppenfoto von allen in passenden Held*innen-Posen.

Warum?

Zum Abschluss reflektieren wir: Was mögen wir an uns? Mögen wir uns so, wie wir sind? Wir alle haben Stärken und Schwächen, und beide gehören dazu. Alles an uns ist liebenswert. Genauso wie wir unsere Superheld*innen lieben so wie sie sind – das macht uns zufriedener. Wenn die Kinder sich schwach oder unglücklich fühlen, können sie ihre Superheld*innen-Sets herausholen und sich an ihre Superkräfte erinnern.

Ein Projekt von PA/SPIELkultur e.V. – www.spielkultur.de

Weitere Ideen und Anregungen gibt es auf www.kiku-online.net/gluecksreise

Olivia Hartig, Stephanie Zerfaß

Praxisbeispiele zu Kultureller Bildung digital und analog

Tablet Art und Minecraft

ECHO e.V., 1990 gegründet, ist ein gemeinnütziger Verein und freier Träger der Jugendhilfe nach §75 KJHG. Ziel der Arbeit ist es, dieses Bewusstsein gemäß dem Anspruch von Inklusion zu fördern und Kulturelle Bildung im Sinne von Bildung zur kulturellen Teilhabe für alle Menschen erlebbar zu machen. Ein wichtiger Bezugspunkt der Arbeit von *ECHO e.V.* ist der Versuch, die unmittelbaren Lebenswelten zusammen mit der Zielgruppe zu gestalten und so auf partizipative Weise Verhältnisse zu schaffen, die es den Menschen (im Quartier) ermöglichen, mit ihrer Lebensumwelt besser zurecht zu kommen.

Als Angebot der offenen Kinder- und Jugendhilfe bietet der *ECHO e.V.* Projekte an, die am Interesse der Zielgruppe anknüpfen, die die unterschiedlichen Lebenslager von Jungen und Mädchen berücksichtigen sowie Mitbestimmung und Mitgestaltung ermöglichen. „Offen" bedeutet, dass für jede Altersgruppe Angebote vorhanden sind, die ohne Vorbedingung (wie Vereinszugehörigkeit, Religion oder Bezahlung) genutzt werden können.

Kinder und Jugendliche bilden sich aktiv selbst und brauchen dafür Experimentierfelder und anregungsreiche Räume in einem gesunden sozialen Umfeld, in denen sie sich neuen Ideen und Entwicklungen stellen können. Sich kreativ auszudrücken und spielerisch etwas Neues zu lernen, dabei Erfolgserlebnisse und Problemlösungsstrategien erfahren, stärkt das Selbstbewusstsein der Jugendlichen, was dazu führt, die eigenen Ressourcen zu erweitern und Resilienz zu entwickeln und gegen Stressfaktoren (wie Pandemie) gewappnet zu sein.

Tablet Art

Aufgrund der Pandemie und der örtlichen und persönlichen Einschränkungen ist die Notwendigkeit und Möglichkeit entstanden, Kulturelle Bildung in Online-Strukturen anzubieten. Vor Ort durften keine Projekte stattfinden, aber über virtuelle Angebote konnten die Jugendlichen erreicht werden. Um in Pandemiezeiten Alternativen zu den Programmen vor Ort zu bieten, haben wir Online-Angebote u.a. Tutorials produziert und auf der Website *kiku-online.net* veröffentlicht.

Durch das Angebot *Tablet Art* aus der Jugendkulturreihe *Quax Kult: Kunst & Style Special* von *ECHO e.V.* (unterschiedliche künstlerische Programmformate aus den Bereichen

Musik, Sport, Kunst) sind wir dem Bedarf an geeigneten Maßnahmen zur Förderung der Medienkompetenz von Kindern und Jugendlichen begegnet und ermöglichten eine Rückvernetzung zu Erlebnissen außerhalb der Onlinewelten, ohne diese zu verdrängen, sondern über diverse Module zur Erkundung des eigenen Lebens- und Lernraumes beizutragen. Wir wollten junge Menschen erreichen, die Lust haben, sich kreativ mit brandaktuellen Medien zu beschäftigen. In den Workshops können Kinder und Jugendliche spielerisch lernen, am Tablet oder Smartphone Digital-Kunst zu gestalten und sich selbst als Künstler*innen auszuprobieren. Bei den Terminen wurden digitale Collagen erstellt, mit dem Aquarell-Pinsel Effekte gezeichnet oder Muster designt. Wir nutzen *Adobe Fresco*, ein kreatives Programm für alle, die gerne zeichnen oder malen. Zudem haben die Jugendlichen mit Hilfe des Programmes ein weiteres medienpädagogisches Ausdrucksmittel zur Verfügung, womit sie sich selbst auf individuelle Art präsentieren sowie Wiedererkennungswert und ihren eigenen Stil entwickeln können. Dieses kulturelle Bildungsangebot lässt die Jugendlichen spielerisch Programme lernen (*Adobe* ist bekannt für seine kreativen Programme und *Adobe Fresco* eine vereinfachte Version von einem komplexen Fotobearbeitungsprogramm) und damit Räume öffnen, um sich auszudrücken.

Bild Einfügen und Bildbearbeitung

Als erstes Tutorial haben wir mit dem Einfügen eines Bildes begonnen. Die berühmte Banane des Pop-Art-Künstlers Andy Warhol diente als künstlerischer Impuls, eine leichte Übung, um sich an das Programm zu gewöhnen. Als Vorlage kann die Banane auf dem Tablet gespeichert und dann in das Programm eingefügt werden. Als zweites kann jetzt mit den verschiedenen Pinseln (*Vektor-Pixel-Pinsel* oder *Live-Pinsel*) das Bild bearbeitet werden. Während dieser Übung lernen die Jugendlichen das Programm spielerisch kennen: Das Einfügen eines Bildes, die verschiedenen Pinsel, die Farbwerkzeuge (das Farbfeld, die Pipette, das Ausfüllen) und dass das Programm mit Ebenen arbeitet, welches eine wichtige Eigenschaft aller *Adobe* Programme ist. Ebenso lernen sie durch Ausprobieren die Symbolleiste mit den verschiedenen Werkzeugen des Programmes kennen. Sie gewinnen an Sicherheit und können ihre Kenntnisse auch auf andere Fotobearbeitungsprogramme, die ähnlich aufgebaut sind, übertragen.

Die häufigste Problematik ist das Verständnis der Ebenen. Mit jedem Pinsel (*Vektor-Pixel-* oder *Live-Pinsel*) wird automatisch eine neue Ebene erstellt. Die Ebene ist bildlich zu verstehen, flach (2-Dimensional) und wird wie Schichten aufeinander aufgebaut. Jeder Schritt bedeutet eine neue Ebene. Wenn die Benutzer*in sich auf einer anderen Ebene befindet und z.B. Ebene 1 bearbeiten möchte, wird es nicht funktionieren, der Wechsel auf die vorherige Ebene ist erforderlich. Wenn dieses Prinzip verstanden wurde, ist das Bearbeiten und das Arbeiten im Programm leichter.

In einem weiteren Tutorial wurde Schritt für Schritt gezeigt, wie Bilder ausgeschnitten und bearbeitet werden können:

Silhouette – Madonna und der Öl-Live-Brush

Ein darauf aufbauendes Tutorial ist die *Silhouette*. Hier geht es vor allem um die Farbverläufe vom Öl-Live-*Brush*. Im ersten Tutorial haben die Benutzer*innen gelernt, ein Bild einzufügen. Diesmal nehmen wir ein Bild von Madonnas Profil und benutzen das Ausschneide-Werkzeug und die Funktion Umkehren. Jetzt haben die User eine Schablone, die sie ausfüllen können. In dem Feld, das jetzt freisteht, kann mit dem Öl-Live-*Brush* experimentiert und sich kreativ ausprobiert werden.

An den Kanten muss sauber gearbeitet werden, je exakter desto deutlicher erkennt die*der Betrachter*in die Silhouette. Nachdem die Silhouette ausgefüllt wurde, kann die Ebene der Schablone gelöscht oder ausgeblendet werden. Mit dem Ausfüll-Werkzeug kann in der Ebene unter der Silhouette eine Hintergrundfarbe ausgewählt werden. Bei diesem Tutorial geht es vor allem um das Ausschneide-Werkzeug und den Öl-Live-*Brush*.

 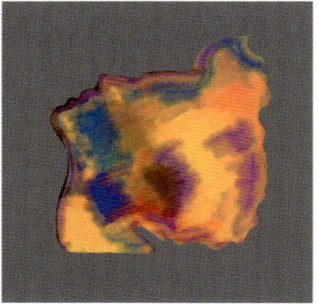

Muster – Experimentieren und Loslassen
mit dem *Vektor-Pinsel* einfach rund

Dieses Projekt konnte glücklicherweise wieder live stattfinden. Hierbei geht es um das Loslassen können und mit den leuchtenden Farben und Strichen eigene Muster zu kreieren. Als erstes suchen sich die User*innen eine Farbe oder auch mehrere Farben aus und fahren über das „Blattpapier", also den Bildschirm. Es muss noch keine Struktur oder Muster ergeben. Nachdem die User*innen ihr vermeintliches Chaos betrachten „Scribble", kann schrittweise ein Bild entstehen. Indem Formen gar Figuren erkannt werden, um diese entweder in das Bild zu integrieren oder sie für sich allein stehen zu lassen. Dies geschieht durch das Setzen von Akzenten, z.B. mit Schwarz oder Weiß, mit dem Ausfüllen von Formen mit einer anderen Farbe oder einfach durch das Einfügen weiterer Striche, Muster oder Strukturen. Für diese Übung ist vor allem das Loslassen wichtig, um sich auf die Farben einlassen zu können. Dieses Arbeiten dient als Entspannung und als Ausdruck absoluter Kreativität.

Technische Anforderungen: Tablet + Stift

› Android: Adobe Photoshop Sketch, Sketchbook, Tayasui Sketches
› iOS. Adobe Fresco: Zeichnen & Malen, Autodesk SketchBook, Tayasui Sketches
› USK ab 0 Jahren, pädagogische Altersempfehlung: ab 12 Jahren

Minecraft

Als weiteres Angebot in Pandemiezeiten gab es das partizipative Projekt *Minecraft* aus der Reihe *Girls Club Special* von *ECHO e.V.* (regelmäßig stattfindendes Mädchenprojekt) in Kleingruppen oder Einzelterminen vor Ort.[1] Es soll speziell Mädchen motivieren, sich kreativ-medial mit Themenbereichen auseinanderzusetzen, die sie beschäftigen, zu denen sie aber bislang keinen Zugang gefunden haben. Dazu digitale Ressourcen zu nutzen, ist nicht nur ihre alltägliche Realität, sondern in der momentanen Situation eine Notwendigkeit. Trotz Corona können gemeinsame Erfahrungen auf Distanz ermöglicht werden. Alle arbeiten kreativ auf ein gemeinsames Ziel hin, die virtuelle Erlebniswelt ist unabhängig von Ort und Zeit. Mögliche Themen wurden im Vorfeld mit den Nutzerinnen eruiert: Herausforderungen in Bezug auf Spiel- und Erfahrungswelten und Kommunikation (Bildungsgerechtigkeit, Altersaspekte, Hatespeech, Rassismus, Online-Kommunikation, Nachhaltigkeit, Sport).

Da unser Erstkontakt mit dieser Mädchengruppe über Kunstprojekte ging, bot sich an, eine mediale Inszenierungsform zu finden, die freie Gestaltungsmöglichkeiten mit partizipativen Ansätzen kombiniert. Mit seinen animativen gestalterischen Möglichkeiten bietet *Minecraft* kreative Lernmöglichkeiten zum Erwerb für echte Partizipation benötigter Kompetenzen. Das Spiel und Spielerlebnisse sind Ausgangspunkt für den analogen und virtuellen Dialog mit und zwischen den Mädchen. Die Mädchen dürfen im **Videospiel** mal selbst die **Heldinnen** sein, im Spiel können sie fliegen, sich durch Wände hindurchbewegen und sogar an andere Orte beamen. Sie können in zufällig generierten Welten verschiedene Rohstoffe abbauen, daraus Bauwerke konstruieren und ihre Welt nach Belieben gestalten: Im *Girls Club* wird *Minecraft* zum kreativen Tool, um sich auszudrücken und eigene Ideen digital zu verwirklichen.

Ziel des Projekts ist es, den Teilnehmerinnen diesen Zugang zu kreativen Äußerungsformen und Partizipationschancen zu eröffnen, indem man ihnen technische Hilfsmittel, aber auch Hilfe zum Erwerb der dafür nötigen Kompetenzen anbietet: **digitale Kompetenz**, Eigeninitiative, Entscheidungsfähigkeit, Flexibilität, Durchhaltevermögen, Kommunikations- und Kritikfähigkeit sowie kontextuelles Denken sollen gefördert werden, um auf spielerische Weise die Bildungs- und Teilnahmegerechtigkeit zu unterstützen.

Dazu geben die Pädagoginnen Anregungen und Impulse und fungieren Anfangs als Moderatorinnen, diese Funktion wird im Weiteren immer mehr von Teilnehmerinnen übernommen. Die Anregungen, Impulse und Ideen werden in Form von Tutorials, Screenshot-Art und Film- und Bildmaterial mit eingebaut, um die Mädchen zur aktiven Teilnahme (Partizipation) zu animieren.

---

1   Das kostenlose Angebot MINECRAFT von ECHO e.V. wird gefördert im Rahmen des medienpädagogischen Förderprogramms von Stadtjugendamt München und Netzwerk Interaktiv, www.kooperationsprojekte-muc.de.

Technische Anforderungen

› Tablet/Smartphone mit Betriebssystem Android/iOS, Minecraft App für 7,99€ (Stand Juli 2021)

› USK ab 6 Jahren, pädagogische Altersempfehlung: ab 12 Jahren

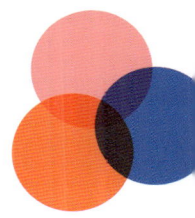

Annette Hartmann

Mein musikalisches ICH – visualisiert

Ein multimedialer Jugendkunstschulkurs

Das medienpädagogische Programm von *PA/SPIELkultur e.V.* mit dem Titel *VJ/VJane & DJ/DJane* ermöglicht den Teilnehmenden an vier aufeinanderfolgenden Ferientagen, ihre eigene Musik zu mixen und diese in Form bewegter Bilder sichtbar zu machen. Musik als unsichtbare Kraft, die uns alle vereint. Was bedeutet Musik für den oder die Einzelne*n?

Glück, Rückzugsort, Trauerbewältigung, Frustrationsabbau, Ausdrucksform und/oder Identität? Hier sind sich alle Kursteilnehmer*innen einig: Eine Welt ohne Musik ist unvorstellbar! Im Gespräch über den eigenen Musikgeschmack werden Themen wie Gruppenzugehörigkeit, Individualität, Stolz und Selbstbewusstsein von den Kindern und Jugendlichen in Verbindung mit Musik gebracht.

Im nächsten Schritt machen sich die Teilnehmenden mit der App *GarageBand* vertraut. Sie lernen individuelle Beats mit eigenen Melodien sowie Soundeffekten zu verknüpfen, bis der eigene Song entsteht. Nun gilt es die eigene Musik nicht nur für Andere hörbar, sondern auch sichtbar zu machen. Dabei stellt sich die Frage, wieviel Raum man seinem Gegenüber bei der eigenen Interpretation lässt.

Als VJ/VJane (Virtuell Jockey), dürfen die jungen Künstler*innen nun mit Hilfe von kurzen, möglichst abstrakten Video-Clips, ihrer Musik, ein Gesicht verleihen. Anhand der Apps *StopMotion*, *FlipaClip* und *Boomerang* entstehen Filmfragmente, die später zum eigenen Song gemixt werden sollen. Besonderes Augenmerk wird auf das persönliche Markenzeichen gelegt. Was zeichnet Dich aus? Welche Farben? Welche Formen? Welche Klänge? Welcher Rhythmus? Eine kreative Stille erfüllt den Raum, in dem zahleiche junge Menschen hochkonzentriert mit Kopfhörern an ihren iPads arbeiten. Zwischendurch kann man ein kurzes, „Hör mal, cooler Beat oder?" vernehmen oder das rhythmische klopfen eines Fußes.

Gegen Ende des vorletzten Tages sitzt die Gruppe mit von Stolz geschwellter Brust im Kreis zusammen, jede und jeder hat zu diesem Zeitpunkt einen eigenen Song produziert und zahlreiche kurze Videoclips dazu gesammelt. Im Austausch mit den anderen Kursteilnehmer*innen über die Erfahrungen und Ergebnisse, kann man eine spannende Beobachtung machen: Altersunterschiede, die zu Beginn des Kurses noch eine Rolle spielten, scheinen unwichtig geworden zu sein. Auch die Geschlechterfrage ist im Austausch über das entstandene Werk der Einzelnen plötzlich unwichtig. Anfängliche Streitigkeiten über Musikgeschmack stehen nicht mehr zur Debatte. Es herrscht allgemeine Anerkennung. Geäußerte Kritik ist ausschließlich konstruktiv.

Die Gruppe fiebert nun dem krönenden Abschluss des Kurses entgegen: Live Auflegen. Der letzte Tag konzentriert sich ausschließlich auf das Kennenlernen der VJ/VJane-Profisoftware *Resolume*. Die Teilnehmenden dürfen jetzt ihre Filmclip-Sammlung passend zu ihrem eigenen Song mixen. Welches Tempo passt? Welche Effekte möchte ich nutzen? Welche Clip-Kombinationen machen Sinn? Was soll an dieser Stelle des Songs genau passieren? Es ist wieder still geworden in den Räumlichkeiten. Hochkonzentriert wird an den Laptops experimentiert.

Das Highlight des Kurses ist die Abschlussparty. Die Kinder und Jugendlichen dekorieren den Raum nach ihren Vorstellungen zu einem Club um. Im Scheinwerferlicht sieht man glitzernde Lichter einer Discokugel blitzen, als die erste *DJane* und gleichzeitig *VJane*, unter Applaus der Anderen, angekündigt wird. Während auf der Leinwand wundersame Farben, Formen und Bildausschnitte passend zur Musik flimmern, kann man dunkle Gestalten durch den Raum tanzen sehen, die fasziniert von Musik und Bild in eine leichte, glückselige Trance verfallen. Am Ende steht eine Gruppe da, in der jeder und jede seinen ganz individuellen Platz gefunden hat.

Ein Projekt von PA/SPIELkultur e.V. – www.spielkultur.de

Karl-Michael Brand, Oliver Dauberschmidt

KiKu-online.net – KinderKultur online

Eine digitale Plattform für Kreativität,
Partizipation und Begegnung

Seit März 2020 hat die Corona Pandemie unser Leben nachhaltig verändert. Besonders drastisch das der Kinder und Jugendlichen: „Kinder und Jugendliche wurden in den bisherigen Entscheidungsprozessen nicht als Personen mit ebenbürtigen Rechten gesehen, sondern als potentielle Virusträger.", so die Deutsche Akademie für Kinder- und Jugendmedizin zu den bundesweiten Infektionsschutzmaßnahmen (vgl. Peter et al.) . Damit

gehörten sie zu den Hauptleidtragenden der gesamtgesellschaftlichen Einschränkungen: Wenn sie nun monatelang keinen Unterricht in der Klasse hatten, nur eingeschränkt Freunde treffen, auf Spielplätze oder zum Sport gehen durften, war dies ein schwerer Eingriff in ihre Lebenswelt. Die Situation war auch vor dem Hintergrund fehlender Betreuung eine enorme Belastung für Familien. Dabei haben Kinder auch und vor allem Zuhause ein Recht auf Spiel, auf kindgerechte Unterhaltung, neue Entdeckungen, kreative Angebote zum Mitmachen und Gestalten. „Treffen schwierige Lebensverhältnisse, belastete Eltern und anspruchsvolle Kinder aufeinander, verstärken sich bereits vor der Pandemie bestehende Nachteile. Dies ist vor allem vor dem Hintergrund des Kinderschutzes besorgniserregend. Uns war es ein Anliegen, Familien in dieser Zeit vermehrt Beratung anzubieten." (Langmeyer 2020) Deshalb war es wichtig, Familien in dieser Zeit vermehrt Hilfestellungen und den Kindern und Jugendlichen Angebote zur Beschäftigung, Anregungen zu eigenem Bildungshandeln und verlässlichen sozialen Kontakt zu bieten.

KiKu-online wurde hier von den beiden Münchner Anbietern kultureller Kinder- und Jugendbildung *PA/SPIELkultur e.V.* und *ECHO e.V.* aus der Not komplett neu und extrem schnell als Antwort auf die konkrete Situation und als Möglichkeit gegründet, den Kontakt zu der Gruppe Menschen aufrechtzuerhalten, die am härtesten von ihrer sozialen Umwelt abgeschnitten wurden. Das Projekt wurde seitdem immer wieder nachgeschärft und modifiziert.

Das Prinzip

Das Medium Internet fungiert hier gleichermaßen als Online-Kunstvermittlungsinstitution/-schule (Inspiration), als Online-Museum (Präsentation) sowie als Kommunikationsplattform (Austausch) und schafft somit einen medial gestützten Austauschprozess, der medial beginnt und sich dann in der aktiven Auseinandersetzung mit den Projektinhalten im realen Umfeld der Kinder und Jugendlichen bewegt und schließlich unter optionalem Einsatz des Werkzeugs Internet wieder zurück in die mediale Welt finden kann (vgl. Brand/Dauberschmidt 2020).

KiKu-online war zu Anfang eine pädagogische, künstlerische und interaktive Plattform – gegen den Lagerkoller in Coronazeiten und hat sich mittlerweile zu einer stabilen digitalen Austauschplattform zwischen Anbietern und Zielgruppe entwickelt – auch über die pandemiebedingten Sofortbedarfe hinaus.

KiKu online gliedert sich momentan in folgende Bereiche:

„Mach selbst!"

Diese Kategorie bietet verschiedenste Anleitungen zu eigenem kreativen Tun. Es gibt z.B. ein StopMotion-Trickfilmstudio, eine Gartenwerkstatt, Kunst- und Basteltipps, ein Kinderkochstudio, eine Anleitung zum Hörspiel-Selbermachen, eine Geschichtenwerkstatt u.v.m.

„Mach mit!"

Hier kann man per Live-Stream in Mitmachangebote wie die Zirkusschule Krullemuck hineinschnuppern oder an Live Veranstaltungen online teilnehmen.

„Zeig her, was du kannst!"

Das ist der virtuelle Ausstellungsraum, in dem eigene Werke online in einer virtuellen Kunstgalerie ausgestellt, eigene Filme der Kinder gezeigt oder Fotos aus dem Kinderalltag in der Pandemie präsentiert werden.

„Geschichten- und Rätselkiste"

Das ist ein Angebot zum Einfach-mal-Zuhören und Mitraten: bei Hörspiel-Podcasts, Lach- und Sachgeschichten, Rätsel und Forscherbögen.

„Eins zu eins"

Hier werden neben virtuellen Nachhilfestunden oder Beratungsgesprächen mit einem realen Partner auch Workshops zu verschiedenen Themen angeboten, an denen die Teilnehmenden nach Anmeldung durch eine Art Konferenzschaltung direkt teilnehmen können. Im kleinen Rahmen organisierte das *KiKu*-Team hier in den Anfangszeiten der Lockerung auch reale analoge Angebote – alles natürlich streng nach den geltenden Hygienemaßnahmen.

Unterstützung von Schule

Alle geeigneten Beiträge wurden schon sehr früh als „Open Educational Resources" gekennzeichnet, um damit Lehrkräfte im Online-Unterricht zu unterstützen.

Spiel- und Lernpakete

Fast wie Weihnachten dürfte es für diejenigen Familien gewesen sein, die ihr Corona-Nothilfe-Paket für Spielen und Lernen abholen konnten. Kostenlose *Künstlerpackerl*, prall gefüllt mit Buntstiften, Pinseln, Wachsmalstiften, Tonpapier, Schere, Kleber, Malblöcken und anderen hochwertigen Materialien, orientiert an den Anregungen auf *KiKu-online*. Die Hilfsaktion für alle, die sich das Material für häusliche Kunst- und Bastelaktionen nicht leisten können mit Vergabe über die Plattform und in Kooperation mit KulturRaum München e.V. konnte dank der großzügigen Unterstützung durch das Deutsche Kinderhilfswerk sehr kurzfristig im Jahr 2020 und dann noch einmal in 2021 umgesetzt werden. Der Rücklauf von fertigen Kunstwerken auf die Plattform war sehr erstaunlich.

Action Bound Abenteuerrallyes

Anstelle der klassischen Spielmobilangebote entwickelte das *KiKu*-Team mit großem technischen Aufwand interaktive Schnitzeljagden mit lustigen Rätseln und Multimedia-Spielen quer durch das Wohnquartier. Genutzt wurde dafür die App *Actionbound*, ein 2012 auf dem Markt erschienenes Serious Game, bei dem Nutzer*innen eigene mobile Abenteuer erstellen und diese einem Publikum öffentlich oder exklusiv zur Verfügung stellen können.

Die App ist eine einfache digitale Anwendung, die Menschen gemeinsam in Bewegung bringt und sie aktiv mit allen Sinnen und viel Spaß zum Lernen verleitet. Zusätzlicher Clou in unserem Fall: An ausgewählten Tagen konnte man echte Schauspieler „live" am Set treffen.

KiKu live

Als die Lockerungen dies erlaubten, veranstaltete das *KiKu*-Team in den letzten beiden Schuljahren am jeweils letzten Schultag ein „pandemie-konformes" medienunterstütztes Spektakel im Riemer Park unter strengen Hygieneauflagen mit verschiedensten Spielangeboten aus der Plattform – jetzt analog umgesetzt – an mannigfaltigen Stationen.

Abgerundet wird die Plattform durch den Menüpunkt **„Weiteres"**, unter dem für pädagogisch wertvoll befundene Linkadressen mit Angeboten für Kinder zusammengestellt sind.

Reichweite

Wie wichtig das digitale Angebot von *www.kiku-online.net* in Zeiten von Beschränkungen für Kinder war und immer noch ist, zeigen die Zahlen: In den knapp 1 ½ Jahren seit dem Start der Online-Plattform wurde die Seite über 228.000 mal von knapp 66.000 verschiedenen Usern aufgerufen. Besonders beeindruckend: auch in den Ferien lässt – trotz klarem Bildungsprofil – die Nutzung kaum nach.

Konsequenz auf Zukunft

Der Zeitrahmen für das Projekt ist nicht festgelegt. Im Gegenteil, es ist nach den gemachten Erfahrungen geplant, bei zunehmender Normalisierung der Lebensumstände die Plattform zu modifizieren und als virtuellen Präsentations-, Anregungs- und Austauschort weiter zu qualifizieren vor dem Hintergrund der Erkenntnis, dass Medienkompetenz mehr als die Adaption alter Lehrinhalte durch digitale Technik sein muss.

Unsere gesellschaftliche Aufgabe in der Medienpädagogik ist es, Kinder und Jugendliche dabei zu unterstützen, sich selbständig zu mündigen Menschen zu bilden, die sich mit den Themen einer digitalisierten Welt kritisch auseinandersetzen können. In einer immer stärker von Medien geprägten Welt, in der sich Medien in sämtlichen Bereichen des Lebens wiederfinden, muss Medienkompetenz bei der Lebensbewältigung und den individuellen Bildungsprozessen unterstützen. Je interaktiver und partizipativer die Angebote, desto erfolgversprechender. Hier hat *KiKu* online einen echten Bedarf aufgezeigt.

Literatur

Brand, Karl-Michael/Dauberschmidt, Oliver (2020). www.kiku-online.net. In: Dietrich, Michael/ Friedrich, Björn/Ring, Sebastian (Hrsg.) 2020. MEDIEN BILDEN WERTE – Digitalisierung als pädagogische Aufgabe. München: kopaed

Deutsches Kinderhilfswerk und Bündnis Recht auf Spiel (2020). Das Recht auf Spiel in Zeiten der Pandemie. https://www.recht-auf-spiel.de/images/Coronakrise_Recht_auf_Spiel.pdf [Zugriff 12.09.2021]

Langmeyer, Alexandra, Dr. (2020). Welche Kinder und Eltern die Pandemie am härtesten trifft. Deutsches Jugendinstitut e.V. https://www.dji.de/themen/familie/kindsein-in-zeiten-von-corona-studienergebnisse.html [Zugriff 12.09.2021]

Peter, Sigrid, Dr./Schneider, Dominik, Prof. Dr./Oberle, Andreas, Dr./Thyen, Ute, Prof. Dr./ Trost-Brinkhues, Gabriele, Dr. (2020). Stellungnahme der Deutschen Akademie für Kinder- und Jugendmedizin e.V. zu weiteren Einschränkungen der Lebensbedingungen von Kindern und Jugendlichen in der Pandemie mit dem neuen Coronavirus (SARS-CoV-2). https://www. dakj.de/allgemein/stellungnahme-der-deutschen-akademie-fuer-kinder-und-jugendmedizin-e-v-zu-weiteren-einschraenkungen-der-lebensbedingungen-von-kindern-und-jugendlichen-in-der-pandemie-mit-dem-neuen-coronavirus-sar/ [Zugriff 12.09.2021]

Katharina Ritter

Der süße Brei

frei nach Grimm

Es war einmal ein Mädchen, das lebte mit seiner Mutter in einem kleinen Dorf am Rande eines großen Waldes. Das Leben der beiden war sehr schwer, denn oft war nicht genug zu essen im Haus. Jeden Tag ging das Mädchen in den Wald zum Reisig sammeln, um es im Dorf zu verkaufen. Von Tür zu Tür ging sie mit ihrem schweren Bündel und bot das Feuerholz an. Selten kaufte jemand etwas, denn die Leute hatten selbst genug Holz. Manchmal konnte das Mädchen ihr Reisig gegen Essen tauschen. Das waren gute Tage. Oft aber mussten Mutter und Tochter hungrig ins Bett. Eines Tages hatte das Mädchen ein großes Bündel Äste gesammelt und sich schon auf den Weg nach Hause gemacht, da stand plötzlich mitten im Wald ein uraltes Mütterchen vor ihr. Dies hatte neben sich ein riesiges Bündel liegen und bat das Mädchen um Hilfe. „Liebes Kind, kannst Du mir das Holz bis zu meiner Hütte tragen?" Die Alte deutete einen Hügel hinauf. Das Mädchen dachte, die Mutter wird sich vielleicht sorgen, beschloss aber, den Umweg der Alten zuliebe zu machen. Sie schwingt also das Bündel auf ihrs oben drauf und stapft hinter der alten Frau her. Immer steiler wird der Weg, immer schwerer die Last auf ihrem Rücken.

Als sie endlich oben am Berg vor der Hütte der Alten angekommen sind, lässt sich das Mädchen ins Gras plumpsen und muss heftig atmen. Die Alte, die erstaunlich schnell nebenher gelaufen war und gar nicht müde wirkte sagt: „Weil du mir geholfen hast, will ich Dir etwas schenken." Sie verschwindet in der Hütte und kommt gleich mit einem kleinen verbeulten Töpfchen heraus. „Dies will ich dir schenken." Das Mädchen denkt bei sich, dass sie daheim viel bessere Töpfe haben, aber die wunderliche Alte meint – das sei ein Zaubertöpfchen. Wann immer man Hunger hat, soll man nur sagen: „Töpfchen koche" – dann kocht das Töpfchen köstlichen süßen Hirsebrei. Hat man genug, sagt man nur: „Töpfchen steh", dann hört es auf zu kochen.

Das Mädchen bedankt sich, nimmt das kleine verbeulte Töpfchen und geht nach Hause. Dort wird sie schon unruhig erwartet. Wie aber staunt die Mutter, als das Mädchen von der Uralten erzählt, das kleine Töpfchen auf den Herd stellt und ruft: „Töpfchen koche!" Gleich fängt das Töpfchen zu kochen an, und kocht und kocht den köstlichsten Hirsebrei. Wie aber staunen sie nun beide, und können sich endlich wieder einmal so richtig satt essen. Als sie satt waren, sagte das Mädchen. „Töpfchen steh". Das Töpfchen hörte auf zu kochen. Und so war das nun jeden Tag. Und nie wieder mussten sie Hunger leiden.

Aber einmal ist das Mädchen wieder in den Wald und die Mutter ist ganz allein zuhause. Und als sie Hunger hat, nimmt die Mutter das Töpfchen, setzt es auf den Herd und sagt: „Töpfchen koche" – und das Töpfchen fängt zu kochen an. Als es randvoll war mit süßem Hirsebrei, da ruft die Mutter: „Genug!" Aber das Töpfchen hört nicht auf zu kochen. „Halt ein, hör auf zu kochen!" Aber das Töpfchen kochte weiter. Die Mutter hat das Wort vergessen! Und das Töpfchen kocht und kocht und kocht und kocht und kocht und kocht Bald ist die ganze Küche voll von Hirsebrei. Und das Töpfchen kocht weiter, der Brei fließt durchs ganze Haus und zum Fenster hinaus und ins nächste Haus durch die Tür hinein und durch alle Zimmer dort und zu den Fenstern hinaus und die Straße hinunter ins nächste und übernächste Haus. Und das Töpfchen kocht und kocht und kocht. Und hört nicht auf. Bald war das ganze Dorf voll Hirsebrei. Als das Mädchen aus dem Wald auf die Dorfstraße kommt, hat der Brei schon das ganze Dorf eingekocht. Da sagte das Mädchen:„Töpfchen steh" – da hört es auf zu kochen. Und wer nun ins Dorf will, muss einen Löffel nehmen und sich durchessen.

Quelle: Kinder- und Hausmärchen der Brüder Grimm – KHM 103

Frei nacherzählte und ausgeschmückte Version von Katharina Ritter

Kommentar

Ein Grimm-Klassiker – viele kennen wohl dieses Märchen, achten aber vielleicht nicht auf das ganz Außergewöhnliche: Das Klischee vom Kind welches allein daheim ist und Unfug macht, wird hier auf den Kopf gestellt. Die Mutter ist allein zuhause, weiß nicht, wie es geht – und richtet wirklich herrlichen Schaden an. Das Mädchen muss ihn reparieren – und alle die ins Dorf wollen, müssen die Suppe auslöffeln. Auch ein ganz tolles Bild dafür, wie die Menschen mit der Welt und den Ressourcen umgehen – die junge Generation muss es dann auslöffeln. So steckt in dieser kleinen lustigen Geschichte ganz viel Resilienz-Potenzial.

IV
Lebenswelten resilient gestalten

Ulrich Heimlich

Resilienz und Inklusion
durch Kulturelle Bildung im Spiel

Zusammenfassung

Dem Spiel wohnt deshalb ein Moment von Freiheit inne, weil es eine schöpferische Tätigkeit ist, aus der etwas Neues hervorgehen kann. Kinder nehmen Spieltätigkeiten deshalb auf, weil sie sich selbst dafür entscheiden können, das Spiel selbst kontrollieren können und sich selbst im Spiel etwas ausdenken können. Aus diesem Grunde wirkt sich das Spiel auch auf alle Entwicklungsbereiche aus. Pädagogische Fachkräfte sollten daher auch der Freiheit im Spiel Raum gewähren. Auf diesem Wege eröffnen sie ebenso Zugänge zur Teilhabe im Spiel und zur Einbeziehung von Kindern mit unterschiedlichen Fähigkeiten und Interessen. Kinder, die phantasievoll, intrinsisch motiviert und selbstkontrolliert spielen, stärken damit letztlich auch ihr Selbst und steigern dadurch ihre Widerstandsfähigkeit (Resilienz).

Freiheit im Spiel

„Rettet das Spiel!" – so fordern Gerald Hüther und Christoph Quarch in ihrem Gang durch die Bedeutung des Spiels für den Menschen in Geschichte und Gegenwart (Hüther/ Quarch 2016). Kinder spielen in den ersten sechs Lebensjahren ca. 15.000 Stunden, das sind etwa sieben Stunden täglich (vgl. Zimpel 2014). Damit ist unmittelbar evident, dass das Spiel Kindern in diesem Lebensabschnitt den Zugang zur Welt eröffnet. Entwicklung und Lernen finden in den ersten Lebensjahren überwiegend im Spiel statt. Diese Entwicklung beginnt allerdings nicht als individuelle oder isolierte. Sie ist vielmehr von vornherein auf Kooperation mit den Eltern und mit Gleichaltrigen bezogen. Kinder bringen ihre Welt mit anderen gemeinsam und in Auseinandersetzung mit ihrer räumlich-materiellen Umwelt hervor. Dies gilt ganz besonders bezogen auf das Spiel mit Gleichaltrigen (*peers*). Das Spiel von Kindern stellt eine derart zentrale Lebensäußerung dar, dass sie auch aus pädagogischen Konzeptionen nicht wegzudenken ist. Spielen ist für Kinder gleichsam der Zugang zur Welt, im historischen Vergleich also die selbstständige Auseinandersetzung mit höchst unterschiedlichen Lebensbedingungen in natürlicher, kultureller und sozialer Hinsicht.

Die Attraktivität des kindlichen Spiels besteht aus der Perspektive der Kinder gerade darin, eine Kontrolle über die äußere Wirklichkeit zu erlangen, die sie im alltäglichen Leben noch nicht erreichen können. Dazu ist Fantasie erforderlich, das Aushandeln des So-tun-als-Ob, das Vereinbaren des Spielcharakters einer konkreten Handlung. Dies sind die wesentlichen Gründe, warum Kinder zu allen Zeiten und in allen Kulturen in mehr oder weniger großem Umfang Spieltätigkeiten aus eigenem Antrieb aufgenommen haben. Der kanadische Sozialpsychologe Joseph A. Levy hat diese Merkmale des Spiels in einer bis heute gültigen Definition als *„Intrinsic Motivation"*, *„Internal Locus of Control"* und *„Supension of reality"* bezeichnet (Levy 1978, S. 19). Immer dann, wenn in einer kindlichen Tätigkeit, diese Merkmale überwiegen, können wir davon ausgehen, dass es sich um Spieltätigkeiten handelt. Zugleich geht Levy von der Annahme aus, dass Kinder über diese Spieltätigkeiten ihre Persönlichkeit entfalten (*unfolding of individuality*). Auf dieser Basis kann davon ausgegangen werden, dass jede Spieltätigkeit, die diese Merkmale in vollem Umfang erfüllt, als freies Spiel zu bezeichnen ist.

Spiel befördert offensichtlich die Selbstbestimmungsfähigkeit von Kindern und die Ausbildung eigener Ideen und Vorstellungen in Interaktion mit ihrer Umwelt. Phänomenologisch betrachtet können wir das kindliche „In-der-Welt-Sein" deshalb mit Spiel gleichsetzen, womit der personale Bezug zur Umwelt in den Blick gerät (Heimlich 2015). Unter sozialkonstruktivistischem Aspekt bietet das Spiel Kindern die Chance, ihre eigene Welt in Interaktion mit anderen sowie ihrer räumlich-materiellen Umwelt hervorzubringen und dabei z.B. eine eigene *„peer-culture"* zu kreieren, wie William B. Corsaro (2015) in seinen ethnographischen Studien gezeigt hat. Im Spiel definieren Kinder ihre eigenen Themen, die für sie von Bedeutung sind und versuchen so einen Weg in die Gesellschaft hinein zu finden.

Entwicklung im Spiel

Im Laufe der kindlichen Entwicklung besonders in den ersten zehn Lebensjahren erweitert sich das Spektrum der kindlichen Spielformen zunehmend (vgl. Zimpel 2014; Mogel 2008). Während sie in den ersten Lebensjahren im Spiel vorrangig ihre soziale und materielle Umwelt erkunden (Explorationsspiel) und besonders an den taktilen Eigenschaften von Gegenständen und deren Funktionsweise interessiert sind, lösen sie sich im Kindergartenalter zunehmend von konkreten Gegenständen und anwesenden Personen ab, um sich eine fiktionale Welt zu errichten. Das Gespräch mit imaginären Spielpartnern oder das Umfunktionieren von Alltagsgegenständen innerhalb eines Spielgeschehens öffnen in Verbindung mit der sprachlichen Entwicklung ein weites Feld von kreativen Gestaltungsmöglichkeiten. Aus diesem Phantasiespiel entwickeln sich im Grunde alle weiteren Spiele. Das Rollenspiel beginnt bereits in den Familienspielen oder dem Nachspielen von Filmszenen im Kindergartenalter und erweitert sich über die Vorführung kleinerer

Spielszenen bis hin zum Theaterspielen. Während Kinder im Alter vor dem Schuleintritt Spielregeln meist noch sehr kreativ und phantasievoll auslegen und keineswegs als unantastbar betrachten, liegt in der Einhaltung der Spielregeln z.B. bei Brettspielen gerade der Reiz des gemeinsamen Spiels (Regelspiel). Im Bau- und Konstruktionsspiel werden schließlich die Grenzen des jeweiligen Materials ausgelotet, möglicherweise sogar erweitert, oder es wird gleich mit eigenen Gestaltungen etwas Neues entworfen. Ein tragendes Element dieser Spielentwicklung in den ersten Lebensjahren ist die peer-Beziehung, das Spiel mit Gleichaltrigen. Kinder handeln im Spiel ständig Regeln aus, sprechen darüber, wer mitspielen darf und wer nicht und v.a. wer das bestimmen darf. Sie übernehmen Rollen, die sie aus ihrem Alltag kennen, verändern diese und lernen so die Welt der Erwachsenen und deren Motive genauer kennen. Gerade im interkulturellen Vergleich wird klar ersichtlich, welche großen Unterschiede zwischen verschiedenen Kulturen auch in den sozialen Beziehungen von Kindern bestehen (vgl. Corsaro 2015). Während Konflikte zwischen Kindern in einem kulturellen Kontext das gemeinsame Spiel in der Gruppe der Gleichaltrigen in Frage stellen bzw. zum Abbruch führen, stiften gerade Konflikte und Auseinandersetzungen zwischen Kindern in einem anderen kulturellen Kontext ein Gefühl von Gemeinschaft und das Bedürfnis nach Gruppenbildungen.

In der entwicklungspsychologischen Betrachtung des kindlichen Spiels hat sich vor diesem Hintergrund immer wieder gezeigt, welche vielfältigen Zusammenhänge zwischen Spieltätigkeiten und den verschiedenen Entwicklungsbereichen bestehen. Das Spiel von Kindern wirkt sich nach vorliegenden Erkenntnissen der modernen Entwicklungspsychologie sowohl auf die kognitive und die emotionale Entwicklung als auch auf die soziale, die sensomotorische und die biologische Entwicklung von Kindern aus, wie die moderne Hirnforschung gezeigt hat (vgl. Zimpel 2013). Im Ergebnis wird die Spieltätigkeit als eine multidimensionale Tätigkeit sichtbar, die in den ersten Lebensjahren im Grunde mit Lerntätigkeiten gleichgesetzt werden kann. Das Spiel ist mindestens im Alter bis zum Schuleintritt synonym zu sehen mit kindlichen Lernprozessen, in denen sie sich die Welt aneignen. Deshalb kann auch mit Fug und Recht behauptet werden, dass Kinder, die intensiv spielen können, gut vorbereitet sind auf die Schule (vgl. Heimlich 2015, S. 198).

Aus der Analyse von Freispielsituationen (Fried 2004, zit. n. Viernickel 2013) ist deutlich geworden, dass Kinder im Kindergartenalter über attraktive Spielinhalte, Rollen und Spielprozesse eigene Wissensbestände ausbilden (sog. *Scripts*), auf die sie immer wieder zurückgreifen, die sie aber auch weiterentwickeln und ausdifferenzieren. Zusätzlich erwerben Kindergartenkinder im Spiel grundlegende Vorstellungen von Moral, indem sie in ihren Aushandlungsprozessen auf die Einhaltung der Regeln achten und Prinzipien von Fairness und Rücksichtnahme entwickeln und berücksichtigen (vgl. Viernickel 2013).

Inklusion im Spiel

Mit dem Inkrafttreten der UN-Behindertenrechtskonvention (UN-BRK) steht die BRD laut Artikel 24 vor der Aufgabe, ein inklusives Bildungssystem auf allen Ebenen zu entwickeln. Der Elementarbereich und damit die Kindertageseinrichtungen soll unter dem neuen bildungspolitischen Leitbild der Inklusion ebenfalls weiterentwickelt werden (vgl. Heimlich 2013, 2015a, 2015b). Zum Prüfstein gerät dabei zunehmend die Frage nach der Partizipation von Kindern an diesem Prozess. Bezogen auf Kinder mit Behinderung stellt sich die Frage der Teilhabe noch einmal in weitaus radikalerer Weise. Das kindliche Spiel gewinnt vor diesem Hintergrund eine herausragende Bedeutung, weil es eine kindgemäße Tätigkeit ist und zugleich enorme Einflüsse auf Bildung und Entwicklung hat.

Von daher ist es auch nicht verwunderlich, dass das gemeinsame Spiel von Kindern mit und ohne Behinderung in inklusiven Settings einen zentralen Platz einnimmt (vgl. Kron u.a. 2010; Kron 2008; Heimlich 1995). Alle weiteren strukturierten und von den Fachkräften initiierten Angebote wie der Stuhlkreis, kreative Projekte und Trainingsprogramme bzw. Therapiemaßnahmen gruppieren sich um dieses Zentrum (vgl. Heimlich 2013). Kinder mit und ohne Behinderung begegnen sich im gemeinsamen Spiel, sie fragen nach ihren jeweiligen Fähigkeiten, Interessen und Bedürfnissen und versuchen daraus etwas Gemeinsames zu gestalten. Sie regen sich in solchen Spielprozessen gegenseitig zur Entwicklung an und erleben so intensive Prozesse des Voneinander-Lernens, sicher auch im Sinne einer Förderung der Resilienz, wie sich insbesondere in der Spielförderung gezeigt hat (vgl. Weiß 1999, S. 132 ff.). Das gemeinsame Spiel von Kindern mit und ohne Behinderung ist von daher in besonderer Weise geeignet, inklusive Momente hervorzubringen, die als Kern inklusiver Bildungsprozesse angesehen werden können (vgl. Heimlich 2017). Sie kommen immer dann zustande, wenn alle Kinder am Spiel teilhaben können und etwas zum Spiel beitragen können. Dahinter steht eine demokratische Konzeption von Pädagogik, wie sie der nordamerikanische Erziehungswissenschaftler und Philosoph John Dewey (1859–1952) entwickelt hat (vgl. Dewey 1916/1993). Demokratie meint hier allerdings nicht nur eine Herrschafts- oder Gesellschaftsform, sondern vielmehr eine Lebensform, die sich im Alltag von Menschen und auch in Bildungseinrichtungen auswirkt. Das Spielen selbst hat demokratischen Charakter und ist deshalb inklusiv, weil es die Gleichheit der Mitspielenden voraussetzt und zugleich immense Freiheiten erlaubt, wie André Zimpel in seiner Darstellung des Regelspiels treffend hervorhebt (vgl. Zimpel 2014). Teilhabe und Teilgabe sind also in diesen inklusiven Spielmomenten ineinander verschränkt. Voraussetzung dafür ist wiederum, dass Kinder ein aktives Interesse aneinander haben, aufeinander zugehen und sich so mit einem hohen Maß an gegenseitiger Aufmerksamkeit begegnen. Dieser „Ethos der Aufmerksamkeit" (Waldenfels 2004, S. 275) ist eine der Grundbedingungen für inklusive Bildungsprozesse, auch in Kindertageseinrichtungen und in der frühen Kindheit (vgl. Heimlich 2019).

Inklusive Spielmomente können sich – wenn sie häufiger auftreten – zu inklusiven Spielprozessen erweitern, in denen ein gemeinsames Thema in einer heterogenen Spielgruppe über einen längeren Zeitraum etabliert und möglicherweise sogar immer wieder neu aufgegriffen wird. Gelingt es uns, diese inklusiven Spielprozesse zu verstetigen, so werden inklusive Spielsituationen möglich. Das sind solche Spielsituationen, in denen die Spielmittel, die Spielräume, die Spielzeiten und die Spielpartner so bereitgestellt werden, dass alle Kinder teilhaben und alle etwas beitragen können.

Literatur

Corsaro, William H. (2015): The Sociology of Childhood. London, 4. Auflage

DeCastell, Suzanne/ Jenson, Jennifer (2003): Serious play. In: Journal of Curriculum Studies 35 Jg., H. 6, S. 649-665

Dewey, John (1993): Demokratie und Erziehung. Eine Einleitung in die philosophische Pädagogik. Hrsg. v. Jürgen Oelkers. Weinheim u. Basel (Amerik. Originalausgabe: 1916)

Heimlich, Ulrich (1995): Behinderte und nichtbehinderte Kinder spielen gemeinsam. Konzept und Praxis integrativer Spielförderung. Bad Heilbrunn: Klinkhardt

Heimlich, Ulrich (2013): Kinder mit Behinderung – Anforderungen an eine inklusive Frühpädagogik. WiFF Expertisen, Band 33. München

Heimlich, Ulrich (2015a): Einführung in die Spielpädagogik. Bad Heilbrunn: Klinkhardt, 3. Auflage

Heimlich, Ulrich (2015b): Pädagogik der Vielfalt – Auf dem Weg zur inklusiven Kindertageseinrichtung. In: Reichert-Garschhammer, Eva u. Kieferle, Christa u. Wertfein, Monika u. Becker-Stoll, Fabienne (Hrsg.): Inklusion und Partizipation – Vielfalt als Chance und Anspruch. Göttingen: Vandenhoek, S. 17-29

Heimlich, Ulrich (2017): Das Spiel mit Gleichaltrigen in Kindertageseinrichtungen. Teilhabechancen für Kinder mit Behinderung. WiFF-Expertise Nr. 49. München

Heimlich, Ulrich (2019): Inklusive Pädagogik. Eine Einführung. Stuttgart: Kohlhammer

Hüther, Gerald/ Quarch, Christoph (2016): Rettet das Spiel! Weil Leben mehr als Funktionieren ist. München: Hanser

Kron, Maria (2008): Integration als Einigung – Integrative Prozesse und ihre Gefährdungen auf Gruppenebene. In: Kreuzer, Max u. Ytterhus, Borgunn (Hrsg.): „Dabei sein ist nicht alles". Inklusion und Zusammenleben im Kindergarten. München u. Basel: Reinhardt, S. 189-199

Kron, Maria u. Palke, Birgit u. Windisch, Marcus (Hrsg.) (2010): Zusammen aufwachsen. Schritte zur frühen inklusiven Bildung und Erziehung. Bad Heilbrunn: Klinkhardt

Levy, Joseph (1978): Play behavior. New York: Wiley&Sons (Reprint:1983)

Mogel, Hans (2008): Psychologie des Kinderspiels. Von den frühesten Spielen bis zum Computerspiel. Heidelberg: Springer, 3. Auflage

Viernickel, Susanne (2013): Zur Bedeutung der Peerkultur. In: Fried, Lilian/ Roux, Susanna (Hrsg.): Handbuch Pädagogik der frühen Kindheit. Berlin: CVK, 3. Aufl. S. 66-74

Waldenfels, Bernhard (2004): Phänomenologie der Aufmerksamkeit. Frankfurt a.M.: Suhrkamp

Weiß, Hans: Frühförderung als protektive Maßnahme - Resilienz im Kleinkindalter. In: Opp, Günther/ Fingerle, Michael/ Freytag, Andreas (Hrsg.): Was Kinder stärkt. Erziehung zwischen Risiko und Resilienz. München, Basel: Reinhardt,1999, S. 124-141

Zimpel, André F. (2013): Lasst unsere Kinder spielen! Der Schlüssel zum Erfolg. Göttingen: Vandenhoek, 3. Auflage

Zimpel. André F. (2014): Spielen macht schlau! Warum fördern gut ist, Vertrauen in die Stärken Ihres Kindes aber besser. München: Gräfe&Unzer

Karl-Michael Brand, Jennifer Gray

Kulturelle Bildung und Resilienz mit Lebensweltbezug im Stadtquartier

Bildungsbiographien, Inklusion und Partizipation

Das Leitbild von ECHO e.V. lautet: „Es ist normal, verschieden zu sein". Ziel der Arbeit im ECHO e.V. ist es, dieses Bewusstsein gemäß dem Anspruch von Inklusion zu fördern und kulturelle Bildung im Sinne von Bildung zur kulturellen Teilhabe für alle Menschen erlebbar zu machen. Wir arbeiten mit Methoden der Kultur-, Spiel-, und Erlebnispädagogik sowie nach den Grundsätzen der kulturellen und politischen Bildung.

Resilienz: „Hinfallen, Krone richten, aufstehen, weitermachen..."

Der – spätestens seit Corona – immer häufiger bemühte Begriff der Resilienz, ist in unserem Vermittlungs-Kontext eigentlich eine lange tradierte Selbstverständlichkeit. Resilienz lässt sich laut Wikipedia als Anpassungsfähigkeit beschreiben und ist demnach der Prozess, in dem Personen auf Probleme und Veränderungen mit Anpassung ihres Verhaltens reagieren. (vgl. Wikipedia, Resilienz (Psychologie)) Das bedeutet aber nicht nur die Reaktion auf äußere Verhältnisse durch Nachgeben und wohlfeiles Verhalten, sondern vielmehr die Entwicklung der individuellen Fähigkeit zur Selbstorganisation, bestehend aus Anpassungs- und Durchsetzungsfähigkeit. Beispielhaft beschreibt der Psychologe Jens Corssen dafür vier Werkzeuge (vgl. Corssen 2004)

› **Selbst-Bewusstheit** bedeutet, unsere persönlichen Einstellungen, Gedanken, Empfindungen und Verhaltensweisen zu erkennen und uns bewusst zu werden, ob sie zum Erreichen unserer Ziele günstig oder eben ungünstig sind.

› **Selbst-Verantwortung** bedeutet, unser eigenes Erleben und Tun selbst zu verantworten und auf diese Weise Eigen-Macht zu gewinnen.

› **Selbst-Vertrauen** meint die Fähigkeit, sein Ziel festzuhalten, dafür Vereinbarungen einzuhalten aber auch kreative Experimente zu wagen, um Grenzen zu überwinden.

› **Selbst-Überwindung** bedeutet die Bereitschaft, die gewohnte Komfortzone zu verlassen.

Bei unseren Überlegungen zu Bildung gehen wir von einem erweiterten Bildungsbegriff aus, der Bildung als Selbstbildung fasst. Wichtige Bezugsfelder hierfür sind Lebensweltbezug, Partizipation und Inklusion. Es geht um Entfaltung von individuellen Fähigkeiten, Selbstbestimmung und Selbstverantwortung. Hier kommt der Begriff der Subsidiarität ins Spiel. Hinter dem Subsidiaritätsprinzip steht, gerade im liberalen Denken, ein klares Menschenbild: das des eigenverantwortlichen Individuums.

Der Begriff der Inklusion wiederum ergibt sich aus der Auffassung, dass eine Gesellschaft aus Individuen besteht, die sich alle mehr oder weniger unterscheiden. Inklusion will die Veränderung bestehender Strukturen und Auffassungen dahingehend, dass die Unterschiedlichkeit der einzelnen Menschen die Normalität ist. Nach den Ideen von Pädagogik der Vielfalt arbeiten bedeutet also, sensibel machen für die Existenz von Verschiedenheit und aufmerksam machen für dessen Potenzial.

Daraus ergibt sich automatisch der legitime Anspruch des Einzelnen, als eigenverantwortliches Individuum akzeptiert zu werden, wo immer es geht und nur da ersatzweise – subsidiär – unterstützt zu werden, wo er tatsächlich allein nicht mehr weiterkommt. So wird im Sinne einer inklusiven Haltung die Bereitschaft möglich, jeden Menschen in seiner Einmaligkeit anzuerkennen und wertzuschätzen.

Der Lebensweltbezug, der die Umwelt als Lernraum definiert (vgl. Grüneisl/Mayrhofer/ Zacharias 1973), lässt sich am besten realisieren, wenn Kinder und Jugendliche schon sehr früh und als ernsthafte Akteure aktiv an der Gestaltung ihrer Lebensumwelt teilhaben können. Derlei partizipative Planungs- und Durchsetzungsverläufe gehören bei ECHO e.V. zur methodischen Grundausstattung. Das bedeutet Beteiligung und Mitbestimmung von Kindern und Jugendlichen in Entscheidungsverläufen, die ihre Lebens- und Lernwelt betreffen. Damit wird ein Grundstein für das demokratische Verständnis und die individuelle Resilienz gelegt.

Die konkrete partizipative Projektarbeit bei ECHO e.V. lässt sich vielleicht am besten in drei inszenatorische Säulen fassen.

› strukturell verankerte regelmäßig wiederkehrende „institutionalisierte" Angebote. (z.B. Dialogforen – analog und digital)
› konkrete Planungsbeteiligung – projektbezogen (z.B. Weiterentwicklung der Einrichtungen oder Freiraumplanung)
› anlassgebundene politische Interventionen

Dazu kommt ein Paket von realen altersentsprechenden und entsprechend vergütenden Mitwirkungsangeboten in der Umsetzung von Programmen, bestehend aus Praktika, Volunteering und Übungsleitertätigkeiten als Möglichkeit, Arbeitserfahrungen zu sammeln, dabei verschiedenste Kompetenzen zu erwerben und z.B. durch den Erwerb des Kompetenznachweises Kultur der Bundesvereinigung Kulturelle Kinder- und Jugendbildung e.V. (BKJ) zu dokumentieren. Dieses Langzeitmodell wird selbstverständlich besonders befördert durch die Möglichkeit langjähriger, enger Beziehungen junger Menschen aus dem jeweiligen Stadtteil zu den Einrichtungen des Vereins.

Da viele ehemalige Nutzer*innen der kulturellen Programme auch im Erwachsenenalter weiterhin mit dem ECHO e.V. verbunden sind, sei es als z.B. freie*r Mitarbeiter*in, als Mutter, die nun mit ihren Kindern die vielfältigen Angebote nutzt oder sogar als Vorstand des Vereins, haben wir uns ein aktuelles Bild gemacht, in welcher Art und Weise unsere Angebote im Leben unserer Nutzer*innen eine Rolle gespielt haben. Dazu stellen wir im Folgenden beispielhaft die Antworten von acht jungen Erwachsenen im Alter zwischen 18-26 Jahren zusammen, die wir zu ihren individuellen Bildungsbiographien befragt haben. Alle haben im Kindesalter angefangen, unsere Angebote zu nutzen.

Gemeinsamkeiten

Alter bei Nutzungsbeginn

Sechs der Befragten haben im Alter zwischen 10-12 Jahren angefangen, die angebotenen Programme des ECHO e.V. zu besuchen. Die beiden Befragten, die schon ab 7 Jahren regelmäßig unsere Programme genutzt haben, wohnten im unmittelbaren Umfeld unserer Einrichtung in der Messestadt, dem Quax – Zentrum für Freizeit und kulturelle Bildung und hatten dadurch natürlich leichteren Zugang zu all unseren Angeboten.

Volunteerarbeit und freie Mitarbeit

Alle Befragten haben im Alter zwischen 14-16 Jahren als Volunteer für den Verein angefangen zu arbeiten, sei es als Trainer bei z.B. den Zirkuskursen oder in der Mithilfe bei den verschiedensten kulturellen Projekten. Sieben von Ihnen sind auch heute noch als freie Mitarbeiter*innen für den Verein tätig, manche sehr regelmäßig, manche nur so viel, wie es ihr aktuelles Berufsleben oder Studium zulässt.

Erwerben von Kompetenzen

Auf unsere Nachfrage, welche Kompetenzen die Befragten in unseren Angeboten erworben haben, sei es als Nutzer*innen oder als Volunteer oder Mitarbeiter*innen, wurden bei fast allen u.a. Teamfähigkeit, Selbstbewusstsein, Kreativität und Verantwortungsbewusstsein als wichtigste Kompetenzen genannt.

Jannik: „Ich habe gelernt in Gruppen zu interagieren, vor diesen zu sprechen, mich kreativ einzubringen und mich Unbekanntes zu trauen.

Moritz: „In einem Arbeitsfeld, in dem man durchaus auch viel Verantwortung übernehmen muss, habe ich gelernt, mich dieser Aufgabe zu stellen und ein Verantwortungsbewusstsein zu entwickeln."

Vivi: „Der Zirkus-Kurs im Quax hat mir eine ganz besondere Art des Selbstbewusstseins vermittelt, da ich zum ersten Mal in einer Gruppe und schließlich auch vor Publikum in die Rolle einer Künstlerin schlüpfen konnte."

Prägende Erfahrungen in der schulischen und außerschulischen Bildung

Fast alle Befragten nannten hier explizit Personen, die sie besonders auf ihrem Bildungsweg geprägt haben.

Sanela: „Meine Freunde, das positive und auch das negative."

Jannik: „Prägend waren sowohl Personen als auch Situationen, an denen ich wachsen konnte. Personen, die mich nachhaltig beeinflussen konnten, habe ich v.a. im außerschulischen Kontext gefunden, diese dienten als Vorbilder in den unterschiedlichsten Belangen."

Finn: „Menschen, die mir Vorbilder waren (z.B. Betreuer*innen, Lehrkräfte, Schulleiter)"

Kenny: „Den größten Einfluss auf meine Entwicklung hatten auf jeden Fall die Menschen in meinem persönlichen Umfeld."

Aber nicht nur Personen wurden viel genannt, sondern auch spezielle Erlebnisse und Erfahrungen, die Spaß gemacht haben, die kreativ waren und „ganz nebenher Bildung vermittelt haben".

Samuel: „Prägende Erlebnisse waren meistens jene, die mit Spaß und Kreativität zu tun hatten."

Vivi: „Der kreative Prozess beim Aufbau eines Auftritts hat mir damals zum ersten Mal bewusst gezeigt, wie aus unseren bloßen Ideen eine Geschichte und schließlich ein Auftritt mit Kostüm, Bühne und Eigenleben; sprich Materie wurde. Aus diesem Erschaffen und dem Ideen in die Tat umsetzen, schöpfe ich auch heute viel Inspiration und Lebensenergie."

Moritz: „Am stärksten haben mich neben der Ausbildung jedoch meine Reisen geprägt."

Die Rolle außerschulischer Bildung für den weiteren Bildungsweg

Auffällig ist, dass alle Befragten betonen, wie sehr die Angebote der außerschulischen Bildung, darunter auch unsere Angebote, sie fürs Leben geprägt haben und ihnen oft den beruflichen Weg gezeigt haben, den sie nach ihrem Schulabschluss beschreiten wollten.

Samuel: „Die Mitarbeit bei den Projekten von ECHO e.V. haben nicht unwesentlich dazu beigetragen, dass ich jetzt Soziale Arbeit studiere und Lust habe, mit Menschen zu arbeiten."

Sanela: „Ich wollte immer einen Beruf, bei dem ich mit Kindern zu tun habe, aber irgendwann war ich mir nicht mehr sicher, was ich machen möchte. Die ganzen Angebote und Projekte des ECHO e.V. haben mir die Sicherheit wieder gegeben, dass es das Richtige für mich ist."

Vivi: „Beim ECHO e.V. wurde der Grundstein für mein derzeitiges Studium gelegt."

Unterschiede

Bildungsweg

Die acht Befragten nehmen ihren Bildungs- und Lebensweg sehr unterschiedlich wahr, von „chaotisch" und „verzweigt" bis hin zu „privilegiert" und „sehr geradlinig". Auch bei den verschiedenen Beschreibungen der individuellen Bildungsbiographie wird ersichtlich, wie viel Einfluss die jeweilige Lebenswelt der Befragten auf ihrem Bildungsweg hatte.

Moritz: „Ich war als junges Kind sehr zurückhaltend und schüchtern. Durch den Umzug in die Messestadt in meinem ersten Schuljahr verstärkte sich dies zunächst, allerdings fühlte ich mich in der Messestadt wohl und baute nach und nach einen Freundeskreis auf. Besonders durch mein Hobby Zirkus. Dies begann ich nach dem Umzug in der ersten Klasse in meiner neuen Umgebung, der Messestadt, im Kinder- und Jugendzentrum Quax des ECHO e.V."

Finn: „Durch meine beiden Geschwister hatte ich das Privileg, neben meinem schon mit den besten Aussichten behafteten Bildungsweg auf dem Gymnasium bei Projekten des ECHO e.V. nachhaltig – vor allem für das Leben – zu lernen und eine Umgebung, die ausschließlich förderlich ist, genießen zu dürfen."

Alex: „Durch das erst sehr späte Klar-Werden meiner Ziele im Leben bin ich durch viele verschiedene Schulsysteme gegangen. … Leider wird einem erst sehr spät klar, was es bedeutet, hier in München zu leben. Um ein gutes und schönes Leben zu haben, muss man in München durch eine gute Weiterbildung an eine gute Stellung kommen. Aus diesem Grunde habe ich mich auch entschieden mich weiterzubilden, um weiterhin in dieser schönen Stadt leben zu können."

Wahrnehmung der außerschulischen Bildungsangebote

Dass es sich bei den Programmen und Projekten um außerschulische Bildung handelt, war auch manchen Befragten oft gar nicht bewusst.

Alex: „Es wurde mir erst im Nachhinein klar, dass es sich bei den Angeboten im Quax um Bildung dreht."

Wo stehen die acht Befragten jetzt in ihrem Leben

Nicht wenige Festangestellte des ECHO e.V. sind schon so lange dabei, dass sie viele Nutzer*innen als kleine Kinder oder Jugendliche zum ersten Mal in einem unserer

Angebote erlebt haben und sie dann auf ihrem Bildung- und Lebensweg bis ins Erwachsenenalter begleitet haben. Umso schöner ist es natürlich, zu sehen, wo die damaligen Kinder und Jugendlichen heute stehen. Eine der Befragten lebt weiterhin in unmittelbarer Nähe unsere Einrichtung in der Messestadt und besucht regelmäßig mit ihren beiden Töchtern die kulturellen Angebote des Vereins. Andere wiederum stecken noch mitten im Studium im In- und Ausland und arbeiten in ihren Semesterferien regelmäßig als freie Mitarbeiter*innen in allen möglichen Projekten für den Verein. Die beiden Jüngsten der Befragten haben gerade erfolgreich ihr Abitur absolviert und fangen im Herbst ihre Studiengänge an, bleiben uns aber weiterhin als regelmäßige freie Mitarbeiter erhalten.

Der für den Verein wohl spannendste Bildungsweg hat einer der ältesten der Befragten. Als 10-Jähriger begann er im Zirkuskurs zu trainieren, mit 14 kamen die ersten Volunteertätigkeiten für den Verein, mit 18 war er schon fester Bestandteil des freien Mitarbeiterteams und vor knapp 2 Jahren wurde er mittlerweile in der Endphase seines Medizinstudiums in den Vorstand des Vereins gewählt.

Literatur

Corssen, Jens (2004). Der Selbst-Entwickler. Wiesbaden: matrixverlag

Grüneisl, Gerd/Mayrhofer, Hans/Zacharias, Wolfgang (1973). Umwelt als Lernraum – Organisation von Spiel- und Lernsituationen, Köln: DuMont Schauberg

Resilienz (Psychologie). In: Wikipedia – Die freie Enzyklopädie. Bearbeitungsstand: 6. September 2021. https://de.wikipedia.org/w/index.php?title=Resilienz_(Psychologie)&oldid=215368238 [Zugriff: 12.09.2021]

Weiterführende Literatur

ECHO e.V. – Spielregelwerk, internes Grundlagenpapier seit 2000, das jedes Jahr als Arbeitsgrundlage aktualisiert wird

Institut für Qualitätsentwicklung an Schulen Schleswig-Holstein, www.schleswig-holstein.de/DE/Landesregierung/IQSH/iqsh_node.html

Kalisch, Raffael (2017). Der resiliente Mensch: Wie wir Krisen erleben und bewältigen. Neueste Erkenntnisse aus Hirnforschung und Psychologie. Berlin: Piper

Landeshauptstadt München (2012). Ganztagsbildung gemeinsam gestalten – 2. Münchner Ganztagsbildungskongress vom 15.–17. Januar 2013. München, www.muenchner-trichter.de/mt/wp-content/uploads/2012/10/programm_ganztagskongress.pdf

Springer, Piekenbrock, Hrsg. (2012). Gabler Kompakt-Lexikon Wirtschaft. Wiesbaden: Gabler Verlag

Caro Eberl, Mia Rohrbach

Zirkus für Alle

Wie alles beginnt – erste Schritte zu einem
inklusiven Kulturprojekt

„Hereinspaziert, hereinspaziert! ALLE dürfen mitmachen!" – „ALLE?"

„Ja ALLE!" – „Aber wie?"

Wie die Teilhabe ALLER gelingen kann und so der Zirkus noch bunter und vielfältiger wird, soll im nachfolgenden Text ausführt werden.

Der *Bezirksjugendring Oberbayern* und der *Kreisjugendring München-Stadt* arbeiten seit Jahren im Bereich inklusiver Zirkuspädagogik und kooperieren in verschiedenen Projekten. Der inklusive Charakter der Maßnahmen hat sich dabei über die Jahre stetig weiterentwickelt und bleibt ein spannender Prozess für alle Beteiligten. Was man aus der Retrospektive aber sicher festhalten kann, ist: Es lohnt sich, sich auf den Weg zu machen! Kinder und Jugendliche mit und ohne Behinderung profitieren und lernen voneinander.

Um inklusiv zu arbeiten bietet sich Zirkuspädagogik unter anderem dadurch besonders an, weil sie Unterschiedlichkeit und Vielfalt in den Fokus stellt. Und diese als besondere Ressource verstanden werden kann. Es geht darum, die Einzigartigkeit jedes Kindes in den Blick zu nehmen, seine besonderen Fähigkeiten zu erkennen und gemeinsam einen Platz in der Manege zu finden.

Dabei ist den Autorinnen die Abgrenzung von Behinderung und Krise besonders wichtig. Behinderung ist keine Krise und soll nicht so betrachtet werden. Jedoch haben es Menschen mit Behinderung im Alltag mit mehr Hürden und Barrieren zu tun als Menschen ohne Behinderung. Krisenhafte Situationen stellen viele Menschen vor Herausforderungen. Menschen mit Behinderung und gerade Kinder und Jugendliche sind davon ebenfalls in besonderem Maße betroffen, da sie oft durch Faktoren von außen „behindert werden".

Hintergrund

Der Schutz vor Ausgrenzung und Diskriminierung ist oberstes Ziel der Inklusion und wurde in der sogenannten UN-Behindertenrechtskonvention (UN-BRK) von 2009 formuliert. Sie ist geltendes Recht in Deutschland und verpflichtet Bund, Länder und Kommunen gleichermaßen die UN-Konvention umzusetzen. Nicht nur das allgemeine Schul- und Ausbildungswesen steht mit diesem gesetzlichen Auftrag vor Veränderungen, auch außerschulische Bildung muss sich den veränderten Bedingungen stellen. Menschen mit und ohne Behinderung, aber z.B. auch Menschen mit Migrations- oder Fluchterfahrung sollen gemeinsam aufwachsen, zur Schule gehen, lernen, arbeiten und leben können, damit das Zusammenleben zur Selbstverständlichkeit wird und das Verschieden-Sein zur Normalität.

Der gesetzliche Inklusionsauftrag beeinflusst die Zukunft der Kinder- und Jugendarbeit und beinhaltet Erneuerung, Umgestaltung, Konzeptanpassungen und Neukonzeptionierungen, die das Recht aller Kinder und Jugendlichen auf eine aktive gesellschaftliche Teilhabe und eine Förderung ihrer Persönlichkeit fokussiert. Sensibilisieren, aufklären, in Dialog treten, Angebote zugänglich machen und vermitteln, sodass junge Menschen unabhängig von ihrem Geschlecht, ihrer Herkunft, ihrer Gesundheit, ihrer Religion oder ihrer Sexualität für ihre Interessen eintreten können, zählen zu den großen Zielen der Kinder- und Jugendarbeit. Identifikation von Barrieren und deren Behebung, neu ausgelegte Informationspolitik und das Schaffen von Akzeptanz, sind dabei fundamental.

Inklusion ist wie Partizipation eine Grundhaltung und sollte zu einem Prinzip der Kinder- und Jugendarbeit werden. Beim *Bezirksjugendring Oberbayern* und *dem Kreisjugendring München Stadt* kommt der Bereich Inklusion nicht nur im konzeptionellen Sinne, sondern auch in Form mehrerer Projekte speziell zum Tragen.

Ziel

Die Ziele der Zirkuspädagogik sind so mannigfaltig wie die Disziplinen selbst. So stehen im Fokus neben der Vermittlung von Kreativität, Sozialkompetenzen (wie beispielsweise Teamfähigkeit, Kritik- und Konfliktfähigkeit, Empathiefähigkeit, Respekt, Kompromissbereitschaft, Kommunikations- und Kooperationsfähigkeit), Gesundheitsförderung (z.B. durch Bewegung und Sport), sowie die Förderung von Resilienzen u.a. durch die Steigerung des Selbstwerts, Selbstbewusstseins und Selbstvertrauens.

Die oberste Maxime einer inklusiven Zirkuspädagogik muss es sein, dass alle, die teilnehmen wollen, auch teilnehmen können. Dies schafft die Möglichkeit der Begegnung.

Bereits im Kindesalter sind Inklusionsthematiken sinnvoll und mit Lernerfolgen in den Bereichen erhöhter Akzeptanz, größerem Einfühlungsvermögen und einem Zuwachs von sozialen Kompetenzen nachgewiesen. Gleichzeitig profitieren Kinder mit Behinderung oder Migrationshintergrund vor allem in der Förderung der sprachlichen und kognitiven Kompetenzen von der Solidarität mit nichtbeeinträchtigten Kindern und Kindern ohne Migrationshintergrund. Es ist also für die Entwicklung aller dienlich, von klein auf festzustellen, dass es normal ist, verschieden zu sein. Ein Ziel inklusiver Zirkuspädagogik ist, durch Begegnung Ängste, Unsicherheiten und Vorurteile abzubauen und durch gemeinsames Tun zu erkennen, was einen verbindet.

Um die Resilienz-Stärkung aller Kinder und Jugendlichen sowie eine gelingende inklusivere Zirkuspädagogik zu ermöglichen, sind nach Ansicht der Autorinnen Freiwilligkeit, Partizipation, Empowerment und Ressourcenorientierung sowie ein ganzheitlicher Bildungsansatz, ausschlaggebende Voraussetzungen. Die Beachtung und Vermittlung grundlegender Sicherheitsstandards ist obligat, der Zirkus soll dabei ein geschützter und gewaltfreier Ort sein.

Praxisbeispiele

Projekte wie die oberbayerischen Kinderzirkustage *Manege frei* oder der *Zirkus Nordini* ermöglichen die gleichberechtigte und selbstbestimmte Teilhabe von Kindern mit und ohne Behinderung. Eine Woche lang können sie sich dort z.B. als Akrobaten*innen, Clown*in, Fakir*in, Jongleur*innen oder Seiltänzer*innen versuchen und rund um das große Zirkuszelt das bunte, aufregende Zirkusleben erfahren. Es geht nicht darum, den Teilnehmenden vorgefertigte Tricks beizubringen, sondern vielmehr um die Vermittlung von Grundkenntnissen in den unterschiedlichen Zirkuskünsten und um die Förderung der Kreativität und der Freude an der Selbstdarstellung. Dazu zählen auch die Motivation zum phantasievollen Gestalten, die Stärkung des Selbstbewusstseins, die allgemeine Förderung der Persönlichkeitsentwicklung und der Kindermitbestimmung. Bei unseren Projekten kommen junge Menschen mit vielfältigem sozialem und kulturellem Hintergrund n Kontakt. Wie Heimlich in seinem Beitrag belegt, kommen gelingende, inklusive Spielprozesse immer dann zustande, wenn alle Kinder am Spiel teilhaben und etwas zum Spiel beitragen können (vgl. Heimlich 2021) Sie bauen Vorurteile ab und lernen sich in ihren Unterschieden und ihrer Vielfalt kennen und schätzen. Indem sie zusammen Spaß haben, gemeinsame Ziele entwickeln und gemeinsam Erfolge erleben, nehmen die Teilnehmenden die positive Erfahrung des zwanglosen, kreativen Miteinanders mit nach Hause.

Gerade für Kinder berufstätiger Eltern bieten die Zirkustage eine optimale Ferienbetreuung, um die sich ein großes Team aus ehrenamtliche Mitarbeiter*innen, Zirkus- und Jugendübungsleiter*innen und Zirkuspädagog*innen kümmern. Für Teilnehmer*innen mit besonderem Betreuungsbedarf stehen zusätzliche Assistenzen für individuelle Einzelbetreuungen zur Verfügung.

Ein Beispiel aus der Praxis: Voneinander – Lernen

Ein Zirkuskind (12 Jahre) bringt ein zusätzliches Chromosom mit in die Zirkuswoche. Genau das ist seine Superkraft. Wo andere Jungs mit vorgehaltener Hand munkeln, dass Trapez eindeutig eine Mädchendisziplin ist, wirft er sich mitten rein. Er beschließt, bei den Schnupperworkshops, dass das genau sein Ding ist. Er ist voller Begeisterung, trainiert und es ist ihm egal, der einzige Junge der Gruppe zu sein. Die Mädchen wollen Feen sein. Schmetterlinge vielleicht. Bei der Kostümprobe entdeckt er einen Batman Anzug. Er will ein Fledermausmann am Trapez sein – so viel ist klar. Die Mädchen seiner Gruppe finden Fledermäuse auch gut und so entsteht eine spektakuläre Zirkusnummer. Der Superheld Batman trägt am Trapez eine coole Sonnenbrille und eine ganze Gruppe eleganter Fledermäuse ist mit in seinem Team. Gemeinsam lösen sie einen kniffligen Kriminalfall. Das Zirkuszelt tobt. Und die Jungs, sprechen davon, wie cool die Zirkusnummer am Trapez war.

Die Kinder üben und erarbeiten in Gruppen ihre eigenen Zirkusnummern, Foto: Mona Harangozo

Konzentration und Vorbereitung auf die große Abschlussgala, Foto: Fotohelden

Das Zelt füllt sich: Die Artist*innen sind bereit, Foto: Fotohelden

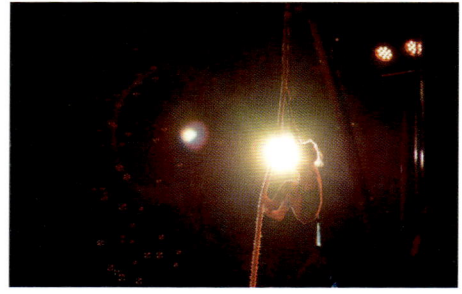

Jedes Kind bekommt seinen ganz persönlichen Moment in der Manege, Foto: Tobias Kroiß

Das „Spiel" mit dem Feuer: Die Fakir*innen trauen sich, Foto: Tobias Kroiß

Das große Finale, Foto: Tobias Kroiß

Im nächsten Jahr ist eine deutliche Durchmischung der Geschlechter zu bemerken. Von Jungs- oder Mädchendisziplinen ist seither wesentlich seltener die Rede. Unser Zirkuskind geht gestärkt aus der Woche. Er hat so viel soziales Feedback von Gleichaltrigen bekommen. Ist mitten drin. „Ich bin cool" jubelt er auf den Schultern eines älteren Jungens in der Abschlusskinderdisco. Den Anderen hat er gezeigt, wie toll es ist, seinem Herzen zu folgen und einfach zu machen, worauf man Lust hat.

Erste Schritte zu einem inklusiven Kulturprojekt

Mit diesem Artikel wollen wir dem/der Leser*in konkrete Handlungsschritte an die Hand geben, um Angebote für alle Zielgruppen zu öffnen. Die folgenden zehn Schritte beruhen auf Erfahrungen aus unserer Praxis, die uns in unserer Arbeit mit vielen unterschiedlichen Kindern und Jugendlichen geholfen haben.

› Gelassenheit – Die Angst, sich Menschen mit Behinderung gegenüber falsch zu verhalten, hemmt oft das Miteinander. Hilfreich ist, eine Portion Gelassenheit und Humor mitzubringen. Miteinander statt übereinander reden hilft. Solche Unsicherheiten kann und darf man thematisieren. Respektvolles Nachfragen bildet die Basis dafür, Dinge besser zu verstehen und individuell helfen zu können. „Menschen humorvoll, spielerisch und würdevoll zu begegnen bedeutet, sie in ihrem Kern, in ihrem Wesen ernst zu nehmen und sie wertzuschätzen." (Gilmore 2007, S. 7). Manchmal geschehen unvorstellbare Dinge – die Geheimwaffe ist Humor: Die Fähigkeit und Bereitschaft, auf bestimmte Dinge heiter gelassenen und mit Respekt zu reagieren. Gemeinsam zu lachen und eine gute Zeit zu haben. Lachen verbindet!

› Idee – Projekt/ Idee durch die *Inklusionsbrille* checken. Konkret heißt das, sich Barrieren bewusst zu machen und die Rahmenbedingungen in den Blick zu nehmen. Was erwartet mich? Wo sind Unsicherheiten? Und wo kann ich mir Unterstützung holen? Es ist sinnvoll, schon bei der Wahl von Übernachtungshäusern, Angeboten oder Orten, darauf zu achten, dass sie möglichst barrierearm sind oder sich Barrieren minimieren lassen.

› Mehrkosten – Inklusion ist häufig mit zusätzlichen Kosten verbunden. Um diese Mehrkosten zu decken, gibt es viele verschiedene Möglichkeiten. Um die entstehenden Kosten nicht auf die Teilnehmer*innen umlegen zu müssen, kann man beispielsweise Anträge bei der *Aktion Mensch*, dem *Bayerischen Jugendring* oder dem *Bezirksjugendring Oberbayern* stellen. (Im Internet findet man viele hilfreiche Beratungsangebote zur Fördermöglichkeiten).

› Personelle Ressourcen – Manche Kinder und Jugendliche mit Behinderung brauchen Unterstützung. Besteht ein besonderer Unterstützungsbedarf, bietet sich der Einsatz einer Assistenz an. Diese kümmert sich während der Maßnahme um die speziellen Bedürfnisse der jeweiligen Person (z.B. Anleitung beim Anziehen bis hin zu Pflege). Wenn eine Assistenz notwendig ist, kann Unterstützung von den Eltern angefragt werden. Viele Eltern haben einen Pool an Assistenzen, auf die man zurückgreifen kann. Man findet aber auch bei bekannten Trägern der Behindertenhilfe Unterstützung (z.B. *Lebendhilfe Bayern e.V.* oder *VdK Bayern e.V.*), bei größeren Stadt- und Kreisjugendringen oder Verbänden in eurer Nähe, die entweder mit euch kooperieren oder euch Schulungen für Jugendleiter*innen/ Betreuer*innen vermitteln können.

› Teilnehmer*innen Akquise – Um Teilnehmer*innen mit Behinderung zu errei-chen, genügt es oft nicht die gängigen Bewerbungswege. Aus diesem Grund ist es hilfreich, die Werbung auch bei Trägern der Behindertenhilfe zu verteilen, oder vielleicht sogar mit ihnen zusammenzuarbeiten. Ein besonders effektiver Weg ist unserer Erfahrung nach der, über die Elternbeiräte von heilpädagogischen Ein-richtungen. Die Erwähnung in Ausschreibungen, dass die Aktion „inklusiv" oder „offen für alle" ist. Manche Menschen mit Behinderung oder deren Familien fühlen sich sonst nicht angesprochen. Besonders geeignet sind Sätze wie „Wir freuen uns auch über Teilnehmer*innen mit Behinderung und bitten um Absprache bei der Anmeldung". Das hilft, gut vorbereitet in die Maßnahme zu starten. Hilfreich für alle ist dabei, die Verfassung von Ausschreibungen in einer einfachen und gut verständlichen Sprache.

› Elternarbeit – Der Kontakt zu den Eltern hat oft große Bedeutung für das Gelingen von Inklusion. Sie sind Expert*innen für ihre Kinder, daher ist es besonders wichtig, sich mit ihnen auszutauschen und Vertrauen aufzubauen. Nur wenn Eltern von Kindern mit Behinderung das Gefühl haben, ihre Kinder sind sowohl körperlich als auch sozial gut aufgehoben, melden sie sie an. Zu lang ist leider oft die Liste der schlechten Erfahrungen.

› Vorbereitung im Team – Unserer Erfahrung nach empfiehlt es sich, sich gemeinsam im Team auf Aktionen vorzubereiten. Und dort neben Ideen und Hoffnungen auch Unsicherheiten und Ängsten Raum zu geben. Bei der Planung alle mit einzube-ziehen und die Inanspruchnahme von Schulungen und Beratungsangeboten hilft, allen im Team Sicherheit zu geben.

› Methoden anpassen – Schon mit kleinen methodischen Veränderungen kann man viel erreichen, und alle können mitmachen. Z.B. können Aufgaben über alle Sinne erklärt und umgesetzt werden. Überlegt in der Gruppe, wer was besonders gut kann und versucht die Methoden so anzupassen, dass jede Stärke zum Einsatz kommt. Alle Mitglieder der Gruppe sind wichtig und sollen eingebunden werden. Es ist immer gut, die Kinder und Jugendlichen als Expert*innen in eigener Sache zu fragen, was sie können und was nicht. Im gemeinsamen Gespräch ergeben sich häufig Varianten oder Infos dazu, was jemand benötigt, um mitmachen zu können.

› Gruppe – Je bunter eine Gruppe ist, desto spanender wird sie und es gibt vielfältige Stärken und Erfahrungen der Teilnehmer*innen, auf die man zurückgreifen kann. Das bietet viele Chancen! Verlässliche Regeln und transparente Abläufe unterstützen alle Teilnehmer*innen darin, sich orientieren zu können. Struktur und immer wiederkehrende Rituale geben Kindern und auch Jugendlichen Halt und Sicherheit. Kinder und Jugendliche sind neugierig und wollen wissen, warum z.B. ein anders Kind im Rollstuhl sitzt, lustige Geräusche macht, oder nur einen Arm hat etc. Das ist völlig ok – Fragen sind wichtig. Unser Ratschlag ist: Nicht über uns, sondern mit uns! Nach Möglichkeit sollten deshalb die Teilnehmer*innen als Expert*innen einbezogen und dazu befähigt werden, die Fragen selbst zu beantworten. Alle haben Stärken und Schwächen. Das Ziel ist es, nicht die Behinderung, sondern den Menschen in den Mittelpunkt zu stellen.

› Weitere Informationen – Der *Bayerische Jugendring*, der *KJR München Land*, der *KJR München Stadt* und der *Bezirksjugendring Oberbayern*, haben gemeinsam als Praxishilfe ein Inklusions-ABC entwickelt. Hier findet sich praktisches Basiswissen für die Jugendarbeit, außerdem weitere konkrete Ideen, Hilfen und Informationen wie beispielsweise zu rechtlichem Hintergrund, Medikamentengabe, Packlisten usw. (Kostenlos zum Download unter: https://shop.bjr.de/materialien/204/inklusion-von-a-z)

Fazit

Kultur kommt im Inklusionsprozess eine bedeutende Rolle zu. Partizipation ist dabei der Schlüssel zur Inklusion. Durch die vielfältigen Interessen entsteht Raum für ein neues Miteinander. Hierbei wird von den individuellen Stärken des Einzelnen ausgegangen. Der kreative Prozess wird zum zentralen Lernfeld für den gesellschaftlichen Wandel.

Inklusive Angebote sind oft mit zusätzlichem, auch personellem Aufwand verbunden und erfordern in Sachen Planung, Durchführung und Finanzierung einen besonderen Bedarf und entsprechende Ressourcen. Doch ist es für alle Beteiligten lohnenswert, sich den Herausforderungen zu stellen und die Konzeptplanung inklusiv zu erarbeiten. Das Ziel ist es selbstredend, in Zukunft wirkliche Barrierefreiheit zu erreichen. Bis dahin ist es ein guter Anfang, Gelingensbedingungen im Kleinen zu schaffen. Wichtig ist nicht, dass eine perfekte Lösung aus dem Hut gezaubert wird, sondern, dass man sich mit Mut und Kreativität auf den Weg macht!

Literatur

Eberl, Caro/Harangozo, Mona/Rohrbach, Mia/von Voigts-Rhetz, Friederike (2019). Inklusion von A-Z Praktisches Basiswissen für die Jugendarbeit. München. https://shop.bjr.de/materialien/204/inklusion-von-a-z [Zugriff 15.09.2021]

Gilmore, David (2007). *Der Clown in uns.* München: Kösel-Verlag.

Heimlich, Ulrich (2021). Resilienz und Inklusion durch Kulturelle Bildung im Spiel. In: Dietrich, Michael/Zalcbergaite, Viktorija (2021). Kultur.Spiel.Resilienz. Vom Wert der Kulturellen Bildung in Krisen. München: kopaed.

Helmut Obst

Die Bibliothek der Stiftung Pfennigparade als vielfältiger Schutzraum in der Krise

In diesem Beitrag möchte ich auf den Aspekt der Resilienz im Zusammenhang mit der Bibliothek der Stiftung Pfennigparade als Ort und ihren traditionellen sowie neugeschaffenen Angeboten eingehen. Ich hoffe, dass mein Bericht über die Erfahrungen in der Krise als Bibliotheksleiter die Wirkung der Kulturarbeit in unserem besonderen Umfeld exemplarisch deutlich macht.

Die Stiftung Pfennigparade als starker Träger der Bibliothek

Die Bibliothek wird von der Stiftung Pfennigparade, dem größten Rehabilitationszentrum für Menschen mit Körperbehinderung in Süddeutschland, betrieben. Die Stiftung bietet Wohngruppen, Werkstätten und Schulen und hat ihren Hauptsitz im Norden Münchens. Aufgrund der speziellen Zielgruppe von jungen und alten Menschen mit Behinderung wurde die Bibliothek schon bei ihrer Gründung 1996 barrierefrei konzipiert und ist ein etablierter inklusiver Ort der Begegnung in der Einrichtung. Durch die fachliche hauptamtliche Leitung und die Finanzierung eines festen Budgets ist eine professionelle Arbeit mit einem attraktiven Angebot für junge und alte Besucher*innen gegeben.

Die Coronapandemie und ihre Auswirkungen in der Stiftung Pfennigparade

Die Coronapandemie hatte gerade in diesem Bereich mit vielfach besonders gefährdeten Menschen mit Behinderung massive Auswirkungen auf den Alltag. Als die Krise Anfang des Jahres 2020 Deutschland erreichte, mussten viele betreute Menschen unserer Einrichtung vorsichtshalber fernbleiben. Ein Krisenstab mit den Vorständen, dem leitenden Arzt und weiteren Mitarbeiter*innen der Stiftung tagte wöchentlich. Das Gremium analysierte regelmäßig die Lage, leitete umfassende Schutzmaßnahmen mit stets aktualisierten Hygienekonzepten ein und informierte kontinuierlich die Kolleg*innen über das Infektionsgeschehen und die getroffenen Entscheidungen. Als auch unsere inklusiven Schulen gänzlich geschlossen wurden, war der Lockdown auf dem Gelände durch eine unwirkliche, gespenstische Ruhe zu spüren.

Kulturelles Wirken der Bibliothek für eine gesunde Bewältigung der Krisenzeit

Der reguläre Bibliotheksalltag mit regem Besucherverkehr und den Räumlichkeiten als le-

bendiger Aufenthaltsort war somit zunächst stark erschüttert. Der physische Raum der Bibliothek mit all seinen Vorzügen fiel zu den Zeiten der vorgegebenen Schließung weg. So wurden für unsere Arbeit bislang unbekannte Schwellen aufgebaut, die es findig und wirkungsvoll zu bewältigen galt. Ein erster Schritt bei meiner fortwährenden Tätigkeit vor Ort war, zu signalisieren, dass das Bibliothekspersonal weiterhin erreichbar und bereit für Anfragen aller Art ist. Mehr und mehr wurde von diesem individuellen Serviceangebot Gebrauch gemacht. Literatur und Geschichten in Form von verschiedenen Medientypen geben unseren jungen Bibliothekskund*innen mit und ohne Behinderung schon seit jeher Halt und stärken sie bei ihrer Persönlichkeitsbildung während ihrer Jahre des Schulbesuchs in der Stiftung Pfennigparade. Gerade manches Kind, das durch seine Beeinträchtigung leicht zum Außenseiter werden kann, genießt die sichere Bibliotheksumgebung als wohltuenden Schutzraum und die aufbauende Erfahrung der Selbstwirksamkeit durch den Umgang mit Literatur und Medien. Schüler*innen mit Autismus schätzen beispielsweise unsere kulturellen Angebote im vertrauten Rahmen sehr. Die bisherige Option des Aufenthalts vor Ort war jedoch in den strengen Lockdown-Phasen temporär nicht gegeben. Von unserer Seite wurden Probleme mit der rechtzeitigen Medienrückgabe durch pauschales Umsetzen der Leihfristen vermieden und während der Schließzeit die Möglichkeit eines sogenannten „Leihverkehrs-To-Go" angeboten. Recherche und Auswahl konnten dabei einfach ortsunabhängig über unseren Online-Katalog erfolgen. Die Eltern mancher Schüler*innen nahmen sehr gerne die Aufgabe des Bringdienstes von heiß begehrten Medien an und versorgten ihre teilweise stark gesundheitlich gefährdeten Kinder zuhause auf diese Weise mit der geschätzten Literatur.

Erweiterung des digitalen Angebots der Bibliothek

Unser Medienbestand für Erwachsene sowie Kinder und Jugendliche hat sich im Oktober 2020 durch eine wesentliche willkommene Innovation um mehr als das Doppelte erweitert. Um Ausleihen elektronischer Medien wie eBooks, eAudios oder ePaper überall und jederzeit für alle Nutzer*innen möglich zu machen, ist die Bibliothek der Stiftung Pfennigparade dem Onleihe-Verbund BiblioLoad beigetreten. Der Zusammenschluss besteht aus bisher sieben

südostbayerischen Bibliotheken und hat ein wirklich umfangreiches, attraktives eMedien-Angebot. Rechtzeitig vor dem zweiten Lockdown zum Jahreswechsel 2020/2021 mit erneut geschlossener Bibliothek konnte so eine wertvolle digitale Medienversorgung bereitgestellt werden. Das Potenzial dieser digitalen Bibliothek wurde auch von den Lehrkräften unserer inklusiven Grund- und Mittelschule erkannt und für den passenden Einsatz im Distanzunterricht vorgesehen.

Virtuelle Veranstaltungsarbeit

In den Zeiten der Pandemie konnten viele reguläre Präsenzangebote nicht mehr in der gewohnten Form stattfinden. In der Vergangenheit wurde in der Bibliothek zwei Mal wöchentlich ein abwechslungsreicher Spiel- und Basteltreff angeboten. Viele Kinder von unserer Heilpädagogischen Tagesstätte haben dieses inklusive Nachmittagsangebot gerne wahrgenommen. Aufgrund der Einschränkungen im Zuge des Infektionsschutzes konnten wir es jedoch nicht fortführen. Für Schüler*innen in der sechsten Klasse der Realschule gab es jährlich bewährte Krimi-Schreibwerkstätten als eintägige Workshops mit professionellen Anleiterinnen in der Bibliothek. Schon recht frühzeitig haben wir die Planung dieser Veranstaltung auf eine virtuelle Variante umgestellt. Vorab erfolgte eine gute Abstimmung mit der ausrichtenden Münchner Stadtbibliothek und dem Verein „Kultur & Spielraum", bei der die bestehenden Konzepte entsprechend angepasst wurden. Die Schüler*innen unserer Schulen arbeiten in ihrem neuen digitalen Unterrichtsalltag mit der Plattform Microsoft Teams. Jeder einzelne wurde dabei mit seinen Einschränkungen individuell berücksichtigt und die Teilnahme am Online-Unterricht nach bester Kräften möglich gemacht. Gerade für jüngere Schüler*innen und bei schweren Behinderungsbildern war dies nicht immer einfach. Zur Durchführung unserer Schreibwerkstätten im Februar 2021 wurde die Software Zoom eingesetzt. Die Kinder kamen auch bei diesem Programm, teilweise mit etwas Hilfestellung, gut zurecht und erlebten eine gelungene Veranstaltung mit kompetenter Leitung im virtuellen Raum.

Die angestrebten Ergebnisse dieser Krimi-Schreibwerkstätten sind dreiseitige Texte, mit denen sich die Kinder für den jährlich ausgelobten Münchner Kinder-Krimipreis bewerben können. Seit drei Jahren bin ich dabei ein Mitglied der Hauptjury und habe die Aufgabe, bei der Auswahl der jungen Preisträger*innen in drei Altersstufen mitzuwirken. Die für Anfang April 2020 im Münchner Literaturhaus geplante Preisverleihung musste pandemiebedingt entfallen. Die Jury-Sitzung fand in diesem sowie im Folgejahr als Video-Konferenz statt. Der kontroverse Entscheidungsprozess wurde dabei nicht beeinträchtigt.

Rückkehr resilienter Kinder in eine neue Normalität

So wurden neue Wege gesucht und gefunden, um mit manchen Modifikationen die Medienbereitstellung physisch und digital sicherzustellen und eine weitgehende Kontinuität der beliebten Veranstaltungsarbeit in der Kinderkultur aufrechtzuerhalten. Die Bibliothek konnte so auch in der Zeit der Kontaktbeschränkungen die Verbindung mit ihren jungen Leser*innen halten. Diese Bereicherung durch die Möglichkeiten des fortwährenden Kulturgenusses mit den Bibliotheksangeboten war der Resilienz der Kinder in unserer inklusiven Einrichtung zweifelsohne zuträglich.

Die Kinder kehren nun im Zuge des Präsenzunterrichtes auch in die Bibliothek als ihren Ort der Begegnung zurück. Ich erlebe dabei immer wieder die Begeisterung der Kinder für „ihre" Bibliothek und die von ihnen vermissten Angebote. Als mutmaßlicher Effekt ihrer gesteigerten Resilienz sind die Schüler*innen im Umgang merklich achtsamer geworden. Bei den Grundschulklassen-Besuchen mit Beachtung der Hygieneauflagen geben die Kinder ein entliehenes beliebtes Buch sorgsam an ihre Mitschüler*innen weiter, damit diese jeweils in den Genuss der Lektüre kommen können. Diese vielfältige Rücksichtnahme aufeinander in unserer besonderen Einrichtung ist vor dem Hintergrund der Pandemie noch größer geworden und zeugt eindrucksvoll vom gegenseitigen Respektieren, das ein Entfalten der Persönlichkeiten so bedeutend fördert.

Die neue Normalität im Alltag der Stiftung wird wohl noch lange von den Hygienekonzepten und den sich wandelnden Vorgaben bestimmt sein. Dass die Kinder aber wieder mit ihrer ganzen Lebendigkeit, körperlich und seelisch unversehrt im Haus sind, ist eine große Freude und die Basis für eine vielversprechende Fortsetzung unserer kulturellen Bildung, die gewiss auch präventiv in potenziellen Krisen der Zukunft wirkt. So werden wir auch künftig mit großem Engagement versuchen, den Weg der Schüler*innen in unserer Einrichtung bestmöglich zu begleiten und ihnen durch manch fiktionale Gedankenreise Kraft für ihr reales Leben mit seinen Herausforderungen zu geben.

Isabelle Zahradnyik

Ich und meine Sinne – Waldbaden

Inspirationen aus der japanischen Therapieform Shinrin Yoku

Eingetaucht! Hü-hüpf!

Heute tauchen wir ein in die Natur, die Bäume und deine Fantasie! Gerne kannst du das Waldbaden mit deiner Familie und deinen Freund*innen ausprobieren. Doch Vorsicht, denn wir spitzen die Sinne und werden ganz wachsam – jede*r für sich.

Hier ein paar Tipps:
> Nimm dir wirklich Zeit, zu erleben.
> Entdecke die Natur um Dich herum mit all deinen Sinnen.
> Verweile an Orten, die dir gefallen, an denen du dich geborgen fühlst.
> Atme ruhig und tief.
> Entspanne dich.

Suche einen Ort in der Natur auf, an dem du dich wohl fühlst. Am besten mit ein paar Bäumen, die dir gefallen. Es muss kein Wald sein. Es kann auch ein Park oder eine Wiese in deiner Nähe sein.

Stelle dir vor, dass du nun eine richtige Schwelle übertrittst – eine Schwelle hinein ins Becken des Naturbadens. Das kann ganz langsam und leise mit einem großer Schritt gemacht werden. Hier tauchst du bewusst mit all deinen Sinnen in die sichtbare und unsichtbare Natur ein. Achte darauf, dass du ruhig und gut atmest. Du musst jetzt nicht viel sprechen oder Irgendetwas besonders gut machen. Beobachte und erlebe einfach.

Schließe deine Augen
> Was kannst du hören? Wie ist die Luft? Die Atmosphäre?
> Spürst du vielleicht, wie dich die Sonne streichelt und/oder der Wind um dich saust?
> Hörst du Vögel, Autos, Menschen?

Augen auf:

› Was siehst du?

› Welche Farben und Formen kannst du um dich herum wahrnehmen?

› Welche Farben haben die Bäume? Tragen sie Blätter? Wie sehen sie aus?

› Nimm Licht und Schatten bei den Pflanzen wahr.

› Kannst du ganz besonders spannende Strukturen auf den Rinden wahrnehmen?

› Beobachte.

Schnüffel–schnüffel:

› Nimm die Gerüche wahr.

› Wie riechen die Bäume, die Erde, die Blätter, das Moos? Aber Vorsicht, tu den Pflanzen nicht weh.

Tasten:

› Wie fühlen sich die Bäume an?

› Wie der Erdboden?

› In Monaten ohne „r" kannst du bei schönem Wetter auch versuchen, barfuß zu laufen.

Sei wachsam, denn überall warten Überraschungen auf dich!

Spiel: Blinde Waldtaucher*innen

Geht zu zweit zusammen. Eine Person schließt die Augen. Ihr könnt auch eine Augenbinde benutzen. Die andere Person führt dich an der Hand oder den Schultern vorsichtig durch den Wald, durch Wiesen und behutsam zu besonders spannenden Dingen, die in Ruhe erfühlt und erschnüffelt werden können. Die Person, die führt, kann die Umgebung beschreiben – auf kleine Unebenheiten am Boden aufmerksam machen – behutsam sein, mit der Person, die nichts sieht. So kann Vertrauen entstehen. Nach einer Weile wechselt Ihr Euch ab.

Eine Fantasiereise:

Der blühende Baum – Dein Platz in der Welt

Setze dich entspannt und aufrecht hin. Wenn du auf einem Stuhl sitzt, dann stelle beide Füße flach auf den Boden. Atme tief ein und aus. Entspanne deine Schultern und lasse sie fallen. Schließe die Augen. Stelle dir vor, dass über dir eine glänzende Sonne ist. Mit jedem Atemzug holst du ihre Wärme und Energie durch deinen Kopf in dein Herz. Beim Ausatmen lässt du das goldene Licht am Ende deiner Wirbelsäule wie Wurzeln in die Erde

austreten. Es entsteht ein riesengroßes Wurzelwerk. Mit jedem Ausatmen wächst die Wurzel weiter in den Erdboden hinein. urch die Erde, an Steinen und Wasseradern vorbei. Immer tiefer und tiefer. Mit jedem Einatmen kommt Sonnenlicht in dein Herz und mit jedem Ausatmen strömt es in die Wurzel. Spüre wie deine Wurzeln tief und fest in der Welt verankert sind! An der Spitze der Wurzel fühlst du plötzlich etwas sehr

Warmes – den Erdkern. Ja, so weit sind deine Wurzeln schon vorgedrungen! Spüre wie die Wurzeln warm werden. Und nun ziehe diese wohlige Wärme mit jedem Einatmen durch deine Wurzeln über deine Wirbelsäule in dein Herz. Mit jedem Ausatmen lasse die Wärme aus deinem Herz ausströmen und oben durch deinen Kopf hinaus fließen – wie eine große blühende Baumkrone. Du bist wie ein großer schöner, starker und wundervoller Baum. Aus den Wurzeln tritt Wärme, Licht und Kraft in dich ein und strömt durch deinen Kopf wieder hinaus. Stelle dir vor, wie aus deinem Kopf heraus kräftige und gesunde Äste wachsen, die sich in den Himmel strecken und ein dichtes Blätterwerk mit wundervolle Blüten bilden. Du darfst wachsen und wachsen! Strecke und recke Dich!

„Ich ging im Walde so für mich hin,
und nichts zu suchen, das war mein Sinn."
(Johann Wolfgang Goethe)

Ein Projekt von PA/SPIELkultur e.V. – www.spielkultur.de

Weitere Ideen und Anregungen gibt es auf www.kiku-online.net/gluecksreise

Gerd Leppich

Kreativität in der kognitiven Verhaltenstherapie

Um psychotherapeutische Behandlungsansätze für Kinder und Jugendliche umfassend bewerten zu können, sollten neben der wissenschaftlichen Evidenz, der Stabilität der Behandlungseffekte und der Kosten-Nutzen-Effektivität auch die Robustheit und Adaptierbarkeit berücksichtigt werden. Die Implementierbarkeit unter nicht optimalen Bedingungen oder in unterschiedlichen kulturellen Kontexten spielt gerade in der Behandlung von Kindern und Jugendlichen in Krisensituationen eine entscheidende Rolle. Nach einer solchen umfassenden Prüfung erweist sich die Traumafokussierte Kognitive Verhaltenstherapie (TF-KVT) anderen derzeit angebotenen Verfahren als überlegen (vgl. Cohen et al. 2009 und Rosner, Fornaro & Unterhitzenberger 2019). Beispielsweise hat sich die TF-KVT unter der Einbeziehung von Bezugsbetreuer*innen und Dolmetscher*innen in der Behandlung von schwer traumatisierten jungen Geflüchteten bewährt. Das modular aufgebaute Therapie-Manual lässt sich in jeder Behandlungsphase prozessorientiert an die individuellen Bedürfnisse der Patient*innen anpassen. So trifft etwa die tradierte Hypothese der Allgemeinen Psychologie, nach der pro Zeiteinheit ein konstanter Betrag an Information verarbeitet wird, unter Beachtung interindividueller und intraindividueller Variablen oft nicht zu (vgl. Holzapfel & Leppich 1990). Tempo und inhaltliche Strukturierung der einzelnen Behandlungsschritte müssen deshalb immer an die Verarbeitungskapazität der Kinder und Jugendlichen angepasst werden. Besonders herausfordernd sind in dieser Hinsicht Behandlungen mit Sprachbarrieren und mit Menschen, bei denen kognitive Einschränkungen bestehen (vgl. Werther 2005). Je nach Alter, Entwicklungsstand und sprachlichen Möglichkeiter werden die Ziele der Module unter Einsatz ressourcenorientierter, spielerischer und kreativer Herangehensweisen umgesetzt. Dabei führt das fokussierte Vorgehen zu schnellen Bewältigungs- und Selbstwirksamkeitserfahrungen und einer kurzen Therapiedauer. Im Folgenden werden in 10 Vignetten kreative und gestaltende Methoden vorgestellt, die im Rahmen von KF-KVT oder diese stützenden Behandlungen entwickelt wurden.

Die Welt gerät ins Taumeln – was uns nachdenklich macht

Gruppentherapie für psychisch kranke Jugendliche parallel durchgeführt zu TF-KVT-Behandlungen zur individuellen Ausdrucksförderung; die kunsttherapeutische Ausrichtung ermöglichte es den Patient*innen, sich ergänzend zur kognitiv-verbalen Arbeit, ohne Worte auszudrücken.

Auftraggeber: Kinder- und Jugendhilfe e.V., Penzberg

Datum: September 2010 bis Januar 2011

Methoden: Therapiebegleitende kognitive Arbeit in Kleingruppen und im Plenum, Gestaltung von Texten und Bildern (Linolschnitt, Zeichnung, Acrylmalerei) und Präsentation der gemeinsam geschaffenen Installation „Lebenskreis" im Rahmen der Ausstellung „Menschenskinder … eine Überraschung", Dezember 2010 bis Januar 2011 im Stadtmuseum Penzberg

Wo ich lebe – was ich sehe

Therapiebegleitender Gruppenworkshop für Jugendliche zur individuellen Ausdrucksförderung, parallel zu TF-KVT-Behandlungen. Die Teilnehmenden wurden selbst kreativ aktiv und erlebten unmittelbar Selbstverursachung von Erfolgen. Die Werke, die im kunsttherapeutischen Workshop entstanden sind, wurden nicht bewertet. Die Patient*innen sollten sich frei von Konventionen und ohne Angst vor Fehlern ausdrücken können.

Auftraggeber: Kinder- und Jugendhilfe e.V., Penzberg

Datum: September und Oktober 2011

Methoden: Anleitung zum Malen von Bildern (Acryl auf Leinwand)

Präsentation der Werke im Rahmen der Ausstellung „Penzberg wird sichtbar", September und Oktober 2011 in der Sparkasse Penzberg

Plastische Arbeit aus der Psychotherapie mit einem traumatisierten Jungen

Auftraggeber: Kinder- und Jugendhilfe e.V., Penzberg

Datum: September 2012 bis Juli 2013

Methoden: TF-KVT mit gestalterischen Techniken im Rahmen der Stabilisierungsphasen (Pappmachée auf Pappe und Draht). Die Traumatherapie gliederte sich nach einer eingehenden Diagnostik in die drei Phasen: Stabilisierungsphase, Phase der Traumaexposition/Traumakonfrontation und Integrationsphase. Die Phasen bauten in ihren Arbeitsergebnissen aufeinander

auf und ergänzten sich gleichzeitig. Im Rahmen der TF-KVT waren diese Phasen zeitlich teilweise überlappend angeordnet. Beispielsweise war in der Phase der Traumaexposition oft eine weitere Stabilisierungsarbeit erforderlich. Die Stabilisierungsphase diente der Rückerlangung einer möglichst weitreichenden körperlichen und seelischen Stabilität, u.a. auch der Verbesserung von Selbstwahrnehmung und Achtsamkeit.

Acryl-Bilder aus den Traumatherapien mit drei Geschwisterkindern

Auftraggeber: Kinder- und Jugendhilfe e.V., Penzberg

Datum: September 2016 bis Juli 2017

Methoden: Spieltherapie, TF-KVT, gestalterische Techniken (Acrylfarbe auf Leinwand und Karton)

Die tote Mutter.   Familie.

Körper-Bilder aus Gruppeninterventionen zur Prävention sexueller Gewalt mit Grundschulkindern

Auftraggeber: Kinder- und Jugendhilfe e.V., Penzberg

Datum: September 2016 bis Juli 2017

Methoden: An individuelle TF-KVT-Behandlungen anschließend wurde ein seit 1995 kontinuierlich evaluiertes und weiterentwickeltes modular aufgebautes Präventionsprogramm (Täter- und Opferaspekte) für Bezugspersonen und Kinder mit alters- und geschlechtsspezifischen Übungen und Spielen je Modul (vgl. Leppich 2000 und Leppich 2002) durchgeführt. Es kamen schwerpunktmäßig dramatisch-gestalterische Methoden zum Einsatz. Den Kindern wurden u.a. sog. Präventionsregeln vermittelt, z.B. „Mein Körper gehört mir", „Ich darf NEIN sagen" oder „Es gibt gute und schlechte Geheimnisse". Die Beispiele zeigen individuelle lebensgroß erstellte Körperbilder, auf denen die Kinder mithilfe von Ampel-Farben Bereiche kennzeichneten, in denen sie Berührungen durch andere Menschen gestatten (grün) und verbieten (rot). Die gelbe Farbe signalisiert Zonen, in denen Erlaubnis und Verbot je nach Person, Situation und anderen Bedingungen variieren.

Puppen – eine Untersuchung weiblicher Körperbilder

Gruppenworkshop für jugendliche Mädchen mit Essstörungen, an dem zwei Patientinnen nach TF-KVT teilnahmen

Auftraggeber: Kinder- und Jugendhilfe e.V., Penzberg

Datum: September 2013 bis März 2014

Methoden: Kognitive Arbeit in Kleingruppen und im Plenum, Körperübungen, Gestaltung von Bildern (Linolschnitt, Papiercollagen) und Plastiken (Pappmachée auf Draht); Präsentation der gemeinsam geschaffenen Plastik „Luna, die Gegenbarbie" im Rahmen der Ausstellung „Spielzeug", Dezember 2013 bis Januar 2014 im Stadtmuseum Penzberg sowie in der Ausstellung „... Spuren hinterlassen ... Frauenbewegung und sozialer Wandel", März 2014 im Starnberger Landratsamt

Luna.

Die beste Bande der Welt

TF-KVT-begleitender Gruppenworkshop für Kinder und Jugendliche zum Aufbau von Selbstwirksamkeit in der stationären Jugendhilfe zum Buch von Saskia Hula und Ina Hattenauer

Auftraggeber: Kinder- und Jugendhilfe e.V., Penzberg

Datum: Februar bis Juni 2015

Methoden: Gemeinsames Lesen, kognitive Arbeit in Kleingruppen und im Plenum, Entwickeln und Gestalten von Texten, Liedern, einem Theaterstück, Kostümen und Plastiken (Pappmachée auf Draht und Karton); Präsentation der Werke im Rahmen des Begleitprogrammes zum Jugendliteraturpreis „Penzberger Urmel" in der Montessori-Schule Penzberg, Juni 2015

Ich bewege mich. Was bewegt mich?

TF-KVT-begleitende Gruppenworkshops für Kinder und Jugendliche in der stationären Jugendhilfe zur individuellen Ausdrucksförderung

Auftraggeber: Kinder- und Jugendhilfe e.V., Penzberg

Datum: fortlaufend von September 2014 bis Juli 2016

Methoden: Kognitive Arbeit in Kleingruppen, Gestaltung von Bildern (Gouache und Acryl auf Papier); Präsentation der Werke als Dauerausstellungen in der Ambulanz des Heckscher-Klinikums, Wolfratshausen seit Dezember 2014 und seit Dezember 2015 in der kinder- und jugendpsychiatrischen Praxis Dr. Olteanu, Weilheim

Psychotherapie eines traumatisierten jungen Erwachsenen

aus Afghanistan mit geringen deutschen Sprachkenntnissen, beeinträchtigtem Sicherheitserleben und fragmentierten Wahrnehmungen und Erinnerungen

Auftraggeber: Kinder- und Jugendhilfe e.V., Penzberg

Datum: September 2015 bis April 2016

Methoden: TF-KVT, zeitweise mit Übersetzer, Exposition von traumaspezifischen Hinweisreizen mithilfe von Buntstift-Zeichnungen. In der Expositions-Phase wurden einzelne traumatische Erlebnisse mithilfe spezieller erleichternder Techniken (z.B. EMDR, Bildschirm-Technik, oder auch gestaltender Techniken) kontrolliert und dosiert genauer betrachtet und durchgearbeitet.

Taliban 1   Taliban 2

Psychotherapie eines komplex-traumatisierten jungen Erwachsenen

aus dem Iran mit geringen deutschen Sprachkenntnissen, beeinträchtigtem Sicherheitserleben und fragmentierten Wahrnehmungen und Erinnerungen

Auftraggeber: Kinder- und Jugendhilfe e.V., Penzberg

Datum: September 2016 bis Februar 2017

Methoden: TF-KVT und Strukturierte Trauma-Intervention (STI) zunächst mithilfe von Bleistift-Zeichnungen, später in Acryl auf Leinwand; mittels eines genau vorgegebenen Weges wurde die ursprüngliche Wahrnehmung einzelner traumatischer Erlebnisse rekonstruiert (künstlich aufspalten und Stück für Stück wieder zusammengefügt) und bewältigt. Es wurde auf einer imaginären „Brücke" gearbeitet, die sich von einem sicheren Ausgangspunkt zu einem sichern Endpunkt spannte.

Im ägäischen Meer.

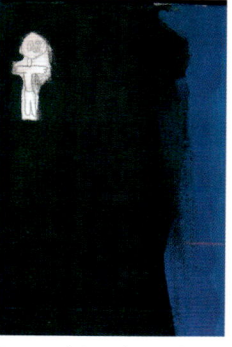
Das ertrinkende Kind.

Im Paradies.

Literatur

Cohen, Judith A., Mannarino, Anthony P., Deblinger, Esther (2009). Traumafokussierte kognitive Verhaltenstherapie bei Kindern und Jugendlichen. Heidelberg: Springer.

Holzapfel, Wolfgang und Leppich, Gerd (1990). Informationsgehalt, Komplexität und Lernleistung bei sequentiellen Labyrinthen. In: 32. Tagung experimentell arbeitender Psychologen, Regensburg: Universität Regensburg.

Leppich, Gerd (2000). Evaluation eines Präventionsprogrammes zur Risikominderung sexuell motivierter Gewalt. In: Informationsdienst Kindesmisshandlung und Vernachlässigung, 2/2000. Köln: DGgKV.

Leppich, Gerd (2002). Das Penzberger Präventionsprogramm zur Risikominderung sexueller Gewalt. In: Prävention & Prophylaxe, 3/2002. Berlin: Die Jonglerie.

Rosner, Rita, Fornaro, Patrick und Unterhitzenberger, Johanna (2019). Traumafokussierte Therapie für Kinder, Jugendliche und ihre Bezugspersonen: Was Psychotherapeutinnen wissen sollten und wie sie sich online weiterbilden können. In: Psychotherapeutenjournal, 2/2019. Heidelberg: medhochzwei Verlag.

Werther, Frauke (2005). Warum finden Menschen mit geistiger Behinderung so schwer einen ambulanten Psychotherapieplatz? In: Psychotherapeutenjournal, 2/2005. Heidelberg: medhochzwei Verlag.

Uta Schnuppe Strack

Kunstvoll Flucht begegnen

Mit dem feuerroten Kunst-Mobil in den ländlichen Raum –
aus eigener Erfahrung

Menschen werden mit den unterschiedlichsten Situationen konfrontiert, die sie zur Flucht bewegen, daher gibt es zahlreiche Beweggründe, sein „altes" Leben zu verlassen. Eine kurze Aufzählung soll lediglich ein Einstieg in die komplexe Thematik sein, welche Arten der Flucht es gibt:

> sein Land/seine Region zu verlassen als Reaktion auf Gefahren, wie z.B. Krieg, politische Diktatur, Ausgrenzung religiöser Minderheiten, Vertreibungen, Diskriminierung oder Verfolgung bestimmter Gruppen, Völkermord, Massaker, Hungersnöte, Naturkatastrophen oder Armut
> wenn Soldat*innen im Krieg ihr Heer verlassen
> wenn Menschen sich in Sicherheit bringen, da sie individuell verfolgt und bedroht werden durch Angehörige bzw. Verwandte
> sich zu befreien aus Gefangenschaft, bzw. Unfreiheit oder Sklaverei
> Schutz vor häuslicher Gewalt zu suchen, indem Kinder, Jugendliche, Frauen und Männer sich in westlichen Ländern in Einrichtungen der Kinder- und Jugendhilfe, Frauen- und Männerhäuser begeben, um Schutzräume zu finden
> die psychische Abkehr eines Menschen von der Welt. Der innere Rückzug eines Menschen ist oft einhergehend mit der sozialen Isolation. Die Ursachen sind vielfältig und stehen zum Teil in Wechselbeziehung und können sich gegenseitig verstärken. Betroffen sein können alle Menschen: Kinder, Jugendliche, Senior*innen, Student*innen, Hochbegabte, Alleinerziehende, chronisch oder akut Erkrankte, Menschen mit Einschränkungen, Ausländer*innen/Migrant*innen, Strafverfolgte, Strafgefangene, Menschen mit traumatischen Erfahrungen

(vgl. Wikipedia, Flucht)

Allein diese Aufzählung reduziert das Erlebte auf eine kurze Umschreibung, was mir als nicht ausreichend würdigend erscheint; so kann ich den Einzelschicksalen nicht gerecht werden. Mir gelingt nicht mehr die Betrachtung der einzelnen Menschen und ihrer Geschichten, sondern nur eine Aufreihung von Fluchterlebnissen. Daher möchte ich mich darauf beschränken, einen möglichen Weg aus einer tiefgreifend schwerwiegenden Fluchterfahrung zu beschreiben.

Wie geht man mit derartig einschneidenden Erlebnissen um? Wie drückt man sich aus, wenn einem die Worte fehlen? Wie kommt man aus der Gedankenschleife, die einem die Geschehnisse immer wieder ins Bewusstsein ruft? Wie bringt man zum Ausdruck was einen tief verletzt, bewegungsunfähig macht, enttäuscht, vielleicht sogar krank macht? Wie kommt man mit der neuen Lebenswirklichkeit zurecht?

Gleich vorweg, ich bin keine Expertin, Ärztin, Psychologin, Heilpraktikerin, Kunsterzieherin oder dergleichen. Warum ich über dieses Thema schreiben möchte? Ich war

selbst auf der Flucht vor meinen eigenen traumatischen Erfahrungen. Daher möchte ich exemplarisch von meinem Weg erzählen, wie ich meiner Flucht kunstvoll begegnet bin.

Es gibt nie den einen richtigen Weg aus der Krise, dafür sind wir Menschen zu unterschiedlich. Doch es kann ein guter Beginn sein, die Möglichkeit zu wählen, sich künstlerisch auszudrücken.

Meine Schwägerin brachte mich damals auf die Idee. Sie fragte mich, ob ich „Herzenswünsche" hätte, „Was wolltest du schon immer einmal tun?". Sie wollte, dass ich Lust bekomme, mich mit meinen eigenen Wünschen und Hoffnungen auseinanderzusetzen. Da ich bunte Farben und Malerei liebe, war dies einer meiner Wünsche: Ich hatte seit meiner Schulzeit nicht mehr gemalt, war also völliger Neueinsteiger, hatte aber Lust, mich mit Acrylmalerei auseinanderzusetzen.

Ich buchte einen Malkurs über drei Monate, der einmal wöchentlich über drei Stunden stattfand. Was ich dort nach meinem traumatisierenden Erlebnis erfuhr, war, dass mich der Malunterricht vollkommen in Anspruch nahm und meine ganze Aufmerksamkeit forderte. Diese Tätigkeit schaltete mein – sich dauernd drehendes – Gedankenkarussell ab. Meine Sorgen traten für diese kurze Zeit in den Hintergrund. So erlebte ich Momente der Ruhe und Entspannung. Außerdem ermüdete mich die Tätigkeit so sehr, so dass ich nach Tagen, an denen ich gemalt hatte, besseren Schlaf fand. Bald schon begann ich,

auch zu Hause zu malen, um Bilder weiterzuführen und für mich zu erkunden. Ich habe erst im Rückblick realisiert, wie gut mir „meine Malpausen" taten.

Ich hatte Freude an den Farben, ich versuchte Bilder zu kopieren, die mir gefielen und ich freute mich über kleine Fortschritte. So erlebte ich kleine Glücksmomente. Ich malte zu Themen, die mich beschäftigten, die mir wichtig erschienen. So lernte ich nach und nach meine Gefühle und innere Welt bildlich auszudrücken, was mir mit Sprache nicht gelang. Genau hinzusehen, die Nuancen zu erkennen, war für mich ungewohnt und bis heute versuche ich meine Einsichten zu verbessern. So entwickelte ich meine Technik, um dann langsam über die Jahre den eigenen Ausdruck zu finden, um eigene Themen bildnerisch umsetzen zu können. So ist die Malerei ein Ausdrucksmittel für mich geworden, das mein inneres Gleichgewicht nachhaltig verbessert hat, mich meine eigenen Stärken erkennen ließ und mir so neues Zutrauen für mein Leben schenkte.

Ich habe immer weiter gemalt, verschiedene Kurse besucht und alles was mir gefiel, für mich in Angriff genommen.

Was sich heute leicht liest, war ein zehn Jahre andauernder Prozess mit viel Auf und Ab und Vor und Zurück. Der Kunst ist es jedoch gelungen, mich komplett für sich einzunehmen. Sie hat sich inzwischen zu einem meiner elementaren Lebensinhalte entwickelt. In Kursen versuche ich inzwischen, meine Erfahrung weiterzugeben, bzw. Menschen mit einschneidenden Erlebnissen die Malerei zu vermitteln.

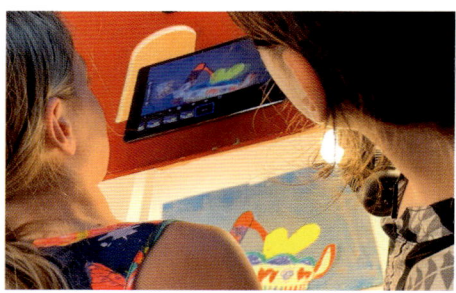

Aktuell haben wir, die Künstler*innen Uta Schnuppe Strack und Gerd Lepic, im Auftrag von *PA/SPIELkultur e.V.* aus München, zusammen mit den Kooperationspartnern Förderverein Asyl im Oberland e.V. und Brücke Oberland e.V. mit Unterstützung durch die Elternbeirät*innen der örtlichen Schulen ein Kunst-Projekt für neu angekommene Kinder und Jugendliche mit Fluchterfahrung sowie für benachteiligte Kinder und Jugendliche in unserer Region durchgeführt. Das Projekt *Feuerrotes Kunst-Mobil* wurde gefördert im Programm *Künste öffnen Welten* der Bundesvereinigung Kulturelle Kinder- und Jugendbildung e. V. (BKJ). Die BKJ ist dabei Partner des Bundesministeriums für Bildung und Forschung im Programm *Kultur macht stark. Bündnisse für Bildung*. Dabei sind wir mit unserem feuerroten Kunst-Mobil im Landkreis Weilheim-Schongau zum Kreativ-Einsatz an drei Treffpunkte bei unseren Kooperationspartnern in Weilheim und Peißenberg gefahren. Unser Feuerwehr-Oldtimer war gefüllt mit Farben, Experimentierfreude, digitalen Ideen und verschiedenen Malangeboten. Begonnen hatten wir mit einem kreativen Schnupperangebot (je sechs Stunden), es folgten in den Pfingstferien ganze Workshoptage (je sechs Stunden) sowie anschließend wöchentliche Termine (je zwei Stunden) am Nachmittag. Schließlich beendeten wir unser Angebot Ende Juli 2021 mit Finissagen, an denen unsere Teilnehmer*innen ihre Werke ihren Familien und Freunden präsentieren konnten.

Die Teilnehmenden konnten so uns und unser Angebot kennenlernen. Verschiedene kreative Aktionen wurden angeboten, es durfte frei gewählt und ausprobiert werden. Wir boten einfache Techniken an, die Erfolgserlebnisse ermöglichten, um das Zutrauen in die eigenen Fähigkeiten zu stärken und die Neugierde auf mehr anzuregen (strukturierte Farbwalzen, Frottagen, Collagen, Schablonen- und Pflanzendrucke).

Unser Konzept beinhaltet Kunst, handwerkliches Knowhow, künstlerische Performance, Pädagogik und Medien. Gespielt und gemalt wurde mit Tempera und Gouache, gezeichnet mit Blei- bzw. Buntstiften, Drucktechniken wurden erlernt, ein Trickfilm erstellt und mutig alle Techniken gemischt. Die Teilnehmer*innen wählten frei ihre Technik, um dann ein eigenes großes oder ein gemeinschaftliches Bild entstehen zu lassen. Sie probierten sich mit Neugierde, Lust und Freude in der Welt der Malerei, des Drucks und der Medien aus. Ziel war es, Zutrauen zu sich und anderen, sowie den eigenen gestalterischen Ausdruck in Einzel- und Gemeinschaftsaktionen zu finden, sich in künstlerischer Weise mitzuteilen und damit die Fähigkeit kennenzulernen, sein Lebensgefühl selbst zu beeinflussen und gestalten zu können.

Die Teilnehmenden konnten im ermutigenden Dialog mit den Kursleiter*innen und der Gruppe Ihre Bilder beschreiben und erklären. Die Lebenswelten und Erfahrungen der Kinder und Jugendlichen wurden aufgegriffen und gewürdigt. Die Teilnehmenden entschieden selbst über Inhalt und Ausmaß der biografischen Bezüge. Die Kursleiter*innen verfügen dafür über mehrjährige Berufserfahrung im Umgang mit traumatisierten Kindern und Jugendlichen.

Teilnehmende waren in erster Linie in Deutschland neu angekommene Kinder und Jugendliche, die vom Förderverein Asyl im Oberland e.V. in Peißenberg und Weilheim betreut werden, sowie benachteiligte Kinder und Jugendliche, die in Risikolagen aufwachsen und bei Brücke Oberland e.V. Unterstützung finden. Mit Blick auf die Integration der Teilnehmenden, waren auch Kinder und Jugendliche aus Nichtrisikolagen herzlich willkommen. So konnten die Teilnehmenden sich begegnen, austauschen und damit die gegenseitige Akzeptanz und den Zusammenhalt stärken, es wurde die Möglichkeit eröffnet, sich partizipativ zu entfalten und Integration zu leben. Kindern und Jugendlichen in Risikolagen wurde somit ein ermutigendes Erfahrungs- und Gestaltungsfeld angeboten. Ihr Alltag sollte mit vielen positiven Erfahrungen bereichert werden.

Wir planen das Angebot über weitere Förderprogramme und im Kontakt mit Stadt und Landkreis nachhaltig vor Ort zu verankern. Wir möchten in Zukunft gerne weiter zu Brennpunkten fahren und vor Ort eine Teilhabe ermöglichen. So hoffen wir mit unserem feuerroten Kunst-Mobil neue Welten zu öffnen.

Literatur

Flucht. In: Wikipedia – Die freie Enzyklopädie. Bearbeitungsstand: 1. Juli 2021. https://de.wikipedia.org/w/index.php?title=Flucht&oldid=213459666 [Zugriff: 09.09.2021]

Isabelle Zahradnyik

Experimentierfeld Frei(t)räume

Ein sich ständig veränderndes Atelier im Ausstellungsraum

Die Freiheit

Was ist Freiheit? Was ist träumen und räumen darin? Kennen und können wir das?

Getrieben von unserem alltäglichen Streben nach vermeintlich „Mehr", bleibt oft wenig Raum, sich selbst kennenzulernen und herauszufinden, wer ich eigentlich bin? Was ich möchte? Was ich nicht möchte? Wie mich ausdrücken? Wie sich in einem Meer von unzähligen Möglichkeiten bewegen? Und wie darin glücklich sein?

Wir leben in einer Zeit, in der Form und Inhalt seit frühester Kindheit zunehmend von außen vorgegeben wird. Oftmals wenig bewusst ist uns die derzeitig allgegenwärtige Fremd- und Selbstregulierung, unser ständiges Ver- und Abgleichen darin. Unsere Bewertungssysteme und Kategorisierungen verschaffen uns vermeintlich Orientierung in einem andauernden Zustand von zu vielen Informationen.

2018/2019 beschäftigte *PA/SPIELkultur e.V.* darum die Frage, wie wir als freier Träger der offenen Kinder- und Jugendarbeit Kindern und Jugendlichen im Rahmen eines Spiel- und Erfahrungsraums die Möglichkeit eröffnen können, sich selbst (zumindest für eine kurze Zeit) im kreativen Schaffen bewertungsfreier zu erfahren.

Einen Spiel- und Erfahrungsraum zu initiieren, in dem sich die Teilnehmenden weitestgehend ohne Regulierung ausdrücken können, ergab sich durch eine Kooperation mit dem *Verein zur Förderung urbaner Kunst e.V.* und deren konkretes Projekt des *Z Common Ground* im Jahr 2019: Das Zwischennutzungsprojekt *(Projekt Z)* in München Laim bespielte insgesamt 4.000 Quadratmeter in einem ehemaligen Gewerbehof. An die 100 Künstler*innen gestalteten die verschiedenen Ausstellungsräume vor Ort. Die Idee des *Vereins zur Förderung urbaner Kunst e.V.* war es, dass dadurch ein kollektives Kunstwerk entsteht.

Der Freiraum

Uns wurden von diesem riesen Gebäude für die Frei(t)räume ca. 700 Quadratmeter eines ehemaligen Fitness-Studios zuteil. Hier entstand ein mit Kindern, Jugendlichen und Erwachsenen partizipativ entwickelter Kreativ-Raum. Jede*r Besucher*in konnte hier eigene Spuren hinterlassen, Botschaften und Kompositionen kreieren sowie buchstäblich Klänge, Farben und Worte durch den Raum fliegen lassen.

Nomen est omen: Die Frei(t)räume waren das sich ständig verändernde Atelier aller Besucher*innen, die bereit waren, sich auf dieses Experiment einzulassen und sich mithilfe unterschiedlichster Kreativ-Materialien ausprobierten. Ein Zwischennutzungsprojekt, das daraufhin dem Erdboden gleich und damit komplett abgerissen wurde, bot dabei ungeahnte Möglichkeiten einer kathartischen Freisetzung kreativer Energien. Diese würden in anderen Kontexten eher als verboten gelten, wie beispielsweise u.a. Fenster, Boden und Wände mit dem ganzen Körper anzumalen, Löcher in die Wände zu bohren oder einfach unbändig laut zu sein. Um nur einen kleinen Teil davon zu nennen. Vermeintliche Destruktion war ein Teil des Schaffensprozesses – natürlich so lange niemand dabei verletzt wurde. Und genau das körperlich betonte Kreativ-Sein ist der besondere Schlüsselmoment bei der Durchführung dieser Frei(t)räume. Die Freiheit, die uns die Lokalität als Zwischennutzungsobjekt erlaubte, erinnerte uns bei der Durchführung des Projekts sehr an die Anfänge der pädagogischen Aktion (Aktion auf dem Johannisplatz in Haidhausen, 1971) Oftmals gab es tatsächlich kathartische und ekstatische Zustände des freien Träumens und Räumens, die insbesondere durch den Wechsel verschiedener Medien veranlasst wurden.

Der Frei(t)raum

Die Frei(t)räume in der Zschokkestraße 36 fanden an den Wochenenden als offenes Atelier (ohne Anmeldung) und unter der Woche als buchbares Schulklassenprogramm statt. Falls erwünscht, konnten sich die Teilnehmenden beider Formate Impulse, Hilfestellungen und Erklärungen von professionellen Künstler*innen und Pädagog*innen einholen, die jeweils eine Station betreuten. Eine angeleitete Kreativ-Aktion in Gruppen wurde von uns jedoch bewusst nicht initiiert. Hier galt es, dem natürlichen Rhythmus von Aktion und Stillstand zu vertrauen. Langeweile der Teilnehmenden auszuhalten und nicht durch Aktionismus von außen zu zensieren. Zum jetzigen Zeitpunkt (Juli 2021) ist es kaum vorstellbar, dass wir innerhalb der Frei(t)räume so gut wie keine zeitlichen Strukturen vorgaben. Die verschiedenen Angebote (Disziplinen in Form von Kreativ-Stationen) wurden Dank der Weitläufigkeit des Raums parallel angeboten. Die Teilnehmenden hatten die Möglichkeit, nach der Vorstellung der unterschiedlichen Stationen (Disziplinen) frei zu wählen, mit welcher Station sie beginnen, wie lange sie an dieser Zeit verbringen und ob und wann sie zu einer nächsten wechseln wollten. Dies erlaubte insbesondere den Kindern der Schulklassen, ein sich – komplettes – Herauslösen aus inhaltlichen und temporären Vorgaben seitens der Lehrer*innen. Letztere packte in diesem quirlig-lauten, wild-bunt pulsierenden Kreativ-Prozess nicht selten die Lust am eigenen Erleben der Sinne im Schaffensprozess. Schulklassen waren in etwa 3-4 Zeitstunden bei uns. Im offenen Programm haben wir ebenfalls ein Zeitfenster von 4 Stunden angeboten.

Die unterschiedlichen Kreativ-Stationen und ihr (Chaos- und Harmonie-) Potenzial wurden von uns zu Anfang vorgestellt. Für Schulklassen gab es vor der Schaffensphase eine kleine Führung durch die in ca. zwei Monaten entstandene Ausstellung der Künstler*innen in Teilen des restlichen Gewerbehofes. Anschließend hieß es: „Und jetzt seid ihr an der Reihe, euren eigenen Raum zu gestalten, frei zu t(r)äumen!" Und dies geschah ohne jegliche Vorgaben oder Anleitungen.

Die goldene Regel

Generell gab es bei den Frei(t)räumen die Regel, natürlich niemanden zu verletzen. Die Kreativ-Materialien oder was davon nach Gebrauch noch übrig ist (sollte es nicht zum Kunstwerk gehören, was nicht immer leicht zu entscheiden war) wurden wieder aufgeräumt.

Bei dem Schulklassenprogramm gab es eine gemeinsame Führung durch die Ausstellungsräume der anderen Künstler*innen. Daraufhin eine Vorstellung der Stationen (Disziplinen) und nach dem freien Kreativ-Part wieder einen gemeinsamen Abschluss. Beim offenen Programm gab es nur den freien Kreativ-Part.

Die Künste

Noise Art

Mithilfe von Kontaktmikrofonen, einem Mischpult und einem Verstärker, der den Sound von selbstgebauten Instrumenten oder der vielschichtigen Stimmlaute und -klänge (durch das Aufhalten der kleinen Kontaktmikrofone direkt am Hals) im ganzen Raum laut hörbar machten, widmeten sich kleine und große Künstler*innen dem breiten Feld der

Klangkunst und der noise-art. Darüber hinaus standen zahlreiche Objekte zur Vertonung oder der Kreation von neuartigen Instrumenten zur Verfügung.

Farbfeuerwerk

Action Painting, fein ausgearbeitete Gemälde, Kompositionen und Zeichnungen konnten im ganzen Raum – ob oben, unten, an der Wand, auf dem Fenster – körperbetont, frei fliegend oder zackig schwingend ausgelebt werden. Hier gab es Gouache-Farben, Buntstifte, Eddings, Bleistifte, Pinsel in allen Größen, Malerkittel, Überziehschuhe, Handschuhe. Die Schutzkleidung wurde von den Kindern oft weniger wahrgenommen.

Bildhauerei und Schreinerei

Mit Hammer, Meißel, Nagel, Gips (und vielen, vielen weiteren Materialien) wurden direkt an der Wand Reliefs und Skulpturen herausgearbeitet. So entstanden u.a. Gipshände, die eine*n jede*n Besucher*in direkt aus der Wand heraus grüßten. Gesichter, die durch verschiedene Armaturen oftmals schon erahnbar sind, wurden bildhauerisch herausgearbeitet. Geschnitzt, gesägt und gebastelt wurde auch mit Holz, Leim und Kleber.

Upcycling

Mit alten Elektrogeräten, die nach Lust und Laune auseinander und/oder neu zusammengeschraubt werden konnten, entstanden ebenfalls Skulpturen und Collagen aller Art, die ihren Platz im Raum fanden und oftmals neue Kontexte bildeten.

Wort und Narration

Eine alte Schreibmaschine – mitten im Raum stehend – lud dazu ein, einzelne Wörter, Sätze oder Geschichten aufzuschreiben und ihre Haptik und das analoge Anschlagen der Buchstaben kennen zu lernen. Die meisten Grundschüler*innen kannten eine Schreibmaschine tatsächlich nicht mehr.

Wort und Bild mit Stiften geschrieben, die auch im Schwarzlicht sichtbar sind, spielte auch in einem kleineren, mit Molton abgehängten und von Schwarzlicht ausgeleuchteten

Raum eine Rolle. Hier konnten die Kinder die Faszination fluoreszierender Farbe erleben und mit Stiften, Papier, Bilder und Kreppband Worte, Geschichten, Zeichen im ganzen Raum hinterlassen. Hier ergaben sich oft zusammenhängende aufeinander reagierende Geschichten wie beispielsweise eine Art Krimi, Zeichen, die man dechiffrieren musste etc.

Nach dem Aufräumen der Materialien, kamen alle Beteiligten wieder zu einem großen Kreis zusammen. Es wurden kleine bunte Zettel ausgegeben auf denen jedes Kind seine eigene Nachricht verfassen konnte. Eine Vorgabe gab es auch hier nicht: als Bild, als Gedicht,

als eine Art Botschaft für alle nachfolgenden Besucher*innen und Teilnehmer*innen. Die bunten Zettel wurden anschließen an einem zwischen zwei Säulen gespannten Netz aus Wolle für alle sichtbar aufgehängt. Einige davon sind auch in diesem Buch zu finden.

Unsere Beobachtungen

Und dann gab es immer wieder Momente des Stillstands, bevor die Gruppe erneut zum Auftakt einer sich in allerlei verdichtenden Aktion anstimmte. In diesem scheinbar chaotischem Auf und Ab – sowohl akustisch durch über den Verstärker tönende Klänge, Geräusche allerlei selbst gebauter Instrumente oder Stimmen sowie aktiver Hämmer, Sägen, Pinsel – war deutlich eine Art Rhythmus von Aktion und Stillstand wahrzunehmen. Wechselhaft: jeweils für sich, in Bewegung und dann reziprok einander aufgreifend, ablehnend, antwortend – wie eine Art Tanz. Wie eine Sinuskurve. Wurden die Klänge im Raum laut und wild, glich sich das Hämmern, Malen und die Anschläge der Schreibmaschine entsprechend an. Die Klangschaffenden ließen sich wieder von den sie umgebenden visuellen Eindrücken beeinflussen und inspirieren. Interessant dabei zu beobachten war, wie unterschiedlich verschiedene Charaktere auf dieses Kreativ-Experiment reagierten: Während einige euphorisiert durch Bewegung und Abwechslung unaufhörlich von Station zu Station wechselten, gab es Teilnehmende, die es vorzogen, nur einer einzigen Station ihre volle Aufmerksamkeit zu widmen. Einige Kinder und Erwachsene blühten vollkommen auf in der Vielfalt aller Möglichkeiten, wild zu sein.

Andere schien es zu überwältigen. Diese vertieften sich in individuelle Schaffensprozesse weniger Medien. Einige arbeiteten alleine für sich, andere direkt in Gruppen. Auch Erwachsenen machte es sehr viel Spaß, an den Frei(t)räumen teilzunehmen – hatten sie sich einmal darauf eingelassen. So fällt mir dabei ein, wie eine Mutter stundenlang ein Elektrogerät nach dem anderen auseinandernahm und uns dabei freudestrahlend anlächelte. Die Freude an der Freiheit, machen und tun zu können, was jede*r möchte und verhältnismäßig Struktur darin zu erfahren, war enorm. Erstaunlicherweise gab es tatsächlich keine einzige Verletzung und keinen ernsten Konflikt. Jede*r hatte genügend Raum, sich auszudrücken. Es war wunderbar, zu beobachten, welche Kraft und Kreativität in den Menschen steckt, wenn sie sich einen freien Ausdruck erlauben, ohne zu sehr in die Bewertung zu gehen. Wenn es einfach nur die Freude am Sein und Machen gibt.

Von außen wirkte jedes einzelne Zeitfenster mit den jeweils unterschiedlichen Gruppierungen an Menschen wie eine Art Live-Collage aus Bild, Klang, Bewegung und Narration, die die kollektive Stimmung einer jeden Gruppe zum Ausdruck brachte.

Dies schien jeweils wie ein Fragment im großen Bild eines Kaleidoskops, das dann insbesondere in den unterschiedlichsten Kreativ-Prozessen nach zwei Wochen Frei(t) räumen im gesamten Raum sichtbar war! Und auch dieser Raum war nur ein Teil des gesamten Gebäudes, das wiederum ein kleiner Teil des Stadtteils war, der wiederum …

Weitere Formate der Frei(t)räume fanden 2020 im musealen Kontext in der Artothek & Bildersaal und der Rathausgalerie in München statt. Hier wurde direkt auf Exponate damaliger Ausstellungen reagiert. Diese gaben Impulse, wurden weiter übersetzt, gedacht und collagiert durch und mit Impro-Theater, Zeichnen, Klang und verschiedenen Apps.

2020 eroberten die Frei(t)räume auch den virtuellen Raum. Eine Projektbeschreibung von *Virtuelle Frei(t)räume* ist in *Medien bilden Werte – Digitalisierung als pädagogische Praxis*, Hrsg. Dietrich, Friedrich, Ring zu finden. 2022 werden die Frei(t)räume im Gewand des Blauen Reiters die Klassenzimmer Münchens erobern/erobert haben.

Ein Projekt von PA/SPIELkultur e.V. – www.spielkultur.de

Ich finde es gute Idee, dort mitzumachen du kannst dich dann richtig, fühlen frei

Heute hat es mir sehr gut gefalen denn wir wir durften alles. Es ist sehr gut zum entfehlen hlen. Kunt Kunst macht Spaß ☺ ☺ ☺ ☺

Es ist Toll das mann so frei mahlen kann mann fühlt sich sehr wohl. :-)

Hallo ich bin ERLIND. Es hat mir sehr ge fahlen! Es get mir sehr gut. Meine Treume haben sich erfült!

Ich heiße Ian, Und ich fande dieses Projekt sehr cool und toll das man hier seine Künstlerische Fahikeite zeigen konnte! ♡ ☺

Es war Super Spanned. Das war ein tolles Abenteuer ☺

Es ist sehr schön Bunt, und man kann alles so gestalten wie man es will.

Kunst ist alles. und viel schpaß Malt wie ihr wolt es ist immer Kunst.

von der Welt Natur kannst wird bleibt die grau hip geh ins halle Tina

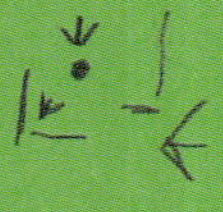

Philipp

Mir hat das sägen von dem Holz gefallen obwohl ich mich geschnit n habe,

Lass deiner Fantasie freien Lauf ♡

Hier war Lara

Es ist wunderfoll wüen Koniguwander so schön so toll so wunderfoll. Ich fühl mich wohl in Der Kunst

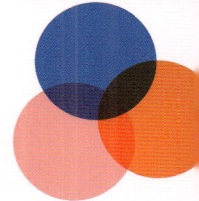

Vera Lohmüller

Ich und meine Gedanken – Lausche dem Klang

Kinder sind in der heutigen Zeit vielen Ablenkungen ausgesetzt. Lehrende fordern sie zu mehr Aufmerksamkeit auf, ohne es ihnen wirklich beizubringen. Hier können Achtsamkeitsübungen ein Schlüssel sein.

Die Kinder werden aufgefordert, ihre Konzentration eine Zeit lang nur auf ein Objekt zu richten. Der Geist wird also darin trainiert, nicht ständig jedem Gedanken und Gefühl, jeder Ablenkung nachzugehen, sondern im jetzigen Moment zu verweilen. Ein Moment der Stille – des unmittelbaren Erlebens tritt ein: „Ich bin nicht meine Gefühle und Gedanken, sondern viel mehr als das." Diese innere Erfahrung kann eine große Freiheit spürbar machen. Die Fähigkeit in diesem inneren Freiraum zu verweilen, bringt Heilung, Entspannung und den nötigen Abstand, weise Entscheidungen zu treffen. Trainieren sich Kinder regelmäßig in Achtsamkeit, steigt ihre Fähigkeit zur Konzentration, sie werden ruhiger und entspannter und haben mehr Zugang zu ihrer inneren Weisheit, um Konflikte zu lösen, sich mehr zu verstehen und in andere einzufühlen (vgl. Thich Nhat Hanh 2012, S. 19).

Um die Achtsamkeit der Kinder zu schulen und ihnen die Erfahrung zu ermöglichen, einfach für eine Zeit bewusst im jetzigen Moment zu sein, arbeiten wir mit einer Klangschale, die von Kind zu Kind gereicht wird. Jedes Kind darf einmal gongen und alle lauschen dem Ton.

Etwa acht Kinder setzen sich in einen Kreis bequem auf Sitzkissen. Nun beginnt die Leitung, die Klangschale anzuschlagen. Alle lauschen dem Ton, bis der/die Tonangeber*in entscheidet, dass der Klang nicht mehr zu hören ist. Leise wird die Schale an das nächste Kind gereicht und es macht das Gleiche. Ziel des „Spiels" ist es, dass keines der Kinder lacht, spricht oder zu viel zappelt und dass alle die Aufmerksamkeit so lange aufrechterhalten, bis die Schale von Kind zu Kind gereicht wurde und wieder bei der Leitung angekommen ist.

Wichtig dabei ist, den Kindern den Sinn dieser Übung zu erklären. Mit Hilfe einer Flasche mit Wasser und Sand kann man demonstrieren, wie es in uns aussehen kann, wenn alle Gefühle und Gedanken durch uns hindurchwirbeln und wir gar nicht in der Lage sind, klar zu sehen. Einmal kräftig schütteln und die Kinder können sogleich eigene Beispiele finden, wo sie sich in ihrem Leben so gefühlt haben.

Wenn wir jetzt alle die Flasche beobachten und dabei zusehen, wie sich der Sand langsam auf den Boden setzt, ist das ein Bild dafür, wie wir selbst zur Ruhe kommen, im Hier und Jetzt verweilen und beobachten können, wie auch Gedanken und Gefühle sich setzen. Ein Gefühl der Ruhe und Klarheit entsteht – so wie das Wasser, das jetzt auch wieder ganz klar geworden ist. Aus dieser Klarheit heraus können wir bessere Entscheidungen treffen und haben Zugang zu unserem natürlichen Mitgefühl. Am Boden der Flasche ist ein kleines Herz versteckt, dass ganz am Schluss zum Vorschein kommt.

In einer Einheit von 1,5 Stunden haben die Kinder drei bis fünf Versuche, um die Übung zu „schaffen". Natürlich müssen sie in der ersten Runde erstmal lachen oder plötzlich spricht jemand, ohne es tatsächlich gewollt zu haben. Dann beginnt die Runde wieder ganz von vorne. Doch im Laufe der Zeit gelingt es ihnen meistens, eine ganze Runde lang Achtsamkeit zu üben und sie sind sehr stolz darauf!

Es ist wichtig, dass die Übung spielerisch gestaltet wird und den Kindern Spaß macht. Denn Achtsamkeit trainieren zu wollen ist ein bisschen wie Skifahren lernen. Man muss regelmäßig trainieren und das über eine längere Zeit. Die Kinder sollen ihre Freude daran behalten. Am besten ist es, immer wieder Achtsamkeitsübungen in verschiedensten Formen in den Unterricht einfließen zu lassen, so dass die Kinder nach und nach ihren inneren Freiraum und ihre natürlichen Stärken erleben können.

Ein Projekt von PA/SPIELkultur e.V. – www.spielkultur.de

Weitere Übungen unter www.kiku-online.net/gluecksreise

Literatur

Thich Nhat Hanh (2012). Achtsamkeit mit Kindern. München: Nymphenburger Verlag

V
Play and Resilience –
ein internationales Konzept

Sudeshna Chatterjee

Why play is an important tool for building resilience in children and cities

In 2021, the Covid-19 pandemic dominates the global crisis landscape. The pandemic has triggered the worst global recession since the 1930s, deepened poverty and increased unemployment dramatically (UNOCHA 2021). The situation for children and adolescents, in the context of the lockdown and stay in place orders, is aggravated by lack of access to schoolfriends, teachers, social workers, essential services and public space for play. However, even without the pandemic, globally, humanitarian crisis and disaster conditions are on the rise, impacting millions of people around the world and the aftermath of the crisis are felt for many years after.

Lessons from Japan

The Great East Japan Earthquake of magnitude 9.0 on March 11, 2011 triggered a Tsunami and a crisis at the Fukushima Daiichi nuclear power plant. It was a triple disaster of a scale never experienced anywhere else in the world. The intensive scale of the devastation ensured that the state led rebuilding process took time. For children in Japan, the long wait to return home was fraught with uncertainty and stress especially since free play was forbidden indoors first in the emergency evacuation centres and later in the temporary housing. The outdoor landscape was strewn with piles of debris that limited children's play. Only when volunteers and playworkers visited the evacuation shelters, children were able to have different play experiences from playing video games all day. However, some of the children would go outside and forcefully hit the debris with a stick to deal with stress, which, as poignantly expressed by one child "allowed their stress to explode". This is perhaps identifiable as Post-Traumatic Play (PTP), where this form of deep and aggressive play was the only tool available to children to deal with their raw emotions.

The International Play Association's (IPA) Access to Play in Crisis (APC) multi-country research project that I led looked at play in situations of crisis in 6 countries and across 13 specific crisis sites. In Ishinomaki City, Japan after the triple disaster, our research found that sneaking out to play emerged as the most used coping mechanism by children as they hardly had any permission, space or resources for free play (cf. Chatterjee 2017). Boys and girls tried to seek out secret places such as a space under the bridge that they had no parental license to explore. They enjoyed catching fish in the river from this spot and cherished it as a place to have contact with nature and be away from the stressful emergency shelter. The findings of this research suggest that even in times of crisis, children's drive for seeking out special places or secret places do not go away. If anything, these behaviours are heightened as coping mechanisms for dealing with the extraordinary stress after a disaster. One twelve-year-old Japanese girl routinely went out by herself to her secret place and had a supportive mother who did not stop her. The girl had this to say about why this was important to her:

> "If adults rely on us to be ourselves, we can use our imagination to find a way to be, though we may sometimes be close to breaking when we challenge ourselves and do a dangerous thing, but it is better for us to have a chance to find a way by ourselves." (Chatterjee 2017, p. 37)

Resilience

What this young adolescent is suggesting is that adults need to trust children's own inner resources and competencies, to recover from trauma and secure good outcomes despite high risks. These thoughts are at the core of the concept of **'resilience'**. Originally a concept in physics and engineering, resilience is now understood to indicate an individual's capacity to recover from, adapt, and remain strong in the face of adversity (cf. Boyden/Mann 2005). The protective factors that contribute to resilience are of different kinds ranging from children's own inner resources and competencies (cf. Punamaki 1987), to interpersonal relationships (supportive adults and peers). Peer relationships, particularly in middle childhood and adolescence are considered to mitigate the negative effects of adversity and contribute to a child's sense of self-esteem and trigger other protective factors, such as a sense of competence and an ability to form other meaningful relationships, empathize, and feel a sense of belonging (cf. Boyden/Mann 2005). Boyden and Mann (2005) further emphasize the importance of friendships as critical for building resilience in children and illustrate it with an example from Malawi where girls between the ages of 8 and 14 years affected by HIV/AIDS described the opportunity to sit with friends and "share secrets" as one that made them feel "strong" and "less alone" (cf. Mann 2003). Additionally collective responsibility for children extend protective factors to include children's physical environment comprising neighborhoods, schools and other places in their everyday lives (cf. Yates/Egeland/Sroufe 2003).

Lessons from Turkey

This was aptly demonstrated in the APC research in Turkey that worked with Roma children in three different neighbourhoods in Istanbul. Lack of open spaces in the high-density Roma neighbourhoods restricted opportunities for outdoor play for children except in the streets. But streets were fraught with risks of heavy traffic and crime. The only safe spaces for play were the children's centres run by different organizations and university volunteers and these were a relief to children in the Roma communities. The popular Grasshouse children's center, after it was shut down in Sulukule to make way for a major redevelopment project, moved to the far-off Tarlabasi neighborhood. Many of the children faced eviction threats and a stressful, uncertain future in Sulukule; their only relief of a protected recreation space was also gone. The relocated Grasshouse Centre welcomed children from Sulukule over the weekend and engaged them in rap workshops offered by a group of 18–23-year-old Roma youth rappers who grew up in Sulukule. The young participants in the rap workshop thoroughly enjoyed the sessions as rap is not only a form of entertainment but also an effective unifying tool of self-expression of marginalized groups. This also fits the conceptualization of play as an act of adaptation, interpretation and sense-making. Shared cultural values between youth and the children enabled them to form meaningful relationships, sympathize with each other, and feel a sense of belonging in a far-off place when their own place was lost.

Lessons from India and Thailand

Each of us face challenging situations in life which may not be as life-threatening as a mega natural disaster but can cause significant difficulties, stress and pain in our lives. In the multi-country APC research, we encountered migrant children grappling with everyday poverty in India and Thailand. There were no safe spaces in their physical environment. In the APC research sites of Nimtola Ghat, Kolkata and Saphan Pla, Bangkok, the children and young people lived in contexts of limited regulations, time constraints and adult supervision, and with almost no access to formal play spaces or commercial games and toys. Consequently, they were seen to be the most active users of every conceivable and accessible public space even when children knew them to be unsafe, exploring, making use of the conditions of these places and expressing themselves freely through play. The immense richness of poor migrant children's free play, living in poverty, in unsafe and inadequate environments, spanned across many play types and seem to suggest that these children despite contrary dominant narratives enjoy a form of childhood that is privileged with spontaneity, creativity, play, freedom of movement and emotional ex-pressions. What emerges from the myriad forms of culturally embedded, self-structured and self-organized deep play of children as witnessed in Saphan Pla and Nimtola Ghat, is an image of children as resilient social actors whose spontaneous and creative activities outdoors expand the vision of risks and social possibilities of play itself (cf. Chatterjee 2017 & 2018). The creative ways in which these children applied and manipulated loose parts in their environment to create rich play experiences demonstrate both inherent resilience (the natural resilience we are born with; it protects us, and informs how we discover and explore the world; learn to play, learn and also to take risks) and adapted resilience (typically brought about by challenging situations and learnt on the run; t allows us to manage stress and adapt to a particular situation) (cf. Miles 2015).

Play and risk taking

Play is also a tool for children to explore and make sense of the world. Through play, children create challenges to liven up a boring routine experience or place as we saw the girls in Nimtola Ghat creating complex games on the riverbank with clothes and utensils they were entrusted to wash. Play requires a combination of curiosity, imagination and experimentation (cf. Resnick 2017). Through play and especially by learning to take a risk through play, children move from dependence to competence, everyday autonomy and resilience (cf. Gill 2018). Thus, from a resilience perspective, overtly safe and sanitized play spaces need to give way to exciting play spaces with managed exposure to risks produced by a contextually relevant risk-benefit analysis approach as is currently promoted in some high-income countries by reputable play charities (cf. Ball/Gill/Spiegal 2013).

Concluding thoughts on post COVID-19 resilience thinking and public space for children

Irrespective of where children are growing up, as they grow up, their curiosity and need to explore and experience places increase. With age, children's range of free movement and free action also expand from the home, to the yard, the street, the neighbourhood, the wider local area and to the wider city. The importance of public space in children's lives have become even more important post Covid-19 induced lockdowns when children had no possibility to go outside in many countries for long periods of time. We know play to be the most spontaneous behaviour in childhood and play takes place anywhere and everywhere as opportunities to engage are presented to the child. Many organisations and experts called on everyone to help make the summer of 2021 a playful one for all children, by ensuring they have time, space and opportunity to play outside together, especially those who have suffered the most through the lockdown. In several cities, resilient thinking and functioning has opened up new imaginaries around public spaces and amped up existing ones. In Philadelphia, the city's PlayStreet program was expanded to include 300 blocks primarily in low-income communities to deliver hours of play and learning. Streets were reclaimed from cars during the summer months to engage children in various forms of play, arts activities, reading programs, meet with sports celebrities, and to provide nutritious meals (cf. Fava/Merrick 2020). Oakland converted its neighbourhood streets to SlowStreets to enable play, socialization and dance performances and in New York a number of libraries moved outdoors (cf. Gendall 2020). Resilience thinking is underpinned by a complex adaptive systems approach which can be very useful to monitor and evaluate the quality and sustainability of public spaces for children in the post pandemic world.

References

Ball, D. J., Gill, T., Spiegal, B. (2013). Managing Risk in Play Provision: Implementation Guide (Second). London:National Children's Bureau.

Boyden, J., Mann, G. (2005). Children's Risk, Resilience, and Coping in Extreme Situations. In M. Ungar (ed.), Handbook for Working with Children and Youth: Pathways to Resilience across Cultures and Contexts, by, 3-25. Thousand Oaks: Sage Publications.

Chatterjee, S. (2017). Access to Play for Children in Situations of Crisis: Synthesis of research in six countries, International Play Association working paper.

Chatterjee, S. (2018). Children's coping, adaptation and resilience through play in situations of crisis. Children, Youth and Environments, 28(2), 119-145.

Fava, D., Merrick, C. (2020). Seven ways Parks & Rec's Playstreets will make 2020 a summer to remember. www.phila.gov/2020-07-13-seven-ways-parks-recs-playstreets-will-make-2020-a-summer-to-remember/

Gendall, J. (2020). COVID-19 has shown we all need public space more than ever. https://knightfoundation.org/articles/covid-has-shown-we-all-need-public-space-more-than-ever/

Gill. T. (2018). Playing it Safe? A global white paper on risk, liability and children's play in public space. Retrieved from Bernard van leer Foundation: https://bernardvanleer.org/publications-reports/playing-it-safe-a-global-white-paper-on-risk-liability-and-childrens-play-in-public-space/

Mann, G. (2003). Family matters: The care and protection of children affected by HIV/AIDS in Malawi. Stockholm: Save the Children Sweden

Miles, J. (2015, May 19). The importance of building resilience. Retrieved from Counselling Directory: www.counselling-directory.org.uk/memberarticles/the-importance-of-building-resilience

Punamaki, R. L. (1987). Content of and factors affecting coping modes among Palestinian-children. Scandinavian Journal of Development Alternatives, 6 (1), 86–98.

Resnick, M. (2017). Lifelong Kindergarten: Cultivating Creativity through Project, Passion, Peers and Play. Cambridge, MA: The MIT Press.

United Nations Office for the Coordination of Humanitarian Affairs (UNOCHA). (2021). Historic economic decline is reversing development gains. Retrieved from https://gho.unocha.org: https://gho.unocha.org/node/48/download

Yates, T., Egeland, B., Sroufe, A. (2003). Rethinking resilience: A developmental process perspective. In S. S. Luthar (Ed.), Resilience and vulnerability: Adaptation in the context of childhood adversities (pp. 243–266). Cambridge, UK: Cambridge University Press.

Mitsunari Terada, Mariia Ermilova, Noriko Kajiki, Isami Kinoshita

Urban Nest

Update Playspace from Hardware to Heartware
by Convivial Tools

"I don't have any reason to play outside."

Recent research shows that children are limited to play in institutionalized spaces such as parks, school yards, and commercial playspaces (cf. Kajiki 2003; Terada 2018). Before COVID-19, 80% of children in urban areas, 60% of children in rural areas did not play outside after school and preferred video games to outdoor play. This number shows that children have less opportunities to engage with the local environment and people. Interviewing children about playtime, we were told by an eleven-year-old girl: "I don't have any reason to play outside, because there are no friends to play with and no playground." This girl, as many other rural children live in a kind of forced social isolation, caused by depopulation. Low density of friends to play outdoors is then compensated by playing video games, connecting online, or enrolling in private lessons.

April 2020 during the COVID-19 pandemic in Japan, schools and play facilities were closed for a few months in the Tokyo metropolitan area. When play and education are highly institutionalized (study at school, play in the park facility), these activities are getting exclusive and vulnerable. Children already learned that a place to play is a park, so when the park is closed, there is no place to go. Even though the neighbourhood is abundant with greens. Children got free time to play, they could not use institutions, and had to have distance from commercial places too. Some of them may have realized the opportunities to play without facilities in this period, but at the same time the "stay home" call encouraged increasing screen time.

In conditions of the pandemic 2020, the number of children without outdoor play is growing even bigger, increased addiction to screen is confirmed (cf. National center of children health and development 2020). Pandemic brought an opportunity to reflect on life and use of outdoor space.

Redesign tools for conviviality

Speaking of life and outdoor space use, tools are helping and making us wealthy, however tools also limit people at the same time. Therefore, we need to carefully design our "tools". Illich broadly interprets "tools" as helping devices, increasing the freedom. It can literally be hand tools, like a ball to play soccer, but also can be institutions like school, hospital, city office, which create "intangible commodities...[like] education, health, knowledge or decisions". (cf. Illich 1973)

Playground was everywhere

Established institutionalized playground

He mentions that it is possible to change tools, rather than people's thoughts, as tools shaping the way of thinking. He categorizes tools into two types – convivial and industrial. Here is the quotation explaining the Illich's vision:

> "Convivial tools are those which give each person who uses them the greatest opportunity to enrich the environment with the fruits of his or her vision. Industrial tools deny this possibility to those who use them, and they allow their designers to determine the meaning and expectations of others." (Illich 1973)

An example of "Industrial Tool" – an institution, is a School, at its extreme substituting education itself. In other words, people gradually forget that learning can happen outside of school, that we can enjoy playing sports without a sports club or equipment.

"Convivial Tools" is the term describing the joyful, creative power of people, which moderates the industrial tools limitations effect on their life. Conviviality is a state of balance, where industrial tools are modified to allow an individual's creative expression to contribute to society. In the context of play, we should not forget that play happens outside of the playground and should not limit childrens' initiative to engage in play to designated play facilities. Convivial tools bring freedom of engagement with the surrounding environment.

Urban nest: Update playspace from hardware to heartware

Previous playground as hardware

Before, the playground was everywhere in the settlement and children were able to interact with the place and people freely (cf. Kinoshita 2009). Modernisation brough new opportunities, but at the same time detached people and space from locality. To keep the quality of life and safety under rapid urbanisation, institutions need to set up

Decreasing tolerance to children

Current situation

parks and playgrounds. Before institutions took initiative over the playgrounds, local people and children managed risks by themselves. After the establishment of official playgrounds, people gradually started to let go of their responsibilities and requests from institutions. Instead of direct communication people prefer to use institutions as a tool to raise their voice. For example, citizens call the city office to prohibit ball games in their neighbourhood, instead of trying to negotiate with kids directly, citizens are losing confidence to interact informally.

Sociologist Ulrich Beck characterized the current society as a "risk society" which forces people to constantly choose between countless possibilities, taking risks. Because of fear, we limit interactions of the child with the environment.

Building heartware

Anne-Marie Pollowy created a term "Urban Nest" to describe such a livable environment, where children are able to engage in spontaneous learning experiences anywhere. Such a Nest is formed by social ties – attentive adults, and the soft spaces, which these adults help to access and use. Making tools convivial takes a conscious effort on redesigning the tools by limiting the industrial tools (institutions) in their claims to control our life activities. Naturally, it redistributes the responsibility for creating a lively environment for our children among various stakeholders, among us. By redesigning the tools, we revitalize free interactions with humans and the environment, facilitating the playful community.

Let's formulate the tools for children to interact with the environment, becoming resilient through diverse connections with people and places.

Co-governing for better playgrounds

Even though children can play everywhere, our society tries to limit play space to certain locations for safety (responsibility) reasons. Park, playground, schoolyards are designated places to play, and often become the only places to play. Consequently, limiting various

Co-governing playgrounds

Hanegi adventure playground, Tokyo, which Setagaya city and citizen's manage corporatevely since 1979

users to one small space like a park brings a need to regulate the activities, and prohibitions (e.x. of ball games) are coming naturally. Playground should be open to everyone, allowing children to take risks and play freely. To achieve this, people must negotiate partnerships for collective management and agree on taking responsibilities for their own play. This is how adventure playgrounds play a role of raising the self-governance in the community. We can use the adventure playground model as a tool to make the "green" space like a park more convivial. Let's look at the adventure playground definition in Japan:

> Adventure Playground is an outdoor playground that ensures every child to play freely based on the belief that children grow up on their own by playing, and continues to develop together with children and the community.

The definition includes the phrase "keep creating", which means constant self-regulatory process, standing for conviviality. Kajiki (2007) remarks about possibilities of adventure playgrounds in local communities, that creating adventure playgrounds does not mean building "hardware", but rather "heartware", in other words, weaving connections between people.

Aside from adventure playgrounds, to unleash the potential of parks, these days the Ministry of Land, Infrastructure, Transport and Tourism in Japan promotes PFI (Private Finance Initiative), PPP (Park Private Partnership), involving various actors in park management. It has a potential to encourage diverse, convivial usage of resources. As citizens, we must take part in the process of decision-making. Our responsibility is to make sure these partnerships – as a tool – will benefit the public as much as the business side, and the green spaces will be used fairly.

Mobile play: bringing the idea of convivial interaction with people and environment

Mobile play expanding play spaces

Temporary playground by Playcar in KUMAMOTO
© Japan adventure playground association

Mobile play is a play activity or setting that a playworker temporarily creates using himself or play equipment beyond the ordinary perspective on play. In Japan, mobile play is recognized as useful in various situations:

Applying mobile play in various contexts in Japan:

› in dense urban areas for people to bring children outdoor and play together in the neighbourhood;
› in rural areas, lacking institutional spaces like parks or playgrounds with equipment, it serves as an orientir, a place to gather;
› local revitalization project with market;
› in disaster (crisis) when adults are busy restoring life and there is no designated playground.

As we mentioned above, children are reported to spend less time outdoors, so mobile play can be an eye-opening experience for children and parents to taste the possibilities of outdoor play. From daily to emergency situations with mobile play we can establish a playground at any location, where people need a "conviviality" wake up call.

Japan often faces natural disasters like earthquakes, typhoons, floods and landslides. The Great Hanshin earthquake in 1995 showed the ability of local citizens to cooperate and the importance of local social ties. Later, The Great East Japan Earthquake in 2011, became a turning point in realizing the importance of children's play in crisis. Broad research and action were done, confirming that play in crisis has a special meaning as it helps to release stress, contributing to mental, physical and social health (cf. Kinoshita & Wooley 2015). During the Kumamoto Earthquake in 2016, Japan adventure playground

German-Japan play exchange
© Japan adventure playground association

Playworkers

association donated the play car to Kumamoto local organisations. Following years, opening a temporary playground by mobile play became embedded as a disaster response and was implemented in Northern Kyushu, Western Japan and Nagano prefecture.

The German Federal Ministry for Family Affairs, Senior Citizens, Women and Youth (BM-FSFJ) and the Japanese Ministry of Education, Culture, Sports, Science and Technology (MEXT) have established a knowledge exchange program in 2018. Federal playbus organization of Germany, Spielmobile e.V. shared the knowledge of mobile play, and Japanese Adventure Playground Association presented about the adventure playgrounds. This program aims to contribute to expanding the range of activities to promote outdoor play in Japan via mobile play tools. International exchange programs, coming together with cultural interest help to increase the value of such activities locally. Taking the best play-stimulating practice from around the world enriches the "tool box" and brings attention to the play.

Play workers as community coordinators

A playworker is someone who creates an environment where children can play freely, by organising a playground or mobile play. These activities contribute to not only children's play directly, but also contributing to community design. A playworker connects stakeholders and resources of the community, facilitating change towards a play-friendly community by promoting the value of play, putting the viewpoint of play in discussion, and coordination work in the community.

Playworkers in Chiba, Japan, showed the resilience function of adventure playgrounds by networking during COVID-19 outbreak in 2020. Chiba Adventure Playground Network shared the situation of each playground, best practices on disease spread prevention measures, and tried to open the adventure playground for children who have nowhere to go despite the recommended restrictions. With the spirit of self-governance in the

Donguri no mori adventure playground under CCVID-19
© Chiba adventure playground network

adventure playground movement, they reached out to neighbouring groups, taking decisions collectively, overcoming isolation. When governmental facilities were closed due to sudden COVID-19 disease burst, playworkers took the role of social support for families, sharing their worries, tiredness, and kept scared parents and children company to cheer up in crisis. Playworkers got feedback that their support was of enormous value to families who visit.

Building up "resilience" of community through play

Developmental psychology research confirms that the ability to interact with the environment and change it during play has a critical role in forming feedback with the world, and ultimately development of the active human being (more on this topic in Peter Gray's book "Free to Learn"). However, the urban environment tends to get "harder" in terms of the ability to freely use it for play and change it.

Among the three tools we formulated earlier, adventure playgrounds and mobile play respond to the need for a "soft" environment, by bringing so-called "loose parts" for children to manipulate freely. Playworkers, the third "convivial tool", approach the community with a key word of "play". Play is a great topic, to which anyone can relate to (every person has childhood play memories), it brings enthusiasm towards community work. Starting with play can find a key to people's hearts.

In Japan the term *seikatsu bosai* which means daily disaster prevention, brought attention after Great East Japan Earthquake 2011. It means that disaster prevention should be approached through everyday life. Crisis may take the form of a pandemic or frequent natural disaster in Japan such as earthquakes and tsunami. As human beings we feel safe when we trust other people. To build trust, we need to connect. Resilience is waived by weak connections in community – small talks on the street about past and future (importance of local knowledge in disaster-prevention is widely discussed in science), greetings, a little something which keeps us connected, even flowers we grow in the garden can be the way to stay in touch without much burden. Established by use of playworkers, playgrounds and mobile play, the connections will work as a safety net in times of crisis, and contribute to rich everyday life of the community.

We should put effort in maintaining the non-institutional "soft", both socially and spatially, spaces in the urban fabric: community centers, gardens, vacant lots, etc., recognizing their valuable input in making the environment more diverse and flexible, and therefore, livable.

As Vygotsky suggested in his research of children development, a child needs the support of an adult, someone to expand the zone of proximal development. The whole community must be such a living organism, responding to a child's curious inquiry, spreading opportunities for development. In times of crisis, this wide zone, the "nest" full of people and resources to overcome difficulties will work for resilience.

Bibliography

Beck, U., Ritter, M. (1992). Risk society: Towards a new modernity. London: Sage Publications.

Gray, P. (2013). Free to learn: Why unleashing the instinct to play will make our children happier, more self-reliant, and better students for life. Basic Books/Hachette Book Group.

Illich, I. (1973). Tools for conviviality. New York: Harper & Row.

Japan Science Council, Committee for Children's growth (2020). Suggestion for child's growth space, 31st July, 2021, http://www.scj.go.jp/ja/info/kohyo/pdf/kohyo-24-t297-5.pdf

Japan adventure playground association (2021). Definition of adventure playground in Japan and our vision in the definition, 31st, March,2021, https://bouken-asobiba.org/news/detail-746.html

Kajiki N. (2007). Chiiki ni okeru kodomo no asobiba -boukenasobibazukuri no kancsei (Children's play space in local community -Possiblities of creating adventure playground), Urban housing sciences, Volume 2007, Issue 56, pp. 17-21, (in Japanese) DOI: https://doi.org/10.11531/uhs1993.2007.56_17

Kajiki N., Seto A., Tomoko T. (2002). Actual Conditions of Children's Play and Parents' Consciousness in Urban, Journal of Home Economics of Japan, 2002, Volume 53, Issue 9, pp. 943-951 DOI: https://doi.org/10.11428/jhej1987.53.943

Kinoshita I. (2009). Charting Generational Differences in Conceptions and Opportunities for Play in a Japanese Neighborhood, Journal of Intergenerational Relationships, 7:1, pp. 53-77, DOI: https://doi.org/10.1080/15350770802629024

Kinoshita I., Woolley H. (2015). Children's Play Environment after a Disaster: The Great East Japan Earthquake. Children (Basel, Switzerland). 2015 Jan; 2(1), pp. 39-62. DOI: https://doi.org/10.3390/children2010039

National center of children health and development (2020):National Online Survey of Children's Well-being During the COVID-19 Pandemic in Japan (in English), 31st July, 2021, www.ncchd.go.jp/center/activity/covid19_kodomo/report/CxC1_digest_En_20210404MH.pdf

Pollowy, A. M. (1977). The urban nest. Dowden, Hutchinson & Ross.

Terada M., Ermilova M., Kinoshita I. (2020). Study On The Current Situation Of Children's Play Through A Comparison Of Three Generations In a Rural Area, Journal of Architecture and Planning (Transactions of AIJ), Volume 85, Issue 768, pp. 307-316 (in Japanese) DOI: https://doi.org/10.3130/aija.85.307

Vygotsky, L. S. (1978). Mind in society: The development of higher psychological processes (A. R. Luria, M. Lopez-Morillas & M. Cole [with J. V. Wertsch], Trans.) Cambridge, Mass.: Harvard University Press. (Original work [ca. 1930-1934])

Hitoshi Shimamura

Adventure Playground as Basic Social Resource for Children's Health in Japan

'Hey, bold head! Can I get on your back?'

It was early June 2020, the first opening day of my adventure playground in central Tokyo after ending the first state of emergency on Covid-19. One of the regular boys (11) showed up to the entrance badmouthing to me. I could not stop accepting his words with joy. That was the sign that he was lively enough, and we felt that he had a secure feeling to this playground. It was more than two-month closure since the last opening day, and we were worried about him as he had evacuated with his family from Tokyo to a far countryside to avoid the pandemic.

As it was already at the entrance of the summer, water play such as water fight and water slide became popular soon on the playground. Children hanged up a bag, full of newspaper, in the air and banged and kicked, which seemed to help steaming off their stress too.

Influence of COVID-19 continued

In the morning of a cool quiet rainy day in September 2020, a boy (2) and his mother came to the playground. No one else was in the playground on that day. They started playing at the mud area soon in rain. Since they played alone so quietly, we got worried about them. A playworker got closer to them and talked to the mother. 'It is the first time for 7 months that we play outdoor. I wanted to take my son here to play, but it has been difficult to go out in this pandemic because I am pregnant. We came here finally, though it is raining.' The playworker joined their mud play and followed the boy's curiosity. He started talking and showing smile. The mother got relaxed gradually and enjoyed a conversation about daily things.

Adventure Playground as a Frontline Social Resource in Crisis

During the series of state of emergency, nurseries kept opening while they struggled with significant confusion by the accumulating demands from local authorities requiring anti-infection measures. What about adventure playgrounds?

Though adventure playground is not statutory provision, it has functioned as a frontline resource to accept physical, psychological, social needs of many people in the

community as well as nurseries. While there were many having to close during the first state of emergency, most of adventure play provision became allowed to open even in the following state of emergency, as more local authorities understood the importance of play and took the advantage of outdoor provision.

There were also some adventure playgrounds kept open without closure over the repeated state of emergency agreeing with their local authorities that the provision becomes one of the last safety nets for people in difficulty. We have recognised some families apologised about their coming to the playground during the state of emergency. While her apology, the mother explained to me that she got redundant from her job and her children's stress at home reached almost to the limit. She was pleased to be at the playground. She got out of the dead end. Adventure playground has functioned as a safety net to disadvantaged children and families.

During the pandemic in November 2020, Kawasaki City Kodomo Yume Park playground held annual Children's Market event, in which children build their shops with scrap wood and do business with real money. The challenge was how to take anti-infection measures to realise the event. Despite all the worries, it became a good opportunity for children to participate in the process of building the event. Since the situation was so uncertain to adults, the playworkers created a framework that children worked with adults more than ever to think about any possible measures for the event. The discussion process and the introduced anti-infection measures were displayed during the event to show how children and adults worked together. This occasion became meaningful for parents

and the playground to understand that listening to children is just a standard practice to organise something in the playground.

It is the best day in my life!

While all its benefits during the pandemic, adventure playground has been providing significant opportunities for children to play before this crisis, which resulted in helping them to gain resilience naturally and consequently in daily life.

One day in a playground, a 10-year-old girl came with her friend, they found a heap of small carriers. 'Why don't we make a pair of roller skates with our shoes!?' With excitement, they picked up rolls of sticky tape and struggled over two hours until they went back home. I joined them as a playworker struggling together, but we could not find the way to do it. The tapes around the shoes and the carrier got off so easily soon when

275

they stood up to test a walk. They even used a hammer and nails finally, but they did not make a roller skate with their shoes. It became lunch time and they decided to leave the playground. We thought the girls would leave in despair, but it became a different ending. They said, 'We go home, but it is the BEST day in my life! Thank you.'

We got so surprised with the comment, but we understood that she thanked for our securing their trial and error until they got satisfied. Nowadays children live a life with *Google* and *YouTube*, where the answers of almost everything are available everywhere

coming in no time. I suppose that it must be a rare experience for them that no adults reached to them giving a quick advice or answers at all and they were left to follow their curiosity and their own coming-up ideas.

The easier children accessing to answers, the less they would be suspected to become feeble to be in uncertainty. They do not have to put much energy to explore from the scratch. The core importance of play would relate to that young people have a natural drive to play in uncertainty and play with the uncertainty. That is how adventure playground leads a child to build resilience through playing. The function of adventure playground is getting more important in this IT society.

A playground develops as it suits to child's curiosity

In a hot summer day, a playworker laid a large sheet and poured water on a slope to experiment making a water slide. The temperature soared to 34 degrees. Children were playing in a puddling pool for a while seemingly looking for something new. However, the playworker found out it did not slide at all. He placed some plates underneath the sheet, but it did not slide either. Looking at this situation, one of the regular boys (8)

came around to test the slide if it was interesting enough to him. What he came up with was to create bubbly foam to make the surface slippery. Though the playworker had to stop the boy picking up a washing liquid, he started his experiment happily with a natural handwash soap. Other children joined him and spread full of creamy foam in a tub by large brushes. It became a big brushing session rather than making a water slide. It also became a company with a big boss and other workers. The result is always open end and suits best to playing children regardless of adult's plan.

As a secure place for young people

It was more than 20 years ago that I met a boy in my playground. It was past 7 pm, and we were about to close the playground. A regular boy (13) continued staying on the playground unusually. We felt odd, because he would go back home early in usual days.

I asked him what happened. He said, 'I have got away from home and do not think to go back. I am fed up with my father and myself.' Since I knew from him that his father was a very strict person, I thought it would become a big trouble for him.

I listened to him over fire with other regular teenagers of the playground. He explained that he was fed up with himself that he never showed his true feelings to anyone, even to his classmates, ever in his life, because his father was too strict. He was even blaming himself to be a liar. He said he wanted to change himself and he came up with resisting to his father. At the same time, he was scared about confrontation with his father.

His mother came to the playground being worried about him later. She persuaded him that she explained and apologised to his father together, but he refused the offer. One of the regular boys (15) faced him and started talking quietly, 'Even I changed myself after all struggles. I believe you can change yourself too.'

After more than three hours, he decided to make a move finally, 'I will speak to my father about what I think.' I agreed to him going back to his house together up to the doorstep and not saying anything before he speaks.

There was no hesitation at all when we reached his home. In a moment he opened the door, he spoke in his unexpectedly confident loud voice, 'I have something to say, father!'

Adventure playground becomes not just simply a fun place for young people. In the consequence of being chosen by many children, adventure playground functions to accept their worries too, and provides a secure space for them to make a life change in their own pace. Adventure playground stays close with endless difficulties and challenges of child's life in the community. In this way, children can explore and discover their environments and lives and broaden the repertoire of relationships in support of playworkers.

Function of adventure playground after Covid-19

According to the Ministry of Education and Science statistics, there were as many as 479 school children who committed suicide in Japan in 2020 (cf. AsiaNews 2021). It was 41.9% increase against the number in 2019; that is also an outstanding rise in comparison to that of other age ranges. This is the consequence showing how our society has managed the mental health of children by now. The statistics shows the significant increase of the number of suicides was recorded in August and November 2020, which was well after the three-month school closure. The background of the increase is not known yet, but we failed to provide many children a basic secure place regardless of home, school or other places in their lives. Even if we have a significant numbers of play provision available in this country (4,000 play centres, 400 adventure playgrounds, etc.), we have to admit that it could not work enough to save those children's lives.

Guaranteeing rich play environments for children is the issue for the public health, even when there is no large-scaled crisis, as playing is a natural opportunity for every child to become resilient in his/her environments. What adventure playground offers is such a basic play opportunity, which has been fundamentally important well before the pandemic and is not just as an emergent stopgap measure in crisis.

In and after the pandemic, adventure playground will be expected to take more important role as it is local, outdoor and mostly un-institutionalised provision; children do not have to travel far from the community; they can avoid 3Cs (closed space with poor ventilation, crowded places with many people nearby, close-contact setting such as close-range conversation), while 4,000 children's halls (indoor play centres) in Japan faced closure or got forced a limited access; un-institutionalised organisations can work in flexible management.

As one of the varied play provisions taking advantage of its character, I hope that adventure playgrounds help children to recognise that life is worth living and uncertainty is not a big problem rather than choosing to take their own lives away.

Bibliography

AsiaNews (2021). After COVID-19, school suicides up by 40 per cent. www.asianews.it/news-en/After-COVID-19,-school-suicides-up-by-40-per-cent-52364.html [Zugriff 12.09.2021]

Isabelle Zahradnyik

Ich und meine Träume

Glücksvisionsreise

Warum?

Bewusstes Loslösen von Wertungen des Alltags und seiner artifiziellen Taktung ist Nahrung für unsere Seele. Die eigenen mentalen, seelischen und physischen Bedürfnisse bewusst wahrzunehmen, ist in unserem Alltag – der überwiegend sowohl zeitlich, als auch inhaltlich sowie räumlich durchgetaktet ist – nicht gerade das, was wir gelernt

haben oder bewusst wahrnehmen. Ganz zu schweigen davon, in Berührung mit unseren tiefsten Sehnsüchten zu kommen und uns überhaupt zu erlauben, diese zu entdecken.

So wie wir, haben Kinder und Jugendliche unserer Zeit zunehmend einen auf westlich-produktive Effizienz ausgerichteten Lebensmittelpunkt. Die Suggestion, dass das vermeintliche Glück im Konsumieren von „Externem" verborgen steckt, bestimmt omnipräsent uns selbst und die uns umgebenden Narrative.

Dabei nehmen wir oft nicht wahr, welche Schätze in uns schlummern...

Wie schön kann es sein, wenn wir – beseelt von einem fantastischem Traum – morgens aufwachen und uns mit den im Schlaf erlebten Gefühlen und Bildern begleitet fühlen? Wie ein zartes, liebevolles Davon-eingehüllt-Sein kann uns dadurch Freude, Leichtigkeit und Freiheit umgeben und uns durch den Tag tragen.

Kann man das bewusste Träumen, Sehnen und Wünschen lernen? Wozu ist das überhaupt gut?

Wir alle haben eine unglaubliche Kraft in unseren Gedanken und unserer Imagination. Darum ja, ist es unbedingt notwendig zu träumen, zu sehnen und zu wünschen!

Denn...

> ... die eigene Fantasie und Imagination proaktiv zu erleben, kann Entwicklungen neuer Möglichkeiten fördern, die wir zuvor nicht wahrgenommen haben.
>
> ... Räume zu kreieren in denen tiefe Wünsche bewusst werden, gibt Kraft und Ausrichtung – gleich einer Kompassnadel, die neu kalibriert wird.
>
> ... tiefe Wünsche oder Visionen können sich in Bildern und Gefühlen zeigen. Diese können nach erfolgter Visionsreise dokumentiert werden. In Form von Zeichnungen, Bildern oder einer Niederschrift.

Was?

Die Glücksvisionsreise kann den Teilnehmenden eine Möglichkeit eröffnen, sich für kurze Zeit aus (festgefahrenen) Bahnen unseres Alltags – unserer (funktionalen) Realität – zu lösen, frei zu assoziieren und glücksbringende oder signifikante Erlebnisse als solche zu memorieren und sich mit diesen zu identifizieren.

Wie?

Vorbereitung

Grundsätzlich wird gemeinsam ein (Vertrauens-)Raum kreiert, indem sich alle – natürlich besonders die Kinder – wohl und gesehen fühlen.

Wir gehen für ca. 20-30 Minuten auf eine gemeinsame Visions-Reise. Dazu ist es hilfreich, wenn die Teilnehmenden auf dem Boden liegen. Wichtig ist hierbei, den Kindern durch Bewegungseinheiten (Stopp-Tanz oder Ähnlichem) je nach Tagesbefindlichkeit entgegenzukommen und ihnen vor der Visionsreise genügend Freiraum zu geben, sich auszutoben. Dadurch wird die Ruhephase während des Visionierens unterstützt.

Schritt für Schritt

Mit den Teilnehmer*innen in einem Kreis zusammenkommen:

Was machen wir heute? Wir gehen auf eine Visionsreise unserer eigenen Träume und Wünsche.

Zuvor werden wir tanzen und uns bewegen.

Kinder können sich Musik aussuchen, zu der sie sich bewegen wollen.

Stopp-Tanz (ca. 10 Minuten).

Gemeinsames Auslegen des Bodens mit Matten am besten in Kreisform. Die Köpfe im Kreisinneren zueinander (ggf. in der Mitte eine Kerze – je nach Gegebenheit).

Je nach Temperatur und Befindlichkeit die Kinder zudecken.

Ich und meine Träume

Visionsreise (ca. 10-20 Minuten)

Wir gehen nun auf die Reise, schließt dafür eure Augen und versucht, euch fallen zu lassen. Alles darf sein.

Erlaubt euch, ganz frei zu träumen und euch davon berühren zu lassen.

Zur Unterstützung kann auch Entspannungsmusik laufen, die die Imagination unterstützt.

Mögliche Impulse

(Die Fragen werden im Stillen von den Kindern beantwortet und im Anschluss der Reise miteinander geteilt.)

Wo bist du? Wo konkret befindest du dich? Welche Landschaft umgibt Dich?

(Ggf. Beispiele geben: im Wasser, unter Wasser, auf den Wolken, in einer Höhle, an einem Wasserfall, an einem Fluss, am Meer oder Ozean, in der Wüste, auf einem andern Planeten etc... Welche Tageszeit?)

Was kannst du mit deinen Sinnen wahrnehmen?

(Temperatur und Elemente fühlen? Welche Geräusche umgeben dich? Was siehst du? Etc.)

Wer ist bei dir? Vielleicht ist jemand bei dir? (Ein Mensch, Familie, ein Tier, Fabelwesen?)

Wie fühlst du dich?

Was geschieht?

Was machst du/ihr? Was erlebt ihr gemeinsam?

Zeit und Raum geben. Evtl. die Musik etwas lauter machen, während die Kinder sich entspannen. (5-10 Minuten)

Zurückkommen

Nun kommen wir langsam wieder zurück. Bewege sachte deine Zehen, Finger, streck dich, gähne etc. Wenn ihr soweit seid, dann richtet euch auf. Nimm dir die Zeit, die du dafür brauchst.

Raum für Austausch des Erlebten schaffen

Entweder gibt es unmittelbar im Anschluss eine verbale Austauschrunde, und danach die Möglichkeit, das eben Erlebte schriftlich und/oder zeichnerisch und malerisch festzuhalten. Die Bilder oder Texte werden dann gemeinsam miteinander angesehen und besprochen.

Oder: Erst wird eine verbale Austauschrunde initiiert und im Anschluss dessen schreiben, malen, zeichnen die Teilnehmenden ihre Visionsfragmente. Abschließend die Bilder rezipieren. Das kann ganz spontan entschieden werden.

Erinnerung

Die entstandenen Bilder oder Texte sind kleine Erinnerungsstützen der individuellen Visionsreise, wie kleine Dokumente der eigenen Vision. Die Teilnehmenden können diese mitnehmen und zu Hause an einem geeigneten Ort aufhängen. Beispielsweise in der Innenseite des eigenen Kleiderschranks, am Spiegel im Bad, über dem Bett usw.

Womit?

Materialien:

je nach Anzahl der Kinder:

Matten und Decken

DinA4 Blätter (je nach ausgewählter Farbe entsprechende Papierdicke)

Buntstifte/ Wasserfarben / Gouachefarben, Pinsel, (Wassergläser für Pinsel)

evtl. Kerze und Feuerzeug

Susie Wimmer

Clown als (Über)Lebensmittel

Eine Zwischenbilanz nach 28 Jahren *Clowns Without Borders International*, nach 70 Reisen in 26 Länder auf 4 Kontinenten der *Clowns ohne Grenzen Deutschland* (e.V. seit 2007)

Kenia 2013, Foto: Jakob Karte

Clowns ohne Grenzen ist ursprünglich eine Idee von Kindern für Kinder, entstanden aus einer Brieffreundschaft während des Kriegs in Kroatien 1993. Die (damals noch) jugoslawischen Kinder schrieben ihren spanischen Brieffreund*innen, sie verstünden den Krieg nicht, aber sie wüssten genau, was fehle, nämlich das Lachen, die Freude und das Spielen. Die spanischen Kinder sammelten Geld und schickten einen ihrer Väter, Tortell Poltrona, Clown von Beruf nach Istrien in ein Flüchtlingslager mit dem Auftrag: „Papa, bitte bring die traurigen Kinder wieder zum Lachen!" Offensichtlich waren die Kinder der Meinung, das helfe. Wer würde dem widersprechen?

Jeder Mensch reagiert unweigerlich beim Anblick eines Clowns, egal, ob ihm die Figur des Clowns bekannt ist oder nicht. Wer die Figur des Clowns kennt, geht zunächst in Resonanz zu seinen bisherigen/früheren Erlebnissen und somit zu den assoziierten Gefühlen und Interpretationen: Clown als Spaßmacher, Narr, Weiser, Chaot, Heiler, Spieler, Verrückter, Verliebter, Anarchist aus Versehen, Verbündeter, Freiheitsliebender, Naivling, Idiot, Genie, Lebensmeister, Schatz(er)finder, ständig von der Welt fasziniertes Gefühlswesen, verrückter Ganzkörpermensch, zärtlicher Stratege, phantastischer Akrobat und vieles anderes mehr. Je nachdem kommt einer oder mehrere Aspekte zur Wirkung. Ein Clown ist eine riesige Projektionsfläche. Letztendlich ist er der menschlichste Mensch.

Von außen betrachtet

In Syrien wurde uns 2013 nach der Show von einem der Väter berichtet, dass sie ihre Kinder seit über einem Jahr das erste Mal wieder lachen gesehen haben. Spontan mit dem Lachen herausplatzen, sich selbst und die momentane Situation vergessen zu können, bedeutet, dass man mit dem Clown mitfühlt. Das Publikum kann in unmittelbare

Resonanz zu ihm gehen, weil es dessen Schlamasselsituation vielleicht aus eigenem Erleben kennt (natürlich froh ist, dass es selbst nicht in dieser Bredouille steckt), aber begeistert über des Clowns Umgang mit dem Fiasko ist und gespannt der Lösung des Problems harrt. Die Situationsähnlichkeit ermöglicht die Identifikation mit dem Clown als Person und bezieht indirekt das eigene Erlebte mit ein. Somit lacht man gleichermaßen über das Fiasko des Clowns wie auch über sein eigenes. Für den Moment des Lachens verschwindet die eigene Realität, das Hirn ist wieder auf null, respektive das

Kambodscha 2018, Foto: Oliver Steinke

Nervensystem auf Neustart gesetzt.[1] Dadurch, dass das Lachen körperlich spürbar ist, ist man vollkommen gegenwärtig. Es wird die tiefe ureigene Freude jenseits des Verstandes berührt und wiederbelebt.

Das eigene Erleben der Freude in Kombination mit anderen, sprich, wenn man gemeinsam herzhaft lacht, schafft Verbindungen jenseits aller möglichen und/oder aktueller Trennungsfaktoren (Alter, Geschlecht, Religion, ethnische oder politische Zugehörigkeit, Hautfarbe, Schuhgröße, etc.). Nicht nur Eltern sind glücklich, ihre Kinder wieder lachen zu sehen, umgekehrt sind die Kinder genauso froh, auch ihre Eltern mal wieder fröhlich, entspannt und unbeschwert zu erleben. Das stärkt die Familien, die Communities, jede Gemeinschaft. Erwachsene geben sich gerne auch die Erlaubnis, eine Clownsshow zu betrachten und sich genauso zu amüsieren, denn die Show ist ja für die Kinder. Womöglich brauchen Erwachsene aber vielleicht sogar viel mehr einen Clown als Kinder?! Verschiedenste Kulturen treffen sich bei der Lust am bekannten Missgeschick des anderen und staunen gleichermaßen über phantastische Lösungen.

1 „Anhand der Affekttheorie nach Tomkins (1962) diskutiert Linge (2011) die Ergebnisse ihrer Untersuchung. Demnach ist der affect surprise, also ein Überraschungsmoment, in der Lage, das Nervensystem auf Neustart zu setzen und damit Platz für neue Informationen zu schaffen. [...] Die Aspekte (1) Überraschungsmoment, (2) Interesse und Freude sowie (3) Entspannung zeigen die Komplexität von Clowninterventionen auf und stellen zugleich eine Möglichkeit dar, die Kluft zwischen negativen und positiven Gefühlen zu überbrücken, einen Platz der Zuflucht zu schaffen – für Kinder, ihre Angehörigen und für Mitarbeiter im Krankenhaus (Linge, 2011)." (vgl. Erbschwendtner 2015, S. 621). Direktlink zum engl. Ausgangsartikel von Lotta Linge: https://doi.org/10.3402/qhw.v6i1.5899

Unvergessen ist die Freude der Kinder und Jugendlichen in Vilnius/Litauen, als sie um die Ecke ihre strengen Erzieher*innen entdeckten, die aus Versehen heimlich laut über die Clowns lachten.

Vielen Menschen bleibt die erste Begegnung mit einem Clown lebenslang in Erinnerung. Besonders, wenn es ein freudiges Ereignis war, kann es eine Ressource für unkonventionelle Problemlösungen sein, eine Vorlage für einen völlig andersartigen Umgang mit Krisen: Im *social club* der Weltbank in New York City sprach ein Kollege der

Syrien 2013, Foto: Thomas Victor

Kashmir 2018, Foto: Oliver Steinke

US Clowns über die Entstehung und erste Show der *Payasos Sin Fronteras*. Eine kroatische Angestellte meldete sich just zu diesem Ereignis: Sie erzählte, sie hatte die Shows nicht gesehen, aber ihre Freundinnen hatten es so plastisch geschildert, dass „for years to come it was an endless inspiration source for playing and games!", also eine jahrelang nicht versiegende Quelle der Inspiration für Spielen und Spiele.

Was sieht man?

Was die Figur des Clowns so einzigartig macht, ist vielleicht die totale Andersartigkeit im Sein, Handeln und Denken. Seine unverwüstliche Offenheit und Neugier macht die Wesensverwandtheit zum Kind aus. So findet sich das Kind im Clown und der Erwachsene die Erinnerung an diese abtrainierten und eventuell vermissten Fähigkeiten. Die verstandesbefreite Wertigkeit ermöglicht dem Clown eine einzigartige Weise das (Er) Leben zu interpretieren und entsprechend seiner arglosen Naivität zu agieren. Dank seines unzensierten Denkens kann er unmögliche Möglichkeiten, den Sinn im Unsinn (er)finden.

Ein Clown liebt Gefühle und teilt sie unverstellt mit seinem Publikum. Bekanntlich ermöglichen Spiegelneuronen[2], dass man körperlich wie emotional im eigenen Dasein spiegeln kann, was man im Außen erfährt: Ob man beim Zuschauen auch mit dem Fußball übers Feld rennt, im Zirkus mit dem Akrobaten übers Seil balanciert oder mit dem Clown fühlt: Das Gesehene überträgt sich physisch und psychisch in den Betrachter, z.B. auch des Clowns direkte Ehrlichkeit, seine uneingeschränkte Aufmerksamkeit und sein Vertrauen. (Immer wieder erlebe ich, dass das aufrichtige Vertrauen, das ich als Clown

Rumänien 2018, Foto: Vera Lohmüller

Iran 2019, Foto: Anahita Mougouie

gebe, zunächst überrascht, ob der unüblichen Verhaltensweise. Vielleicht irritiert es sogar, weil nicht die üblichen Handlungsketten ausgelöst werden, doch dann wird etwas zeitversetzt diese Haltung genauso zurückgespiegelt, ob es sich um geklaute Mützen, Requisiten oder sonstiges handelt: Dinge werden immer wieder zurückgegeben, weil das ungewöhnliche Vertrauen so sehr ehrt und berührt).

Ein Clown ist an Kontakt und Verständigung stark interessiert und seine Ungeschicktheit bringt die Menschen zum Lachen. Ein Clown muss nichts kontrollieren, er ist jenseits der Verstandesebene, braucht keine Sprache, ist aber nicht stumm. Um Inhalte/Gefühle zu transportieren genügt die Modulation der Stimme, ggf. mit einem *Kazoo* verstärkt. Wort-, Text-, Sprachprobleme verkomplizieren nichts, die Kommunikation ist einfach und direkt. Jedoch offensichtlich erlernte und stolz vorgetragene Wörter in der jeweiligen Landessprache sorgen immer wieder für Heiterkeit, vor allem,

2 „Ein Spiegelneuron (Plural: Spiegelneurone oder Spiegelneuronen) ist eine Nervenzelle, die im Gehirn von Primaten beim ‚Betrachten' eines Vorgangs das gleiche Aktivitätsmuster zeigt wie bei dessen ‚eigener' Ausführung. Auch Geräusche, die durch früheres Lernen mit einer bestimmten Handlung verknüpft werden, verursachen bei einem Spiegelneuron dasselbe Aktivitätsmuster wie eine entsprechende tatsächliche Handlung. Seit ihrer erstmaligen Beschreibung im Jahr 1992 wird diskutiert, ob Spiegelneuronen an Verhaltensmustern von Imitation oder möglicherweise sogar Mitgefühl (Empathie) bei Primaten beteiligt sind. Diese Zellen wurden [...] erstmals 1992 beschrieben, [...]. In diesen Untersuchungen war aufgefallen, dass Neuronen im Feld F5c des Großhirns sowohl dann reagierten, wenn bestimmte zielmotorische Hand-Objekt-Interaktionen selbst durchgeführt wurden, als auch, wenn sie bei einem anderen Tier – oder auch bei einem Menschen – nur beobachtet wurden." (vgl. Wikipedia)

wenn sie naturgegeben leicht verfälscht versehentlich eine ganz andere Bedeutung bekommen. Es macht die Kinder groß und stark, z.B. wenn man sie fragt, wie das falsche Wort richtig klingen muss.

Der Einsatz von Musik ist wesentlicher Bestandteil. Durch die höhere Schwingungsfrequenz erreicht sie andere Ebenen, eröffnet feinstoffliche Bereiche im Menschen.

Wenn sich darüber hinaus der Atem und die Stimme befreien, z.B. die Kids dann noch mittönen können, sei es durch Zurufen (wo sich der Clown versteckt hat, oder Gefahr

Ukraine 2018, Foto: Kristof Huf   Nepal 2020, Foto: Verena Strallegger

naht), durch Anfeuern, Mitsingen, Mitzählen, etc. geschieht durch die Verbindung mit dem eigenen Körper, der eigenen Existenz spürbares, freudvolles Empowerment.

Besonders wichtig ist auch der Hierarchieaspekt im Clownsspiel: Hochstatus/Autorität/Weißclown und Tiefstatus/Identifikationsfigur/Rotclown – der Sympathieträger. Man kann von vornherein damit spielen, dass die/der Kleinste/Schwächste/Dümmste die/der Mächtigste ist, und/oder es kann sich im Spiel der Status ändern, dadurch wird für alle wieder alles möglich, und auch der Hochstatuierte kann scheitern, wieder menschlich und liebenswert werden.

Bei der Nepalreise 2017 hatte es sich eingebürgert, dass am Ende der Show der Direktor auf die Bühne kam um sich, meist mit einem kleinen Geschenk bei den Clowns zu bedanken. Als Gegengeschenk, gab es immer eine Foto-Postkarte vom Team und eine Clownsnase „für schwierige Zeiten". Wenn es der Direktor erlaubte (was immer der Fall war), wurde ihm vor seinen tausenden von Kindern/Schüler*innen die Clownsnase aufgesetzt. Überall jubelten die Unmengen von Kindern ihrem Direktor tosenden Beifall zu, der passende Transfer des Hierarchieaspekts in die Realität: Nie haben die Schüler*innen ihren Direktor so erlebt und so geliebt!

Künstlerische, zirzensische akrobatische Showzutaten sind nicht unbedingt notwendig, können aber das Spiel enorm bereichern: Auch ruhigere Momente können entstehen,

in denen einfach gestaunt und/oder sich an der Schönheit, der Anmut oder einem besonderen Können erfreut werden kann.

Zauberei kann ein herrliches Element sein. Vor allem, wenn der Clown scheitert, oder
sich verzaubert und/oder vielleicht sogar versehentlich einen Trick preisgibt.

2008 war eine rumänische Schulleiterin besonders beeindruckt von dem Gesamtpaket
an Eindrücken, das die Kinder von uns als Gruppe bekamen: Wir kamen als Fremde (höflich
und respektvoll) an. Wir bauten als Kolleg*innen freundlich, konzentriert, professionell

Bolivien 2016, Foto: Mijhail F. Calle Ruiz

Türkei 2016, Foto: Monika Single

unser Equipment auf. Als lustige Clowncharactere taten wir unfassliche Dinge, die die
Kinder und Erwachsene zum Lachen und Staunen brachten. Nach der Show trafen wir
die Kinder persönlich und reisten schließlich als Freunde im Herzen und in der Erinnerung wieder ab. Die Krönung ist, wenn man irgendwann wiederkommen kann. Oftmals
erkennen die Kinder die Clowns wieder, erinnern sich an ihre Namen, die Show oder
Songs oder Szenen daraus.

Sehr oft ist es den Kindern wichtig, auch uns ihr Können (Gedichte, Lieder, Kunststücke,
Lösung von mathematischen Aufgaben, etc.) zu zeigen oder Aspekte ihres Lebens (ihr
Zimmer oder der Schlafplatz, ihre Wohnsituation, das Essen) mit uns zu teilen.

Von innen betrachtet

Auf unseren Reisen geben wir sowohl Workshops für Kinder, als auch für local artists und
alle möglichen Sozialarbeiter*innen oder Mitglieder der Community. In der Selbsterfahrung der Clownsfigur sind verschiedene Aspekte von großer Bedeutung und lebensbe-
einflussend: Das uneingeschränkte JA!

Sich die Erlaubnis zum bedingungslosen JA! zu geben eröffnet Horizonte: z.B. kann
das innere Debattieren und Hadern sofort aufhören, es wird innen ruhig und das Leben

sehr einfach (als Erwachsener darf man erleben, wie unglaublich viel Zeit und Energie man sinn- und zwecklos mit inneren Widerständen und Blabla verbringt, wenn doch die Antwort und Haltung einfach JA! lautet und sofort handlungsfähig macht). Man darf sich vom linearen Denken lösen und in den Genuss der Inkongruenz kommen. Wie unmöglich kann man eigentlich sein, welche unmöglichen Möglichkeiten lassen sich finden, wenn das Hirn gelernt hat vollkommen absurd zu denken und Unsinn a s tiefe Sinnquelle entdeckt wird):

Nepal 2017

Zum Beispiel mit einer Nagelschere einen Fußballrasen schneiden, oder mit möglichst vielen Bällen gleichzeitig Tischtennis spielen, oder einem Elefanten Seiltanz beibringen, statt den Stift das Papier beim Schreiben bewegen und ähnliches. Der Phantas e sind keine Grenzen mehr gesetzt.

Seinen menschlichen Kontrollzwang aufzugeben und eine Zweckfreiheit des Tuns zuzulassen, kann äußerst erholsam sein. In einer Phantasiesprache (*Gibberish, Grommolo,* o.ä.) äußerst seriös zu sprechen und überhaupt nicht verstanden zu werden, auch von sich selbst nicht, führt einem die Absurdität mancher „echter" Unterhaltungen/Anspra- chen vor Augen. Dennoch birgt es u.U. eine unfassbare Freude am Tun, um der Sache selbst willen vollkommen zweckbefreit zu reden.

Die totale Andersartigkeit im Sein, Handeln und Denken, die vielleicht an frühere Fähigkeiten/Eigenschaften als Kind anknüpft, wird wiederbelebt (reconnect to the joy, etc. siehe wie oben, d.h. die Gefühle werden gleichermaßen beim Zuschauen wie auch beim Tun angeregt).

Ein Clown ist ein soziales Wesen, er ist im ständigen (Blick)Kontakt mit dem Publikum. Sich dabei am Lachen der anderen über sich selbst, sich an der Freude der anderen zu freuen, ist der entscheidende Punkt. Man kann die eigene Unsicherheit ob des e genen Unvermögens nicht nur überwinden, sondern das Scheitern, das Fiasko lieben lernen. Dank der naiven, wertfreien Betrachtungsweise hat ein Fehler keine Macht über einen

Clown. Ein Problem ist eine niemals versiegende Quelle der Inspiration zur Entdeckung neuer Aspekte und sensationeller Lösungen.

In einem Workshop 2015 berichtete ein indischer local artist, dass er nur durch die Clownsfigur Zugang zu seiner Kindheit und zu seinen Emotionen finden konnte. Ein anderer indischer Schauspieler schrieb, dass er an der Coronakrise mit all ihren Auswirkungen fast zugrunde gegangen wäre. An einem Tag, als er seinen Geldbeutel durchforstete, um zu errechnen wie viel Zeit ihm sein Geld vor dem endgültigen Aus noch ließe, fiel ihm

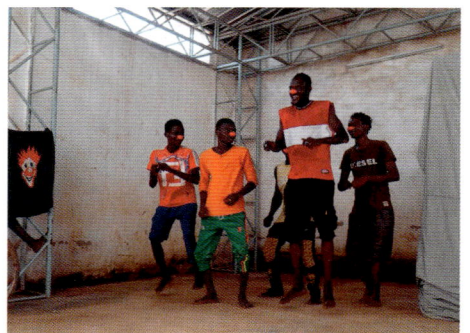

Burkina Faso 2019, Foto: Katrin Oettli

Irak 2017, Foto: Katharina Ebel

Sri Lanka 2015

Sri Lanka 2015

die Visitenkarte seiner Clownslehrerin in die Hände. Plötzlich erinnerte er sich an alle Workshopinhalte und er begann, diese in der aktuellen Krisensituation anzuwenden. So konnte nicht nur er überleben, darüber hinaus konnte er durch seine wiedererstarkte Freude, den Spaß, die Leichtigkeit alle ähnlich erschöpften Menschen in seinem Umfeld inspirieren und wieder mit den positiven Lebensaspekten in Verbindung bringen. Seinen Worten nach, hätte er ohne Clown nicht überlebt. Unseren schwedischen Kollegen im jordanischen Flüchtlingscamp *Za'atari* wurde berichtet: „Bevor Ihr kamt spielten die Kinder Krieg, jetzt spielen sie Clown."

Clown als (Über)Lebensmittel

Es begab sich, dass eine Clownstruppe versehentlich zur Zeit der national exams in Nepal waren. D.h. alle Kinder absolvieren zur gleichen Zeit die Geschichts- oder Mathematikprüfung. Interessanterweise fanden es einige Schuldirektoren gerade richtig und wichtig, dass die Kinder vor den Examen eine Clownsshow zu sehen bekommen, weil sie anschließend besser für die Prüfungen gerüstet seien. (Für die anderen Direktoren war die Clownsshow eben eine Belohnung für die Kinder nach den Prüfungen).

Albanien 2015, Foto: Niko Kammerer

Nepal 2020, Foto: Verena Strallegger

Der/die darstellende Künstler*in/Mensch kann von der Figur lernen, jedwede Krise phantasievoll zu meistern, genauso wie jede/r Zuschauer*in sich vom Wesen des Clowns berühren und inspirieren lassen kann. In Syrien berichteten Mitarbeiter*innen einer der weltgrößten Hilfsorganisationen, sie waren irgendwann selbst von den Kriegsgeschehnissen vollkommen erschöpft und entmenscht. Sie konnten keine Meetings mehr absolvieren ohne sich anzuschreien, sich gegenseitig zu zermürben und zu zerfleischen. Erst als eine der Leiterinnen Clownsnasen zum Treffen mitbrachte und forderte, diese in den Diskussionen zu tragen, wurden Gespräche wieder möglich. Es wurde geweint und gelacht, die Gefühle durften wieder lebendig werden. Die Menschen konnten einander endlich wieder als Menschen begegnen.

Vermutlich ist ein Clown per se durch all seine Eigenschaften unbesiegbar, resilient, untraumatisierbar – die Beweisführung läuft.

Literatur

Erbschwendtner, Sabine (2015). Clownvisiten bei Kindern und Erwachsenen. In: Pflegewissenschaft 12/2015. hpsmedia.

Spiegelneuron. In: Wikipedia – Die freie Enzyklopädie. Bearbeitungsstand: 20. Juni 2020. www.wikipedia.org/w/index.php?title=Spiegelneuron&oldid=201144583 [Zugriff: 19.09.2021]

Michael Dietrich, Mia Rohrbach, Uta Schnuppe Strack

Krisen begegnen mit Humor und Spielfreude
Eine Reise mit den Clowns ohne Grenzen Deutschland e.V.

Das Projekt

Menschen ein Lachen zu schenken, die in prekären Lebensumständen leben, das ist die Grundidee des Vereins *Clowns ohne Grenzen Deutschland e.V.*

2017 machen sich vier Künstler*innen als Clowns auf den Weg nach Rumänien. Sie planen die Reise, suchen und finden Kooperationsorganisationen, informieren sich über die lokalen Gegebenheiten und entwickeln zusammen ein Stück, in das sie die kulturellen Besonderheiten und die Bedürfnisse der Zielgruppe vor Ort so gut es geht einfließen lassen. So viel vorweg. Es wird nicht ihre einzige Reise nach Rumänien bleiben. Schon 2018 schließen sie sich wieder zusammen, um die Kinder und deren Familien in Rumänien erneut zu besuchen. Was sie dort erlebten und, noch wichtiger, – wie ihre Besuche wirken – davon berichtet der nachfolgende Text.

Warum Rumänien?

In Rumänien leben weit über 31,2 % der Bevölkerung unterhalb der Armutsgrenze (Statista 2021). Noch immer herrschen hohe Arbeitslosigkeit und die schlechte wirtschaftliche Lage des Landes beeinträchtigt den Lebensstandard vieler Menschen. Die auf Bevölkerungswachstum ausgelegte Politik des Diktators Ceausescu und die damit verbundene massive Steigerung der Geburtenrate in den 1980er Jahren haben bis heute weitreichende Folgen für die Gesellschaft. Die Perspektivlosigkeit der heutigen Elterngeneration hat besonders Auswirkungen auf die Kinder: Alkoholsucht, mangelnde Bildung oder einfach Armut sind nur einige der Gründe, warum Eltern sich von ihren Kindern trennen – sie verlassen oder weggeben.

Auch Jahre nach dem Sturz des Regimes leben noch immer viele Kinder unter erbärmlichen Umständen in Heimen. Viele der Unterkünfte sind mangelhaft ausgestattet und gleichen Verwahranstalten. Körperliche und seelische Gewalt gehören heute zum Alltag vieler Kinder genauso, wie mangelnde Bildungschancen. Besonders Roma-Kinder und Kinder mit Behinderungen werden diskriminiert und gesellschaftlich ausgegrenzt. Große Probleme entstehen durch Armut der Familien. Nicht nur Kinderarbeit, sondern auch Prostitution und Kinderhandel sind zu einem alarmierenden Problem in Rumänien geworden. Mädchen und Jungen sind gezwungen, ihre Familien finanziell zu unterstützen. Kinderarbeit geht oft mit dem Abbruch der Schule, sozialer Ausgrenzung und psychischer oder physischer Ausbeutung einher. Vor allem Kinder von ethnischen Minderheiten gehen nicht in die Schule. In Rumänien ist die Kindersterblichkeitsrate immer noch sehr hoch, auch wenn sie in den letzten Jahren gesunken ist.

Nachhaltig wirken – Auftritte und Workshop

Im Gespräch mit den Hilfsorganisationen vor Ort wurde klar, dass insbesondere Kinder aus Roma-Familien die Schullaufbahn häufig schon nach wenigen Wochen abbrechen. Früher gab es durch die starke Industrialisierung, auf Anweisung der kommunistischen Regierung, genug Arbeit für alle. Bildung spielte hierbei eine sehr nachrangige Rolle. Heutzutage gibt es ohne Bildung so gut wie keine Chance, seinen Lebensunterhalt zu verdienen.

Die Eltern sehen häufig nicht die Notwendigkeit, die Kinder, die teils schon in den ersten Schuljahren den Anschluss an die Klasse verlieren, zum Schulbesuch zu motivieren. Vor allem Kinder aus Dörfern mit prekären Zuständen leiden häufig unter Entwicklungsverzögerung und haben damit Schwierigkeiten, dem Leistungsniveau zu folgen. Eine Sozialarbeiterin berichtet, dass es z.B. Kinder gäbe, die aufgrund der immerwährenden Rauchbelastung durch ein Lagerfeuer in der Mitte des Hauses unter Hirnschädigungen leiden würden. Diese Kinder bräuchten besondere Betreuung und Förderung in der Schule.

Die Betreuer*innen berichten, dass die Kinder der unterschiedlichen Bevölkerungsgruppen so schon mit besonders großen Entwicklungsunterschieden in die Schullaufbahn starten würden. Die Lehrenden seien aber mit den unterschiedlichen Lerngeschwindigkeiten und besonderen Bedürfnissen überfordert und ihnen fehle die nötige Flexibilität und Methodenvielfalt. Der Unterrichtsstil entspreche häufig dem aus den Zeiten des vorangegangenen Regimes. Es fehle an Wissen, den Unterricht an die individuellen Gegebenheiten anzupassen, ihn ansprechend, abwechslungsreich und spielerisch zu gestalten, um so die Kinder für die Schule zu begeistern.

Ein großes Problem hierbei sei, dass Lehrende in Rumänien oft selbst für ihre Fortbildungen aufkommen müssten. Der Verdienst sei schon schlecht und durch die hohen Fahrtkosten und Teilnehmerbeiträge würden Lehrer*innen Fortbildungen nicht in Anspruch nehmen. Die Kinder würden häufig schon nach wenigen Wochen ihre kindliche Neugier auf die Bildungsinstitutionen verlieren und viele Eltern sähen sich in ihrem Weltbild bestätigt und würden die Kinder nicht mehr zur Schule schicken.

Nachhaltig wirken vor Ort: Darum hat sich das Team entschlossen, dem Wunsch der Kooperationsparter*innen vor Ort nachzukommen und einen Workshop anzubieten. Der Schwerpunkt liegt dabei auf Spielpädagogik, Clownerie und Improvisation – immer im Austausch mit den Teilnehmenden, um deren Bedürfnissen gerecht zu werden. Wir würden damit gerne humorvolle Ansätze vorstellen und diese ein stückweit in die Lebenswelt der Pädagog*innen – und damit in die der Kinder – implementieren. Der Workshop sollte niedrigschwellig sein und vor allem auf Vermittlung von Umsetzungskompetenzen ausgerichtet werden.

Kooperationspartner und Wiederbesuche

Bei unseren Recherchen haben wir schnell Kooperationspartner gefunden. Die Zusammenarbeit mit Fachkräften vor Ort hat sich bewährt. Sie kennen die Umstände in denen die Kinder und deren Familien leben und können den reisenden Clowns wertvolle Hinweise geben. Seien es kulturelle und ethnische Besonderheiten die es, unter anderem bei der Entwicklung der Show, zu beachten gilt, als auch die ganz praktische Hilfe bei der Planung, Bewerbung und Durchführung der Aufführungen.

Während der ersten Reise im Jahr 2017 hatten wir immer wieder das Gefühl, dass uns Orte mit besonders prekären Zuständen nicht „zugemutet" wurden. Erst nach und nach konnten wir den Kooperationspartnern verständlich machen, dass wir genau wegen diesen Menschen kommen und uns diese besonders am Herzen liegen. Mittlerweile haben wir unter anderem mit der *Kinderhilfe für Siebenbürgen e.V.* oder der *Asociatia PERSPECTIVE Danes* Partner gefunden, denen genau diese Arbeit vor Ort in den Dörfern ein Anliegen ist. Es sind die Kontakte, mit denen wir genau dort Zutritt bekommen – wo unsere Auftritte am meisten gebraucht werden: In Waisenhäusern, in Heimen für Menschen mit Behinderung, in Romasiedlungen. Die Kooperationspartner haben Vertrauen in uns gefasst, kennen unsere Arbeits- und Wirkungsweise und wissen, wie die Rahmenbedingungen sind. Daher öffnen sie uns Türen – dort wo keine Türen sind, öffnen sie uns Wege.

Berührung und Wirksamkeit

Wirksame Begegnungen bedürfen viel Vorbereitung. Doch irgendwann ist es soweit: Das Team betritt einen Abstellraum. Heute wird das unsere Garderobe sein. Teilweise ziehen wir uns auch im Bus um. Wir verwandeln uns in die Clowns Mov (Lila), Rosu (Rot), Verde (Grün) und Albastru (Blau). Die Instrumente sind gestimmt. Wir wünschen uns Toi Toi Toi und ab geht es zur dritten Show des Tages. Draußen haben wir vorab unser Banner

aufgehängt. Alles was wir brauchen, ist in einem roten Reisekoffer untergebracht. Den Boden ziert ein Kreis aus Sprühkreide. Die 100 Kinder und Jugendlichen, die in diesem Waisenhauses leben, haben sich um ihn geschart und warten.

„Eins, zwei, drei", zählt Albastru und wir spielen unser Einzugslied. Vier Clowns biegen um die Ecke und die Show beginnt. Für eine dreiviertel Stunde tauchen wir zusammen mit den Zuschauenden in eine andere Welt ein. Wir versuchen die Stimmungen einzufangen. Für aufgedrehte Kinder spielen wir bewusst kleiner und ruhiger als sonst. Treffen uns skeptische Blicke, versuchen wir unser Publikum sanft zu kitzeln bis wir ihnen die ersten Lacher entlocken und geben dann Gas. Jede Show ist anders, einzigartig. Die meisten sind lustig. Manche Show endet in einem kleinen Straßenfest. Alles lacht und tanzt. Manche berühren aber auch sehr.

„Nach der vierten Show des Tages, in einem Waisenhaus, sind sie wieder im Kontakt mit uns. Wir werden umringt von 100 Kindern, und 200 Kinderhände fordern uns auf, sie zu berühren. Jeder will Aufmerksamkeit. Will uns nah sein. So viel Liebe können wir gar nicht geben. Es ist Zeit für den Aufbruch. Abschied: Kinderhände durch den Zaun Halten uns fest. Wollen uns nicht gehen lassen... ein Bus mit vier Clowns, eine Fotografin... Stille auf dem Weg zum Abendessen... Nachdenklichkeit... bei manchen gibt es Tränen... Das gehört auch zum Reisen. Manchmal ist es eine ganz schön dicke Packung." (vgl. Dietrich

et al. 2018). Vor Ort sind Kinder und Erwachsene gleichermaßen gefordert. Dass wir die Menschen im Publikum erreicht und berührt haben, zeigt sich viel in den anschließenden kleinen Interaktionen beim Malen von Clownsnasen, Verteilen von Postkarten, Umarmen, Beschnuppern und Kennenlernen (vgl. Dietrich et al. 2018).

Auch die erwachsenen Rumän*innen sind schon mal nachhaltig beeindruckt, oft weil sie – laut der Sozialarbeiterin der Romasiedlung an der Müllhalde – noch nie weg waren aus ihrem „Dorf". Viele kannten so etwas wie Theater gar nicht. Ältere Damen und Herren, Mamas und Papas, Omas und Opas, die unsere Show in sich aufgesaugt haben und mitgegangen sind wie kleine Kinder... aber das wäre noch nicht mal das Erstaunlichste gewesen: Es waren die Kinder, die in den ersten Reihen am Boden saßen. Sie haben immer wieder gebannt nach hinten geschaut: Sie waren völlig erstaunt über die

Reaktionen der Erwachsenen und waren sichtlich begeistert davon, ihre erwachsenen Dorfmitglieder so ausgelassen lachen zu sehen. Hier lernen sich die Menschen selbst ganz neu kennen – und ihre Mitmenschen.

„Ich habe heute meine Lebenskraft befreit, die wie in einem Gefängnis eingesperrt war," sagte eine Teilnehmende eines Ganztagesworkshops in Sachen „Spiele und Improvisation" für pädagogische Mitarbeiter*innen und Ehrenamtliche einer rumänischen Hilfsorganisation. Lachen und Leichtigkeit wollten wir vermitteln, miteinander in Bewegung

und Begegnung kommen sowie Freude am Scheitern entdecken in Spielen, die man auch mit Kindern, Senioren, Jugendlichen, jungen Erwachsenen und Menschen mit körperlichen und/oder geistigen Beeinträchtigungen wagen kann. Teilweise völlig gegenteilig zur täglichen Arbeit ging es darum, in sicherem Umfeld ganz im Moment zu sein, nicht nachzudenken, Fehler machen zu dürfen, nicht zu bewerten und „Ja" zu den Angeboten der Mitspielenden zu sagen. Immer mit dem Ansatz, diese positive Grundhaltung zu unerwarteten Ereignissen auch in den Alltag hinüberzuretten. Wir erlebten dabei eine große Offenheit und noch mehr Gelächter bei unterschiedlichsten Spielen, Übungen, selbst gestalteten Bildern und kleinen szenischen Geschichten.

Die Rückmeldungen der Teilnehmenden sprechen für eine nachhaltige Wirksamkeit und der Weiterbildung von Resilienzfaktoren wie Selbstwirksamkeit und Improvisationsvermögen:

„Ich dachte, ich kann nicht improvisieren. Doch heute habe ich erkannt, dass ich in meinem Beruf genau das so oft tue."

„Es ist ein Gefühl von Freiheit – Fehler zu machen und sich auch noch drüber freuen zu dürfen."

„Ich habe es sehr genossen, nicht bewertet zu werden."

Helfen macht stark

Viele Orte in Rumänien brauchen Hilfe, in erster Linie ganz substantiell in Form von Gebäudesanierungen, Grundstücken oder Häusern, im Rahmen von medizinischer Versorgung, Ernährung und Gesundheit sowie im Besonderen durch Bildung, Arbeit und sozialer Absicherung. Doch was grundsätzlich fehlt, sind mehr Menschen, die sich dauerhaft einsetzen, sich durchsetzen, durchhalten und vor allem Widerstand aushalten, um die Lebenssituationen der Familien zu verbessern. „Wirklich helfen ist unangenehm," sagt eine Kooperationspartnerin vor Ort. Während die vielen fröhlichen Gesichter sich nach den Shows und Workshops auf den Weg zurück in ihr Zuhause machten, erzählte uns die Kollegin viel über ihre Arbeit und die Menschen, um die sie sich kümmert. Sie betont, wie wichtig die Ausdauer sozialer Projekte ist und wie sehr es sich lohnt, für die positiven Veränderungen in der Gesellschaft zu kämpfen. Sie hat sehr viel erreicht in den letzten zehn Jahren – und viel gelernt. Heute zum Beispiel – so hat sie uns wissen lassen – hat sie gelernt, dass es oft gar nicht vieler Worte bedarf, um die Menschen zu erreichen – manchmal reicht einfach eine rote Nase und eine große Portion Leichtigkeit.

Auf dieser Reise der *Clowns ohne Grenzen Deutschland e.V.* entstanden 6.135 Fotos, 4.760 Hände von 2.380 Zuschauer*innen klatschten aufgeregt, 1.560 km saßen die Ehrenamtlichen im Bus, sahen dabei 212 Störche und überholten 195 Pferdefuhrwerke, führten 132 Zaubertricks auf, hatten in 33 Shows 33 Mal Glück mit dem Wetter und begegneten an 13 Spieltagen und in 3 Workshops verschiedenen Krisensituationen mit Spielfreude und Humor. Nicht in Zahlen zu fassen sind die Bilder von Armut und Einsamkeit, die uns zeigen, wie wichtig unsere Arbeit hier ist. Unendlich ist aber auch das Engagement der Menschen, das Lachen, der Zauber der Begegnungen, die Herzlichkeit, die Freude, die Umarmungen, die Gastfreundlichkeit, die Hilfsbereitschaft und die Unterstützung, die uns zuteilwurde.

Abschließen möchten wir mit dem Kompliment von zwei älteren Damen: „So etwas Schönes haben wir noch nie gesehen. Endlich mal wieder Kind sein, fröhlich sein, lachen und die Sorgen vergessen".

Mehr zu *Clowns ohne Grenzen Deutschland e.V.,* Reiseberichte und Fotos sind zu finden unter *www.clownsohnegrenzen.org*

Alle Fotos: Vera Lohmüller

Literatur

Dietrich, Michael/Kisters, Peter/Lohmüller, Vera/Nauendorf-Strack, Uta/Rohrbach, Mia (2018). https://clownsohnegrenzen.org/reise/2018-rumaenien/ [Zugriff 12.09.2021]

Statista (2021). Rumänien: Anteil der von Armut oder sozialer Ausgrenzung bedrohten Personen, aufgeschlüsselt nach Geschlecht von 2009 bis 2019. https://de.statista.com/statistik/daten/studie/763071/umfrage/anteil-von-armut-oder-sozialer-ausgrenzung-bedrohter-in-rumaenien/ [Zugriff 12.09.2021]

Michael Dietrich, Mario Dietrich

Kulturelle Bildung in der Entwicklungszusammenarbeit

am Beispiel von maninoy Patenschaft Philippinen e.V.

„Kultur und Kunst sind unerlässliche Bestandteile einer umfassenden Bildung, die es jedem Einzelnen ermöglicht, sich voll zu entfalten. Kulturelle Bildung ist daher ein grundlegendes Menschenrecht, das für alle Lernenden gilt, einschließlich für die oft von Bildung Ausgeschlossenen [...]" (Deutsche UNESCO-Kommission e.V. 2006, S.17)

Der Verein

maninoy Patenschaft Philippinen e.V. ist ein gemeinnütziger Verein aus Deutschland, der sich auf den Philippinen für den Umweltschutz, für die Verbesserung der Schulausbildung und für benachteiligte Bevölkerungsgruppen einsetzt. Die Vereinsziele von *maninoy* sind nachhaltige ökologische Entwicklungen sowie eine ökologisch orientierte und zukunftsfähige Gesellschaft auf den Philippinen. Der Verein fördert die Schulausbildung von 62 Patenkindern (Stand 06/2021) auf den Inseln Negros, Leyte, Palawan und Mindanao sowie in der Metropole Manila. An allen fünf Orten unterstützt *maninoy* die schulische Infrastruktur und fördert Wiederaufforstungsprojekte. Vielen Kinder und Jugendlichen auf den Philippinen bleibt nicht viel Zeit für Kulturelle Bildung und spielerische Persönlichkeitsentwicklung. Soziale Entwicklungen und Lernen durch kreative Aktivitäten bleiben den meisten Kinder verwehrt. Zum Teil fehlen hierzu schon in den Haushalten die Buntstifte. Die hohe Anzahl der Kinder in einer Familie, die mangelnde staatliche Unterstützung und prekäre Lebensverhältnisse zwingen die Kinder oft, auf dem Feld oder in anderen Arbeitskontexten mitzuhelfen. Und wenn dann Naturkatastrophen den Alltag aus der Bahn werfen, bleibt nicht mal Zeit für den Unterricht in der Grundschule.

Der Verein *maninoy* fördert deshalb Kinder und Jugendliche auf den Philippinen nicht nur über Ausbildungspatenschaften und die Unterstützung deren Lernorte, sondern auch durch kulturelle Aktivitäten, wie der *Circus de Bais*. Dieses Projekt bietet zahlreiche Möglichkeiten für die Entwicklung von Sozial- und Kommunikationskompetenzen. Diese Schlüsselkompetenzen sind den Schüler*innen im Schulalltag und später im Beruf von großem Nutzen. Kulturelle Bildungsprojekte bieten Raum für Kreativität, Selbsterfahrung und soziale Kontakte. Sie fordern durch die freiwillige Teilnahme der Kinder deren Eigeninitiative und belohnen sie in den Aufführungen mit Anerkennung und damit der Stärkung ihrer Persönlichkeit. Und schließlich lässt das Zirkusprojekt die Kinder für ein paar Stunden einfach mal Kind sein und gibt ihnen Raum, um eigene Talente zu entdecken, die in ihnen schlummern.

Persönliche Schutzfaktoren

Die größten und wichtigsten Schutzfaktoren für Bewohner*innen der Philippinen sind die sozialen Netzwerke sowie die Familien. Beides wird rege gepflegt und Kontakte auch über Distanzen hinweg vor allem mit Hilfe der digitalen Kommunikationswege gehalten. Begründet liegt der hohe Stellenwert sozialer Netze auch durch die mangelnde soziale Unterstützung des Staates.

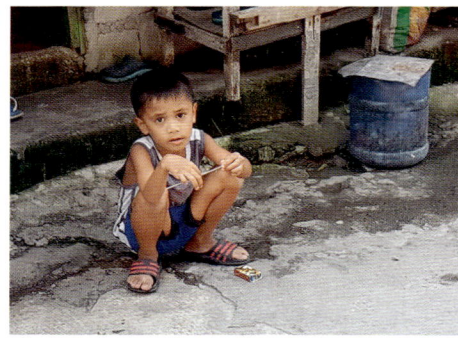 

Man könnte jetzt behaupten, dass Philippiner*innen grundsätzlich eine höhere Resilienz gegenüber Krisensituationen besitzen, da sie durch eine Vielzahl an Naturkatastrophen, wie Wirbelstürme und Überschwemmungen, aber auch Arbeitslosigkeit und Krankheit, den Umgang mit Krisensituationen gewohnt sind. Schon von klein auf ist klar, dass es nicht weiterhilft, in Trauer zu verfallen, sondern aktiv zu werden und die Krise gemeinsam zu meistern. Dagegen spricht, dass die Folgen oft schwerwiegender sind. So sorgt Hochwasser in manchen Fällen zum Verlust des gesamten Hab und Guts, Viruskrankheiten werden durch die dichte Besiedlung in Großstätten schneller verbreitet und die Behandlungsmöglichkeiten sind geringer oder nicht vorhanden. Durch fehlenden Arbeitsschutz verlieren Angestellte oder Tagelöhner bei Krisen von Unternehmern schnell ersatzlos ihre Arbeit.

Die Corona-Pandemie hatte vor allem für junge Mädchen in Entwicklungsländern durch die Schulschließungen und die gebotenen Schutzmaßnahmen, im Besonderen die Ausgangssperren, verheerende Folgen. „Zu Hause können sie sich (und andere) zwar effektiv vor einer Ansteckung schützen, nicht aber vor gewalttätigen Übergriffen innerhalb der Familie. Das gilt auch für Mädchen und Frauen, die solche Erfahrungen bislang nicht machen mussten, denn Ausgangssperren verschärfen nicht nur die Häufigkeit von häuslicher Gewalt, sondern erhöhen auch das Risiko, ein solches Gewaltpotential erst

hervorzubringen." (Plan 2021) Zudem bewirken die schnelle Folge und die Vielzahl an Krisensituationen, dass psychische Belastbarkeit und die Fähigkeit, mit Herausforderungen umzugehen, schneller abnimmt als sich der Mensch erholen kann. Die Erfordernis von persönlicher Resilienz ist also in Entwicklungsländern wie den Philippinen deutlich höher.

Resilienzbildung mit Schnellladefunktion

Aus diesem hohen Bedarf an persönlicher Resilienzbildung lässt sich eine deutlich höhere Wirksamkeit Kultureller Bildungsprojekte ableiten. Oft stehen punktuelle sinnlich-ästhetische Projekte in der Entwicklungszusammenarbeit mit einer Projektdauer von zwei bis drei Wochen und Tagesaktionen an verschiedenen Orten (öffentlichen Plätzen, Schulen, sozialen Einrichtungen) dem Argument der fehlenden Wirksamkeit aufgrund der Kurzzeitigkeit gegenüber. Die ehrenamtlichen Projektverantwortlichen von *maninoy* sind dagegen überzeugt, dass die teilweise einzigartigen Erlebnisse für die Kinder, Jugendlichen und Erwachsenen, die selten in Berührung mit zum Beispiel Zirkus- oder Theaterpädagogik kommen, einen deutlich höheren Einfluss auf die Resilienzbildung haben als in Lebenswelten, in denen ästhetisch-sinnliche Projekte zum Alltag in Schule und Freizeit gehören. Der „Resilienzakku" wird durch Selbstwirksamkeitserfahrungen, wie die Präsentation eines neu erlernten Zaubertricks auf dem gefüllten Dorfplatz oder in der Schulaula schneller und weiter aufgeladen. Somit lassen sich auch unregelmäßige und manchmal nur einmalige (kultur)pädagogische Aktionen begründen.

Nur leider wird in vielen einkommensschwachen Ländern wie den Philippinen die Resilienz, wie oben beschrieben, bald wieder auf die Probe gestellt und nur regelmäßige Angebote – wenn auch mit größeren Abständen – würden zu einer gesamtgesellschaftlichen Verbesserung der Lebenssituation von Mädchen und Jungen in Entwicklungsländern beitragen.

Dadurch, dass eine Vielzahl von Projekten in der internationalen Entwicklungsarbeit ehrenamtlich geleistet wird und Reise- und Materialkosten spendenfinanziert sind, ist eine Ausweitung der Tätigkeiten in den meisten Fällen nicht leistbar. Und gerade in einer globalen Krise, in der das Reisen in andere Länder monatelang unmöglich ist, kommt die wichtige und unterstützende Kulturelle Bildungsarbeit nahezu zum Erliegen. Hier ist finanzielle und personelle Unterstützung solcher Projekte, ganz besonders die Förderung von ehrenamtlichem Engagement mehr als notwendig, um die *Resilienzakkus* der Menschen schnell wieder aufzuladen.

„Die Vertragsstaaten achten und fördern das Recht des Kindes auf volle Beteiligung am kulturellen und künstlerischen Leben und fördern die Bereitstellung geeigneter und gleicher Möglichkeiten für die kulturelle und künstlerische Betätigung sowie für aktive Erholung und Freizeitbeschäftigung."

(Auszug aus der UN-Kinderrechtskonvention Artikel 31/2)

Projektbeispiel *Circus de Bais*

Der *Circus de Bais* ist ein kulturpädagogisches Projekt in der Entwicklungszusammenarbeit von *maninoy Patenschaft Philippinen e.V.* mit einer Reichweite von etwa 1.800 Kindern und 500 Erwachsenen innerhalb von 13 Projekttagen auf den philippinischen Inseln Luzon, Negros und Leyte.

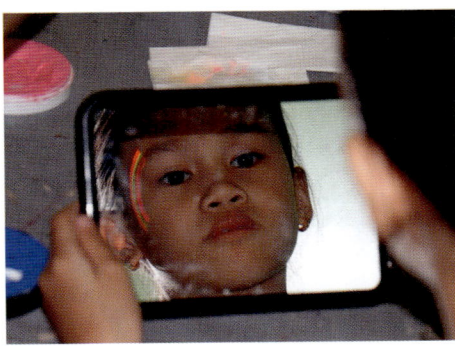 

Auf der Route des *Circus de Bais* Anfang Januar 2018 standen auch Orte auf der Insel Leyte, die aufgrund ihrer Lage am offenen Meer immer wieder von Taifunen und Starkregenfällen heimgesucht werden. Den Kindern dieser von Naturkatastrophen häufig schwer getroffenen Orte wollen wir neben lebenswichtigen Nothilfemaßnahmen auch ein Kulturprogramm ermöglichen, das Lachen, Freude und eine unterhaltsame Abwechslung in die Gemeinschaft bringt. Mit dieser Mission machten wir uns mit zwei prall gefüllten Koffern voller Zirkus- und Bastelmaterialien in Tricycles, Jeepneys, Fähren und Überlandbussen auf den Weg über die Inseln. Im Gepäck waren sowohl Jonglierbälle, Diabolos, Pois, Akrobatikmatten und Schminkutensilien für kleine Zirkusartist*innen als auch Modelliergips, Socken und Wackelaugen für buntes Puppentheater. An vieler Orten, die wir nun schon zum zweiten oder dritten Mal besuchten, wurden wir bereits von gut organisierten Rahmenveranstaltungen sowie vor Vorfreude ganz aufgeregten Kindern empfangen. So erwarteten uns auch des Öfteren über 200 Kinder und Jugendliche an einem Ort. Den hohen Bedarf an Aufmerksamkeit und Spielangeboten konnten wir durch ein großes ehrenamtliches Team aus Deutschland sowie durch engagierte Unterstützung von Lehrer*innen, Erzieher*innen, Freund*innen und Eltern vor Ort meistern. Dabei beteiligen sich alle Mitarbeiter*innen des Projektes *Circus de Bais* ehrenamtlich und aus Überzeugung.

Eine Vielzahl an bewährten und neuen philippinischen Kooperationspartnern bereicherte das Projekt auf vielen Ebenen. Wir erreichten zum einen Kinder im ländlichen Raum oder in heilpädagogischen Einrichtungen. Zum anderen konnten nicht nur Kinder kultur-ästhetische Erfahrungen sammeln und den eigenen Horizont erweitern, sondern auch viele Erwachsene – vor allem aus pädagogischen Arbeitskontexten. Von Jahr zu Jahr treffen wir bei Kindern, Jugendlichen und Erwachsenen auf große Freude, Dankbarkeit und Hilfsbereitschaft und wurden nicht nur einmal gebeten, schon bald wiederzukommen. Dabei ist es für uns immer wieder beeindruckend, mit wie wenig materiellem Aufwand man so vielen Menschen Freude bereiten kann.

Einen detaillierteren Einblick in die Projekttage bietet der Blog mit den täglichen Berichten des Projektteams unter *www.maninoy.de/category/circusdebais2018*

Zitate der Kooperationspartner*innen vor Ort

"On behalf of the children, youth and their families, we would like to extend our warmest appreciation to all the members of the Circus de Bais. It didn't only give us the whole experience of having to see basic performance but gave an opportunity to hundreds and hundreds of children and youngsters able to learn from the creative workshops each group organized. It was really enjoyable and therapeutic. You all touch many lives in your unique way of making a difference in the lives of precious children in Dumaguete City."

Carmenia J. Benosa, Executive Director Little Children of the Philippines Foundation, Inc.

"It has been an awesomely enthusiastic experience being with the Circus de Bais. The fun-filled moments they had with the kids were overwhelming. Circus de Bais is a special experience for our pupils because of their wonderful ability in unlocking each of the child's potential, talent, and skills. We believe one of their goals in doing such activity is to bring each child out of his/her own shell: building the most important factor in a child's growth – confidence and self-esteem. And we are looking forward to more fun-learning and wacky moments with this team soonest."

Denni Lepon, Director of Ormoc Holy Trinity Montessori Academy, Inc.

"Circus de Bais was a refreshingly fun experience for us, especially for the kids from the schools we go to for our feeding program. Our organization is focused on the welfare of kids and it was priceless to see their faces light up with delight and excitement while trying out and learning about the tricks in the circus. It was a very special experience because we all have not seen anything like it. I think the Circus is a very simple yet effective way of just bringing pure joy and happiness to everyone, young and old. It's simple and it works."

Leo Lagado II., The Lighthouse Kids International Ministry Philippines Inc.

Mehr zum Verein unter www.maninoy.de

Literatur

Deutsche UNESCO-Kommission e.V. (2006). Leitfaden für kulturelle Bildung In: Deutsche UNESCO-Kommission e.V. (2008). Kulturelle Bildung für Alle. Bonn: Deutsche UNESCO-Kommission e.V.

Plan International Deutschland e.V. (2021). Corona: Auswirkungen auf Mädchen und Frauen. https://www.plan.de/kampagnen-und-aktionen/girls-get-equal/corona-auswirkungen-auf-maedchen-und-frauen.html [Zugriff: 09.09.2021]

Viktorija Zalcbergaite

Ich und mein Gefährt*e – Ein Bauplan

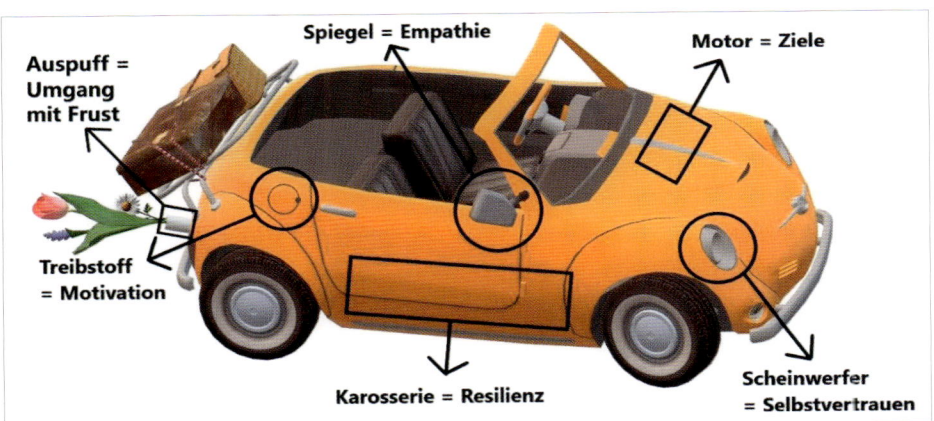

Für die Reise deines Lebens bauen wir ein Gefährt, das dich stets vorwärtsbringt. So hast du auch in beschwerlichen Streckenabschnitten einen Gefährten fürs Leben. Auch wenn der Weg mal durch tiefe Täler und dann wieder über hohe Berge führt, schaffst du es stets durch all die Höhen und Tiefen.

Nun zum Bauplan, diese Teile benötigt dein Gefährt*e:

› eine stabile Karosserie, um in schwierigen Situationen widerstandsfähig zu bleiben
› helle Scheinwerfer, die dein inneres Leuchten auch im Dunkeln hervorbringen
› einen starken Motor, der dich zu deinen Zielen bringt
› hilfreiche Spiegel, die es dir ermöglichen, in andere und in dich selbst hineinzu-blicken
› einen effektiven Auspuff, der den Frust aus Deinem System hinausbefördert
› und wir befüllen den Tank mit einem dynamischen Treibstoff: deine Motivation.

Dein Gefährt*e – Ein Bauplan fürs Leben

Die Serie *Dein Gefährt*e* bestehend aus bisher sechs digitalen Beiträgen ist Teil des Projekts *Wir gehen auf Glücksreise* der *PA/SPIELkultur e.V.* und wurde im Laufe von 2020 und 2021 auf der Online Plattform *KinderKultur Online (www.kiku-online.net)* veröffentlicht.

Angesprochen sind vor allem Kinder ab 8 Jahren, aber auch Jugendliche und Erwachsene können von den Inhalten profitieren.

Aufbau der einzelnen Beiträge:

> Einführung durch die metaphorische Verwendung der einzelnen Fahrzeugbauteile, um eine bildliche Verknüpfung zum Thema herzustellen und der Zielgruppe den praktischen Zugang zu den Inhalten zu ermöglichen.

> Im theoretischen Teil werden Zusammenhänge beschrieben und Leser*innen durch Fragestellungen zu einer Auseinandersetzung und Reflexion der Inhalte angeregt.

> Der praktische Teil besteht aus einer oder mehreren kreativen Übungen aus dem Methodenkoffer der Kulturellen Bildung.

Ziele der Beiträge:

> Veranschaulichung von schwer greifbaren Themen (Empathie, Resilienz, Selbstvertrauen, Motivation, Ziele, Umgang mit Frust), die für eine gesunde psychosoziale Entwicklung von Individuen notwendig sind.

> Anregungen der Kinder und Jugendlichen zur Selbstreflexion mit kreativen Methoden.

> Stärkung ihrer Selbsthilfekräfte, um einen resilienten Umgang mit schwierigen Situationen und Krisen zu fördern.

> Und nicht zuletzt: Förderung der Kreativität als wertvolle Eigenschaft, um auch im Alltag flexibel auf Veränderungen reagieren zu können.

Übersicht der Beiträge

Motor - Ziele

Inhalte

> Fragen zur Selbstexploration und -reflexion
> Visualisierung von Zielen
> Zielformulierung
> Positive interne Fehlerkultur

Übung

> Collage (Motivsuche und visuelle Gestaltung von eigenen Zielen)

https://kiku-online.net/visualisiere-deine-ziele

Treibstoff - Motivation

Inhalte

> Dokumentation von Fähigkeiten und Erfolgen
> Empowerment durch Selbstbestärkung und Ermutigung

Übung

> Brief an mich selbst (Positive Selbstgespräche in Schriftform)

https://kiku-online.net/motivationsuebung

Karosserie – Resilienz

Inhalte

> Tägliche Dankbarkeit
> Aktivierung sozialer Ressourcen
> Entdeckung der eigenen Stärken
> Positive Affirmationen
> Akzeptanz des gerade Unveränderbaren
> Übernahme von Verantwortung

Übungen

> Dankbarkeits-Tagebuch
> Superheld*innen-Set (Gestaltung eines Kostüms)
> Komplimente zum Mitnehmen (Abreißzettel formulieren)
> Sorgenpüppchen
> Stimmungsaufheller (Suche nach stimmungshebenden Dingen)

https://kiku-online.net/resilienzuebungen

Innen- und Außenspiegel - Empathie

Inhalte

> Schulung der Achtsamkeit und des Mitgefühls

Übungen

> Ganz Ohr sein (Kommunikations- und Achtsamkeits-übung)
> Gefühlssteine (Steine mit verschiedenen Emotionen bemalen)
> Kette der Freundlichkeit (Girlande der guten Taten)

https://kiku-online.net/empathieuebungen

Scheinwerfer – Selbstvertrauen

Inhalte

> Fragen zur Selbstexploration und -reflexion
> Entdeckung der eigenen Stärken und des eigenen Wertes

Übung

> Glow-Box (Box gefüllt mit Dingen, die das Vertrauen in sich selbst steigern)

https://kiku-online.net/staerke-dein-selbstvertrauen

Auspuff mit Katalysator – Umgang mit Frust

Inhalte

> Wege um mit Frust umzugehen
> Transformation von negativen Gefühlen

Übung

> Samenpapier schöpfen (Aus Frust werden Blumen)

https://kiku-online.net/frust-ade

Im Folgenden stelle ich zwei exemplarische Beiträge vor:

1. Dein Treibstoff - Deine Motivation

Um auf der Reise des Lebens weiterzukommen, befüllst du den Tank mit motivierendem Treibstoff. In diesem Beitrag lernst du deshalb eine einfache Motivationsübung kennen.

Motivationsübung: Brief an mich selbst

> Du brauchst nur ein Blatt Papier, einen Stift, einen Briefumschlag und ein wenig Motivation.
> Schreibe einen Brief an dein Zukunfts-Ich, in dem du darüber berichtest, woran du im Moment arbeitest und was du lernst. Schreibe auch Ermutigungen an dich selbst und erzähle von deinen Erfolgen.
> Setze ein in der Zukunft liegendes Datum fest, an dem du den Brief öffnen wirst. Es kann schon morgen sein, in einem Monat oder in einem Jahr. Wenn dein Zukunfts-Ich dann den Brief liest, kann es staunen, wie viel du schon geschafft hast!

› Wenn du willst, kannst du dann auch in der Zukunft auf diesen Brief antworten und immer wieder deine Zukunfts-Ichs mit weiteren Fortschritten und Erfolgen überraschen! So führst du eine Brieffreundschaft mit Dir selbst.

2. Scheinwerfer an – Dein Selbstvertrauen

Dein Gefährt*e braucht Scheinwerfer, damit du selbst im Dunkeln deinen Weg erkennst und von den anderen Reisenden gesehen wirst. Oder anders ausgedrückt, wir wollen dein inneres Leuchten hervorbringen und dein Selbstvertrauen stärken.

Wie gehen wir vor? Folgenden Schaltkreis bauen wir ein:

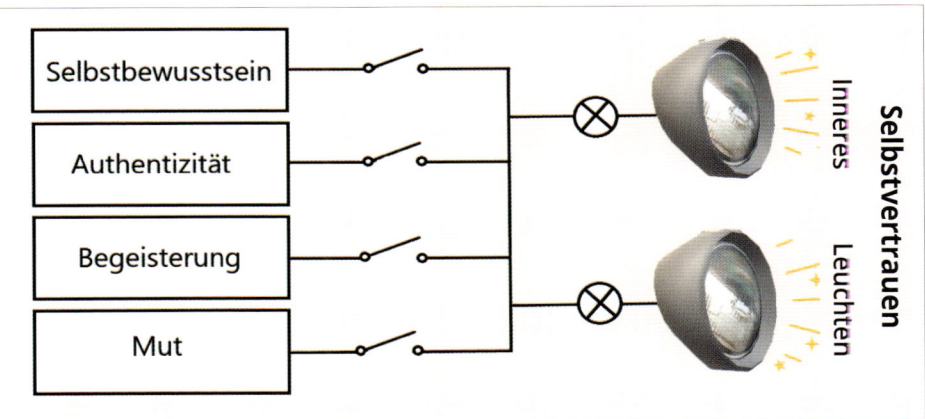

Schaltkreis des Selbstvertrauens

Fragen zur Selbstexploration und -reflexion:

› Selbstbewusstsein: Wie geht es mir? / Wie fühle ich mich? / Fühle ich mich in dieser Situation wohl oder eher nicht? / Wieso fühle ich mich so? / Was kann ich dafür tun, um mich gut zu fühlen?

› Authentizität: Wer bin ich? / Wie bin ich? / Was kann ich gut? / Was kann ich weniger gut? / Was macht mich besonders und einzigartig?

› Begeisterung: Was begeistert mich und bringt meine Augen zum Leuchten? Was macht mir Spaß?

› Mut: Was will ich ausprobieren? / Wie würde ich mich fühlen, wenn ich es schaffe?

Kreativaufgabe zur Stärkung des Selbstvertrauens: Glow-Box

Befülle einen Schuhkarton mit Sachen, die dich, deine Augen, deine Seele zum Leuchten bringen.

Was kannst du in deine Glow-Box hineintun? Hier sind keine Grenzen gesetzt. Alles was dich glücklich macht, ein warmes Gefühl in deinem Herzen hinterlässt und dich zum Leuchten bringt. Das können Fotos, Auszeichnungen, aufbauende Sätze oder deine Kunstwerke sein.

Glow-Box

Immer, wenn sich deine Leuchtkraft und dein Selbstvertrauen etwas verdunkeln, öffne deine Glow-Box und erinnere dich:

> wie wertvoll du bist

> wie sehr du geliebt wirst

> wie viel du schon geschafft hast

> wie wunderbar es ist, dass es dich gibt

Ein Projekt von PA/SPIELkultur e.V. – www.spielkultur.de

Weitere Ideen und Anregungen gibt es auf www.kiku-online.net/gluecksreise

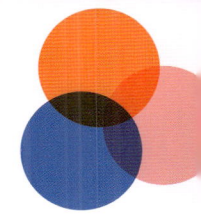

Katharina Ritter

Paddy und die Asrai – Eine Wunschgeschichte
vom Hörensagen nach einem Sagenmotiv aus Wales

Es war einmal ein Fischer mit Namen Paddy. Er lebte mit seiner Frau und seinen alten Eltern in einem kleinen Häuschen nicht weit vom Meer. Der Vater ist recht rüstig und weiß viele Geschichten zu erzählen, die alte Mutter hilft rege im Haushalt, ist aber seit vielen Jahren blind. Paddy läuft ganz in Gedanken nach Hause. Das Leben eines Fischers ist hart, der Fang oft spärlich. Kaum kann er seine Familie ernähren. Diese Sorgen drücken ihn. So sieht er nicht den herrlichen Sonnenaufgang, hört nicht die Vögel rufen. Schschhht schhhhhh –Schschhht schhhhhh – schlägt das Wasser an den Strand. Das Meer hat über Nacht einen riesigen Tang-Haufen angespült, der Wind war so wild, dass keiner hinausgefahren ist. Jetzt ist das Wasser wieder ganz ruhig. Als Paddy an dem riesigen Tang-Haufen vorbeiläuft, hört er ein Flüstern, ein Säuseln. „Hilf mir, ich bin gefangen. Ich muss zurück ins Wasser, sonst sterbe ich!" Paddy schaut sich um, schaut übers Wasser, schaut in den Tang. Da sieht er etwas glitzern. „Zerschneide das Netz, befreie mich!" klagt es aus dem Tanghaufen heraus. Und wirklich, da ist etwas, ganz verheddert in einem Netz, sitzt etwas im Tang und fleht: „Hilf mir!" Ein Netz zerschneiden, das ist für einen Fischer nicht leicht, weiß er doch, wie lange es dauert, so ein Netz wieder zu flicken. Aber Paddy nimmt sich ein Herz, packt sein Messer und schneidet vorsichtig ins Netz, berührt etwas Eiskaltes. Es tut einen mächtigen Schlag, es glitzert, langes grünes Haar wirbelt, etwas mit schillerndem Schwanz taucht ins Wasser und verschwindet. Weiter draußen taucht es wieder auf. Ein ganz bleiches Gesicht, langes grünes Haar in den Wellen. Eine Asrai. Eine ASRAI – eine Meerfrau. „Wie ist dein Name?" ruft sie mit einer Stimme, als wenn der Wind durchs Schilf streicht. Paddy steht ganz erschrocken, fasst an seinen eiskalten Arm. „Du hast mir das Leben gerettet, wie ist dein Name?" fragt die Asrai. „Paddy werde ich genannt, Patrik wurd' ich getauft." „Paddy, du hast mir das Leben gerettet, du hast einen Wunsch frei – überlege gut." Paddys Gedanken schwirren. Kein Laut will über seine Lippen. Da meint die Asrai: „Komm morgen zur selben Zeit an diese Stelle und tu deinen Wunsch." Dann war nur noch ein kleines Glitzern über dem Wasser zu sehen. Du hättest vielleicht gedacht, es ist der Wind. Da war die Asrai abgetaucht und verschwunden. Paddy tappt nach Hause und reibt dabei seinen Arm. Die Stelle, an der die Asrai ihn bei der Befreiung streifte, die fühlt sich ganz kalt an. Auch noch, als er ins Haus tritt. Seine Frau fragt ihn gleich, warum er so bleich, ob ihm nicht wohl sei. Da erzählt er von der Asrai, und dass er einen Wunsch tun soll. Und nicht weiß, was. „Aber Mann, das ist doch ganz leicht", meint seine Frau. „Wir wünschen uns doch so lange ein Kind. Und es kommt und kommt keins. Mann, wenn es wirklich stimmt, dann wünsch Dir doch, dass wir ein Kind bekommen. Der alte Vater meint, so lang er schon lebt, so viele Geschichten er über die Asrai kennt, hat er doch noch nie eine gesehen. „Sohn, Geld ist wichtig, Kinder kommen doch ganz von allein. Wünsch' Dir viel Geld." Und die alte Mutter sitzt auf der Ofenbank und meint: Eine Asrai hast Du gesehen? Wie glücklich wäre ich, könnte ich euch, meine Lieben, doch wiedersehen. Wenn Du wirklich einen Wunsch tun kannst, mein Sohn, dann wünsch Dir doch bitte mein Augenlicht zurück." Paddy tut in dieser Nacht kaum ein Auge zu. Seine Gedanken schwirren, in sein Ohr flüstert seine Frau ihren sehnlichsten Wunsch. Am andern Tag, zur vereinbarten Zeit, steht Paddy wieder am Strand. Ein Glitzern über dem Wasser – du hättest vielleicht gedacht es ist der Wind. Eine Bewegung in den Wellen, glitzernde Schuppen, langes grünes Haar ums Haupt, taucht die Asrai aus dem Wasser auf.„Nun Paddy, hast Du gut überlegt. Was wünschst Du Dir?" Da sammelt Paddy seinen ganzen Mut, stemmt seine Beine fest in den Strand und ruft: „Ich wünsche mir, dass meine Mutter, unser Kind, in einer goldenen Wiege – sehen kann!"

Quellenangabe: Sagen-Motiv aus Wales – Frei erzählt von Katharina Ritter – ganz in der Tradition des mündlichen Erzählens – also vom Hörensagen.

Kommentar

Dieses Motiv, eher ein Witz als eine Geschichte, habe ich irgendwo gehört, vielleicht auch gelesen. Es stammt meines Wissens aus Wales. Das Motiv der Wünsche, die man bekommt, weil man jemandem geholfen hat, gibt es natürlich in allerherrenfrauen Länder.

Was, wenn Du einen Wunsch frei hast? Überlege gut....

Paddy hat aus dem Mangel an mehreren Wünschen (meist werden einem in Geschichten ja drei gewährt), wirklich das Beste gemacht.

Autor*innen

Bauermann, Moritz, freier Mitarbeiter bei SIN – Studio im Netz in München, Studium der Soziologie im Master, hat Bachelor im Studienfach „Management Sozialer Innovationen" 2019 abgeschlossen, seine Bachelorarbeit beschäftigte sich mit dem Thema: „Das Phänomen Fortnite – Mehr als ein Spiel?"; ist in seiner Freizeit passionierter Spieler und begeistert sich für digitale Vergemeinschaftungen.

Beier, Johanna ist Gymnasiallehrerin und Fortbildnerin am Pädagogischen Institut der Stadt München, wo sie im Fachbereich Neue Medien / Medienpädagogik tätig ist. In der medienBox konzipiert und betreut sie Online-Projekte und spielerischer Lernangebote für Schulklassen, wie z.B. Online-Escape-Games oder Online-Rollenspiele.

Bentrup, Andreas ist Theaterpädagoge (BuT), Schauspieler, Humortrainer (HHH) und Dozent. Er ist Geschäftsführer des Landesverband Theaterpädagogik Niedersachsen e.V. und Fachleitung des Workshopbereichs der Stiftung Humor Hilft Heilen. Er lebt und liebt in Hildesheim.

Brand, Karl-Michael, Kunstpädagoge M.A., Theaterpädagoge BuT, 1986-1990 Freie Mitarbeit bei der Pädagogischen Aktion in München, 1990 Gründung des eigenständigen Trägers ECHO e.V. seitdem Vorstandsmitglied und Projektleiter, 1991-1993 Festanstellung als Kulturpädagoge bei der Pädagogischen Aktion/SPIELkultur e.V., 1993 - 1999 Anstellung im Franziskuswerk Schönbrunn, Konzipierung, Aufbau, Organisation und Leitung der Abteilung Fachdienst für Freizeit und kulturelle Bildung, seit 2000 hauptamtlich Geschäftsführung und Gesamtprojektleitung ECHO e.V.

Chatterjee, Sudeshna, PhD, brings nearly twenty years of experience as an urbanist, urban planner/designer, researcher, evaluator, and educator. Dr. Chatterjee is a founding partner of the architecture, urban design and research practice Kaimal Chatterjee & Associates (KCA) and has led several urban planning and design projects, the most notable of which is her leadership of the urban design of the new capital city of the Indian state of Chhattisgarh, Naya Raipur. In 2011, Dr. Chatterjee's passion for making cities child friendly for all children led her to setting up the non-profit organization Action for Children's Environments (ACE), which engages in research, advocacy, planning and design to improve the living, learning and play environments of children, particularly the most vulnerable. Since 2017, she is a member of the global executive board of the International Play Association. Currently, she is serving as the lead consultant and programme coordinator for developing the "Global Principles and Guidance of Public Space for Children" by UNICEF, UN-HABITAT & WHO.

Dauberschmidt, Oliver, Diplombiologe, Redakteur, 1993 – 1995 Öffentlichkeitsarbeit beim Zentrum für Orthopädische Wissenschaften, München, 1995 - 2002 Betreuung von pädagogischen Projekten im Domino Verlag (TU WAS-Umweltmobil, Erlebnis-schiff Wasserfloh, Förderpreise für Praktisches Lernen), 2002 – 2018 Redakteur der Natur-Jugendzeitschrift ich TU WAS! im Domino Verlag, seit 2019 Presse- und Öffentlichkeitsarbeit bei ECHO e.V.

Debold, Christine ist Gymnasiallehrerin und leitet die medienBox des Pädagogischen Instituts – Zentrum für Kommunales Bildungsmanagement, Fachbereich Neue Medien/Medienpädagogik. Die medienBox ist ein medienpädagogischer Lern- und Erfahrungsraum für Kinder, Jugendliche und junge Erwachsene. Während der Schul- und Kitaschließungen hat die medienBox ihr Angebot in den digitalen Raum verlagert.

Dengler, Carina, MSc Music in the Community an der University of Edinburgh, freibe-rufliche Musikpädagogin, zertifizierte Soundpainterin, Musikerin, Workshops und Projekte für Kinder, Jugendliche und Erwachsene u.a. in Zusammenarbeit mit PA/SPIELkultur e.V., Funkstation / Feierwerk e.V., Landesvereinigung Kulturelle Bildung Bayern e.V. (LKB:BY), mixxit Theater, Referat für Bildung und Sport München, Kreis-jugendring Augsburg, Pädagogisches Institut München sowie Referententätigkeit u.a. auf Konferenzen im In- und Ausland. Künstlerische Schwerpunkte: Soundpainting, Songwriting mit Gruppen, Improvisation, Musiktheater, Glücksreise.

Dietrich, Mario, studierte Gartenbau an der HSTW Weihenstephan. Nach seinem Einstieg in die Entwicklungszusammenarbeit beim DED gründete er mit weiteren Mitstreitern den gemeinnützigen Verein maninoy Patenschaft Philippinen e.V., durch den er auf den Philippinen Kindern die Schulausbildung ermöglicht und gerodete Berghänge aufforstet. Hauptberuflich leitet Mario Dietrich die Abteilung Stadtgrün bei den Stadtwerken Pfaffenhofen.

Dietrich, Michael, M.A., Studium der Pädagogik, Psychologie und Soziologie, ist geschäftsführender Vorstand von PA/SPIELkultur e.V. in München; Geschäftsführer der KuPoGe Landesgruppe Bayern; Vorstand und Projektleiter Kulturelle Bildung bei maninoy Patenschaft Philippinen e.V.; Vorstand des Verbands freier Kinder- und Jugendtheater Bayern e.V.; künstlerischer Leiter des mixxit Theaters; Schauspieler für Improvisationstheater und für Clowns ohne Grenzen Deutschland e.V. (u.a. in Rumänien, Albanien, Tansania); Dozent für Kulturelle (Medien)Bildung u.a. für das Pädagogische Institut in München; freiberuflicher Trainer für Storytelling, Kreativität und Improvisation in der Kinder- und Jugendarbeit sowie in der Erwachsenenbildung. www.michaeldietrich.de

Eberl, Caro, M.A., Sozialarbeitsstudium, ist als Leiterin der Fachstelle Jugendkultur und Inklusion beim Bezirksjugendring Oberbayern tätig. Daneben hat sie einen Lehrauftrag für Kulturpädagogik an der Katholischen Stiftungshochschule München und arbeitet freiberuflich in unterschiedlichen zirkuspädagogischen Projekten – unter anderem im Duo „Donner & Doria".

Eberling, Sabine, Sport- und Gymnastiklehrerin, Physiotherapeutin, Vojta-Kindertherapeutin, Theaterpädagogin, Studium Management sozialer Innovationen (B.A.) und Life Design Coach, fand als Theaterpädagogin mit ihrem langjährigen beruflichen Wirken in der Kinderphysio- und Bewegungs-Therapie ihre Mission hauptsächlich darin, die positive psychosoziale Wirkung von körperlicher Bewegung zu betonen. Insbesondere im Kontext Yoga mit Kindern kann sie aus einem breiten, kreativen, therapeutischen und pädagogischen Erfahrungsfeld berichten, das in den letzten Jahren zunehmend im Münchner kulturpädagogischen Bereich zum Einsatz kam (u. a. PA/SPIELkultur e. V.).

Eimannsberger, Judith betreut innerhalb der Koordinierungsstelle Kulturelle Bildung der Landeshauptstadt München das Onlineportal „Musenkuss – Kulturelle Bildung für München". Das Portal informiert seit 2014 über Angebote und Akteur*innen der Kulturellen Bildung und die Kulturelle Bildungslandschaft der Stadt.

Ermilova, Mariia, PhD, is an ecologist and environmental educator, doing biocultural diversity concept-based community design. She has been working as a co-manager of the Iwase Neighborhood since 2016, cultivating native flowers and herbal gardens in the area. She is currently a postdoctoral researcher at the Graduate School of Horticulture, Chiba University, Japan. Mariia is drawing sketches and nature journals, as a member of Urban Sketchers International.

Fuchs, Christine, Dr., ist Leiterin von STADTKULTUR Netzwerk Bayerischer Städte e.V. Sie entwickelt seit 2001 für das Netzwerk kooperative Kunst und Kulturprojekte zu aktuellen Themen, initiiert landesweite Festivals sowie Projekte zur kulturellen Bildung und veranstaltet kulturpolitische Tagungen.

Friedrich, Björn, Medienpädagoge M.A. bei SIN – Studio im Netz in München, beschäftigt sich dort u.a. mit Social Media, Games und partizipativen Methoden; Sprecher der GMK-Fachgruppe „Netzpolitik" und Redaktionsmitglied im Medienpädagogik-Praxisblog; nutzt auch privat gerne Social-Media-Tools und darf die Lieblings-Games und -Serien seiner Kinder kritisch beäugen.

Gray, Jennifer, kam 2003 nach ihrem Magisterstudiengang Theaterwissenschaft/Theaterpädagogik als pädagogische Fachkraft für den Jugendbereich zum ECHO e.V. Nach einer Fortbildung zur Zirkuspädagogin wechselte ich vom Jugendbereich in den Kinderbereich als pädagogische Leitung und stellvertretende Geschäftsführung des Vereins und begann speziell für Kinder im Grundschulalter kulturpädagogische Programme und Projekte zu planen und auch selbst praktisch durchzuführen.

Hartig, Olivia, M.A. Philosophie mit Schwerpunkt Kunstpädagogik, Weiterbildung als Medienpädagogin, pädagogische Fachkraft im Jugendbereich bei ECHO e.V., Schwerpunkt Kunst- und Medienangebote.

Hartmann, Annette, freie Mediendesignerin digital/print, ist seit 2017 als Projektleitung im Bereich Medien-, Kunst- und Spielpädagogik sowie seit 2019 als Betreuung des Freiwilligen Sozialen Jahrs Kulturelle Bildung bei PA/SPIELkultur e.V. aktiv.

Heimlich, Ulrich, Dr. paed., ist emeritierter Universitätsprofessor für Lernbehindertenpädagogik an der Ludwig-Maximilians-Universität München. Seine Arbeits- und Forschungsschwerpunkte liegen im Bereich der inklusiven Bildung und Inklusionsforschung sowie im Bereich der Prävention und Spielpädagogik bezogen auf gravierende Lernschwierigkeiten.

Iblher, Gundula arbeitet für die Koordinierungsstelle Kulturelle Bildung, die im Kulturreferat der Landeshauptstadt München angesiedelt ist. Deren Aufgabe ist die Vernetzung und qualitative Weiterentwicklung der Kulturellen Bildung in München. Dies tut sie u. a. durch finanzielle Förderung und Beratung von Projekten, durch Vernetzungs- und Fachveranstaltungen und die Koordination dieser Querschnittsaufgabe zwischen den Referaten für Kultur, Bildung und Soziales. Außerdem betreibt sie die Koordinierungsstelle „Musenkuss – Kulturelle Bildung für München" (www.musenkuss-muenchen.de).

Jörissen, Benjamin, Prof. Dr., leitet den Lehrstuhl für Pädagogik mit dem Schwerpunkt Kultur und ästhetische Bildung an der Friedrich-Alexander-Universität Erlangen-Nürnberg und ist Inhaber des dortigen UNESCO Chair in Arts and Culture in Education. Er ist u.a. Mitglied der Europäischen Akademie der Wissenschaften und Künste, des Fachausschusses Kultur der Deutschen UNESCO Kommission sowie des Rates für Kulturelle Bildung. Ausgewählte Publikationen: Jörissen, B. et al. (Hrsg.). (2018) *Spectra of Transformation. Arts Education Research and Cultural Dynamics.* Waxmann; Jörissen, B., Kröner, S., & Unterberg, L. (Hrsg.). (2019). *Forschung zur Digitalisierung in der kulturellen Bildung.* kopaed; Jörissen, B., Unterberg, L., & Klepacki, T. (Hrsg.). (im Druck). *Cultural Sustainability. Arts Education Research and the Aesthetics of Transformation.* Springer.

Kajiki, Noriko, PhD, is Professor in the Faculty of Home Economics, Kobe Women's University, President for IPA Japan and Deputy Director and Chief of Information Research Center for Japan Adventure Playground Association. She has been conducting continuous research on children's play environment, including the actual situation of adventure playgrounds in Japan. In recent years, she has been engaged in research on mobile play and the revitalization of parks, and is conducting research through exchange with the Federal Playbus Organization of Germany.

Kinoshita, Isami, PhD, is Professor in the Faculty of Social Information Studies, Otsuma Women's University, and Professor Emeritus at Graduate School of Horticulture, Chiba University. His work focuses on city planning, citizen participation, and landscape management. He served as the coordinator of UNESCO Growing Up In Cities Japan and editorial board member of Children, Youth and Environments.

Klepacki, Leopold, PD Dr. phil., studierte Pädagogik, Theaterwissenschaft und Neuere deutsche Literaturgeschichte. Er arbeitet als Akademischer Direktor am Institut für Pädagogik der FAU Erlangen-Nürnberg. Zu seinen Arbeitsschwerpunkten zählen Kulturelle Bildung, Ästhetische Bildung, kulturelle Tradierungs- und Transformationsprozesse sowie kulturtheoretische Grundlagen der Pädagogik. Er ist u.a. stellvertretender Vorsitzender der Landesvereinigung Kulturelle Bildung Bayern e.V.

Landsiedel, Kati ist Psychologin und Umweltpädagogin mit besonderem Interesse an Nachhaltigkeitsfragen. Sie glaubt, dass nachhaltiges, umweltfreundliches Verhalten dann gelingen kann, wenn wir ein gutes Verhältnis zu uns selbst und unserer Mitwelt erlangen und lernen, was wirklich glücklich und zufrieden macht. Dieser Lernprozess soll möglichst spielerisch sein, alle Sinne ansprechen und Spaß machen.

Lennert, Janine, Diplom-Sozialpädagogin, Absolventin der Qualifikation „Mobile Spiela-nimation" der Akademie Remscheid, bei Spiellandschaft Stadt e.V. tätig mit den Themen-Schwerpunkten Spielbusarbeit, Kinderinformation und Fortbildung, Veröf-fentlichungen in Fachzeitschriften und Fachbüchern, Inhaberin des Faden-Diploms.

Leppich, Gerd, Studium und Promotion in Würzburg und Berlin, u.a. Psychologie, Philoso-phie und Kunsterziehung. Seit 1987 Autor, Maler und Kunstlehrer unter dem früheren Familiennamen Lepic mit Ausstellungen im europäischen In- und Ausland. Seit 1991 Psychotherapeutische Praxis mit dem Schwerpunkt Traumatherapie; Fachpublika-tionen und Dozententätigkeit an der Katholischen Stiftungshochschule München.

Lohmüller, Vera ist selbstständige Filmemacherin und Medienpädagogin. Seit über zehn Jahren ist sie als Medienpädagogin in der Jugendarbeit aktiv und verantwortlich für die Entwicklung erfolgreicher Medienprojekte (Deutsches Museum, PA/SPIELkultur e.V., KJR München). Als Dozentin bietet sie Medienfortbildungen für Erwachsene an (Pädagogisches Institut München, ISB). Darüber hinaus arbeitet sie als Regisseurin von Imagefilmen vor allem für soziale Einrichtungen (UNICEF, Klinikclowns e.V, Münchner Stadtbibliothek).

Lutz, Klaus, Medienpädagoge, pädagogischer Leiter des Medienzentrums Parabol sowie Lehrbeauftragter an der Georg-Simon-Ohm Hochschule in Nürnberg. Er unterrichtet dort Medienpädagogik als Querschnittsangebot. Darüber hinaus ist es Medienfach-berater für den Bezirk Mittelfranken, zweiter Vorsitzender des JFF – Institut für Me-dienpädagogik und Mitglied in der Redaktion der medienpädagogischen Zeitschrift merz | medien + erziehung.

Madenach, Christina ist seit 2016 als Projekt- und Pressereferentin bei STADTKULTUR Netzwerk Bayerischer Städte e.V. beschäftigt.

Maurer, Katharina ist stellv. Geschäftsführung bei KulturRaum München e.V. und Geschäftsführung der Bundesvereinigung kulturelle Teilhabe e.V., seit 10 Jahren bei KulturRaum München e.V. für folgende Schwerpunkte tätig: Kulturelle Teilhabe für Kinder, Inklusion und Barrierefreiheit, bundesweite Vernetzung der Initiativen für kulturelle Teilhabe, Soziokultur, Kulturförderung, bürgerschaftliches Engagement. Sie studierte Kultur- und Musikmanagement sowie Publizistik, Soziologie und Psy-chologie in München.

Monro Miller, Robyn is a former child with over half a century of experience in being playful. Her early years were spent building unsafe structures in gum trees in the bushland in the south of Sydney, Australia. Play followed her into adulthood and her work with children encompassed a move into teaching then into the Out of School Hours Care sector where she remained for 28 years. Robyn has held representative leadership roles in Australian children's services at a state and national level. Robyn's work as an advocate for Children's Services was recognised with the awarding of Commonwealth Centenary medal. Robyn attended her first conference of the International Play Association in 1992 and joined the Board of IPA in 2011. Robyn was part of the international delegation in 2012 to the United Nations in Geneva to progress the development of the UN General Comment on Article 31 "The child's right to play". In 2018 she was awarded the Joan Matheson Distinguished Service Award by Play Australia. She is currently a Board member on Play Australia and since 2017 President of the International Play Association (IPA).

Obst, Helmut studierte Bibliothekswesen an der Hochschule der Medien in Stuttgart. Seit 2003 leitet er die Bibliothek der Stiftung Pfennigparade in München. Berufsbegleitend absolvierte er eine Weiterbildung zum Kulturmanager sowie das Masterstudium Bibliotheks- und Informationswissenschaft an der Humboldt-Universität zu Berlin.

Pfrogner, Linda wurde in Wasserburg am Inn geboren. Nach ihrem Abschluss an der Fachoberschule zog sie nach München, wo sie ein Freiwilliges Soziales Jahr Kultur bei PA/SPIELkultur e.V. absolvierte. Danach begann sie freiberuflich bei PA/SPIELkultur e.V. zu arbeiten und erste eigene Spiel- und Erfahrungsräume zu organisieren.

Ritter, Katharina, hat den schönsten Beruf der Welt – sie ist Geschichtenerzählerin. Nach kaufm. Ausbildung und langjähriger Tätigkeit bei Dokumentar- und Spielfilm hat sie die uralte Kunst des mündlichen Erzählens für sich entdeckt. Seit über 20 Jahren ist sie mit eigenen und geborgten Geschichten unterwegs, in Bibliotheken, Museen, Schulen, Theater, Unis, auf Festivals, im In- und Ausland. Sie erzählt genauso gern für Kinder wie für Erwachsene – einfach für alle Leute die Geschichten lieben, denn Erzählen und Zuhören ist gemeinsam spielen im Kopf. www.geschichtenerzaeherin.de

Rohrbach, Mia ist Erzieherin, Sozialpädagogin, Zirkuspädagogin und Clown. Sie ist als Fachbeauftragte für Inklusion und Zirkuspädagogin beim Kreisjugendring München-Stadt tätig (aktuell in Elternzeit). Als Klinikclown ist sie in Seniorenheimen und Krankenhäusern unterwegs und als Reiseclown und Workshopleiterin ist sie im In- und Ausland für Clowns ohne Grenzen Deutschland e.V. tätig. Sie ist dem Zauber der Manege mit Haut und Haaren verfallen und gestaltet liebevoll inklusive, zirkuspädagogische Projekte – unter anderem im Duo „Donner & Doria".

Rossmeissl, Dieter, Dr., Studium Geschichte, Politik, Germanistik, Gymnasiallehrer, 1982-2000 Stadtrat Nürnberg, 2000-2017 Kultur-, Bildungs- und Jugenddezernent Stadt Erlangen, Kultur- und Bildungsausschuss Deutscher und Bayerischer Städtetag, Kulturpolitische Gesellschaft, Lehrauftrag für kommunale Kultur- und Bildungspolitik an Universität Erlangen, Publikationen zu Zeitgeschichte, Kultur und Kultureller Bildung.

Schnuppe Strack, Uta, Studium Fachlehrerin Sport, Technik, Werken; Pädagogisches Fachinstitut, Kirchheim; autodidaktische Malerin, Ausstellungen im europäischen In- und Ausland; Gesundheit!Clown, Tamala Clown Akademie, Konstanz; Shows, Workshops, Auftritte u.a. für Clowns ohne Grenzen Deutschland e.V.; Künstlerisches Atelier Malwerk Oberhausen, Workshops, Kurse, Kunst-Mobil.

Seibert, Judith (Choreographie, Regie, Stückfassung) Nach ihrer Bühnentanzausbildung bei der Iwanson Schule für zeitgenössischen Tanz in München, arbeitet Judith mehrere Jahre als Tänzerin in verschiedenen Häusern, bevor sie sich mehr und mehr für Choreografie interessiert. Nach einigen Auftragsarbeiten, produziert und inszeniert Sie seit 2015 eigene Stücke, vorrangig im Kinder und Jugendtheater Bereich. Zum Repertoire gehören inzwischen mehr als sieben Stücke, die konstant im deutschsprachigen Raum aufgeführt werden.

Shimamura, Hitoshi is based in Tokyo, Japan, leading play and playwork organisations such as Tokyo Play and Japan Playwork Association. After obtaining a diploma in playwork in UK in 1995, Hitoshi's playwork career started in Hanegi Playpark, the first permanent adventure playground in Japan opening in 1979. Hitoshi was involved in the opening of a new play facility in Kawasaki City commemorating Children's Rights Ordinance in 2003. Since 1999, Hitoshi was involved in the organisation and served as Regional Vice President in East Asia (2005-2011). Hitoshi expanded his work internationally in giving lectures and supporting playground development in Hong Kong, South Korea, Vietnam, Canada, England, Northern Ireland. In 2019, Hitoshi was chosen as the director of Japan Playwork Association and worked to develop the first playwork qualification in Japan.

Spizewska, Agnieszka, ist Initiatorin und Gründungsmitglied von *Little Lab – Wissenschaft für Kinder e.V.* und Ideengeberin für das Ferienprogramm Little WEST. Sie ist studierte Marketingfrau mit internationaler Erfahrung in der Automobilbranche und verfolgt mit der Gründung des Vereins ihren persönlichen Traum: Die Wissenschaft attraktiv und zugänglich für alle Kinder machen. Die geborene Polin lebt seit 2011 in Deutschland und setzt sich für mehr Bildungsgerechtigkeit für Kinder mit Migrationsgeschichte ein.

Terada, Mitsunari (Charlie), PhD, is an IPA Japan board member, and a senior researcher of Information Research Center for Japan Adventure Playground Association. He is an specially appointed Assistant Professor in Faculty of Regional Policy of Takasaki City University of Economics, and practically lives in a community center as a co-manager of the Iwase Neighborhood. His profession is landscape planning and local governance for child-friendly communities.

Wimmer, Susie ist Clown ohne Grenzen (Indien, Nepal, Rumänien, Türkei, Litauen, Iran, Lesbos), Mitbegründerin der Clowns Without Borders International, KlinikClown, seit 1985 Performancekünstlerin, Schauspielpatientin, Regisseurin, hält Vorträge und gibt Workshops für Improvisation und Clownerie.

Wolf, Daniela macht seit 2015 mit dem Projekt Vogelfrei Kinder- und Jugendtheater im Chiemgau. Der Schwerpunkt liegt auf Gastspielen, zwei Eigenproduktionen konnten sie bereits zeigen. Das Anliegen von Vogelfrei ist es, Sichtbarkeit und Selbstverständnis von Kinder- und Jugendkultur im ländlichen Bereich zu erhöhen.

Zahradnyik, Isabelle lebt und arbeitet als Kunstpädagogin, Kunsthistorikerin und Kunstschaffende – in verschiedensten Kontexten – u.a. im Rahmen von PA/SPIELkultur e.V. als Projektleitung der stadtweiten, barrierefreien und inklusiven Jugendkunstschule iz art, den Bayerischen Staatsgemäldesammlungen als Referentin von interkulturellen Integrationsworkshops (u.a. KunstWerkRaum) sowie als freie Texterin und Illustratorin. Mehr unter www.iamz.art.

Zalcbergaite, Viktorija, B.A, studierte Soziale Arbeit an der Hochschule für angewandte Wissenschaften in Coburg, absolvierte das Praxissemester bei PA/SPIELkultur e.V. und ist seit 2020 als pädagogische Fachkraft beim Verein angestellt. PA/SPIELkultur e.V. realisiert sinnlich-ästhetische und real-digitale Spiel- und Erfahrungsräume für Kinder, Jugendliche und Familien. Auf diesem Weg entstand auch ihr Interesse für Kulturelle Bildung und der Einsatz für zielgruppenübergreifende Zugänge zu Kunst, Spiel und Kultur.

Zerfaß, Stephanie, Pädagogin (M.A.), pädagogische Gesamtleitung für den Jugendbereich bei ECHO e.V.